ERICH BEYREUTHER

GESCHICHTE DER DIAKONIE UND INNEREN MISSION IN DER NEUZEIT

C · Z · V · VERLAG · BERLIN

ISBN 3 7674 0211 4

Dritte, erweiterte Auflage

Umschlag: Jäger Fotosatz, Berlin
Satz: W. Bartos/H. Hagedorn, Berlin
Druck: Color-Druck, Berlin
Bindearbeiten: H. Stein, Berlin

INHALT

VORWORT

Die Liebesarbeit der evangelischen Christenheit in der Neuzeit muß unter einem doppelten Aspekt beschrieben werden. Es darf nicht vergessen werden, wie sehr sie in ihrem geschichtlichen Verlauf auf eine Aktivierung der ganzen Kirche in all ihren Gemeinden und ihrer einzelnen Glieder gedrängt hat. Der Aufnahme eines helfenden und gestaltenden Dienstes bis in jede einzelne Kirchengemeinde galt das Bemühen eines Johann Hinrich Wichern, eines Wilhelm Löhe u. a. Die allgemeine Dienstpflicht und Liebeskraft eines jeden Christenmenschen sollte rege gemacht werden.

Auf der anderen Seite wurde bald erkennbar, daß die Kirche inmitten einer pluralistisch strukturierten, also einer gespaltenen Gesellschaft, ihren diakonischen Auftrag nicht ohne die geschlossene bzw. halboffene und offene Arbeit der Inneren Mission zu leisten vermochte. Hier erwuchsen die „Modelle“, hier war ohne enge Kirchenamtlichkeit ein weiter Raum für schöpferische, charismatische Persönlichkeiten, daß sie die Spontaneität ihrer Pionierdienste, die Genialität ihrer Einfälle und die ansteckende und mitreißende Radikalität ihres Helferwillens entfalten konnten. Hier wurden allmählich, Jahr um Jahr, Hunderte, ja Tausende von jungen Männern und Mädchen für eine Vielgestaltigkeit des Dienstes, der der Variationsbreite des wirklichen Lebens entsprach, vorgebildet. Sie fanden dabei eine innere Heimat, die ihnen offen blieb.

Das Schwergewicht wird deshalb auf der Darstellung der geschichtlichen Entwicklung der Inneren Mission ruhen, ohne dabei das aus den Augen zu verlieren, was an verheißungsvollen Ansätzen einer echten Diakonie in den Gemeinden selbst aufbrach. Hier wie dort hat die Kirche geistliche Kraft gezeigt. Dabei ist auch das ganze Versagen der deutschen Christenheit im 19. Jahrhundert angesichts der bedrängenden sozialen und nationalen Fragen offenkundig geworden. An dieser vordersten Front — der Not und den Nöten gegenüber — haben sich Kraft und Ohnmacht der Kirche zugleich enthüllt.

Alle Besinnung und Zurüstung auf den uns heute aufgetragenen Dienst bedarf dieses steten geschichtlichen Rückblicks, nicht um *alles* zu wissen, was die Männer und Frauen im Liebesdienst der letzten Jahrhunderte je gedacht, getan und gefehlt haben. *Wir suchen die großen Entwicklungslinien zur Gegenwart zu erkennen.*

Daß wir dabei nicht auf alle Einzelschattierungen in der vielverzweigten und reichen Geschichte der neuzeitlichen Liebesarbeit eingehen können, muß vielleicht nicht besonders ausgesprochen werden. Es müßte wohl über die männliche Diakonie ein Sonderkapitel geschrieben werden, wie wir es für die weibliche getan haben. Für die weibliche Diakonie besitzen wir eine erste zusammenfassende Darstellung, die für die männliche Diakonie noch ungeschrieben ist. Sie ist ungleich schwerer darzustellen, da sie viel stärker in die Gesamtgeschichte der Liebesarbeit eingegangen ist, während die Mitarbeit der Frau eine besondere Eigengestalt und Selbständigkeit fand. Der Eintritt der Frau in die evangelische Liebesarbeit ist darüber hinaus von grundsätzlicher Bedeutung für die ganze evangelische Christenheit geworden.

Wohl mangelt uns noch der nötige geschichtliche Abstand zu den jüngsten Ereignissen des 20. Jahrhunderts, in die wir persönlich verflochten sind. Doch es muß gewagt werden, auch hier bei aller Bereitschaft, sich korrigieren zu lassen, gewisse historische Fakten festzuhalten und sie auszuwerten.

Wir bitten auch um Verständnis, daß die Geschichte der einzelnen Werke, der Diakonissenhäuser, der Diakonenanstalten, der Bibelschulen, eben der Ausbildungsstätten, all jener segensreichen Brennpunkte evangelischer Liebesarbeit und was sie für ganze Kirchen und Landschaften bedeuten und heute darstellen, hier einfach zurücktreten mußte, um nicht in einer verwirrenden Fülle unterzugehen.

Wir werden bei dieser Beschränkung auch auf einen knappen Raum in einer abrißartigen Darstellung oft unmittelbar an Wegkreuzungen stehen, an denen wir nicht vorübergehen können, weil sie uns Licht auf künftige Aufgaben werfen.

München, im Frühjahr 1962 *Erich Beyreuther*

VORWORT ZUR DRITTEN AUFLAGE

Das Vorwort zur ersten und zweiten Auflage wie auch den Text, der dort der Geschichte der Diakonie und Inneren Mission bis zum Jahr 1945 nachgeht, lassen wir unverändert. Wir stehen dazu. Beides spricht für sich und zeigt, was Kontinuität meint, die uns bleibend mit vergangenen Zeiten verknüpft.

In der vorliegenden dritten Auflage wenden wir uns mit den letzten drei Kapiteln der jüngsten Zeitgeschichte zu, die in manchem bereits zu verblassen droht.

Es konnte kaum jemand ahnen, als wir im Jahr 1945 praktisch an einem Ende angelangt waren, daß sich in den folgenden 38 Jahren ein Aufstieg vollzog, der innerhalb des Diakonischen Werkes in dieser kurzen Zeitspanne die Mitarbeiterzahl von 36 000 auf mehr als 240 000 anwachsen ließ. Mit der Caritas zusammengesehen, stehen in beiden großen Liebeswerken über 500 000 Menschen in ihren Diensten.

Es ist uns bewußt, daß es ein Wagnis bleibt, diese neue und erregende Geschichte bereits im Jahre 1982 abschließen zu wollen. Doch in den letzten zwei Jahrzehnten wandelte sich die Diakonie in eine weltweite ökumenische, wuchs hinein in die ganze Christenheit auf Erden, sprengte auch diese Grenzen und fand dabei in der Öffentlichkeit eine überraschende und bleibende Breitenzustimmung.

Und wieder stehen wir in unseren Tagen an einer Wegkreuzung wie ehedem. Die westliche Welt, in sie hineingeflochten das Diakonische Werk, haben in der sich so schnell wandelnden unruhigen Welt zu beweisen, ob sie die Kraft zu Korrekturen besitzen und neue Wegzeichen zu setzen vermögen mitten in einen Bewußtseinswandel, der seine Linien noch abtasten muß und Hilfe zum Positiven sucht.

Sommer 1983 *Erich Beyreuther*

1. Kapitel

Das Diakonische Werk der Christenheit bis zum Anbruch der Neuzeit

Das großartige und bis heute als Gesamtdarstellung noch unübertroffene Werk Gerhard Uhlhorns über die christliche Liebestätigkeit aller Zeiten beginnt mit einem Paukenschlag: „Unser Herr nennt das Gebot der Liebe, welches er seinen Jüngern gibt, ein neues Gebot (Joh. 13, 34). Das war es, denn die Welt vor Christo ist eine Welt ohne Liebe".[1]

Wir vermögen diesen Satz von einer Welt ohne Liebe, ehe das junge Christentum in sie eintrat, nicht mehr so unbedingt nachzusprechen. Unsere Kenntnisse von dieser alten Welt sind reicher geworden. So dunkel war sie nicht.

Der alte Orient, die Wiege des Christentums, kannte längst eine ausgesprochene Liebestätigkeit, verstand sie auch zu organisieren und sparte nicht mit dem steten Appell an die Barmherzigkeit. Die alten Weisheitsbücher Ägyptens z. B. mahnen angesichts des Totengerichts in der Unterwelt, nicht zu versäumen, Hungrige zu speisen, Durstige zu tränken, Nackte zu bekleiden, Fremde zu beherbergen, Gefangene zu befreien, Kranke zu pflegen und Tote zu begraben. Grabinschriften bestätigen, wie ernst das alte Ägypten diese „sieben Werke leiblicher Barmherzigkeit" genommen hat. Der ganze Orient hat viel über das rechte Verhältnis zwischen den Reichen und Armen nachgedacht[2].

Das fromme Israel, das gottesfürchtige Spätjudentum, kannte und übte die gleichen Liebeswerke und es gab Bruderschaften, die solche Liebesdienste als ihre Aufgabe ansahen[3]. Das junge Christentum trat in eine Welt, die von Barmherzigkeit wußte und sie ausführte.

A) Die christliche Diakonie im Altertum

1

Der diakonische Dienst in der alten Kirche
Die apostolische und nachapostolische Zeit

Christus hat tatsächlich mit dem gewaltigen Wort Matthäus 25, 35–39 seine Jünger in einen Liebesdienst hineingestellt, den der Orient kannte und praktizierte[4]. Doch band er die Jüngerschar dabei an sich selbst als den künftigen Weltenrichter, vor dessen Richterstuhl sie darüber Rechenschaft ablegen müssen. Alle Hilfe und Fürsorge für die Armen, Elenden und Verlassenen stellte sie in eine „Nachfolge der Liebe

Jesu Christi". Sie durften wissen, daß sie als Begnadigte und Erlöste heimisch im Vaterhaus Gottes sein konnten. „Wir wissen, daß wir aus dem Tode in das Leben gekommen sind, darum lieben wir die Brüder." (1. Joh. 3, 14)

Ganz spontan und elementar sollte der Liebeswille aus den Jüngern hervorbrechen. Von Familie zu Familie wurde unter den ersten Christen brüderlich geholfen. Doch gab es von Anfang an auch eine Liebestätigkeit, für die sich die ganze Christengemeinde verantwortlich wußte. Ein Diakonenamt, dem allein diese Fürsorge der Gemeinde für ihre ärmsten Glieder anvertraut war, bestand in der Urgemeinde zu Jerusalem noch nicht. Wortverkündigung und Liebesarbeit gehörten zusammen bei den Aposteln wie bei den Sieben, welche die Apostelgeschichte in Kapitel 6 als Diakone vorstellt. Ein reines Fürsorgeamt entwickelt sich erst im 2. Jahrhundert in der frühkatholischen Kirche. Zuerst wird alles improvisiert[5].

Mit dem Wachstum der Gemeinden in der griechisch-römischen Welt, in die das Christentum einging, nahmen die Liebesdienste zu. Wir wissen von Mahlzeiten für die Armen in Korinth (1. Kor. 11, 17 ff.). Für die verarmte Gemeinde in Jerusalem sammelte der Apostel Paulus in seinen Gemeinden Kollekten. Obenan standen in der apostolischen und nachapostolischen Zeit die Gastfreundschaft und die Versorgung der Witwen. Man stellte von den Bedürftigen unter ihnen Listen zusammen, die man regelmäßig unterstützte, zog sie dann aber in den diakonischen Dienst der Gemeinde. Sie sollten Betrübte trösten, Kranke pflegen, wohl auch Waisen aufziehen.

Der Name „Diakonisse" bürgerte sich ein. Ein eigentliches und offizielles Amt bedeutete das nicht. Die „Diakonissen" stellten sich der Gemeinde freiwillig zu Hilfeleistungen mannigfacher Art zur Verfügung. Diese weibliche Diakonie trat später wieder zurück[6].

So ergibt sich im 1. Jahrhundert der jungen Kirche ganz selbstverständlich eine Liebesarbeit. Soweit die ersten Christen aus dem Judentum kamen, setzten sie fort, was sie als Juden bereits geübt hatten, Almosen zu spenden, Wohltätigkeit auszuüben und Arme zu unterstützen. An Gelegenheiten mangelte es in den Christengemeinden nicht, die zur Mehrzahl Glieder aus den ärmsten Schichten zählten. Früh entstand eine geordnete Liebestätigkeit. Die einzige und bange Frage war, ob dieser Dienst an den notleidenden Brüdern eine Dankestat für die eigene Errettung bleiben oder wie im Judentum zu einem guten Werk abgestempelt würde[7].

2

Die frühkatholische Kirche im 2. und 3. Jahrhundert

Im zweiten Jahrhundert neigte sich die Waagschale eindeutig nach der zweiten Richtung. Die Almosen wurden zu einem verdienstvollen Werk. Doch sah das zweite und dritte Jahrhundert, die Zeitspanne, in der sich die frühkatholische Kirche mit ihrem Bischofsamt, mit Verfassung und fest ausgeprägtem Glaubensbekenntnis entwickelte, einen großartigen Ausbau ihrer diakonischen Arbeit. Es geschah unter manchen schweren Verfolgungen, Bedrohungen von innen und außen, welche die Existenz der Christenheit in Frage stellten und für die Diakonie neue Verantwortlichkeit schuf. Die gefangenen Christen waren zu besuchen. Man ging den verhafteten Christen, die zu schwerer Bergwerksarbeit in den Bleigruben verurteilt waren, bis in die Verbannungsorte nach. Eingekerkerte suchte man loszukaufen, Verfolgte verbarg man. Diese Liebe war erfinderisch[8].

Noch schwerer wurden die diakonischen Aufgaben angesichts einer politischen Welt, die von Jahrzehnt zu Jahrzehnt, vor allem im 3. Jahrhundert, verelendete. Eine Massennot entstand, die sich auch in den Christengemeinden auswirkte. Dabei wuchsen die Gemeinden unaufhörlich. Neben den wohlgeordneten Fürsorgedienst für Witwen und Waisen trat die diakonische Verpflichtung an Kranken, Gefangenen, Armen und unbestatteten Toten. Den Arbeitsfähigen suchte man Arbeit zu vermitteln, die Arbeitsunfähigen wurden durch ein ausgewogenes Unterstützungssystem betreut.

Waren es erst die Apostel und die Presbyter gewesen, welche Wortverkündigung und Liebesarbeit in den Gemeinden in ihrer Hand vereinten, so lag jetzt alles in der Hand des Gemeindebischofs. Die schlichte Gemeindekirche des 1. Jahrhunderts war zur Priesterkirche geworden, in welcher Klerus und Laien auseinandertraten. Als unentbehrliche Helfer traten in allen Wohlfahrtsdiensten der Diakon bzw. die Diakone dem Bischof zur Seite. Jetzt konzentrierte sich im kirchlichen Amt des Diakons, als einer besonderen Institution, alle Liebesarbeit. Oft gestaltete sich das Verhältnis zwischen Bischof und Diakon so innig wie zwischen Vater und Sohn[9]. Durch außerordentliche Leistungen errangen diese Diakone selbst unter den Feinden der Kirche hohen Respekt. Sie vereinigten die mannigfachsten Aufgaben in ihrem Amt. Armenfürsorge, Vermögensverwaltung, Dienst und Handreichung im Gottesdienst wie Unterricht der Taufbewerber wurden ihnen übertragen[10].

Nur im Orient bildete sich daneben auch ein förmliches Amt der „Diakonisse“, die dort zum Klerus gezählt wurde[11]. Sie versorgten die weiblichen Kranken, beaufsichtigten die Frauen beim Gottesdienst und waren unentbehrlich beim Taufakt des weiblichen Geschlechtes, da das dreimalige völlige Untertauchen geübt wurde.

In diesen beiden stürmischen Jahrhunderten ist von der Kirche Bewunderungswürdiges geleistet worden. In einer Welt, in der die Not immer mehr zunahm und das wirtschaftliche Elend unaufhörlich wuchs, hat sie sich, aller Anfeindungen und Verfolgungen ungeachtet, nicht allein um ihre eigenen Armen gekümmert. In Katastrophenzeiten wurde das besonders sichtbar. Denkwürdig bleibt der Bericht des Bischofs Dionysius von Alexandrien († 265) über die Pest in Alexandrien (Ägypten). Die Pest war Mitte des 3. Jahrhunderts in Äthiopien ausgebrochen und überflutete Ägypten und Nordafrika. In wilder Panik floh alles und ließ die Pestkranken zurück. Alle Hemmungen wurden niedergerissen. Angst und Gier zugleich packten die Menschen. Während sich in den Häusern die Leichen türmten, erbrach und plünderte man die erstorbenen und verlassenen Stätten aus. Aus dieser Schreckenszeit berichtet Dionysius:

„Die meisten unserer Brüder schonten aus übergroßer Nächsten- und Bruderliebe sich selbst nicht und hielten zusammen, besuchten unbesorgt (vor Ansteckung) die Kranken, leisteten ihnen ausgezeichnete Dienste, pflegten sie in Christo und schieden so mit jenen aufs freudigste aus dem Leben, indem sie sich mit den Leiden der anderen erfüllten, die Krankheit von ihren Nächsten auf sich lenkten und deren Schmerzen freiwillig auf sich nahmen. Und viele starben, nachdem sie andere in ihrer Krankheit gepflegt und gestärkt hatten, selbst den Tod jener auf sich übertragend.

Die besten nun von unseren Brüdern schieden auf diese Weise aus dem Leben, einige Presbyter, Diakone und sehr rühmliche Laien, so daß auch diese Todesart, die aus großer Frömmigkeit und stetem Glauben erlitten wurde, dem Martyrium in nichts nachzustehen scheint.

Und die Leichen der Heiligen (d. h. der Christen) nahmen sie sorglos in die Hände und auf den Schoß, drückten ihnen die Augen zu, schlossen ihnen den Mund, trugen sie auf den Schultern und legten sie zurecht, hingen sich an sie und umarmten sie, verschönerten sie durch Bäder und Gewänder und erlitten bald das gleiche Schicksal, indem immer die Überlebenden den vor ihnen Gestorbenen folgten.

Die Heiden aber taten ganz das Gegenteil. Die, bei denen die Krankheit zum Ausbruch kam, stießen sie von sich. Sie flohen vor denen, die sie am meisten liebten und warfen die Halbtoten auf die Straße. Sie scheuten sich nicht, die Verstorbenen unbeerdigt zu lassen. So flohen sie vor der Ansteckung und Todesgemeinschaft, die zu vermeiden trotz aller Anstrengungen nicht leicht war." [12]

Zur gleichen Zeit tritt der große Bischof Cyprian von Karthago in der Pestnot seiner Stadt hervor. Mitten im Chaos, da alle Ordnung zu zerbrechen scheint und in den Häusern der Kranken geplündert wird, ruft er seine Gemeinde auf, auch den Heiden zu helfen. Ihr voran schreitet er in die Pesthäuser, pflegt selbst die Elenden und tröstet die Sterbenden und fragt nicht ob Heide oder Christ. Ein planvoll aufgezogenes Hilfswerk wird durchgeführt, die Bestattung der Toten, um die sich die Heiden nicht kümmern, vorgenommen[13].

Gewiß werden alle guten Taten in der frühkatholischen Kirche als verdienstlich angesehen.

„In den Schriften spricht der hl. Geist: „Durch Almosen und Glauben werden Sünden gesühnt" (Spr. Sal. 16, 6). Das sind jedenfalls nicht jene Sünden, die vorher (vor der Taufe) begangen worden waren; denn diese werden durch Christi Blut und Heiligung gesühnt.

Ebenso sagt der hl. Geist wiederum (Jes. Sir. 3, 33): „Wie Wasser Feuer löscht, so Almosen Sünde". Wie also durch das Bad des heilsamen Wassers das Feuer der Hölle ausgelöscht wird, so wird durch Almosen und fromme Werke die Flamme der Sünde erstickt." [13+]

So hat Cyprian von Karthago gesprochen, so sprachen damals alle Bischöfe. Man legte die Almosen auf dem Altar nieder und füllte so die Hände der Diakone, die sie austeilten. „Auch beim letzten Gericht, wo der Herr die Gerechten zu sich ruft, nimmt der Mildtätige die erste Stelle ein..." [13++] Und doch brach hier ein Enthusiasmus der Nächstenliebe auf, wie er in den Pestzeiten vor allem zu beobachten war, den die alte Welt antiken Heidentums bei aller Barmherzigkeitsübung nicht kannte. Galten die Almosen als gute Werke, so sind sie unzählig oft unter dem Anspruch des Wortes Gottes zu reinen Opfern geworden reiner Herzen, wo der Gedanke an die lohnverheißende Tat unter der Gewalt des Wortes Gottes verwehte. In den schweren Nöten einer stöhnenden Welt hat die frühkatholische Kirche ein leuchtendes Zeichen der Liebe aufgerichtet und Ungezählten den Weg zu dem Heiland aller Menschen gewiesen.

3

Die Reichskirche im 4. Jahrhundert

Als zu Beginn des 4. Jahrhunderts Kaiser Konstantin als Sieger über seine Mitregenten den Thron einnahm und Christ wurde, begann eine neue Zeit für das morsche römische Weltreich und auch für die Kirche, die bisher der Staat niemals offiziell anerkannt, sondern nur zu oft wütend bekämpft hatte. Die Verarmung blieb, der Steuerdruck und mit ihm die Rechtlosigkeit des einzelnen innerhalb einer Beamtenbürokratie wuchsen. Die Kirche, fest organisiert, ein Staat im Staate, glänzend geführt und dargestellt von einem in den Verfolgungen gestählten und disziplinierten Kern, mit einem ausgedehnten und gut eingespielten diakonischen Dienst, wurde nunmehr von dem neuen christlichen Staat in den Dienst gestellt, um das wankende Reich wieder auf die Füße zu stellen.

Welche Institution hätte auch den Wohlfahrtsdienst an dem unübersehbaren Heer der Armen und Kranken, der Sklaven, der Freigelassenen, der Gefangenen, der Dirnen leisten können? Er wurde der Reichskirche mit ihrem glänzenden diakonischen Apparat zugeschoben. Sie hatte nunmehr für die Opfer der staatlichen und wirtschaftlichen Verhältnisse zu sorgen.

Die Reichskirche hat sich diesem Ruf nicht entzogen. Sie wußte bald, daß alle Hilfe angesichts einer steigenden Flut an Nöten die Katastrophe des Reiches nicht abwenden konnte. Sie hat auch nicht an dem eigentlichen Krebsschaden des Reiches, ungeachtet aller Verarmung die Steuerschraube immer rücksichtsloser anzuziehen und dadurch das Elend zu steigern, eine grundsätzliche Kritik geübt oder neue Wege gewiesen, den sozialpolitischen Teufelskreis zu überwinden. Auch in der Frage der Sklaverei hat sie niemals daran gedacht, dieses Übel auf gesetzlichem Weg abzuschaffen. Sie hat sich um die Sklaven bemüht, sie galten als gleichberechtigte Glieder in den Gemeinden, man bemühte sich um Freikauf. Das Sklavenlos entscheidend gebessert zu haben, konnte die stoische Philosophie für sich in Anspruch nehmen[14]. Doch hat die wirtschaftliche Umschichtung im 2. und 3. Jahrhundert die Sklavenfrage fast völlig zurücktreten lassen. Die Sklavenhalterei erlitt einen empfindlichen Rückgang und wurde fast wesenlos. Dafür trat als neue Not die der unfreien Bauern auf und stellte die Kirche vor neue und unlösliche Aufgaben.

Doch ertrotzte sich die Kirche vom Staat das Recht eines Asylschutzes für alle, die oft um einer Steuerschuld willen vor den unerbittlichen Häschern in Gestalt der Steuereintreiber in das Gotteshaus flüchteten. Diesen kirchlichen Rechtsbeistand hat der Staat schließlich widerwillig anerkannt[15].

In dieser Zeit der ungeheuren Verarmung des römischen Weltreiches schuf die Reichskirche auch die Hospitäler. „Hätte diese Zeit auch nur das eine getan, daß sie das Hospital geschaffen, sie hätte schon damit ein Großes und des Dankes aller Zeiten Würdiges vollbracht." Dieses Urteil Uhlhorns besteht voll zu Recht. Der Ursprung des Hospitalwesens liegt im Osten und hier hat es sich voll entwickelt. Die größte und berühmteste Anstalt hat der griechische Bischof Basilius der Große von Cäsarea in Kappadozien errichtet. Vor den Toren der Stadt entstand unter der Leitung eines Bischofs ein großes Krankenhaus, um das sich bald eine ganze Kolonie von kleineren Häusern für Fremde, Arme und Aussätzige bildete[16]. Dazu gesellten sich auch Waisenhäuser, Findlingsheime, Entbindungsanstalten, Altersheime. Vom Osten sind die Hospitäler dann nach dem Westen verpflanzt worden. Fabiola in Rom und Pammachus in Portus haben die ersten abendländischen Anstalten geschaffen. Mit dieser christlichen Einrichtung ist Europa eine der größten Wohltaten erwiesen worden. Als sich Ostrom im 5. Jahrhundert endgültig vom untergehenden Westrom trennte, baute es seine Hospitäler vorbildlich weiter aus, vervollkommnete ihren ärztlichen und pflegerischen Apparat durch Fachärzte und Fachpfleger und vermittelte den Hospitalgedanken auch der arabischen Welt, die ihn begierig aufnahm und selbst glänzend ausbaute[17].

Der römische Staat im Westen wie im Osten schützte dieses Hospitalwesen. Die nötigen Geldmittel reichten teils der Staat, der alte Tempelgüter mit ihren Einnahmen der Kirche übereignete, teils die Gemeinden, die weiter ihre Opfer auf die Altäre legten. Schenkungen machten die Kirche zur Großgrundbesitzerin und die Bischöfe wurden zu Gebietern großer und größter Vermögensmassen.

Doch hatte es sich allgemein bis in die Tiefe des Bewußtseins eingeprägt, daß das Kirchengut den Armen gehört und die wahren Schätze der Kirche die Armen darstellen[18]. Es hat wahrscheinlich nicht einmal der unerbittlichen Kontrolle des Mönchtums bedurft, daß das Kirchengut recht angewendet wurde.

Mit dem Mönchtum trat eine neue diakonische Lebensmacht in den Bereich der Reichskirche. Sehr schnell, nachdem es seine ersten unsicheren Schritte zurückgelegt hatte, hat das Mönchtum sich mit großem Ernst in den Dienst der Wohlfahrt und der Krankenpflege gestellt. Ein Abt wie Schenute von Atripe bleibt unvergessen, der in der bittersten Notzeit Ägyptens sein „Weißes Kloster" für Hunderte und schließlich Tausende von Schutzsuchenden öffnet, sie kleidet und nährt und schützt[19].

4

Die Kirche im Sturm der Völkerwanderung im 5. Jahrhundert

Das stolze Imperium Romanum erlitt im 5. Jahrhundert ein langsames Dahinsterben. Dieser Auflösungsprozeß unter den anstürmenden Germanenvölkern hat sich in den einzelnen Reichsprovinzen des Westens unter völlig verschiedenen Umständen und oft zeitlich weit voneinander getrennt vollzogen. Erst im 6. und 7. Jahrhundert kommt es hier zu einem gewissen Abschluß. Die Reichskirche löst sich auf. Eine einheitliche und gut durchorganisierte Diakonie konnte nicht mehr aufrecht erhalten werden. Einzelne große diakonische Gestalten unter den Bischöfen und Mönchen ragen hervor und retten, was sich noch retten ließ[20].

In Nordafrika sah Augustin († 430) auf entvölkerte Städte, geschleifte Burgen, verbrannte Kirchen, zerstörte Klöster, verödete, einst blühende Landstriche, in denen nunmehr die wilden Tiere hausten.

Die Wandalen hatten die Katastrophe für Afrika besiegelt. Und doch hat der große Kirchenvater Augustin unermüdlich zur Hilfe aufgerufen, gemahnt, getröstet, geholfen und Hilfe organisiert, wo sie nur möglich werden konnte[21].

Nicht trostvoller sah es in den Donauländern und in den Alpen aus, die von ungezügelten germanischen Kriegerhaufen überschwemmt und ausgeplündert wurden. Auch hier hörte fast mit einem Schlag Handel und Wandel auf, alles stockte. Da trat der Asket und Bußprediger Severin in den Riß. Als unermüdlicher Helfer und praktischer Ratgeber eines verängstigten römischen Reichsvolkes, das bisher sicher gewohnt hatte, erwarb er sich selbst die Achtung der germanischen Eroberer. Er forderte, getrieben von seiner prophetischen Gabe, die Bewohner bedrohter Orte zur Flucht auf, damit sie der Gefangenschaft oder dem Tod entrinnen konnten. Von seinen Schülern umgeben verteilte er bei ausbrechenden Hungersnöten Lebensmittel und Öl. So ragt hier eine außerordentliche Gestalt christlicher Diakonie mit ihrem Wirken hinein in das frühe germanische Mittelalter und verkörperte den jungen germanischen Völkern eine christliche Liebe, die sie in dieser Bedingungslosigkeit noch nicht gekannt hatten[22].

Im gallischen Raum, im heutigen Frankreich, in dem am frühsten sich eine gewisse Ordnung wieder einstellte und sich die römische Restbevölkerung mit der germanischen Erobererschicht später verschmelzen konnte, ragen die Gestalten eines Martin von Tours und des Bischofs Caesarius von Arles leuchtend hervor. Caesarius sicherte in mühseligen Kämpfen das Kirchengut als Armengut, ließ zerstörte Klöster, die mit ihrem diakonischen Dienst nicht zu entbehren waren, wieder herstellen, gründete in Arles ein Krankenhospital und dämmte die Not ein, wo es ihm nur möglich war[23].

In Italien erweist sich die Persönlichkeit Gregor des Großen, einer der letzten großen Römer auf dem Stuhle Petri aus der alten Kirche, als ein Bändiger eines hereinbrechenden politischen und wirtschaftlichen Chaos. Der Untergang des Reiches stand ihm klar vor Augen, doch in seinem Kampf gegen Armut und Elend rettete er, was zu retten war. Mit ungeheuren Summen erkaufte er sich den Abzug der Barbaren, befreite Kriegsgefangene durch Lösegelder, kleidete Flüchtlinge aus allen Reichsteilen ein und brachte sie unter, Witwen und Waisen ernährte er und ordnete an, daß die Hospitäler nur von Mönchen und Nonnen geleitet werden durften. Damit wurde die Verbindung von Kloster und Hospital für das Abendland für Jahrhunderte richtunggebend[24].

Dieser kurze Überblick über die Liebestätigkeit in der alten Kirche zeigt, wie hier ein diakonisches Werk aufgebaut worden ist, das in dieser Geschlossenheit und Ausdehnung bis zur Neuzeit nicht mehr erreicht worden ist. Wenn auch die

Wohltätigkeit nicht erst durch das Christentum in die Völkerwelt getragen worden ist, was hier entstand, war doch einzigartig und von keiner anderen Weltreligion je erreicht worden.

Sozialpolitisches Wollen sucht man vergeblich, doch das Liebesgebot Christi ist bei aller Verweltlichung der Liebesarbeit, die man in der Reichskirche beobachten kann, in einem Erfindungsreichtum der Barmherzigkeit gelebt worden. Der Lohngedanke hat die echte Wurzel der Liebe, die aus Christi Liebe erwächst, nicht zum Absterben gebracht. Um Christi willen ist viel Leid gestillt und sind die größten Opfer erbracht worden. Daß das Kirchengut Armengut ist und der Kirche größter Schatz ihre ärmsten Glieder sind, wurde als eine lebendige Mahnung in das Mittelalter hinübergerettet[25].

B) Die christliche Diakonie im Mittelalter

1

Diakonische Arbeit auf dem Boden des germanischen Landeskirchentums

Die Reichskirche hatte sich aufgelöst. In den einzelnen germanischen Reichen entstanden Landeskirchen. Die Stadtkultur verfiel für Jahrhunderte und mit ihr die bischöfliche Diakonie, das Rückgrat der altkirchlichen. Das germanische Leben spielte sich auf dem Lande ab. In Gallien entstanden verhältnismäßig früh zahlreiche Landgemeinden, die zu selbständigen Pfarreien erhoben wurden. Dieser Vorgang läßt sich dann überall verfolgen. Jede der Pfarrgemeinden hatte für ihre Ortsarmen selbständig zu sorgen. Doch ist man hier über Ansätze nicht hinausgekommen.

Durch die Völkerwanderung war die bisherige soziale Ordnung nicht nur bei der bisher romhörigen Bevölkerung, sondern auch bei den Germanen selbst zerstört worden. Ungezählte waren in diesen turbulenten Zeiten auf die Bettelstraße getrieben worden. Jede Hungersnot und jede Epidemie ließ diese Schar der Unglückseligen anschwellen. Bei den schlechten Verkehrs- und Handelsverbindungen des frühen Mittelalters, bei dem Fehlen eines Kaufmannstandes in der Frühzeit konnte bei einer Hungersnot nicht durch Zufuhr aus weniger betroffenen Gebieten geholfen werden. Von Angst gepackt verließ dann oft die Bevölkerung ganzer Landschaften Haus und Hof und kam auf die Elendsstraße. Nicht anders wirkten die großen Epidemien, die wie die Hungersnöte in immer neuen Wellen die Länder heimsuchten[26].

Mit dieser Vagantennot ist die Kirche nie richtig fertig geworden. Die germanischen Staaten entbehrten im Gegensatz zu dem hoch organisierten römischen Weltreich fast jeglicher inneren Verwaltung, die dieses Massenelend erfolgreich hätte beseitigen können.

Karl der Große hat hier viel erstrebt. Seine ganze überragende Persönlichkeit trug dafür Gewähr. Sein Biograph Einhart berichtetete darüber:

„In der Pflege der Armen und ihrer Unterstützung durch Almosen bewies Karl viel frommen Eifer, und das nicht bloß in seinem Land und Reich (dem damaligen Deutschland, Frankreich und Italien), sondern auch weit über das Meer pflegte er Geld zu schicken, nach Syrien, Ägypten und Afrika, nach Jerusalem, Alexandria und Karthago, wenn er hörte, daß Christen dort in Dürftigkeit lebten, und sprang ihnen so in ihrer Not bei. Deswegen vornehmlich bewarb er sich auch um die Freundschaft der Könige jenseits des Meeres, damit er den unter ihrer Herrschaft lebenden Christen Erleichterung und Hilfe zufließen lassen konnte“ [27].

Aus seiner Antrittsrede in Aachen, März 802, kennen wir die Grundgedanken seiner christlichen und sozialen Gesetzgebung:

„Liebet eure Nächsten wie euch selbst und gebt den Armen Almosen nach euren Kräften. Nehmt die Fremden in eure Häuser auf, besucht die Kranken und beweist gegen die, die in Kerkern sind, Mitleid ... Kauft die Gefangenen los, steht den ungerecht Unterdrückten bei und verteidigt Witwen und Waisen...“ [28].

Wenn die Kirche durch die Jahrhunderte hindurch die Notsorge innerhalb der Großfamilie für alle ihre Glieder einschärfte, so forderte Karl der Große die Ausdehnung dieser Schutzverpflichtung auf die Grundherren, die für ihre Dienstleute wie für eine große Familie zu sorgen hätten. Das entsprach durchaus auch den alten germanischen Rechtsvorstellungen.

Mit Nachdruck ist auf die Tatsache hingewiesen worden, daß das kommende Zeitalter des Feudalismus ein soziales hätte werden können, wenn der Verfall der urchristlichen Gemeindearmenpflege durch ähnliche sittliche Verpflichtungen der Dorfgemeinschaften und ihrer Grundherren hätte wettgemacht werden können [29].

Ganz in den Wind hat Karl der Große nicht gesprochen. Die Fürsten des Mittelalters haben sich nach dem Vorbild dieses großen Kaisers als Schützer und Hort der Witwen, Waisen und Fremdlinge ansprechen lassen, so wenig sie oft in ernster Entschlossenheit danach handelten. Noch die Bauern in den Bauernunruhen der Reformationszeit haben sich an den Kaiser als den gerechten Schiedsrichter und Schutzherrn der Unterdrückten gewandt. Das diakonische Amt war durch Karl den Großen in aller Eindrücklichkeit jedenfalls der Obrigkeit angetragen worden. Das späte Mittelalter hat dann auch den obrigkeitlichen Diakonat entfaltet.

2

Kloster- und Laiendiakonie im hohen Mittelalter

So ergibt sich am Ende des frühen Mittelalters ein eigenartiges Bild. Die Diakonie des Bischofs und der Gemeinde ist in den schweren Zeiten, vor allem im dunkelsten Jahrhundert, im 10., als die Hunnen vom Osten, die Normannen vom Norden und Westen und die arabischen Seeräuber vom Süden Europa ausplünderten, dahingesunken und schließlich völlig zum Erliegen gekommen.

Die vielen kleinen Klöster und Stifte ließen ihre bescheidenen Hospitäler nicht eingehen. Unverlöschlich hatte Benedikt von Nursia († um 543 ?) dem Benediktinerorden in seinen Klosterregeln eingeprägt:

„Welches die Instrumente der guten Werke sind: Arme erquicken, Nackte bekleiden, Kranke besuchen, Tote begraben, Bedrängten zu Hilfe kommen, Trauernde trösten... Von der Aufnahme der Gäste: Alle ankommenden Gäste sollen wie Christus aufgenommen werden; er wird ja einmal sprechen: Ich war Fremdling, und ihr habt mich aufgenommen. Es werde dem Gaste zur Erbauung aus der Heiligen Schrift vorgelesen, hierauf erweise man ihm jegliche Freundlichkeit. Der Abt reiche den Gästen Wasser zum Waschen der Hände; die Füße wasche allen Gästen sowohl der Abt wie die ganze Klostergemeinde. Nach der Waschung sprechen sie den Vers: Wir haben deine Barmherzigkeit, o Gott, aufgenommen inmitten deines Tempels. Der Aufnahme der Armen und Pilger widme man ganz besondere, gewissenhafte Sorge, denn in ihrer Person wird Christus noch mehr aufgenommen. Die Sorge für die Gastwohnung werde einem Bruder übertragen, dessen Seele von Gottesfurcht beherrscht ist. Es seien daselbst Betten in hinreichender Zahl...“ [30].

Jede neue Klosterreform läßt neuen Wetteifer im Liebesdienst aufflammen. Die gewaltige clunyazensische Klosterreform, die von Lothringen ausgeht, erweckt im 11. Jahrhundert die Laienwelt. Die Gebetsverbrüderung zwischen Priestermönchen und Laien läßt viele von diesen den Anschluß ans Kloster suchen. Die Institution der Laienbrüder entsteht. Weithin geht dieser diakonische Dienst in ihre Hände über. Schließlich entstehen selbständige Hospitalbruderschaften und das Hospital wird Mittelpunkt der neuen klösterlichen Gemeinschaft.

Geistliche Bruderschaften und Genossenschaften, freie Zusammenschlüsse, waren nichts Neues an sich. Diese Bruderschaften von Laien als Begräbnis-, Krankenpflege- und Fürbittegemeinschaften lassen sich bereits in der Geschichte der alten Kirche nachweisen. In der Antike bestand eine große Vereinsfreudigkeit, in der man füreinander in der

Mitgliederschar eintrat. Doch als diakonische Brudergemeinschaften haben sie sich im Mittelalter entfaltet und ihren Höhepunkt im 12. und in der ersten Hälfte des 13. Jahrhunderts gefunden. Die Zeit der Kreuzzüge hat Spitalorden entstehen lassen. Der Frauenüberschuß des Mittelalters ließ die Bewegung der Beginen lawinenhaft anwachsen. Frauen und Mädchen fanden sich hier ohne bindendes klösterliches Gelübde in kleinen Lebensgemeinschaften zusammen. In allen größeren Städten entstanden Beginenhäuser, deren Insassen neben frommen geistlichen Betrachtungen häufig auch Krankenpflege in den Häusern übernahmen und bei Bestattungen mitwirkten. Doch wurden diese freien Vereinigungen bald, vielleicht nicht immer ohne Grund, der Häresie verdächtigt. Sie fanden zumeist dann bei den weiblichen Bettelorden, in die sie aufgingen, Unterschlupf vor der Inquisition. Eine wirkliche Bedeutung für die christliche Diakonie gewannen sie nicht[31].

Doch als die deutsche Mystik in den Klöstern aufblühte, blühte mit ihr auch die Wunderliebe neuer Liebesgesinnung auf. Die großen Mystiker haben unablässig über das rechte Verhältnis von Marien- und Marthadienst nachgesonnen und dem Marthadienst den Preis eingeräumt[32]. Die Verfeinerung des Gemütes und des Taktes hat der Liebesarbeit manche Impulse geschenkt.

So haben die geistlichen Bruderschaften eine Fülle von Hospitälern gegründet und die kümmerlichen Anfänge christlicher Liebesarbeit im frühen Mittelalter weit überboten. Doch ihren Höhepunkt erreichte diese Bewegung im 13. Jahrhundert. Das weitere Wachstum stockte.

3

Städtische Diakonie im ausgehenden Mittelalter

Die letzten Jahrhunderte des Mittelalters sind durch die städtische Kultur geprägt. Die Geldwirtschaft löste die reine Naturalwirtschaft ab. Die Städte wuchsen, mit dem Wohlstand aber mehrte sich erschreckend schnell auch ein Massenelend. Dirnenwesen und Bettelei wurden zum Alarmzeichen.

Hier aber erblühte bald ein weites Feld wohltätiger Stiftungen eines frommen und reichen Stadtbürgertums. Eine ungeahnte Spendenfreudigkeit brach auf. Z. B. nahm die Reichsstadt Nördlingen bereits 1373 über 400 Arme in Dauerpflege. „Die größten Armenschenkungen stammen aus der Zeit unmittelbar vor der Reformation"[33]. Es wurden vor allem fertige Lebensmittel ausgegeben. Die Stiftungen verlangten zumeist eine öffentliche Verteilung, um eine öffentliche Kontrolle zu ermöglichen und parteiische Gunst wie Mißgunst zu vermeiden. So hing die Vorsorge weder vom Wucher noch von den wechselnden Marktpreisen oder von schlechter Ware ab. Die Gelegenheit und Versuchung, das Almosen zu vergeuden, was bei Geldspenden nicht zu vermeiden war, wurde zugleich unterbunden. Es blieb den Armen dabei die Zeit ungeschmälert, einem kleinen Verdienst nachzugehen, denn die Anschaffung und Zubereitung einer Nahrung, es wurde zumeist Brot ausgeteilt, fielen hinweg[34].

Bürgerliche Verständigkeit war auch hier zu spüren. Sie bemächtigte sich schließlich durch ein oberstes Aufsichtsrecht des Stadtmagistrates in allen Reichsstädten der ganzen Spendentätigkeit. Die kirchliche Diakonie wird zu einer rein bürgerlich-städtisch-obrigkeitlichen. Die obrigkeitliche Wohlfahrtspflege gewinnt am Ende des Mittelalters den bestimmenden Einfluß. Sie ist durchaus kirchlich, aber gelenkt wird sie im Rathaus. Und doch wird man auch durch diese „Rationalisierung" der Liebesarbeit der Not nicht mehr Herr. Schlimm ergeht es den ortsfremden Bettlern. Augsburg z. B. sieht sich gezwungen, vor Anbruch des Winters jedes Jahr unter dem Geläut sämtlicher Sturmglocken alle ortsfremden Bettler aus den Stadtmauern zu vertreiben und kapituliert damit nicht nur vor der Not, sondern auch der Unbedingtheit der christlichen Liebesforderung, die solche Grenzen nicht kennt. Das Spital wird Zufluchtsstätte allein für Stadtarme.

In der Vielseitigkeit der Einrichtungen erlebt diese städtisch-kirchliche Diakonie eine Blütezeit. Findel- und Waisenhäuser werden errichtet, Entbindungsheime entstehen mancherorts. Pilgerheime, Spitäler für Pestkranke und Aussätzige, für Syphilitiker werden eingerichtet. Für jede Not, die innerhalb der Stadtmauer aufbricht, finden sich hilfsbereite Hände. Hier zeigt sich, daß die Liebeskraft nicht nachgelassen hat. Lübeck konnte ca. 70, Köln ca. 80, Hamburg über 100 Bruderschaften aufweisen, die mit dem geselligen und beruflichen Zusammenschluß den christlichen Liebesdienst über den Mitgliederkreis hinaus verbunden haben. Elendsbruderschaften wurden gegründet, die ihr oft hohes Vermögen den Armen zur Verfügung stellen[35].

4

Das Bild der Diakonie am Ende des Mittelalters

So entsteht ein eigenartiges Bild von der mittelalterlichen Diakonie, die sie schroff von der altkirchlichen abhebt. Die bischöfliche und die gemeindliche Diakonie büßte bereits am Anfang der Zeit ihre Führung ein, die Klöster und Stifte verloren sie im Frühmittelalter. Die Laienbewegung christlicher Bruderschaften hat durch fast zwei Jahrhunderte hindurch im hohen Mittelalter die kirchliche Diakonie getragen. Starke Impulse strahlte sie auf die

Ritterorden und selbst auf die Bettelorden aus. Am Ende des Mittelalters lebte sie in der Opfer- und Liebeskraft eines „städtischen bzw. bürgerlichen“ Christentums wieder auf. Wenn auch die Stadtobrigkeiten ihre starke und ordnende Hand auf die Stiftungen legten, ist jene Unmittelbarkeit des Opfers und der Liebesbereitschaft nicht verloren gegangen. Freilich auf dem Lande geschah wenig oder nichts.

Die Weltkirche mit dem Papsttum an der Spitze, die Leiterin und Seelsorgerin der Völkerwelt, hatte auf eine geschlossene kirchliche Diakonie verzichtet und kapitulierte vor dem Personalismus der germanischen Feudalwelt, welche die soziale Ordnung in eine Fülle unübersichtlicher Privilegien, rein personaler und privater Vergünstigungen bzw. Rechtsverhältnisse zersplittert und aufgefasert hatte. Der Sieg des germanischen genossenschaftlichen Denkens, der die Selbsthilfe der einzelnen Gruppen und das Gruppendenken ermöglichte, verhinderte in den mittelalterlichen Stadtgemeinden die Wiedergewinnung des urchristlichen Gemeindegedankens.

Seit Karl dem Großen hat keiner der Kaiser mehr den Versuch unternommen, wirklich Schutzherr der Armen und Entrechteten zu sein und die Massennöte durch sein Eingreifen in die eingespielte soziale Ordnung bzw. Unordnung wirksam zu bekämpfen und dem Übel zu steuern.

Eine durchgreifende Bekämpfung der Massennöte wurde auch durch die religiöse Überbewertung des armen Menschen verhindert. Der Arme wurde als Repräsentant des armen und leidenden Christus angesehen und die Armeleutenot damit religiös verklärt, ja gerechtfertigt. Die Predigt der alten Kirche, daß man durch Almosen himmlischen Lohn erwerbe, wurde im Mittelalter naiv und ungeprüft fortgesetzt. Die ganze Werkfrömmigkeit, wie sie in der mittelalterlichen Theologie ausgebaut worden war, ermunterte diese Haltung. Man wird sich aber hüten müssen, hier zu verallgemeinern. Wie in der alten Kirche der Strom echter und unmittelbarer Liebesgesinnung nicht aufhörte, so ist viel helfende Liebe im Mittelalter aus einer echten, vom Worte Gottes gespeisten und in der Nachfolge Christi bewährter Barmherzigkeit geflossen, die im Anblick der geschenkten Gnade sich klärte[36].

C) Die Diakonie der deutschen Reformation

1

Das Luthertum

Mit der Reformation erfolgte ein Umbruch und Neubau christlicher Diakonie aus den Fundamenten des Neuen Testamentes, Luther zerstörte die naive Werkgerechtigkeit. Das christliche Herz weiß, daß es nur noch ein Werk gibt und das von Gott geboten ist und darum gut ist: das ist allein der Glaube, der sich an Christus festhält. Aus dem Glauben aber bricht die Liebe hervor. „Sieh, also fleußt aus dem Glauben die Lieb und Lust zu Gott und aus der Lieb ein frei, willig, fröhlich Leben, dem Nächsten umsonst zu dienen“[37].

Luther liegt es daran, den unlöslichen Zusammenhang von Glaube und Liebe in immer neuen Bildern zu verdeutlichen. Ein guter Baum bringt gute Früchte und wenn „uns Gott hat durch Christus geholfen, also sollen wir durch den Leib und seine Werke nit anders denn dem Nächsten helfen“[38]. Diese Hingabe bricht aus dem Glaubenden spontan hervor und er bedarf keines „lehrers guter Werke“.

Es wäre ungerecht, in der katholischen Welt, die von der Reformation nicht erfaßt wurde, die Liebe zum Nächsten um der Werkgerechtigkeit willen, als niedriger anzusehen. Das elementare Hingegebensein an die Not des Bruders hat dort nie gefehlt. Aber es war doch eine gewaltige Befreiung, daß die Reformation den Nächstendienst völlig von aller Sorge um das eigene Heil und die Verbindung mit dem Lohngedanken gelöst hat. Ganz unmittelbar durfte der Glaubende dem Nächsten zu Dienst und Hilfe sein und alle quälende Rechenhaftigkeit im Verhältnis zum Mitmenschen war aufgehoben. Luther hat wieder etwas gewußt von der tragenden Kraft der Gemeinde, die mit dem einzelnen glaubt und hofft und dient. Vor allem wurde von ihm das allgemeine Priestertum aller Gläubigen gelehrt. In allen äußeren und inneren Drangsalen darf sich der Christ der Bruderschaft erinnern, die durch das Priestertum aller Gläubigen gegeben ist. Denn dieses Miteinander im Helfen und Tragen, im gemeinsamen Einstehen im Gebet realisiert erst dieses allgemeine Priestertum. Daß „ein jeglicher gegen den anderen herzlich, mütterlich, väterlich und brüderlich sei“ wurde der Reformator nicht müde zu wiederholen[39].

Ja, Luther vermag ganz unmittelbar das altkirchliche Beispiel christlicher Diakonie zu bedenken. Die Christengemeinde solle für ihre Bedürftigen selbst sorgen. Diakone müßte es wieder geben, welche „die Güter austeilen und versorgen die kranken Leute und darauf sehen, wer da Mangel leide. Wie in der alten Kirche sollte der Bischof die geistlichen Güter austeilen, das Evangelium, „die Diakone aber, das sind die Diener, sollen das Register haben über arme Leut, daß sie versorgt werden“[40].

Diese grundsätzliche Besinnung auf den Zusammenhang von Glaube und Liebe, auf die Bruderschaft des allgemeinen Priestertums aller Gläubigen sind die großen Leistungen der Reformation. Doch der Schritt hin zu einer kirchlichen Diakonie, einer Diakonie nach altchristlichem Vorbild, das Luther hoch pries, ist nicht vollzogen worden. Luther meinte erst darauf warten zu müssen, „biß unser herr gott Christen macht“[41]. Vielleicht ist hier der Reformator zu zaghaft gewesen und manche Erfahrungen konnten ihn wirklich schrecken. Die städtische Diakonie mit ihrer obrigkeitlichen Lenkung war nicht mehr auszuschalten. Stadtgemeinde und Kirchengemeinde fielen ineinander. So suchte und fand Luther eine Zwischenlösung.

Berühmt wurden die Wittenberger, die Leisniger, die Altenburger, die Nürnberger Kastenordnung. Doch was er als Notlösung für eine Übergangszeit erstrebte, wurde verwässert und die bei diesen Armenordnungen führend beteiligten Vertreter der Stadtobrigkeiten dachten zuerst an die städtischen Belange, die ihnen näher lagen als allgemeinchristliche Gesichtspunkte.

Wenn in der Leisniger Kastenordnung Luther sich Kastenherren aus allen Ständen, auch aus dem Bauernstand wünschte, so wurde das von Anbeginn an recht unvollkommen praktiziert. Wenn Luther noch dazu im Leisniger Entwurf dreimal im Jahr eine Vollversammlung der Bürgerschaft wünschte, damit ihr Verantwortlichkeitsgefühl den wirtschaftlich Bedrohten gegenüber zunehme, so gestaltete sich dieser Plan bei der bestimmenden Vorherrschaft des Rates von vornherein anders als es Luther sich gedacht hatte[42].

Es ist aber nicht zu verkennen, daß in den evangelischen Reichsstädten ein neues Wagen und Planen entstand und man die Sorge für die vielen Armen anders und ernster anfaßte als zuvor. Man schöpfte neuen Mut angesichts einer mißlichen Situation, denn die alten Hospitäler waren fast überall überfüllt und man mußte auf neue Wege sinnen. Es sind viele gute und umfassende Ziele aufgestellt worden. Doch die Kollektenerträgnisse in den Gotteshäusern und die Einnahmen aus den freibekommenen Klostergütern, die nicht einfach von weltlichen Stellen kassiert worden waren, reichten nicht zu, eine kirchlich-bürgerliche Diakonie aufzuziehen, die auf die Dauer mehr als die allerärgste Not zu lindern und vor der letzten Verzweiflung zu bewahren vermochte. Ein übriges taten die Verarmung der Reichsstädte durch die Verlagerung des Welthandels und die politischen Katastrophen bis hin zum Dreißigjährigen Krieg, welche die Kirche völlig verarmen ließen. So wurde die Kirche vollends aus der Wohlfahrtsaufgabe ausgeschlossen und sie zu einer reinen Angelegenheit des Staates bzw. des Stadtstaates. Die öffentliche Liebestätigkeit geriet fast völlig in diese obrigkeitliche Verwaltung.

Die christliche Gemeinde gewöhnte sich daran, daß städtische bzw. staatliche Instanzen ihr diese Aufgabe abgenommen hatten. In der Reformationszeit war man darüber noch unruhig, daß der kirchliche Diakonat nicht zur rechten Geltung gelangt war. Diese Unruhe hat unter der Oberfläche immer weiter gewirkt. Spontan sind immer wieder Kollekten-Veranstaltungen im späten 16. und im 17. Jahrhundert entstanden. Um die Opfer der römisch-katholischen Gegenreformation hat man sich redlich bemüht. Selbst das Corpus Evangelicorum in Regensburg, dieses Monstrum einer sogenannten Schutzgemeinschaft protestantischer Territorien gegen römische Angriffe, hat eine umfängliche Kollektenkasse für den Geheimprotestantismus in Österreich verwaltet, die freilich 1806 eine unrühmliche Liquidierung gefunden hat[43].

Nach Kursachsen fluteten im 17. Jahrhundert über hunderttausend vorwiegend deutschstämmige Böhmen, um der zwangsweisen Rekatholisierung zu entgehen und besiedelten die Erzgebirgskämme. Nach Schwaben und Franken wanderten ungezählte österreichische Glaubensflüchtlinge ein, welche die vom Dreißigjährigen Krieg dezimierte Bevölkerung auffüllten[44]. Salzburger folgten um 1732. Auch hier brandete wieder eine Woge evangelischer Hilfsbereitschaft auf und bekundete sich in spontan veranstalteten Kirchenkollekten. Die Hugenotten kamen. Diese ganzen Flüchtlingsgruppen haben wie zu allen Zeiten gewiß über Benachteiligungen und sturen Egoismus der Alteingesessenen, die nicht zusammenrücken und etwas teilen wollten, klagen müssen. Doch ist hier neben diesem Menschlich-Allzumenschlichen und Schnöden viel echte Hilfsbereitschaft aufgebrochen. Man hat hinter den heimatlosen Glaubensfreunden doch wieder den heimatlosen Christus geschaut[45].

Die Märtyrergeschichte des nachreformatorischen Waldensertums bewegte das ganze protestantische Europa. In vielen Gebieten der Schweiz und Deutschlands, in Hessen-Kassel, Hessen-Darmstadt, Brandenburg und in Württemberg sind Waldensergemeinden entstanden. Sie, die bettelarm kamen, fanden Hilfe. Man hat in ganz Europa, nicht nur in England und Holland, auch in Deutschland kollektiert für die Waldenser, die in ihrer Heimat verblieben, vom 17. bis ins 20. Jahrhundert[46].

2

Die reformierte Welt – Zwingli – Butzer – Calvin
Flüchtlingsgemeinde in Emden
Kirchliche Diakonie in Holland

In den reformierten Gebieten hat Huldrych Zwingli für Zürich eine städtische Leitung des Armenwesens akzeptiert. Hermann Butzer in Straßburg trat immer stärker für eine wahrhaft kirchliche Diakonie ein und wünschte die Einführung kirchlicher Diakone. Für ihn war die Kirche eine selbständige Glaubens- und Lebensgemeinschaft, die die Liebestätigkeit als eine ihrer wesentlichen Aufgaben ansieht. Die staatliche Armenfürsorge sah er nur für einen Notbehelf an, der bald abgelöst werden sollte. Die Ungunst der Verhältnisse hat ihm die Verwirklichung seiner Ziele in Straßburg versagt[47]. Doch haben seine Gedanken im reformierten Raum stark nachgewirkt.

Auch Johannes Calvin (1509–1564) hat die Genfer Kirche nicht nach seiner Einsicht umgestalten können. Der Genfer Rat verzichtete nicht auf ein weitgehendes Mitspracherecht bei der Verwendung der diakonischen Mittel und behielt die Verwaltung des Kirchengutes fest in eigenen Händen. So waren die Diakone, welche die Genfer Kirche neben Pfarrern, Lehrern und Ältesten amtieren läßt, an die Weisungen des Rates gebunden und es lief schließlich nicht viel anders als in lutherischen Reichsstädten. Anders war es, wo Freiwilligkeitsgemeinden entstanden, wie unter den reformierten Flüchtlingen, die nach 1553 aus England, den Niederlanden und Frankreich in Emden zusammenströmten und die unter ihrem Superintendenten A Lasco zu einer „Diakonie der Fremdlings-Armen" zusammengefaßt wurden. Die Hauptlast übernahmen die vermögenden Schicksalsgenossen. Ihre Bevöllmächtigten zogen diese Beiträge ein und kollektierten regelmäßig bei den Emdner Bürgern[48]. Hier wie auch bei anderen Freiwilligkeitsgemeinden erstand wieder die kirchliche Diakonie, welche die Fürsorge für ihre armen Glieder selbst übernahm.

Wohl nur in einem Lande ist noch versucht worden, eine rein kirchliche Diakonie aufzubauen: in Holland. Hier wirkte das Vorbild A Lascos in seiner Londoner und dann in seiner Emdner Flüchtlingsgemeinde stark nach. So wurde schon vor Beginn des Freiheits- und Glaubenskampfes im niederländischen Glaubensbekenntnis niedergelegt, daß es neben dem Amt des Pastors auch das des Diakons und des Ältesten geben sollte. Die Dordrechter Synode erkannte 1619 an, daß es neben dem Predigtamt, dem Gebrauch der Sakramente und der öffentlichen Anrufung des Herrn den Dienst des christlichen Almosen gibt. Nach der Dordrechter Synode versuchte man in allen Städten und Dörfern der verschiedenen Provinzen diesen gemeindeamtlichen Diakonat einzurichten. Man stieß aber auf den harten Widerstand der Magistrate, die vom humanistischen und praktischen Gedanken wie von einer neuen erasmischen Toleranz aus die Verwaltung aller kirchlichen, geistlichen und Armengüter an sich gerissen hatten, als mit der Reformation die Macht der katholischen Hierarchie gebrochen war.

In Holland fügte sich die Kirche aber nicht wie in vielen anderen protestantischen Kirchengebieten in diese Situation, sondern versuchte mit wechselndem Erfolg den amtlichen Gemeindediakonat durchzusetzen. Die Hospitäler, die Waisenhäuser, die Altersheime blieben aber fest in der Hand der Magistrate, die den Hilfsbedürftigen ohne Unterschied des Glaubensbekenntnisses zugute kamen. Die Kirche mußte sich auf die nichtinstitutionelle Diakonie beschränken und sich auch hier viel Einschränkungen gefallen lassen. Die politische, religiöse und soziale Situation war auch zu vielschichtig, als daß die Diakonie durch einen einfachen Federstrich der Kirche allein überlassen werden konnte.

Neben die offizielle Wohlfahrtspflege der Obrigkeit trat also der kirchliche Diakonat und hat in der Betreuung von Alten, Witwen und Waisen in dem reichen Holland in oft großzügiger Weise geschehen können. Den Bettlern wurde Arbeit verschafft und z. B. auch viele „Hofjes" – Altersheime geschaffen, welche den Insassen eine intime Geborgenheit in kleinen eigenen, von einander abgeschlossenen Wohnungen unter einem gemeinsamen Dach, um stille Innenhöfe gelegen, gewährten.

Wie sehr man hier an die Schranken der Stände gebunden war und damit weit entfernt von der Liebesgemeinschaft der alten Kirche, erzeigt das 1619 in Dordrecht genehmigte und bis 1955 verwendete Einsegnungsformular der Diakone: „Seid wohltätig, ihr Reichen, gebt reichlich und teilt gern mit. Und ihr Armen, seid geistlich arm und betragt euch in aller Ehrfurcht gegenüber euren Versorgern, seid dankbar gegen sie und murrt nicht. Folgt Christus um die Speise der Seele und nicht wegen des Brotes. Der gestohlen hat, stehle nicht mehr, sondern arbeite lieber, wirkend was gut ist mit seinen Händen, damit er denen, die in Not sind, zu geben habe"[49].

Wie weit hat sich dieses brave Formular mit seinem moralischen Ton von dem entfernt, was 1. Joh. 3, 14 aussagt oder Matthäus 25, 35–39! Auch diese kirchliche Diakonie der Niederlande ist verbürgerlicht wie die ganze amtliche Diakonie im europäischen Protestantismus. Persönliche Opferwilligkeit fehlte nicht und füllte den holländischen Diakonen die Hände und doch kam es nach 1700 zu einem Todesschlaf der Diakonie, in dem sie ihr Dasein in immer leiseren Atemzügen fristete und eben dadurch nicht sterben konnte. Aber gerade in diesem Zustand hat sie der Kirche im 19. Jahrhundert, als die Not der Welt an ihre Türen klopfte, mehr geschadet als gedient[50]. Sie stand mit ihren veralteten und verbürgerlichten Formen einer abgestandenen Zeit einfach im Wege und ging nicht aus dem Wege!

Über die bürgerliche Diakonie im Protestantismus, wie sie sich nach der Reformation herausgestaltet hat, steht die Frage offen: „Es geht... durch die Welt ein Schrei nach individuellem Erbarmen, nicht nach anstaltlicher Abfertigung, nicht nach Kasernierung einer zünftigen Barmherzigkeitserweisung: Jesu, lieber Meister, erbarme dich meiner!"[51]. Luthers Unruhe über den Abstand einer städtischen bzw. staatlichen Armenpflege vom altkirchlichen Diakonat mußte wieder aufbrechen.

2. Kapitel

Vorläufer im Pietismus
Spener — August Hermann Francke — Zinzendorf
Die Liebesarbeit der Aufklärungsgesellschaft

1

Der Dreißigjährige Krieg – Aufrichtung schroffer Standesunterschiede – Erschütterung der Frömmigkeit

Der Dreißigjährige Krieg bedeutet für die Geschichte der Diakonie einen tiefen Einschnitt. Ihr Schnürpanzer wurde noch enger gezogen. Das muß kurz dargestellt werden.

Der Hauptverlierer des Krieges war ohne Zweifel der Bauer. Die Städte konnten sich durch ihre Mauern immer noch besser vor den Kriegsfurien schützen als die unbewehrten dörflichen Siedlungen. Vieh und Saatgut fehlte. Nach dem Krieg waren zudem in Ostpreußen die Tataren 1656/57 eingefallen und hatten etwa 100 000 Menschen das Leben geraubt. 1709 zog über das gequälte Land die Pest und drang bis vor die Tore von Berlin. Etwa 155 000 Menschen wurden hingerafft. Auch in Süddeutschland sah es nicht besser aus. In weiten Teilen Bayerns lag über ein Drittel des Bodens wüst da. Die Bevölkerungszahl in den Reichsstädten verminderte sich auch Ende des 17. Jahrhunderts unablässig.

Unter den oft trostlosen Bedingungen schied das Bauerntum aus dem geistigen und politischen Leben der Nation fast völlig aus. Das Bürgertum lebte mühsam dahin. Vom alten Glanz reichsstädtischen Bürgertums zur Reformationszeit war nicht viel übrig geblieben. Das Handwerk lag infolge allgemeinen Geldmangels darnieder. Das Bettelwesen nahm zu und gewann einen bösartigen und gewalttätigen Charakter, weil sich viele abgedankte Soldaten zu geschlossenen Trupps zusammenfanden und oft drohend auftraten. Entsprechend waren die Strafen. Noch 1735 verfügte der König von Preußen, daß Hausdiebe, die sich einen Wert von über drei Talern angeeignet haben, vor der Stätte ihrer Tat aufzuknüpfen waren. Der Strick war schnell zur Hand.

Der Adel konnte die Vermögensverluste des Krieges oft am schnellsten ausgleichen, vor allem in Norddeutschland mit dem berüchtigten „Bauernlegen“[1]. Für einen Großteil des Landadels aber blieben die Lebensumstände dürftig und er verbauerte. Ein schroffer Unterschied zwischen diesen „Krautjunkern“ und dem Hofadel, der die französischen Sitten kultivierte, bahnte sich an.

Die gesellschaftlichen Unterschiede wurden aufgerissen wie nie zuvor. Der adlige „Cavalier“ hielt sich die

„Canaille", d.h. die anderen Schichten vom Hals. Das Schloß wurde durch Park und Eisengitter von der Umgebung abgesondert. In den Gotteshäusern wurden die Betstübchen eingebaut. Beim Abendmahl trat man nach dem Rangunterschied zum Altar vor. Der Küster gab jeweils das Zeichen, wer vortreten durfte. „Das traurige Schlußlicht für seine Bemühungen war das Trinkgeld." Das vornehme Begräbnis wurde bei Fackelschein ohne Leichenrede des Geistlichen nächtens vollzogen. Die Gottesdienstgemeinde wurde in ihrer Sitzordnung zum Spiegelbild der irdischen Gesellschaftsordnung, und für die an den Rand geschobenen niederen Bevölkerungsschichten war die Kirche hier ein Ort der Demütigung wie der Alltag[1+]. Die soziale Stellung des Geistlichen war nach dem Dreißigjährigen Krieg gesunken. Der Pfarrer wurde wie die übrigen Bürgersleute vom Adel von oben herab angesehen. An den Höfen war an die Stelle des früher fast allmächtigen Hofpredigers als Gewissensrat des Fürsten der gebildete, weit gereiste und philosophisch interessierte Leibarzt getreten.

Am schlimmsten stand es wirtschaftlich in den Städten wohl um die Manufakturarbeiter in den Manufakturen, zumeist Textilwerkstätten. Sie waren die Vorläufer des „vierten Standes", entblößt von allem Schutz einer Berufsgenossenschaft, wie sie die Handwerker in ihren Zünften besaßen.

Dazu trat eine innere Krise der vorherrschenden Orthodoxie. Vom allgemeinen Priestertum sprach man nicht mehr. Die von Luther überwundene Scheidung zwischen Geistlichen und Laien war durch die Hochschätzung des geistlichen Amtes wieder aufgerichtet worden. Der Geistliche wachte über der Reinheit der Lehre und der Rechtgläubigkeit der Gemeinde. Die Verschärfung der Standesunterschiede bis hin ins kirchliche Leben vermehrte eine im Dreißigjährigen Krieg schwelende kirchen- und sozialkritische Stimmung. Eine ausgesprochen kirchenfeindliche Stimmung, die der Separatisten, zeichnete sich in Europa ab, ihren Höhepunkt gewann sie in Deutschland zwischen 1690 und 1730. Ein heimlicher Atheismus grassierte[1++]. Eine Fülle von Reformvorschlägen tauchten auf. Eine bestimmte Richtung in der Orthodoxie nahm sie begierig auf (Reformorthodoxie).

2

Spener, der Vater des Pietismus – Sozialkritik und Sozialpolitik Speners – Erneuerung der öffentlichen Armenversorgung – Das Armenhaus in Berlin

In dieser allgemeinen Gärung erschienen im Jahre 1675 Philipp Jakob Speners (1635–1705) „Pia desideria" (Fromme Wünsche), die Programmschrift, um die sich eine neue Frömmigkeitsbewegung, der Pietismus, zusammenscharte. Spener wurde damit der Vater des Pietismus. In sechs klaren Punkten vereinigte er die Reformwünsche zur Besserung der Kirche und des Lebens der Christen. Er forderte u. a. die Wiederbelebung des allgemeinen Priestertums und Freiheit für eine Laienaktivität innerhalb der Kirche. Den Laien sollte die Möglichkeit geboten werden, in Bibelstundengruppen sich gemeinsam mit einem Geistlichen um die Bibel zu scharen. Gegenüber einer toten Rechtgläubigkeit forderte er einen Glauben, der durch die Liebe tätig sei und erneuerte das Anliegen Luthers, daß beides unlöslich zusammengehöre: Glaube und Tat[2].

Gegenüber dem Pessimismus, welcher weithin die Orthodoxie im Blick auf die Zukunft bewegte, sprach Spener von kommenden großen Zeiten, von weiten Missionsmöglichkeiten in der ganzen Welt, von einer Hinwendung des jüdischen Volkes zum Christentum und einer Überwindung der Gegenreformation. Es lohnte sich wieder, für den Christenglauben zu arbeiten[3].

Die sozialkritischen Töne, wie sie im 17. Jahrhundert von vielen Seiten, nicht nur bei den Spiritualisten, aufklangen, verwoben sich damit. Schon in Johann Arndts „Wahrem Christentum", dem Erbauungsbuch lutherischer Geschlechter durch Generationen hindurch, zeigte sich ein starkes soziales Pathos. Bei der Eigentumsfrage fallen die Worte: „Das Feuer brennt für die Armen wie für die Reichen"; „Wer seinen Bruder nicht liebt, wie kann er Gott lieben?"[4]

Johann Arndt trägt mit seinem Andachtsbuch das soziale Anliegen, die Unruhe ins deutsche Haus. Die krassen gesellschaftlichen Unterschiede werden nicht als unabwendbar angesehen. Philipp Jakob Spener nimmt in der erwähnten „Pia desideria" diesen Ruf nach sozialer Umgesinnung und sozialer Tat auf: „Die Armut ist ein Schandfleck unseres Christentums." In seinen Predigtreihen über Johann Arndts „Wahres Christentum" fordert Spener eindeutig „eine andere gemeinschaft der güter ganz notwendig". Unser Hab und Gut ist als „ein gemeinschaftliches Gut" anzusehen[5].

Die Kirche in ihrer gesellschaftlichen Struktur war auch für Spener daher zu schwerfällig. So verlangte er die Freiheit, daß Christen, denen es ernst ist, sich zu Sozietäten zusammenschließen und für die Arbeit im Reiche Gottes vereinigen können. Von dem einzelnen Christen verlangte er Selbstverleugnung und christliche Liebe in den Pflichten des Berufes. Gegenüber den spezifischen Sünden des 17. Jahrhunderts: Verschwendung und Trägheit forderte er Sparsamkeit und Verzicht auf Mitteldinge, wie Trinkgelage, Tanzen, Kleiderluxus, Besuch von Komödien, welche die „edle" Zeit verprassen[4+]. Von dem Fürsten erwartete er, daß er sich um die Wohlfahrt seiner Untertanen kümmere. Dazu sei er in sein fürstliches Amt gerufen. Der Staat habe für seine Armen zu sorgen.

Hier setzt auf einmal mitten im deutschen Protestantismus ein aktives sozialpolitisches Wollen ein. Dieser Pietismus verpflichtete alle Menschen, die Gott persönlich begegnet sind und seinen Ruf zur Nachfolge vernommen haben, sich hier einzusetzen.

Spener geht voran. Das planlose Geben von Almosen verwerfend, hat er schon 1666 als Senior der Frankfurter Stadtgeistlichkeit die Armenpflege der Stadt neu geordnet[6]. Er wurde dadurch weit in Deutschland bekannt. Kurfürst Friedrich III. ersuchte ihn 1693 um ein Gutachten zur Behebung der Bettelplage in Berlin. Berlin wuchs damals in einer Generation um 30000 Menschen auf 50000. Darunter sah man viele abgedankte Soldaten, Witwen und Waisen gefallener Söldner. Die soziale Not war unbeschreiblich, Frauen und Töchter verdingten sich zahllos der Prostitution. Spener will in seinem Gutachten das Almosengeben durch die Beschaffung von Arbeitsplätzen ersetzen. Invaliden, Witwen und Waisen sollen in öffentlichen Anstalten menschenwürdig versorgt werden und zwar ohne Ansehen der Person und des Glaubensbekenntnisses. Die Finanzierung übernimmt die Bürgerschaft durch wöchentliche Haussammlungen, der Staat zahlt für die abgedankten Soldaten einen Zuschuß. Die Verwaltung des Arbeits- und des Armenhauses liegt in den Händen eines von der Bürgerschaft gewählten Zwölferausschusses unter dem Doppelvorsitz der beiden Berliner Pröpste. Diese „Hauptarmenkasse" wurde 1695 vom Kurfürsten geschaffen. Für einige Jahre verschwanden die Bettler aus dem Straßenbild der Stadt. 1702 entstand das „Große Friedrichshospital", das Armenhaus, aus dem die Berliner Charité, ein Waisenhaus und ein Irrenhaus hervorgingen. Bereits zwei Jahre nach Errichtung wurden nahezu 2000 Personen hier unterstützt[7].

An vielen Orten Deutschlands sind dann in schneller Folge ähnliche Stiftungen entstanden, z. B. 1725 das große Militärwaisenhaus in Potsdam. Diese Hospitäler besaßen gewiß schwere Mängel. Doch bedeutete es einen großen sozialen Fortschritt, denn nach dem Dreißigjährigen Krieg hatte die öffentliche Armenfürsorge fast völlig stillgelegen. Wenn Uhlhorn richtig bemerkt hat, daß Deutschland nach dem Dreißigjährigen Krieg mit seinen unzähligen Höfen, welche die Bevölkerung auspreßten, um Versailles nachspielen zu können, kein fruchtbarer Boden für eine neue Sozialpolitik war, so ermißt man die Bedeutung dieses Vorgehens Speners[8].

Der Staat und bestimmte Kreise innerhalb der evangelischen Kirche, die verachteten Pietisten, waren wieder aktiv geworden und unternahmen einen Gegenangriff gegen die soziale Not mit neuen Gedanken und Zielsetzungen.

3

August Hermann Francke – Neue Epoche christlicher Anstaltsdiakonie – Das Hallesche Waisenhaus – Ein Glaubenswerk – Vorbildliche Hygiene – Spendefreudigkeit

August Hermann Francke (1663–1727), der Spener-Freund und Spener-Schüler, hat sich zuerst innerhalb dieser Zielsetzungen seines Meisters bewegt. Seine „Glauchaische Armenordnung" von 1695, die er als Ortspfarrer dieser Halleschen Vorstadt neu ordnet, läuft noch in diesen traditionellen Bahnen einer öffentlichen Wohlfahrt unter kirchlicher Mitbeteiligung durch Klingelbeutelbeiträge, wenn er auch die Gesamteinnahmen dieser Armenkasse durch neue Gebührensätze energisch anhebt. Nur gegen den herrschenden Lokalegoismus, der Ortsfremde abweist, wandte sich Francke. Die damalige grausame Praxis, erkrankte Arme und Landstreicher mit einer „Krüppelfuhre" auf die Landstraße hinauszufahren und an der nächsten Ortsgrenze abzusetzen, wo man sie wieder weitertrieb, war für ihn mit Christi Liebesgebot unvereinbar[9].

Durch eine geringfügige andere Gelegenheit wurde dieser sozialkritische Pfarrer und Professor an der neugegründeten Universität Halle aus allen bisherigen Traditionen herausgerissen. Eine neue Epoche christlicher Diakonie beginnt.

Vier Taler und sechzehn Groschen findet Francke einmal in der Armenbüchse.

„Als ich dies in die Hände nahm, sagte ich mit Glaubensfreudigkeit: Das ist ein ehrlich Kapital, davon muß man etwas Rechtes stiften: ich will eine Armenschule anfangen. Ich besprach mich nicht darüber mit Fleisch und Blut... Um Ostern 1695 fing ich die Armenschule mit so geringem Vorrat an. Denn die oben erwähnten vier Taler und sechzehn Groschen sind der rechte Anfang und das erste Kapital, woraus nicht allein die Armenschule angerichtet, sondern auch sofort hernach das Waisenhaus veranlasset und erwachsen ist" [10].

Im Vertrauen auf Gott gewinnt Francke Neuland. Er ist bereit, von der Hand in den Mund zu leben, ohne staatliche Unterstützung, ohne Stiftungskapital und feststehende Einnahmen. Der Mann, der durch radikale Zweifel hindurchgegangen war und dem sich Gottes Wirklichkeit mit ursprünglicher Gewalt aufgedrängt hatte, ist mit erstaunlicher innerer Sicherheit den Weg gegangen. In unglaublicher Schnelligkeit, nicht nach einem vorgefaßten Plan, aber auf dem Boden eines unerschütterlichen Glaubens, daß Gott ihn nicht in Stich läßt, entwickelt sich die Arbeit fast sprunghaft.

Er ist ein moderner Mensch. Seinen treuen Mitarbeiter Neubauer sendet er in die reiche Bürgerkultur Hollands mit ihren in Europa zweifellos führenden sozialen Einrichtungen.

Zum ersten Mal in Deutschland trennt August Hermann Francke, was Spener noch nicht vollzogen hatte, das Waisenhaus von der üblichen Verquickung mit dem „Armen-, Arbeits- und Zuchthaus".

Das Waisenhaus, das Francke in Halle erbaut, ist das modernste in Deutschland. Die Fragebogen, die sein Mitarbeiter Neubauer nach Holland mitgenommen hatte, sind ein Vorläufer moderner Hygieneforschung. In einem Zeitalter, in dem man an körperlicher Unsauberkeit keinen Anstoß nimmt, ist hier gefragt worden: „Womit reiben die Kinder sich die Zähne beim Mundspülen? Baden die Kinder etwa zuweilen? Wieviel Personen sind zum Kämmen und Bürsten da? Was für Mittel gegen Grind, Krätze, Ungeziefer sind vorhanden? Wie vermeidet man Ansteckung?"[11]. Entsprechend wird das neue schloßähnliche Waisenhaus in Halle eingerichtet.

Es ist noch keine Erziehung nach dem Familienprinzip in kleinen Gruppen. Aber sie ist auf dem Weg dahin, da überall große Klassen vermieden werden. Die erstrebte starke seelsorgerliche Führung des einzelnen zielte in die Richtung auf kleine, überschaubare Kreise.

In seinen „Segensvollen Fußstapfen" hat Francke dieses Glaubenswagnis seiner Schulgründung beschrieben. Keine Kollekten wurden erbeten, keine Bittbriefe geschrieben. Die Kassen waren oft leer. Franckes unverheiratete Mitarbeiter haben in den ersten Zeiten – nach der Losung der Bergpredigt: Wer da hat zween Röcke, der gebe dem, der keinen hat – einmal Anzüge verkaufen müssen, um nötige Ausgaben für die Waisenkinder bestreiten zu können.

„Solche Stunden nun der Prüfung und äußersten Armut sind mir bei dem Werk nicht einmal, sondern vielmal, daß ichs nicht zu zählen weiß, auf den Hals gekommen, da ich nicht allein nichts gehabt, sondern auch nichts zu kriegen gewußt. Anfangs gedachte ich, wenn die Stunde komme, da die Hilfe nötig wäre, so würde Gott schon mit seiner Hilfe da sein. Aber ich mußte lernen, was das heißet: Meine Stunde ist noch nicht gekommen und daß Gott oft gar eine andere Stunde zu helfen setzet, als wir uns etwa in unserer Not unterstehen, ihm vorzuschreiben. Auf solche Weise lernet man das Wort des Davids verstehen: Ach du, Herr, wie lange? Psalm 6, 4. Es ist oft und vielmals geschehen, daß ich keinen Heller mehr übrig gehabt, obwohl an den nächsten Tag das Marktgeld hat auf zwei- bis dreihundert Personen da sein müssen. Ich habe manchmal auch diejenigen Pfennige und andere kleine Münzen zu Hilfe nehmen müssen, die etwa dazu beigelegt worden, daß man bei dem übrigen Anlauf der Armen vor der Tür etwa zur Hand hätte. Was man nicht zur höchsten Notdurft sonst gebraucht, hat man zu Geld machen und dafür Brot kaufen müssen." ... „Es ist einmal geschehen, daß der Wirtschaftsverwalter, da er bei mir nichts gefunden, mit Schmerzen gesucht, wie er nur ein paar Groschen bekommen möchte,

daß er etliche Lichte auf den einen Abend kaufen könnte, damit die Kinder nicht im Dunklen sitzen dürften und hat eher nichts angetroffen, als bis es schon dunkel geworden war" [12].

Von der Hand in den Mund leben müssen und doch nicht untergehen, steht in der Anfangsgeschichte der Halleschen Stiftungen unverlöschlich geschrieben. Eine Geschichte der Diakonie in der Neuzeit zu schreiben, ohne hinzuweisen, wie oft sich das im 19. und im 20. Jahrhundert in den Werken der Inneren Mission buchstäblich wiederholt hat, heißt wissentlich und unwissenschaftlich Fakten zu unterschlagen.

Franckes Tatsachenberichte aus den schweren Gründungsjahren mit den wunderbaren Gebetserhörungen inmitten vieler Sorgen haben immense Wirkungen ausgelöst. Neben den jugendlichen Mitarbeitern Franckes, mit ihm zu jedem Opfer bereit, sind es die Studenten gewesen, welche die Kunde von diesem Wagemut ihres Professors in alle Welt hinausgetragen haben. Sie sind vor die Standesherren auf den Schlössern getreten und haben begeistert davon berichtet. Studenten nehmen in den Gebetserhörungen Franckes eine bedeutsame Stelle ein. Sie stehen oft mit irgendeiner Gabe freudestrahlend im rechten Augenblick vor Francke. Innerhalb und außerhalb Deutschlands, z. B. auch in London, bildeten sich unter dem Adel und dem aufstrebenden Bürgertum Freundeskreise, die ihm in zunehmendem Ausmaß die Mittel zu einem großartigen Ausbau des Werkes darreichten.

4

Diakonischer Aufbruch mit evangelistischen, pädagogischen und sozialen Zielen verbunden – Pädagogik aus Glauben – Hallesche Pädagogen knüpfen ökumenische Verbindungen

Der nicht abreißende Strom dieser Gaben ist vielleicht nicht einmal so bedeutsam wie eine andere Tatsache. Francke hat vielen Tausenden inmitten der damaligen Glaubenskrise Europas wieder Mut gemacht, mit dem lebendigen Gott zu rechnen und sich nicht mit einem fernen Weltenbaumeister zu begnügen, der sich nicht um die in Gang gesetzte Schöpfung, die wie ein Uhrwerk nunmehr selbsttätig ablaufe, kümmere.

Ein neues Geschlecht, das nicht mehr nach Väterweise sich auf die Autorität stützen wollte, sondern selbständig in Werkstätten experimentierte, um auf der via experimentalis Gewißheit zu erlangen, horchte auf, als ihm Francke zeigte, daß man mit Gott Erfahrungen machen kann. Der Glaube lebt nicht von Erfahrungen, aber er macht Erfahrungen.

In dem diakonischen Aufbruch bei Francke verbinden sich, für die Folgezeit von tief bestimmendem Einfluß auf die christliche Diakonie, evangelistisch-missionarisches Wollen mit sozialen und pädagogischen Zielen.

Die Pädagogik Franckes in Universität und Schule wurde dadurch bestimmt. In all den verschiedenen Anstalten der Halleschen Schulstadt, in der zuletzt fast 3000 Schulkinder und Studenten täglich zusammenströmten, sollte die Jugend zu gläubigen, im Leben überall brauchbaren, hilfsbereiten Menschen erzogen werden, voll sprühender Aktivität und jederzeit bereit, sich der Arbeit für das Reich Gottes zur Verfügung zu stellen [13].

Seine neuartigen Schulmethoden gehen auf Anregungen der Schulreformer des 17. Jahrhunderts zurück und sind doch etwas Unauswechselbares und Neues geworden, die ihn bald zu einer europäischen Berühmtheit stempelten. In seiner Schulpyramide finden wir neben der Freischule die Bürgerschule. Für Söhne adliger Familien entstand das „Pädagogium regium", während für begabte Bürgersöhne die Lateinschule, die zur Hochschulreife führte, als Parallelgründung ausgebaut wurde. Francke suchte begabte Kinder aus allen Schichten, um sie als Mitarbeiter für das Reich Gottes auszubilden. Darum förderte er selbst ärmste Kinder bis zur Hochschulreife. Damit war das bisherige Bildungsprivileg der höheren Stände prinzipiell durchbrochen, wenn auch Francke im Schulsystem die bisherige ständische Ordnung weitgehend praktisch akzeptierte.

Von wesentlicher Bedeutung erwies sich der Ausbau des Mädchenschulwesens. Über tausend Mädchen besuchten gleichzeitig seine Schulen. Mit der Gründung eines ersten Mädchengymnasiums, auch wenn es nicht recht florierte, waren grundsätzlich dem weiblichen Geschlecht alle Bildungsmöglichkeiten bis zur Hochschulreife erschlossen. Francke gehört zu den ersten Pionieren einer umfassenden Mädchenbildung, für die er rückhaltlos eingetreten ist.

In der Lehrerbildung beschritt Francke neue Wege. Seine ersten Lehrer fand er unter blutarmen Studenten, die für einen zweistündigen Unterricht täglich einen Freitischplatz in den Stiftungen empfingen und sich gegenseitig durch Hospitieren etc. förderten. Aus diesem lose organisierten „Seminarium Praeceptorum" entstand ein „Seminarium Selectum Praeceptorum", in welchem zehn der besten Studentenlehrer aus dem Vorseminar eine zweijährige sorgfältige Ausbildung genossen. Hier liegen die Anfänge einer geordneten Lehrerbildung in Deutschland überhaupt.

Hemmungsloses Prügeln, das bis ins 19. Jahrhundert das Schulwesen belastet hat, wurde hier unterbunden. Bei ständiger Beaufsichtigung der Jugend in Unterricht und Freizeit war aber das

Spiel nicht verboten. Gewisse Grenzen ergaben sich aus den Zeitumständen und waren ein Gebot der Sorgfalt und Liebe und müssen in diesem Gesamtrahmen beurteilt werden.

Eine gewisse Festkultur wurde von Anfang an kultiviert. Die Kinder sollten jede Woche ihre besondere Freude haben und ein kleines Geschenk empfangen [14]. Begeisterte Kinder, begeisterte Studenten haben dieser Schulstadt das erste Gepräge verliehen.

Bald erging von vielen Seiten an Francke die Aufforderung, hallesche Lehrer zur Errichtung der verschiedensten Schulen nach der modernen Schulmethode zu vermitteln. Seit 1695 knüpfen sich auf diese Weise die ersten Verbindungen mit Rußland an. Peter der Große ist brennend an Halle interessiert und die Zarin besucht die Stiftungen inkognito. Die baltischen Minister des Zaren sind persönliche Freunde Franckes. Über Holland und England erweitern sich die Verbindungen nach Nordamerika und Südafrika, über Skandinavien dehnen sie sich nach Ostindien aus, über Schlesien nach Österreich und Ungarn, Siebenbürgen und bis Konstantinopel, über die Schweiz nach Frankreich und Italien. Überall tauchen Schüler Franckes als Lehrer und Boten einer neuen Frömmigkeitsgesinnung auf. Sie suchen Verbindung zu den getrennten Kirchen, um eine ökumenische Brüderlichkeit und den Willen zur gemeinsamen Arbeit angesichts der Glaubenskrise Europas zu schaffen.

August Hermann Francke ist nach der Reformationszeit die erste große ökumenische Persönlichkeit [15].

Viele ausländische Studenten sind nach Halle an die damals modernste Universität geströmt. Die medizinische Fakultät verdankt Francke z. B. die Aufnahme einer klinischen Ausbildung der Studenten im Krankenhaus der Stiftungen.

5

Generalreformation aus den Kräften erweckten Christentums zur Umgestaltung des öffentlichen und sozialen Lebens

August Hermann Francke als Studentenvater, er gehört in die Reihe der größten, hat mit den Studenten, den inländischen und ausländischen, eine Generalreformation der Welt aus den Kräften eines erweckten und einsatzbereiten wie zeugenfreudigen Christentums proklamiert und eine Fülle vorwärtsweisender Reformpläne entworfen, die ihn zu einem Bahnbrecher als Theologen für den wissenschaftlichen Theologiebetrieb, als Pädagogen, als Soziologen, als Sozialwissenschaftler, als Hygieniker etc. machten.

Franckes Reformwille richtete sich auf die ganze Breite des damaligen Lebens, selbst das Militärwesen und die Frage des gerechten Krieges wurden in den Kreis seiner realen Verbesserungsabsichten hineingezogen. Er forderte eine Justizreform und ein allgemeines Gesetzbuch in deutscher Sprache, eine übersichtliche und verkürzte Prozeßordnung, die alle Winkelzüge abschneidet.

Das Söldnerwesen wünschte er abgeschafft, ebenso dic entehrende Prügelstrafe beim Militär. Er gab ein Soldatenbüchlein heraus.

Intensiv bemühte er sich um Hebung der Volksgesundheit durch volkstümliche Aufklärungsschriften usf.

Aus seinem königlichen Pädagogium geht ein großer Teil des preußischen Beamtentums und Offizierskorps, darunter einzelne hervorragende Vertreter, hervor. Es kommt zu einer Umformung des Adels unter dem Einfluß des Pietismus, zu einer Entfeudalisierung des Adels, der sich von der großen Lebensführung des Barocks abwendet und sich sachlichen Aufgaben zuwendet. Nach außen wird diese Umwandlung von der Kleiderpracht zum kleinen dunklen, schmucklosen Anzug sichtbar. Das ganze öffentliche und soziale Leben soll nach dem Evangelium umgeformt werden[16].

August Hermann Francke ist ein guter Europäer gewesen. So plant er ein „Seminarium universale", um auf ihm, als höchster Krönung der Universitätsbildung, eine Elite aus allen Völkern zu Trägern dieses pietistischen Reformwillens in ihren späteren Berufen auszubilden, die über ganz Europa, ja die ganze Welt ein Netz solcher Reformzentren ausbreiten sollten. Hunderte solcher jungen Männer sollten jährlich das „Seminarium universale" zu diesem Zweck verlassen. Dieser „Pflanzgarten, in welchem man eine reale Verbesserung in allen Ständen, in und außerhalb Deutschlands, ja in Europa und in allen übrigen Teilen der Welt zu erwarten hat", ist in dieser Form nicht zu realisieren gewesen.

Doch der brandenburgisch-preußische Staat hat alle Hilfsstellung nach anfänglichem Zögern und Mißtrauen geleistet. Franckes sozialpolitischer Universalismus hat erfolgreich in andere Länder ausgestrahlt. Die Forschungen darüber sind noch nicht abgeschlossen.

Seine ökumenischen Bestrebungen, die hier zu erwähnen sind, führten zu einer praktischen Arbeitsgemeinschaft mit maßgebenden Kreisen der Kirche von England und der dänischen Staatskirche für die Missionierung Ostindiens. Sie haben sich in England und Dänemark auch innerkirchlich ausgewirkt. So überwand das Luthertum durch seine und seines Sohnes Bemühungen um die Entstehung eines ersten deutschen lutherischen Kirchenverbandes in Pennsylvanien und durch die Mitsorge für die junge Missionskirche in Indien seine bisherige europäische Begrenzung.

Von seinem Wirken als „Seelsorger Deutschlands“ in allen seinen Schichten zeugen ca. 40 000 erhaltene Briefe. Die von ihm betriebene Schriftenmission erreichte eine für die damalige Zeit einmalige Rekordhöhe einer Auflage von 500 000.

Durch die Errichtung und Förderung der Cansteinschen Bibelanstalt erfuhr die Bibelverbreitung eine erhebliche Ausweitung. Der damals einsetzenden großen Bibelbegeisterung, die mit der gleichzeitig beginnenden Bibelkritik in Europa seltsam parallel läuft, ist damit eine entscheidende Hilfe zuteil geworden.

Für diese umfassenden Aufgaben bedurfte August Hermann Francke laufend großer Mittel. Nach der finanziellen Seite verkörpern die Franckeschen Stiftungen eine neue Wirtschaftsgesinnung.

Neben die traditionelle Methode, gemeinnützige Anstalten durch Spenden in Gang zu halten, trat bei Francke sofort das Bestreben, durch wirtschaftliche Unternehmungen mit hohen Gewinnquoten die finanzielle Grundlage der Stiftungen zu sichern und auszubauen. Dazu kam das konsequente Bemühen, alle erreichbaren staatlichen Privilegien und Vergünstigungen einzubeziehen. Er erkannte, daß die Spendefreudigkeit eine gewisse Grenze nicht überschreiten konnte und die Opferfähigkeit nicht unerschöpflich war. Er hat einen Teil der Spenden mit Wissen der Spender sehr früh zur Anlage von Erwerbsunternehmungen eingesetzt. Ohne zuerst feste Pläne zu besitzen, tastete er die Erwerbsmöglichkeiten ab und versuchte sich mit Großhandel, ja Fernhandel und Manufakturbetrieben. Doch konzentrierte sich der Hallenser schließlich auf den Buchhandel und den Medikamentenhandel. Er versuchte auch mit Erfolg den vertikalen wirtschaftlichen Aufbau von der eigenen Kröllwitzer Papiermühle über Druckerei, Verlag zum Buchhandel. Eigene landwirtschaftliche Betriebe und der Viehhandel im großen dienten zur Selbstversorgung und Kostensenkung.

Zu Lebzeiten Franckes sind über 100 000 Taler verbaut und über 200 000 Taler zugunsten der Schüler und Studenten verausgabt worden. Das war und blieb den Zeitgenossen etwas unerhört Neues und Aufregendes, daß ein einzelner Privatmann, ein Pfarrer und Professor, ein Vermögensloser, es im Vertrauen auf die göttliche Hilfe mit Erfolg unternommen hatte, eine solche Anstalt im größten Stil aufzubauen. Während die Spenden sich innerhalb von knapp drei Jahrzehnten auf zwölf Prozent der Einnahmen einpendelten, stieg der entsprechende Anteil an den Gesamteingängen aus eigenen Wirtschaftsbetrieben. Die höheren Schulen mußten sich freilich weitgehend selbst finanzieren. Bei aller Rechenhaftigkeit und dem Streben nach Rationalisierung blieb Francke seinem Grundsatz treu, auch die wirtschaftlichen Unternehmungen bedingungslos für seine Reichs-Gottes-Pläne und vorwiegend für den Ausbau der stiftungseigenen Freitische für Schüler und Studenten wie für die kostenlose Verteilung von Arzneien für Arme einzusetzen. Die Waisenhausapotheke hat getreu dem Vermächtnis ihres Stifters in den ersten hundert Jahren ihres Bestehens für 130 000 Taler Medikamente umsonst verteilt. In schweren Notzeiten Preußens hat Franckes Sohn und Nachfolger Tausenden von Schülern und Notleidenden unter Einbuße großer aufgestockter Kapitalmassen der Stiftungen stillschweigend geholfen. Franckes Familie selbst ist arm geblieben.

In August Hermann Francke begegnen wir innerhalb der evangelischen Diakonie Deutschlands der ersten großen charismatischen Persönlichkeit, wie sie ein Jahrhundert zuvor die katholische Kirche in Frankreich in Vincentius a Paulo (1581–1660), dessen Schöpfungen auch aus der Not hervorgegangen sind, besessen hat. Sein Charisma erweist sich in der Spontanität seiner Gründungen, der Genialität seiner Methoden, der Radikalität seines Dienstwillens und in der ansteckenden und begeisternden Wirkung, die von ihm ausging und Ungezählte zu seinen Mitarbeitern machte.

Francke hat für die Folgezeit das Modell einer diakonischen Anstaltsgemeinschaft geliefert. Als soziale Reformbewegung großen Ausmaßes hat der hallesche Pietismus erstmalig die Schwelle jenes Verharrens überschritten, in dem man immer nur geschlagene Wunden zu heilen suchte. Er hat darum gekämpft, ihre Entstehung bereits zu verhindern. Die historische Forschung sieht im englischen Puritanismus den Beginn des Kapitalismus, im deutschen Pietismus den Anfang des Sozialismus. Unverkennbar ist dabei der Einfluß der frommen Frühaufklärung mit ihrer Bildungsbegeisterung, jenes fröhlich-optimistische Zupacken der Fragen in dem Bewußtsein, daß sich unendlich viel reformieren läßt, wenn man entsprechende sozialpolitische Baupläne besitzt und über die opferbereiten Mitarbeiter verfügt. Das ist gewiß ein neuer Klang im deutschen Luthertum.

Seine größten praktischen Erfolge hat dieser hallesche Pietismus in dem Lande erzielt, das ihn schützte. Das alte Preußen ist entscheidend durch ihn mitgeformt worden. Der Weg zum sozialen Staat war für die Neuzeit zwingend. Entscheidende Entstehungshilfe im führenden deutschen Teilstaat leistete dieser Pietismus. Er hat in diesem Land nicht nur dem Staat ein soziales Verantwortungsbewußtsein zugeschoben, er hat in allen Schichten des preußischen Kirchenvolkes ein soziales Verantwortungsbewußtsein gestärkt [17].

Merkwürdigerweise ist ihm der süddeutsche, vor allem der mehr vom milden Spenerischen Geist geprägte württembergische Pietismus in dieser sozialen Unermüdlichkeit nicht gefolgt. In Württemberg geschieht hier fast nichts[18]. Nur dort wo der hallesche Pietismus unmittelbar Fuß fassen konnte, kam es zur Gründung verschiedener Waisenhäuser und zu einem beachtlichen Aufschwung des Schulwesens.

Wo man aber dem halleschen Pietismus keinen Eingang gewährte, blieb es beim alten Schlendrian. Die Waisenhäuser blieben Brutstätten früher Kindersterblichkeit, des Schmutzes und gedankenloser Lieblosigkeit, so daß im letzten Drittel des 18. Jahrhunderts die humanitäre Bewegung unterdem aufklärerischen Bürgertum nichts eiligeres zu tun hatte, als die Mehrzahl schleunigst aufzulösen und die Kinder in Familienobhut zu übergeben [19]. So alarmierend waren die Zustände.

Daß der hallesche Pietismus nicht durchdringen konnte, lag an seinem Mangel an wirklicher Volkstümlichkeit. Es haftete vor allem nach August Hermann Franckes Tod ein gesetzlich-enger Zug an ihm. Es fehlte hier das ganz unmittelbare Verhältnis zu den Gefilden der Freude, des Schönen in jeder Form. Die engen, sauberen Gassen in der Schulstadt mit ihrer betonten Schlichtheit und Strenge waren doch typisch preußisch-norddeutsch und erweckten einen kasernenartigen Eindruck [20].

Über den letzten Jahren dieses „Seelsorgers Deutschlands" liegt eine geheime Tragik. Er hat mehr erstrebt, als er erreichen konnte. Viele Pläne mußte er still zur Seite legen, Mitarbeitermangel stellte sich ein. Die Aufklärung lief ihm unter den Studenten den Rang ab. Daß er sich nicht mit den neuen geistigen Strömungen seiner Zeit auseinandersetzte, um ihnen auch denkerisch ernsthaft zu begegnen, trug daran mit Schuld. Sein Bildungsoptimismus mußte sich heilsam ernüchtern lassen. Das Böse und Abgründige in der Welt ließ sich nicht einfach überrennen. Nur durch die enge Verbindung mit der Berliner Regierung erlag er nicht den konzentrischen Angriffen einer unversöhnlichen Orthodoxie, in deren scholastischem Fachwerk kein Fach zu finden war, wohin Franckes Werk gehörte. Da er seine Zuflucht vor der mit den Landständen verbundenen Orthodoxie in Berlin suchen mußte, steigerte er bewußt alle Zentralisierungsbestrebungen der Regierung, auch ein uneingeschränktes Staatskirchentum, welches die einzelnen Gemeinden noch unselbständiger und unbeweglicher als bisher machte.

Indem Francke kleinen und entschlossenen Minderheiten, die sich in evangelischen Kirchen Europas sammelten, die Möglichkeit zur diakonischen Mitarbeit schuf, wies er einen Weg, die bewegungsunfähige Staatskirche von innen her zu mobilisieren und aus der Starre ihrer Inaktivität zu lösen. Doch sollte sich dieser Prozeß noch tief in die folgenden Jahrhunderte erstrecken ohne auszulaufen.

6

Zinzendorf und die Brüdergemeine – Modell einer diakonisch handelnden Kirche – Missionsdienst – Gemeindemäßigkeit – Bruderschaft

Neue Züge einer langsam sichtbar werdenden christlichen Diakonie trug der Reichsgraf Nikolaus Ludwig von Zinzendorf (1700–1760) bei. Er gehört zu den originellen und genialen Gestalten der Kirchengeschichte. Als Glied des alteuropäischen Hochadels ist er ein Evangelist von Gottes Gnaden, ein Missionsmann, ein wirksamer Vorbereiter auch der Ökumene geworden.

Zwei Anliegen haben ihn unablässig getrieben: „Ich habe von Kindheit auf ein Feuer in meinen Gebeinen, die ewige Gottheit Jesu zu predigen, ohne Affekt gegen andere, in herzlicher Liebe, aber mit einer hinreißenden Bewegung meines eigenen Herzens, welches lebt, wenn es davon hört." Dazu gesellte sich sein elementares Verlangen, für dieses Ziel Kampfgefährten zu gewinnen, „in Kompanie zu gehen"[21].

Sein Lebensgang wurde zugleich mit dem Aufbruch zu Christus zu einem Aufbruch zu den Brüdern. Er fand sie überall, in allen zertrennten Kirchen, unter den edelsten Vertretern des Katholizismus, im israelitischen Volk, in allen versprengten Haufen inmitten einer andersgläubigen Welt. Er konnte es nicht mit ansehen, daß sie sterben und vergessen werden sollten. Er vergaß seine eigenen Standesgenossen in der adligen Welt nicht. Obwohl man ihn im hohen Adel boykottierte, gewann er unter ihnen viele Familien zu einem selbstlosen Christusdienst.

Seine ersten wirklichen Mitarbeiter stellten sich ungesucht und ungerufen ein. Es waren Mähren, Nachkommen der in der Gegenreformation in Böhmen-Mähren ausgelöschten altehrwürdigen Brüder-Unität. Es kam fast wider Willen zu einer Erneuerung der Brüder-Unität. Sie bildete einen willkommenen Schutzmantel gegen die erbitterten Angriffe der Orthodoxie, um bleiben und wirken zu können.

Diese erneuerte Brüder-Uität wuchs sich unter Zinzendorfs gestaltendem Einfluß zur ersten deutschen Freiwilligkeitskirche, zur ältesten, kleinsten und leistungsfähigsten aus, die bald den rein deutschen Rahmen sprengte. Hier wurde der Unterschied zwischen Laien und Theologen wesenlos. Die Ämter konnten nach Begabung, Berufung und Bewährung vertauscht werden. Der Theologe als Fachmann wurde nicht verachtet, sondern benötigt, aber er blieb Bruder unter Brüdern. Eine Freikirche entstand, frei von einer Bevormundung des Staates und bewies, was eine kleine und entschlossene Minderheit an Kräften und Gaben aufzubringen vermag, wenn der rechte Geist, der Streiter- und Botengeist sie beflügelt, wie er sich in dem Herrnhuter

Losungsbüchlein ein unvergleichliches Instrument und Denkmal geschaffen hat. Hier fügten sich die Mädchen nicht nur gleichberechtigt in die „Streiter-Ehen“ ein. In einer synodal geleiteten Brüderkirche übernahmen sie auch in der Gemeineversammlung Sitz und Stimme und trugen in den Frauengruppen die Verantwortung. Die synodal verfaßte Unität bildete eine Glaubens-, Erziehungs- und Liebesgemeinschaft.

Mit den Mähren baute Zinzendorf Dörfer des Heilandes auf. Im barock-festlichen Glanz und gelöster Heiterkeit wurden sie Spiegelbilder einer erneuerten Brüderkirche, die in ihrem starken Chor- und Gemeinschaftsgeist in ihrer Mitte niemals in Stich gelassene und verratene Proletarier und keine vereinsamten und vergessenen alten Menschen gesehen hat. Mit verhaltenem Enthusiasmus wurde hier eine Bruderschaft praktiziert, für die die verschiedene Hautfarbe und die Rassenunterschiede wesenlos wurden.

Die Gemeine wurde nach Altersstufen und Geschlecht wie nach den vorliegenden familiären Bindungen in die verschiedenen Chöre eingestuft. Innerhalb der Gesamtchöre der ledigen Brüder und Schwestern wurden sogenannte Altersklassen eingerichtet. Sehr früh entstanden Brüder- und Schwesternhäuser, in denen die erwachsenen ledigen Brüder bzw. Schwestern zusammenwohnten, eine gemeinsame Lebenshaltung führten, miteinander speisten, in den verschiedenen Werkstätten der weiten Höfe arbeiteten und in den großen Schlafsälen schliefen, ihre eigenen Chorältesten und engsten Mitarbeiter aus ihren Kreisen wählten, ihre eigenen Chorandachten und Chorfeste veranstalteten. Hier entfaltete sich ein starkes Eigenleben.

Auch die Verheirateten bildeten miteinander den Chor der Ehepaare. Sie wählten ihre Vorsteher und wiesen ihre eigenen Chorfeste und Liebesmahle auf. Die verwitweten Brüder bzw. die verwitweten Schwestern zogen wieder zusammen in Witwer- und Witwenhäuser. So gab es in der Gemeine keine im Alter Unversorgten.

Die in Chören organisierte Gemeine kam täglich in den Gottesdiensten bzw. Singestunden zusammen. Da die Gemeine sich als eine Kirche zusammengefunden hatte, welche den Dienst in Mission, Diaspora und Ökumene als ihre wesentliche Aufgabe ansah und alle verfügbaren Kräfte für diese Dienstleistungen hergab, stand sie inmitten einer weltweiten Christenheit. Das machte ihren Chorgeist nicht eng, denn jeder behielt praktisch den Wanderstab in der Hand. Gebundenheit und Freiheit waren dabei aufeinander abgestimmt [22].

Man zog dorthin, wo die Menschheit am ärgsten geschlagen und entwürdigt war. Unter den Negersklaven, unter den sterbenden indianischen Völkern, unter Hottentotten und unter den Eskimos, die an die Eisränder der Menschheit abgedrängt waren, wurde selbstloser Missionsdienst geleistet. In Osteuropa half Zinzendorf mit seinen Brüdern kleinen Völkern, die Jahrhunderte hindurch die europäische Wacht gegen den Einbruch aus den Tiefen Asiens mit aufgehalten haben, zur Neugestaltung ihres religiösen, d. h. christlichen und ihres völkischen Lebens. Unter Esten, Letten und Wenden, in der Slowakei und an anderen Randstellen kam es durch diesen Dienst zu Erweckungen und zu einer Neugeburt völkischer Existenz, die sie als eine Gabe und Aufgabe Gottes neu verstehen lernten.

In dem Rahmen dieses weiten Lebenswerkes liegen die Beiträge, die Zinzendorf zur Gestaltung und Selbstbesinnung des diakonischen Werkes innerhalb der Neuzeit geliefert hat.

Zinzendorfs persönliches Christentum bestand in seiner brennenden Jesusliebe und fiel mit dem unwiderstehlichen Drang zusammen, allen und jedem Menschenbruder, der ganzen Welt, ein Zeuge Jesu Christi zu sein. Hier wurzelte sein Impuls zur pausenlosen Missionstat. Damit war ihm und den Brüdern der Weg und der Inhalt ihres Zeugendienstes zu den Nahen und den Fernen unmittelbar vorgeschrieben. Für diese weltweiten Aufgaben wollte er den fast bewegungslosen Zustand der einzelnen Landeskirchentümer aufsprengen, indem er in einer gesamteuropäischen Diasporaarbeit alle die dienstwilligen Gruppen stärkte und sammelte.

Aus diesen Häuflein stammen im 19. Jahrhundert, während die Halleschen Stiftungen längst der Aufklärung verfallen waren, weithin die ersten Männer und Frauen der Inneren Mission und Diakonie.

Für die diakonisch handelnde Gemeinde hat er in seiner Brüderkirche den folgenden Zeiten ein Modell voller Anschaulichkeit bis in die Einzelgestaltung hinein hinterlassen, eine Freiwilligkeitskirche, die Missionspflicht und Diakonie, Gemeindemäßigkeit und schlichte Bruderschaft all ihrer Glieder innerhalb einer evangelischen Christenheit noch heute verkörpert.

7

Bethlehem – eine „kommunistische“ herrnhutische Siedlung in Amerika – Freiwilligkeit und Freude

Das eindrücklichste Beispiel einer diakonisch handelnden Gemeine gab das „Lager“ Bethlehem in Pennsylvanien, wo ein Drittel der erwachsenen Glieder immer unterwegs in irgendeinem der Dienste unter deutschen Kolonisten oder unter den Indianern war. Es war ein ununterbrochenes Kommen und Gehen. Mit dem in Bethlehem verbleibenden Stammpersonal mußte für alle das Brot geschaffen werden. Dafür wurden die Opfer gebracht:

„Unser Ehevolk wohnte noch so, als wenn's auf der Reise wäre, die Männer für sich, die Frauen für sich, die Kinder für sich, nicht, als wenn wir das am liebsten hätten, sondern unsere Armut ist's, daß wir's nicht dahin bringen können, so viel zu bauen, daß ein jedes Ehepaar ein Stöckchen kriegte" [23].

Es gab in den ersten Pionierzeiten kein abgeschiedenes Familienleben, alles war gemeinsam, die Küche, die Mahlzeiten. Und doch konnte man kaum eine fröhlichere Gemeinde finden, in der so viel gesungen und musiziert worden ist. Die ersten Orgelbauer Nordamerikas stammen aus dieser Gemeine. Die Posaunenchöre haben von der Brüdergemeine aus ihren Weg in die Kirchen diesseits und jenseits des großen Meeres angetreten.

Neben Musik und Poesie äußerte sich der heiter-frohe Glaube, den die Heilandsreligion der Herrnhuter ausstrahlte, in der ganzen Gestaltung der Gemeinorte, sobald sie etwas Fuß gefaßt hatten, ob in Amerika, in England, in Deutschland. Überall entstanden schöne Gärten und Schmuckplätze im Geschmack der Zeit, Alleen und im edlen bürgerlichen Barock gehaltene buntfarbige Chor- und Gemeinhäuser mit blendendweiß abgetönten Innenräumen. Sie verrieten nicht nur den Ordnungsgeist, sondern auch den ausgeprägten Sinn für Form und stille, edle Schönheit.

Grund und Ermöglichung dieser fast franziskanisch anmutenden Heiterkeit und Gelöstheit blieb die Heilandsreligion, die überquellende Dankbarkeit für das, was Christus ihnen erwiesen hat.

„Und dieses, förmlich über Nacht entstandene, maßlos arbeitende, singende, musizierende Gemeinwesen, mit seiner peinlichen Wirtschaftlichkeit und mit seinem überströmenden Frohsinn, mit seinen Manufakturen und seinen Liebesmählern, mit seinen wogenden Kornfeldern, seinen stolzen Viehherden, mit seinem aufblühenden Handel, wie mit seinen Chorhäusern und Kinderanstalten, seinen Schulen und Missionsunternehmungen: das ist Bethlehem!" [24].

Sie verstanden zu arbeiten, zu singen, froh zu sein und zu leiden. Die Gesichter jener Männer und Frauen um Zinzendorf tragen die Spuren großer Strapazen. Ohne heroisches Pathos, von innen her durchleuchtet, erscheinen sie einfach brüderisch.

Als Pilgergemeine oft vertrieben, immer wieder den Pilgerstab in die Hände nehmend, haben Zinzendorf und die Brüder zugleich einen improvisierenden Arbeitsstil kultiviert. Niemals waren sie auf bestimmte Arbeitsmethoden eingeschworen. So gehört Zinzendorf zugleich zu den großen Befreiern der Jugend, schon weil er in einem

Jahrhundert der Schullehrer und Schulmeisterei gegen jede Form von Zwang und Furcht für eine Erziehung in Liebe, Freude und Freiheit eintrat und für die individuelle Behandlung und Entfaltung des Kindes plädierte. Das Kind sollte nobel und frei behandelt werden. Zeitlebens besaß der Graf eine ausgeprägte Vorliebe für Originale, Kopien mochte er nicht. Er forderte von den Erziehern Geduld und noch einmal Geduld, sowie ein liebevolles, intuitives Eingehen auf die Sonderart jedes Kindes. Kinder waren für ihn keine Dubletten[25].

So bildete er einen neuen Erziehertyp heran, bei dem er die stille Tugend eines feinen Taktes suchte, eine liebevolle Einfühlung und jene Zurückhaltung, die stärker durch das persönliche Wesen als durch Worte wirkt.

Auch in Zinzendorfs Leben tritt eine geheime Tragik zutage. In genial-bizarrer Weise hat er einer zutiefst im 18. Jahrhundert unsicher gewordenen Christenheit in der Sichtungszeit die ganze Größe und weite Fröhlichkeit dieser Glaubenshaltung demonstrieren wollen und hat sie dadurch nur schwer schockiert. Doch ist die Diakonie und die Innere Mission im 19. Jahrhundert nicht zu verstehen ohne diese verschwenderische Fülle von Anstößen, ohne diesen überquellenden Reichtum seiner Gedanken, seiner prophetischen Mahnungen, seines ökumenischen Vermächtnisses und des stillen Glanzes, vielleicht auch einer Sehnsucht nach jener unvergleichlichen ersten Zeit, die über den Gemeinen der Brüder-Unität noch beschlossen liegt und in den diakonischen Bereich hinüberstrahlt[25+].

8

Bettelhaftigkeit – Hungersnöte – Seuchen im späten 18. Jahrhundert – Humanitäre Liebesarbeit der Aufklärungsgesellschaft Neuer Niedergang – Bleibende Verdienste

Gegenüber dieser Weite, wie sie Gestalten wie August Hermann Francke und Zinzendorf verkörperten, die sie zu Dienern einer ganzen Christenheit machten, wirkt das, was im 18. Jahrhundert noch an diakonischen Diensten innerhalb einer Aufklärungsgesellschaft aufkam, ohne große Gesichtspunkte. Es hat wohl bald dreier Generationen bedurft, bis die Aufklärungsgesellschaft aus den engen Fragen nach der eigenen Glückseligkeit zu den Gedanken der Humanität überging, um im letzten Drittel des Jahrhunderts Taten zu vollbringen[25++].

Die entsetzliche Bettelplage, welche ganz Deutschland heimsuchte, war bereits zu einer allgemeinen Bettelhaftigkeit übergegangen.

„Es bettelte eigentlich alles – vom Staatsmann ab, der von auswärtigen Mächten Pensionen annimmt, dem Hofbeamten, der von seinen Fürsten für irgendwelche, oft nicht sauberen Dienste ein Douceur empfängt, bis zu den niedren Beamten hin oder den Bedienten in den vornehmen Häusern, deren Vermittlung ebenso erkauft werden muß“ [26].

Abends hüllten sich Handwerker mit ihren Familiengliedern in Lumpen, um die Stadt abzubetteln. Zehn Prozent der Bevölkerung lebte in Deutschland vom Bettel, in den katholischen Gebieten sah es noch trostloser aus. Die wirtschaftliche Situation war nicht günstig, im Lande stagnierte vieles, die Fürsten verpraßten die Steuern. Es fruchtete nichts, Edikte gegen die Bettelei ausgehen zu lassen oder Husaren durchs Land zur Bettlerjagd auszuschicken. Verschwanden die Häscher, tauchten die Bettler wieder auf.

Als aber in den Jahren 1772 und 1773 in Kursachsen allein durch Hungersnot und nachfolgende Seuchen 150000 Menschen hingerafft wurden und in den harten Wintern 1784 und 1785 neue Katastrophen heranbrachen, besann man sich innerhalb des aufstrebenden Bürgertums der Städte. Die so nüchtern-prosaische Aufklärungsgesellschaft erfaßte eine echte Begeisterung. Die Kirche rief man nicht, die Geistlichen beteiligten sich daran nicht in ihrer Eigenschaft als Diener derselben, sondern nur als „bewährte Menschenfreunde“. Vorbildlich hatte sich der Bürgermeister Alemann in Hannover verhalten, der während der Hungerjahre 1772 und 1773 durch Einrichtung einer Speiseanstalt und eines Armenhauses alle Bedürftigen ausreichend versorgte, so daß in der Stadt niemand umkam, während anderswo Tausende verdarben.

Zu einer Musteranstalt entwickelte Hamburg seine am 2. November 1788 eröffnete allgemeine Armenanstalt. Eine von ihrer Aufgabe begeisterte Schar aus der Bürgerschaft durchsuchte die ganze Stadt in allen Winkeln und Gassen und die Verhältnisse aller Armen. Durch praktische Verteilung der Bezirke auf freiwillige Helfer verminderte sich in 10 Jahren die Zahl der Armen um die Hälfte. Auf der Straße verschwand das gewohnte Bild der bettelnden Armen [27].

Alles war zunächst auf freie Spenden begründet, überall herrschte große Gebefreudigkeit. Die Hamburger Armenanstalt empfing jährlich 180000 Mark, die 7000 Einwohner Kiels gaben jährlich über 13000 Mark für Arme. Auch in Süddeutschland herrschte eine gleichgroße Spendefreudigkeit. Auf die Dauer war das aber nicht durchzuhalten. Zum Teil hatte man zu großzügig unterstützt und den Anreiz zum eigenen Broterwerb in unpädagogischer Weise untergraben. Dem aufklärerischen Menschen lag bei aller hausbackenen Verständigkeit ein sentimentaler Überschwang sehr nahe. Der Eifer ließ nach, Kriegsnöte und wirtschaftlicher Niedergang vernichteten den Wohlstand und verschärften die Armut, das Elend nahm wieder zu.

Schließlich mußten die wachsenden Fehlbeträge aus öffentlichen Mitteln gedeckt und die Armenpflege zurückgeschraubt werden. Aber es war doch manches geschehen. Die unglaublichen Zustände in vielen städtischen Waisenhäusern beendete man durch ihre Auflösung und die Unterbringung der Kinder in Familienerziehung.

In Gotha geschah dies 1773, in Kopenhagen schon 1772. Durch Einführung von neuen Industriezweigen, durch Blitzableiter, Impfungen, Feuerversicherung, Witwenkassen, Sparkassen, Industrieschulen, Nähschulen erfolgte eine Hebung des Volkes. Führend beteiligten sich die Geistlichen daran, ihr eigentliches Amt dabei oft zurückstellend. 1778 eröffnete Samuel Heinicke in Leipzig die erste Taubstummenanstalt mit einem Unterricht nach der Lautiermethode. Der englische Philanthrop John Howard durchreiste die Gefängnisse, Kranken- und Irrenhäuser in ganz Europa und alarmierte die Öffentlichkeit über die fürchterlichen Verhältnisse in ihnen. Für die Irren, die man, waren sie harmlos, verspottete und verhöhnte, waren sie aber gefährlich, oft in Ketten an die Zuchthauswände schmiedete und mit Peitschenhieben zur Ruhe zwang, brach jetzt eine bessere Zeit herein. Der Arzt Pinel hatte es als erster unter heftigem Widerspruch seiner Zeit gewagt, den Irren in Vicêtre die Ketten abzulösen und sie wie Kranke und nicht wie Gemeingefährliche zu behandeln.

Der Humanitätsgedanke in der Aufklärungszeit war nicht fruchtlos geblieben, sondern hatte eine Unzahl edler Beispiele an Menschenfreundlichkeit gezeigt. Manche verrotteten Zustände waren beseitigt worden. Schlimm stand es noch auf dem Gebiet der Krankenpflege in den öffentlichen Krankenhäusern, auf dem ureigensten Gebiet fraulichen Wirkens. Man arbeitete dort weiter mit gemietetem Wartepersonal, das oft aus geradezu verkommenen Menschen bestand. Die Verhältnisse spotteten weiterhin aller Beschreibung. Selbst im Hamburger Krankenhaus mußten immer zwei Kranke eine Bettstatt teilen. Jeder Kranke sträubte sich, in diese Hospitäler verlegt zu werden. So ließ man in den Armenstuben die Kranken liegen und diese Kranken durch andere Arme pflegen.

Als die Revolution 1789 in Frankreich ausbrach und die Revolutionsjahre auch auf Deutschland wirkten und Notzeiten auftraten, ist manches zugrunde gegangen und gute Ansätze verkümmerten, andere Übelstände wurden weitergeschleppt. So begann das 19. Jahrhundert unter Stürmen, die Aufklärung hatte die „selbstverschuldete" Unmündigkeit auch auf dem Sektor der Liebesarbeit nur recht stückweise überwunden. Genügend ungelöste soziale Fragen des 18. Jahrhunderts wurden ins neue hinübergenommen. Doch von der Kirche erwartete die Öffentlichkeit keinen entscheidenden Beitrag mehr dazu[28].

3. Kapitel

Bahnbrecher innerhalb der Erweckungsbewegung
Die Kinderrettungsarbeit

1

Die Erweckungsbewegung als Mutterboden der Diakonie und Inneren Mission im 19. Jahrhundert – Deutsche Christentumsgesellschaft – J. A. Urlsperger – Steinkopf und die Gründung von Bibelgesellschaften in Europa

Die Erweckungsbewegung bildet den Mutterboden der Diakonie und der Inneren Mission im 19. Jahrhundert. Ihre Vorgeschichte reicht in das letzte Drittel des 18. Jahrhunderts. Inmitten der Fluten der Aufklärung mit ihrem vernünftigen Christentum waren Inseln der Rechtgläubigkeit im Landvolk stehen geblieben, vor allem auch in Norddeutschland. Entscheidender für den neuen Aufbruch waren die zahllosen pietistischen Kleinkreise, die sich vorwiegend in Württemberg und am Niederrhein erhalten hatten. Diese spätpietistischen Gruppen bildeten gegen Ende des 18. Jahrhunderts ein immer enger werdendes Netz, das sich über diese Landschaften legte. Unter diesen „Stillen im Lande" wurde ein bibelnahes schlichtes Christentum gelebt, das vorwiegend von Johann Albrecht Bengels (1687–1752) tiefgründigem Biblizismus geprägt war [1].

Viele dieser biblizistisch-pietistischen Kreise fanden sich in der „Deutschen Christentumsgesellschaft" zusammen, die der Senior der Augsburger lutherischen Kirche D. Johann August Urlsperger (1728–1806) im Jahre 1780 ins Leben rief und ihren Sitz in Basel nahm. Hier vollzog sich eine Sammlung dieser bibelgläubigen Kräfte, hier blieb alles merkwürdig lebendig, was der Pietismus begonnen hatte. Mühelos wurde die Verbindung mit den erweckten Kreisen in England hergestellt, die bereits August Hermann Francke gepflegt hatte [2].

Es ist tatsächlich vor allem der alemannische Raum, in welchem dieses praktische Christentum im 19. Jahrhundert seine erste volle Entfaltung erlebte. In Basel fanden sich eingesessener schweizerischer Wohlstand, nüchterne Tüchtigkeit der Alemannen und die christliche Lehrgabe der Schwaben zu einer weltweiten Wirksamkeit im Dienste des Reiches Gottes zusammen [3].

Aus dieser Erweckungsbewegung erwuchsen zuerst Bibel- und Traktatgesellschaften. 1804 war in London die Britische und Ausländische Bibelgesellschaft gegründet worden. Im gleichen Jahr wurde die Basler

Bibelgesellschaft ins Leben gerufen[3+]. Der ausländische Sekretär der Britischen Bibelgesellschaft war niemand anderes als der frühere Sekretär der Basler Christentumsgesellschaft, der rührige Schwabe Karl Friedrich Adolf Steinkopf (1773–1859). Er bereiste für diese Londoner Bibelgesellschaft ganz Westeuropa und gründete überall neue Zweige. 1812 entstand die Württembergische Bibelgesellschaft in Stuttgart, 1814 die Preußische Hauptbibelgesellschaft Berlin u. a. Im zweiten und dritten Jahrzehnt des 19. Jahrhunderts ist ganz Deutschland mit einem Netz von Bibelgesellschaften überzogen. Erfolgreich waren die verwässerten rationalistischen „Volksbibeln" wieder verdrängt worden. Durch diese Arbeit erweiterte sich der Blick über die Grenzen des eigenen Kirchentums für die Christenheit in Deutschland.

2

Biblischer Realismus – Oberlin, Vater der Kleinkinderschule – „Christliche Industrie" – Ph. M. Hahn – G. A. Werner

Es ist eine merkwürdige Frömmigkeitswelt in diesem süddeutschen Raum. Diesen erweckten Christen erschien „mit der immer ungestümer hervorbrechenden eschatologischen Erwartung am Ende des 18. Jahrhunderts die Welt von einer kaum mehr erträglichen Dynamis durchströmt" [4]. Alle Ereignisse dienten gleichsam nur noch als Richtpfeiler auf die baldige Wiederkunft Christi. Auch als diese Wiederkunftserwartung sich nicht erfüllte, blieb die durch nichts zu erschütternde Hoffnung, daß das Reich Gottes aus der Welt der Unsichtbarkeit hervorbricht, um von den Leibern und Seelen der Menschenkinder und der ganzen Erde Besitz zu ergreifen. Das Diesseits als Wirkungsbereich des Gottesreiches, in dem Christus waltet, bis er wiederkommen wird, um alles zu verwandeln, was noch nicht gewandelt ist, bildete den Kern eines biblischen Realismus, aus dem ein neuer christlicher Liebeswille hervorging. Diese neue, auf die Gewißheit einer unauflöslichen Christusverbundenheit gegründete Weltzugewandtheit wirkte sich praktisch vor allem nach drei Stoßrichtungen aus: in einer Reform des Erziehungswesens durch Rettungshäuser, die man ins Leben rief, in der Landwirtschaft und in dem Versuch einer „christlichen Industrie" [5].

Johann Friedrich Oberlin (1740–1826), der Pfarrer, der das Steintal im Elsaß in ein blühendes Tal verwandelt, geht hier voran. Er besaß die Demut und Geduld, einer der ärmsten und verwahrlostesten Gemeinden seines Landes ein Leben lang treu zu bleiben und wurde hier ein Vater der Kleinkinderschulen, des Genossenschaftswesens und ein Evangelist, unermüdlicher Verkündiger des Evangeliums [6].

Er regte die Einführung einer Baumwollspinnerei an, die später Le Grand fortsetzte, um in ihr und anderen eigenen Fabriken den Gedanken einer „christlichen Industrie“ zu realisieren[7].

Oberlin baute Schulhäuser, erwies sich als begnadeter Pädagoge, richtete mit seinen Bauern Straßen und Brücken vor, hob die Landwirtschaft, gründete eine Darlehnskasse und nahm spätere wirtschaftliche und soziale Entwicklungen kühn vorweg. Dabei treibt er eine Wissenschaft des Jenseits und führt nach dem frühen Tod seiner geliebten Frau mit ihr neun Jahre lang eine Geister-Ehe, sah sie fast täglich träumend oder wachend. Sie erschien nicht nur ihm, sondern vielen anderen Personen im Steintal, warnte vor Unglück und sagte voraus, was kommen werde.

Oberlin war ein warmer Freund der Heidenmission, hielt schon 1795 Missionsbibelstunden und förderte in evangelischen und katholischen Kreisen Frankreichs die Bibelverbreitung und Evangelisation unter großen eigenen Opfern. Seine treue Magd Luise Scheppler, ein schlichtes, gläubiges Mädchen aus dem Volke, diente ihm 48 Jahre lang ohne Lohn bis an seinen Tod als eine ausgezeichnete Lehrerin in den Kleinkinderschulen neben anderen treuen Mitarbeitern aus der Gemeinde.

1760 schrieb der zwanzigjährige Oberlin in sein Tagebuch am Neujahrstag:

„Heiliger Gott! Dir weihe ich alles, was ich bin und habe, die Kräfte meiner Seele, die Glieder meines Körpers, mein Vermögen, meine Zeit. Gebrauche mich, Herr, als zu Deinem Dienst bestimmtes Werkzeug!... Gib, daß ich noch meinen letzten Atemzug in Deinem Dienst gebrauche!“ [8].

In dem Versuch, eine „christliche Industrie“ zu begründen, stehen vor allem Philipp Matthäus Hahn (1739–1790) und Gustav Albert Werner (1809–1887), beides schwäbische Pfarrer, vor uns. In dem „mechanischen Genie“ Philipp Matthäus Hahn erscheint einer der tiefsinnigsten unter den schwäbischen Vätern, der in seinen Landsleuten die schlummernde technische Begabung weckt. Zugleich ist er ein bedeutender Erweckungsprediger, Schriftsteller und Seelsorger. Ein Mann der Liebe ermöglicht eine blühende schwäbische mechanische Exportindustrie auf der kargen Schwäbischen Alb durch eine nicht abreißende Kette von Erfindungen, die damals Europa aufhorchen lassen. Er verfertigt großartige Planetarien, erweist sich als der Erfinder einer technisch vervollkommneten Rechenmaschine, als Konstrukteur von Präzisionswaagen, als Spezialist von Sonnenuhren, von artilleristischen und geodätischen Instrumenten.

Mit einer Reihe technisch-handwerklicher Helfer und Mitarbeiter betrieb er eine Werkstätte im Sinne einer Genossenschaft, eines christlichen Unternehmergeistes [9].

Die Idee einer christlichen Industrie hat wohl im Südraum am konsequentesten der schwäbische Vikar G u s t a v A l b e r t W e r n e r durchexperimentiert. Dem seelenlosen und gemeinschaftszerstörenden Dämon, der in einer hemmungslosen Anwendung technischer Produktionsmittel lauert, suchte er auf dem Boden der Fabrik selbst zu begegnen. Seine Reutlinger mechanischen Werkstätten, seine Metallgießerei, die große Papierfabrik in Dettingen, eine Möbelfabrik, weitbekannte Lehrlingswerkstätten führte er auf genossenschaftlicher Grundlage, in einer Familiengemeinschaft lediger Mitarbeiter aus dem Geist des Evangeliums in einem gemeinsamen Leben. Mit dem Reingewinn wurde die Unterbringung verwahrloster Kinder, seiner geliebten Schützlinge und die Unterstützung von Kranken und Elenden finanziert.

Auch Werner war von einer glühenden Reich-Gottes-Hoffnung erfüllt. Er erhoffte den Durchbruch eines „johanneischen Christentums der Liebe", eine Erneuerung der Kirche und des Volkslebens und eine Gewinnung der Menschheit für den König Christus in absehbarer Zeit. Das Diesseits war ihm Wirkungsbereich des Christus, der in ihm waltete, bis er wiederkommt. Sein kühner Versuch, eine „christliche Industrie" aufzubauen, gelang nur teilweise. Werner entschlief in seinem selbsterbauten Krankenhaus[10].

Zur Eröffnung der Papierfabrik dichtete der große Kinderfreund Werner:

„Rolle, rüstige Turbine, hauch dem Werke Leben ein,
daß sich rege die Maschine und die Räder groß und klein!
Schaff dem Armen seine Speise und dem Nackenden sein Kleid,
herrschen mög' in unserem Kreise Liebe und Gerechtigkeit"[11].

3

Die süddeutsche Rettungshausbewegung – Zeller in Beuggen – Die Armenschullehreranstalt – Christliche Pädagogik

Folgenreicher für die ganze Zukunft war d i e G r ü n d u n g d e r R e t t u n g s h ä u s e r für verwahrloste Kinder. Die Armenpflege war eigentlich Sache der bürgerlichen Gemeinde geworden. Im Gegensatz zu den ursprünglichen Absichten der Reformatoren hatte das Luthertum die Kirche in eine Passivität allen äußerlichen, weltlichen Dingen gegenüber geführt. Die Aufklärung hatte diesen Zustand nicht ändern wollen. Wenn freilich diese öffentliche Wohlfahrt in außerordentlichen Notzeiten versagte, dann war das Elend ohne Grenzen. Es war einfach niemand da, der helfen konnte und wollte. In den Leiden der napoleonischen Kriege traten aber Männer und Frauen aus den Erwecktenkreisen, aus dem „V e r s a m m l u n g s c h r i s t e n t u m" hervor. Mit klarem

Blick erkannten sie die beginnende soziale Not der unteren Schichten, wie hier äußere Not und sittliche Verwahrlosung einander bedingten[12].

Im alemannischen Kreis fanden sich Christian Friedrich Spittler (1782–1867) und Christian Heinrich Zeller (1779–1860) zur Gründung eines ersten Rettungshauses für verwahrloste Kinder zusammen. Es galt die verwahrloste und verwaiste Jugend zu retten, jenes furchtbare Erbe der napoleonischen Kriege und ihrer verwüstenden Folgeerscheinungen in Europa zu beseitigen. Hier begann der Weg einer Liebesarbeit, die schließlich zur Gründung der Inneren Mission führte.

Spittler besaß das Zeug zu einem Großunternehmer. Mit grenzenloser Zähigkeit verfolgte er von Basel aus seine Reichsgottespläne, die zur Begründung der Basler Mission (1815), von St. Chrischona (1840), des Diakonissenhauses in Riehen (1852) und anderer Werke führten. Der große Gründer christlicher Werke und ihr Organisator erkannte, daß Zeller der einzige Mann war, mit dem er ein Rettungshaus gründen konnte. Zeller, ein Jurist, der früh seinen wahren Beruf als Lehrer entdeckte, führte mit Spittler diesen Plan 1820 in dem verwahrlosten, ehemals dem Deutschen Ritterorden gehörenden Schlosse zu Beuggen in Baden, das zuletzt als Seuchenlazarett gedient hatte, durch. Er und Spittler, zwei Laien, brachten in Basel einen Verein zusammen, der die Gründung dieser Anstalt ermöglichte, in der Armenkinder errettet und „Armenschullehrer" ausgebildet werden sollten[13].

Zeller verband die Erfahrungen und Weisheiten Pestalozzis mit der Pädagogik, wie sie der große Vorläufer August Hermann Francke entwickelt hatte, zu einer christlichen Pädagogik, von der die Rettungshäuser, wie sie damals auch an anderen Orten entstanden, durchdrungen wurden. Wichern hat entscheidend von Zeller gelernt. Hier auf diesem Boden und in der praktischen Arbeit dieser Erziehungsanstalten wurde der Typus des christlichen Schulmannes herangebildet, der sich im 19. Jahrhundert sehr lange neben dem liberalen Lehrer zur Geltung gebracht hat[14].

Zeller begann 1820 mit zehn Armenschullehrer-Anwärtern, zwanzig Knaben und zehn Mädchen und hat vierzig Jahre lang dieses Werk geführt. Ganz auf freiwillige Gaben angewiesen, nie um Kollekten bettelnd, hat er hier mit seiner kinderreichen Familie und seinen Zöglingen bescheiden von den freiwilligen Gaben der Freunde gelebt, „denn die ganze Anstalt soll nicht länger stehen noch stehen können, als solange der allmächtige Gott haben will". Zeller beschränkte sich voller Absicht auf 75 Kinder zur gleichen Zeit. Das Familienprinzip wurde durch ihn zum Grundprinzip der Rettungshäuser erhoben. Er versuchte durch das Kleinhalten der Anstalt die Vorzüge einer solchen geschlossenen Erziehungsgemeinschaft mit denen des Familienlebens harmonisch zu verbinden. Wahre Gottseligkeit und praktische Tüchtigkeit gehörten für ihn zusammen.

Die Kinder wurden vorwiegend in Haus und Feld beschäftigt. Die Industrie war ja mit an dem Elend dieser Kinder und ihrer verkommenen Eltern schuld. Landarbeiter und Handwerker suchte man aus den Kindern zu machen und stellte im Hausbetrieb möglichst viel des erforderlichen Eigenbedarfes an täglichen Gütern her. Aber davon lebten die Anstalten nicht, sondern von den Zuschüssen ihrer Freunde. Erst sehr spät fand man den Mut dazu, die der Fürsorgeerziehung anvertraute Jugend auf die industrielle Welt vorzubereiten, in die sie einmal in zunehmendem Maß eintreten und in der sie ihr tägliches Brot suchen sollte.

Es ist hier von Zeller und anderen begnadeten Erziehern eine große Weisheit im Umgang mit verwahrlosten Kindern erworben und weitergegeben worden. Zeller sagte: „Jeder Mensch, der sich bessern soll, muß Mut fassen können, diesen wecke sanfte, geduldige und liebreiche Behandlung". Zeller verstand es vor allem, die Eintönigkeit eines Anstaltslebens durch große Anstaltsfeste zu beleben. Er war hier ein Meister und diese Feste wurden zu Freudentagen für die ganze Umgebung, zu wahren Volksfesten, zu denen man von allen Seiten zusammenströmte. Die Verwurzelung der süddeutschen Liebeswerke in weiten Bevölkerungskreisen besitzt hier eine ihrer Gründe. Die Missions- und Anstaltsfeste waren der Mittelpunkt des Volkes in all seinen Schichten und Zentren geistigen Lebens. Sanken auch manche der Kinder aus den Rettungshäusern in die alten, verderbten Zustände zurück und tauchten plötzlich in irgendeinem Polizeibericht auf, es ist doch unendlich viel erreicht worden.

So ging von Beuggen die süddeutsche Rettungshausbewegung der vormärzlichen Zeit (vor 1848) aus. Bis zur Mitte des Jahrhunderts entstanden über zwanzig Rettungshäuser allein in Württemberg. Es entsprach der schwäbischen Art, sie in kleinerem Rahmen zu halten. Große Aktionen, um die Mißstände vollkommen auszukehren, lagen ihr nicht. Nur hier konnte sich auch jenes wertvolle Erbteil des süddeutschen Pietismus entfalten, welches Wichern so lobte: das persönliche seelsorgerliche Gespräch mit dem einzelnen Kinde; jene liebevolle, individuelle Behandlung. Schon der Gedanke, Kinder gegen den Willen ihrer Eltern aufzunehmen, war Zeller schrecklich. Diese auf ganz persönliche Verbindungen beruhende Liebesarbeit hat erstaunliche Erfolge gezeigt. Beuggen wurde durch drei Familien von der gleichen Familie Zeller geführt, auch sonst fand sich das oft[15].

Beuggen war auch mit einem Armenschullehrer-Seminar verbunden. Es waren kaum Lehrerbildungsanstalten vorhanden und die Ausbildung der Lehrer blieb lange noch ungeregelt. Hier in Beuggen wurden Handwerker ausgebildet, die ihren Beruf weitertrieben, um einst als Lehrer, wenn es erforderlich war, auch ohne Gehalt, aus der Missionsverantwortung heraus, diesem Beruf treu bleiben zu können. Aus diesem Seminar und anderen Brüderhäusern, die hier ihre ersten Anregungen empfangen haben, sind die Diakonenanstalten entstanden, jene Ausbildungsstätten, aus denen die Hausväter der Rettungshäuser, der Herbergen, die Stadtmissionare, die Reiseprediger, die Pfleger in den Heilstätten, die Jugendsekretäre kamen. An der Wiege dieser Brüderanstalten, auch des Rauhen Hauses, hat Zeller Pate gestanden.

Über die Aufgabe der Beuggener Armenschullehreranstalt sprach Zeller 1820:

„Sie will auch keine gezwungene Anstalt sein und werden, sondern eine freiwillige, aus freiwilliger Liebe unternommene, von freiwilligen Beiträgen unterhalten, durch freiwillige Personen geleitet, aus freiwilligen Menschen zusammengesetzt, für freiwillige Jünglinge bestimmt, die aus freiem Triebe der Liebe zu Jesu Christo, seinem Dienste bei der armen Jugend sich zu weihen entschlossen sind, und Kinder aufnehmend, die von ihren Eltern freiwillig dem Herrn, dessen Taufe sie empfingen, gewidmet werden …

Die Anstalt wünscht genügsame und demütige Leute zu bilden, die imstande sind, ihr Brot auch mit ihrer Hände Arbeit zu gewinnen, auf keinen irdischen Ruhm und auch keine irdischen Schätze … Anspruch machen und sich liebevoll herablassen zu den Armen, Geringen und Niedrigen.“ [16]

4

J. D. Falk in Weimar – Graf Adalbert von der Recke-Volmerstein im Rheinland

Was Zeller in Beuggen getan hat, das unternahm ein anderer großer Vorläufer der Inneren Mission: Johann Daniel Falk (1768–1826), der Legationsrat des Weimarer Herzogs. Nach der Schlacht bei Jena 1806 und in den Jahren der Befreiungskriege sah er das abgrundtiefe Elend der Kinder. In den wilden Zeiten war die Zahl der unehelichen Geburten gestiegen, die Väter zogen den Militärrock an, die Mütter überließen oft die Kleinen ihrem Schicksal, die durchziehenden Heereshaufen hinterließen oft Seuchen, die Gemeinden waren zu arm, um zu helfen, die Kinder irrten auf den Schlachtfeldern herum oder machten die Landstraßen unsicher. Die Polizei fing diese jungen Vagabunden, Bettler und Diebe ein und steckte sie einfach in Zuchthäuser.

Falk gründete in Weimar die „Gesellschaft der Freunde in der Not“. Durch eigenes Leid, – er verlor in dieser unruhevollen Zeit an der Seuche vier eigene Kinder –, zu dem großen Erbarmen geführt, sammelte er die heimatlosen Kinder in seinem Haus, prüfte sie und nach einer vorläufigen Disziplinierung ihrer ungezügeltesten Angewohnheiten gab er sie zu frommen Handwerkern oder zu Bauernfamilien auf den Dörfern ringsum in Familienerziehung. So brachte er bald zweihundert dieser unglücklichen Kinder unter. Er behielt sie alle im Auge und sammelte sie sonntäglich um sich.

Erst 1823 ging er zur eigentlichen Anstaltserziehung über. Im Sinne Pestalozzis spornte er die Selbsttätigkeit der Zöglinge beim Ausbau des Lutherhofes an, den er erwarb. Ein echter kindlicher Frohsinn bei viel Gesang herrschte hier. Wichern hat bis in die Einzelheiten der Weihnachtsfeier von Falk gelernt, dem wir das Lied „O du fröhliche, o du selige Weihnachtszeit“ verdanken[17].

Sein Leben und seine Liebestat hat eine Mahnung der Danziger Ratsherren, die ihn studieren ließen, eingelöst:

„Johannes, du ziehst von dannen. Geh mit Gott. Unser Schuldner bleibst du; denn wir haben uns deiner angenommen und als ein armes Kind dich liebreich gepflegt. Zahlen mußt du diese Schuld. Wohin dich Gott auch führen mag und was auch deines Lebens künftige Bestimmung sei: nie vergiß, daß du ein armer Knabe warst. Und wenn dereinst ein armes Kind an deine Tür klopft: so denke: Wir sind's, die Toten, die alten grauen Bürgermeister und Ratsherren von Danzig, die anklopfen, und weise sie nicht von deiner Tür.“

Zu den großen deutschen Rettungshausgründern gehört noch der Graf Adalbert von der Recke-Volmerstein (1791–1878). Er gründete 1819 unter dem Einfluß von Johannes Falk im Rheinland eine „Gesellschaft zur Rettung und Erziehung verlassener Waisen und Verbrecherkinder“. Zuerst in seinem väterlichen Haus in Overdyk, schließlich in der alten Abtei zu Düsseltal mit ihrem ausgedehnten Gebäudekomplex, mit großen Stallungen und Werkstätten, nahm er herumziehende Waisen und Soldatenkinder, die auch im Rheinland zu einer Landplage geworden waren, liebevoll auf. Er war ein unermüdlicher und geschickter Kollektensammler, der ganz auf eigene Faust die notwendigen Gelder zusammenholte. Wichern stand ihm zeitlebens skeptisch gegenüber.

Das methodische Drängen auf Bekehrung und die Einteilung der Kinder nach sittlichen Noten in verschiedene Klassen und Gruppen lehnte Wichern ab. Es war gut, daß der stürmische Graf sich 1847 aus dieser Arbeit im Rheinland löste und sie verselbständigte. Er siedelte nach Schlesien über, wo der rastlos wirkende Wohltäter in Kraschnitz das „Deutsche Samariter-Ordens-Stift“, eine Anstalt für Schwachsinnige verbunden mit einer Ausbildungsstätte für Diakone und Diakonissen schuf. Er sah, als er im Rheinland wirkte, viele Aufgaben der Inneren Mission voraus, wie die Erneuerung des Diakonen- und des

Diakonissenamtes und die Gründung von Trinkerheilstätten u. a.[18]. Die Wege, die er zur praktischen Verwirklichung dieser Aufgaben beschritt, waren freilich nicht gangbar. Seine Verdienste bleiben jedoch unbestritten.

5

Das Resultat – Dienst an der Jugend – Arbeit am Kleinkind – Das Heim- und Erziehungswerk – Christliches Lehrerideal

Blicken wir auf das zurück, was hier in der Liebesarbeit der Erweckungsbewegung vor Wicherns Zeit Gestalt gewonnen hat, so läßt es sich unter dem Gesichtspunkt eines Dienstes an der Jugend auffassen. Von August Hermann Francke (1663–1727) geht diese Konzentration auf die Jugend aus. Halle wurde zu einem Zentrum christlichen Schulwesens, eine neue christliche Pädagogik gestaltete sich. Johann Friedrich Oberlin (1740–1826) sammelte die verwahrlosten Kinder seiner elsässischen Gemeinde und begann die Arbeit am Kleinkind. Durch seine Erkenntnisse und Forschungen hat später Friedrich Fröbel (1782–1852) die frühkindliche Erziehung zu einer reifen Ausgestaltung geführt. Die Kindergartenarbeit der Inneren Mission ist zu einem Vorbild in der ganzen Welt geworden[19]. Für die „Sammlung der jüngsten Gemeinde" sind später Kindergärtnerinnen-Seminare entstanden.

Darüber hinaus, was hier an Anfängen einer Kleinkinderarbeit sichtbar geworden ist, kam es zu einer Rettungshausbewegung gleichzeitig im süddeutschen Raum wie in Thüringen und im Rheinland, die sich immer mehr ausdehnte. Viele große Anstalten der Inneren Mission haben mit diesem Dienst an der gefährdeten Jugend eingesetzt. Alle Volksnöte sind bei der Jugend zuerst greifbar geworden. Aus der alten Rettungshausbewegung hat sich das große Heim- und Erziehungswerk entwickelt. In der Ausbildung von Armenschullehrern wurde die in den Rettungshäusern entfaltete Pädagogik, die auf August Hermann Francke wie auf Pestalozzi zurückgriff, zum Typ eines christlichen Lehrerideals im 19. Jahrhundert. Die zur Erziehung ausgebildeten Laienhelfer, die „Brüder", waren die Vorstufe der späteren Diakone.

Die sozialpolitischen Aufgaben einer „christlichen Industrie" haben vor Wichern wohl nur süddeutsche Vorboten erkannt und ohne großen Erfolg praktiziert.

4. Kapitel

Der Eintritt der Frau in die Liebesarbeit Theodor Fliedner und Wilhelm Löhe

1

Die Vorbedingungen: Entdeckung der weiblichen Seite der Frömmigkeit – Bereitschaft zur Mitarbeit – Arbeitsmöglichkeit in Vereinsform

Zu Beginn des 19. Jahrhunderts fehlte es völlig an der Mitarbeit der evangelischen Frau in der öffentlichen Liebestätigkeit. Innerhalb der katholischen Weltkirche hatte sie sich bereits im 17. Jahrhundert in reichem Maße und sehr segensreich entfalten können. Doch war das berühmte Institut der Barmherzigen Schwestern aus Frankreich nur in die anderen romanischen Ländern verpflanzt worden. Nach Deutschland war es noch nicht übertragen worden[1].

Jedenfalls hat die katholische Kirche der religiösen Eigenart der Frauenseele immer eine große Beweglichkeit ermöglicht und sie in charitativer Tätigkeit sich entfalten lassen. Die lutherische Kirche hatte es hier am schwersten. Sie verlieh der reinen Lehre ein besonderes Gewicht. Der Kampf um ihre Bewahrung war keine Angelegenheit der Frau. Die reformierte Kirche sah sich durch die Ordnungen der apostolischen Kirche des ersten Jahrhunderts beunruhigt. Sie galten für alle Zeiten als normativ. Wo waren die Dienstleistungen der Diakonissen und Witwen geblieben, die in der alten Christenheit einen starken Anteil an ihrem Gesamtleben einnahmen?

Es mußten aber erst der Pietismus und nach ihm die Erweckungsbewegung die Bedeutung der weiblichen Seite der Frömmigkeit entdecken und das rein männliche Übergewicht im Protestantismus korrigieren. Der ausgeprägte Biblizismus dieser Kreise führte sie zur Wahrnehmung der Bedeutung der Frau und des Mädchens in den Zeiten der Apostel. Als geeignete Pflanzstätte dieser neuen Entfaltung der religiösen Frauenseele erwies sich das „Versammlungschristentum". Die „Stillen im Lande" brachten die Boten und Missionare hervor, die mit der glühenden Kraft ihrer Überzeugung und ihres christlichen Liebesdienstes in das Volk drangen. Die Reiseprediger zogen von Versammlung zu Versammlung und bereisten weite Landstriche. Überall sammelten sich die Menschen in den Versammlungen und Vereinen, auf den Jahresfesten, unter der Kanzel und um das Vortragspult. Man wußte sich überall wie eine Familie. Aus unmittelbar echten Erfahrungen von Sünde und Gnade, von echter Glaubenserfahrung, wurde hier eine Zeugen- und Opferfreudigkeit wach, welche die Mädchen- und Frauenwelt wie die Männerwelt erfaßte. Mochte die französische Revolution die erste Religionsfeindschaft durch ihre Revolutionsheere auch nach Mitteleuropa tragen, hier wurde eine Angriffsfreudigkeit wach auf eine dem biblischen Glauben entgleitende Welt. Die Rettung der eigenen Seele steht durchaus nicht beherrschend im Mittelpunkt, wenn einmal die pietistisch geprägte Frage nach dem gnädigen Gott gestillt ist. Auch eine Mädchen- und Frauenwelt in den Erweckungszentren war bereit, für das Reich Gottes zu wirken[2].

Was Frauen und Mädchen in Opfer- und Liebeskraft vermochten, erwies sich in den Freiheitskämpfen. Im Freiheitskampf gegen den Unterdrücker Napoleon zogen die Männer voll Vaterlandsbegeisterung in den Kampf hinaus. Die Frauen wollten in Opferbereitschaft nicht zurückstehen. In vielen Städten bildeten sich Frauenvereine zur Ausrüstung der Krieger, zur Betreuung der Zurückbleibenden und zur Pflege der Verwundeten. Nach Kriegsende blieben diese Frauenvereine beisammen und betreuten Kranke, Wöchnerinnen und Arme. Das alles wirkte zusammen und hat den Eintritt der Frau in die Liebesarbeit der Kirche vorbereitet.

Man hatte die neue Arbeitsmöglichkeit in Vereinsform erprobt und war durch die Not der Zeit zusammengerückt. In dem Wort Verein lag bereits etwas Herzerhebendes. Man verband sich dort zu etwas Allgemeinem, Verpflichtendem, Sittlichem, zum Idealen. Man konnte hier den Gebrechen der Zeit zu Leibe rücken. Wohl haben Zensur, der Polizeistaat und sein Vereinsrecht die Entwicklung gehemmt. Nur wo die Vereinszwecke den Regierungen ungefährlich erschienen, ließ man ihre Entfaltung zu. Da aber die erweckten Kreise ihre Gönner selbst im hohen Adel und in Regierungsstellen besaßen, konnten sich ihre wohltätigen Vereine zumeist durchsetzen. 1848, das Revolutionsjahr, brachte dann die große Befreiung, die Möglichkeit einer freien Entfaltung des Vereinslebens überhaupt[3].

2

Wegbahner unter den Frauen: Elisabeth Fry – Amalie Sieveking

Die Frauenwelt war wach geworden. Auch in Deutschland blickte man bewundernd auf die englische Quäkerin Elisabeth Fry, eine Frau und Mutter, die schon 1817 den „Frauenverein für weibliche Sträflinge" gründete und ihm viele Mitglieder, Gönner und Spenden im ganzen Lande zuführen konnte. Sie, die Mutter von elf Kindern, hatte es im Jahre 1813 zum ersten Mal gewagt, vor Londons Toren das große Kriminalgefängnis Newgate zu besuchen und mitten unter die Gefangenen zu treten, die unter grauenhaften Umständen dort sittlich und leiblich verkamen. Mit ihr begann das Wunder von Newgate. Die Gefangenen begannen selbst die Zustände zu ändern. Ganz England horchte auf, was diese Frau mit ihrer Liebeskraft in diesen Kerkern von Newgate zu wandeln verstand. Sie wurde schließlich von Land zu Land, von Gefängnis zu Gefängnis gerufen. Eine Gefängnisreform brach sich Bahn. „Strafe darf nicht Rache sein", sagte sie. Selbst auf den Verbrecherschiffen der zur Verschickung in die australischen Strafkolonien Verurteilten schuf Elisabeths liebende Hand Frieden, Ordnung und Trost. Elisabeth Fry kam schließlich mehrfach selbst nach Deutschland und hielt Vorträge in Berlin, Bremen und Hannover [4].

Unter den deutschen Frauen schritt Amalie Sieveking mit bahnbrechender Tat voran. Sie rief 1831 im „Bergedorfer Boten" christliche Frauen und Mädchen in Hamburg auf, sich beim Auftreten der Cholera zur Krankenpflege zur Verfügung zu stellen. Doch meldete sich niemand und so stellte sie sich allein am 13. Dezember 1831 zum Dienst im Cholerahospital ein, wo sie bis zum Erlöschen der Seuche pflegte. Die Ärzte hatten ihr bald die ganze innere Leitung des Spitals übertragen. Nach dem Ende der Seuche gelang es ihr doch, einen kleinen „Verein für Armen- und Krankenpflege" zu gründen. Er wurde zu einem weiblichen Kranken- und Armen-Besuchsverein, dessen freiwillige Mitglieder diese Pflichten ehrenamtlich übernahmen [5]. Vor Augen stand ihr eine weibliche Genossenschaft nach dem Vorbild der Barmherzigen Schwestern, die aber nicht zustande kam [6].

3

Theodor Fliedner in Kaiserswerth, der Bahnbrecher der weiblichen Diakonie – Sein Kampf um die Gemeinde – Die große Vorschule in Holland und England

Doch der Durchbruch durch alle Schranken, welche die Mädchen- und Frauenwelt noch vor dem Eintritt in die öffentliche Liebesarbeit zurückhielten, gelang Theodor Fliedner in dem kleinen Städtchen Kaiserswerth am Niederrhein. Hier geschah dieses epochemachende Ereignis auf dem Gebiete der Frauenmitarbeit im 19. Jahrhundert.

Theodor Fliedner (1800–1864), ein Pfarrerssohn aus Eppstein am Südhang des Taunus, der den Beruf seines Vaters ergriff, brachte die besten Voraussetzungen mit. Er war hochbegabt, verfügte über eiserne Nerven und einen zähen Willen. Eine verstandesmäßige Nüchternheit und eminente Organisationsgabe verbanden sich mit einer unglaublichen Bedürfnislosigkeit. Er war hart gegen sich selbst und dabei jederzeit fröhlich gestimmt, ein Rationalist, aber von dem brennenden Wunsch erfüllt, Gutes zu wirken und seinen Mitmenschen zu helfen [7].

In dem abgelegenen, überwiegend katholischen Städtchen Kaiserswerth, das von einer wirtschaftlichen Not in die andere geriet, übernahm er 1822 die kleine evangelische Diasporagemeinde von knapp 200 Seelen, die Kinder eingerechnet. Hier mußten schon die Vorgänger im Amt kollektieren gehen, um die arme Gemeinde über Wasser zu halten. Diesen Weg mußte auch Fliedner beschreiten, als die Tuchfabrik aufgelöst wurde, welche der Brotgeber vieler der Gemeindeglieder gewesen war. Fliedner ist tatsächlich wohl der größte Kollektant des 19. Jahrhunderts geworden.

Seine anfängliche Schüchternheit verlor er. Er zieht durch das freigebige Wuppertal und den Niederrhein entlang nach Holland und schließlich nach England. Empfehlungen helfen ihm in den Niederlanden weiter. Daß er die Kollektengelder in holländischen Staatspapieren anlegt und in das große Buch von Amsterdam eintragen läßt, erhöht das Vertrauen. Bitterkeiten bleiben ihm nicht erspart. Doch nach 14 Monaten hatte er 21 000 Taler beisammen, deren Zinsbeträge den Fortbestand der Kaiserswerther Gemeinde sicherten. Dieser Erfolg war nur möglich, weil in jenen Ländern die religiöse Erweckung eine große Hilfsbereitschaft geweckt hatte, die sich in Bibel-, Traktat-, Missions- und Gefängnisgesellschaften niederschlug. Sie füllte ihm die Hände. Diese Arbeiten lernte er kennen und von Elisabeth Fry hörte er Herzbewegendes. Unauslöschlichen Eindruck machte ihm die Tatsache, daß der Glaube an Christus diese Wirkungen hervorbrachte. Die Leute hörten stundenlang den Predigten zu, die von der Verlorenheit der Sünder und der Rechtfertigung aus Gnaden durch das Verdienst Christi sprachen. Fliedner fand sich selbst aus seinem Rationalismus zum neutestamentlichen Glauben heim.

Als er wieder auf der Kanzel in Kaiserwerth steht, bekennt er unumwunden: „Jesus Christus, der Gekreuzigte, ist das stärkste Band im Glauben und in der Liebe, und daß durch Ihn fest steht die Gemeinschaft der Heiligen, seht, das ist die erste Lektion, die ich auf der Reise gelernt habe“ [8].

Fliedner ist nach 1824 noch fünfmal in England gewesen. England eilte Deutschland in der industriellen Entwicklung um Jahrzehnte voraus. Als Fliedner zum zweiten Mal englischen Boden betrat, hatte es seine industrielle Revolution bereits hinter sich und gestaltete sich in ein modernes Industrieland. Doch schon auf der ersten Englandreise stand Fliedner in den Fabrikräumen vor den Maschinen, um alles staunend zu bewundern.

Unter den bedeutenden Persönlichkeiten, denen er begegnete, befand sich auch Robert Owen (1771–1858), Mitinhaber einer Baumwollspinnerei, der bereits 1809 ein großangelegtes, soziales Reformprogramm aufstellte und dem Gedanken einer betrieblichen Sozialpolitik nachging. Von der Arbeitsordnung in Owen's Musterbetrieb und seinen Programmationen gingen wichtige Anstöße für die erste staatliche Arbeiterschutzgesetzgebung Englands aus, die 1819 schon zur Beschränkung der Kinderarbeit, zur Arbeitsregelung und zur Fabrikinspektion führten. Fliedner hat hier entscheidende Eindrücke gewonnen[9].

Er sah, daß dieses technische Zeitalter bald auch über das noch halb träumende Deutschland hereinbrechen wird und daß diese technische Umwälzung unaufhaltsam ist. Auch in Deutschland wird sie zu einer Umschichtung der Bevölkerung vom flachen Land in die schnell anwachsenden Industriestädte führen. Diese Technik wird den Hausbetrieb weithin zerstören, in dem die Frau und die unverheirateten Mädchen von früh bis spät unverdrossen schalteten und walteten. Die Industrie wird auch in Deutschland bald rascher und billiger fabrizieren, was bisher die Hausfrauen im Haushalt selbst herstellten. Damit mußte auch in Deutschland die Frau der mittleren und höheren Stände eine Fülle täglicher Obliegenheiten verlieren. Die Not der unbeschäftigten Frau, die auf einmal über zu viel freie Zeit verfügen wird, muß einen Ausweg suchen. Doch gestattete die patriarchalische Auffassung, die durch Jahrhunderte hindurch ihr Gewicht besaß, der Frau und dem Mädchen, die sie an das Haus fesselten, keine Wirksamkeit außerhalb der eng begrenzten Mauern des Hauses. Und doch mußte die geschützte Welt der Frau zerbrechen. Bald wird die Frauenwelt der oberen Stände um ihre Gleichberechtigung und die Möglichkeit eines selbständigen Lebens kämpfen müssen.

In den unteren Ständen werden auch die deutschen Frauen und Mütter in die Fabriken wandern, um die kärglichen Löhne der Männer aufzubessern. Sie werden den Kampf um ein menschenwürdiges Leben kämpfen müssen.

Fliedners große Sendung begann. Der hereinbrechenden Not wollte er sich entgegenstellen und sah sich nach Bundesgenossen um. Er sah die brachliegenden Liebeskräfte der mütterlichen Mädchen und Frauen, die in den verkleinerten Haushaltungen nicht mehr sinnvoll beschäftigt werden konnten. Er erkannte ihre Sehnsucht nach einem echten und sinnvollen Wirkungskreis.

In Holland und England hatte er studiert, welche Liebeskräfte, welche fraulichen und mütterlichen Gaben geweckt werden, wo Christus über die Herzen Gewalt gewann. Hier war ein Weg gezeigt, wie viel Elend im armen Volk gelindert werden konnte, wenn man unverheiratete Frauen der evangelischen Christenheit, die ein gläubiges Herz besaßen, heranzog und ihre brachliegenden mütterlichen Liebeskräfte zur Entfaltung kommen ließ. Dann war diesen Frauen und Mädchen, die sich nach einem echten Beruf sehnten, selbst zugleich die größte Wohltat erwiesen.

4

Fliedners erste Werke in der Heimat: Asyl für entlassene weibliche Strafgefangene – Strickschule – Kleinkinderschule – Bildungsanstalt für evangelische Pflegerinnen – Liquidierung der dunklen Zeit der Krankenpflege durch die ersten Diakonissen

Die dunkle Zeit, die nach den Befreiungskriegen über Deutschland kommen sollte, ließ nicht auf sich warten. Es sah schlimm in den deutschen Gefängnissen aus, schlimm in den wenigen Krankenhäusern. Der junge Fliedner ist bei der Grundlegung seines Lebenswerkes in Kaiserswerth in zehn Jahren zum Ziel gekommen. 1826 ruft er die überkonfessionelle Rheinisch-Westfälische Gefängnisgesellschaft, die erste Deutschlands, ins Leben. Führende Persönlichkeiten des öffentlichen Lebens in Staat und Kirche, selbst der greise Freiherr vom Stein, auch Graf Spiegel, der Erzbischof von Köln und katholischer Klerus beteiligten sich dabei. Elisabeth Fry hatte Fliedner die Wege gewiesen. Gefängnisgeistliche beider Konfessionen wurden berufen, die Trennung zwischen Untersuchungsgefangenen und Strafgefangenen, die Scheidung der Sträflinge nach Alter und Grad der Verkommenheit veranlaßt.

Auf der zweiten Englandreise lernte Fliedner 1832 Elisabeth Fry persönlich kennen. Nach seiner Rückkehr regte er für jede der beiden Konfessionen die Errichtung eines Asyls für entlassene weibliche Strafgefangene an. Weil sich keine evangelische Gemeinde dazu hergeben will, dringt Fliedners Frau darauf, es in Kaiserswerth zu versuchen. 1833 findet die entlassene „Minna E." ihr Asyl in des Pfarrers Gartenhäuschen [10].

Um die Verwahrlosung der Strafentlassenen zu vermeiden, wird 1835 von Fliedner in demselben kleinen Gartenhaus eine Strickschule eröffnet. Mit vielen der verwahrlosten Frauen und Mädchen war nichts anzufangen. Im Ausgabenbuch steht häufig hinter den verschiedenen Namen: fortgeschickt oder fortgelaufen. Aber es war ein Anfang gemacht.

Anfang 1836 beginnt die Liebesarbeit an den Kindern, eine Kleinkinderschule wird eröffnet. Im gleichen Jahr stellt eine Freundin der Pfarrfrau Friederike Fliedner, geborene Münster, 1800 Taler zum Kauf eines Hauses in Kaiserswerth zur Verfügung. In ihm wird am 13. Oktober 1836 eine „Bildungsanstalt für evangelische Pflegerinnen" eröffnet. Damit wird ein völlig neuer Weg beschritten. Frauen, die in diese Krankenpflegeschule eintreten, empfangen einen gründlichen theoretischen und praktischen Krankenpflegeunterricht. Reichlich zwei Jahre später, im Januar 1839 übernehmen bereits zwei ausgebildete Krankenpflegerinnen das erste auswärtige Krankenhaus in Elberfeld, im gleichen Jahr wird das Versorgungshaus in Frankfurt am Main mit dem Dienst an verelendeten Armen und unversorgten Alten begonnen. Aufsehen erregte es, als Kaiserswerther „Diakonissen", – Fliedner nannte die Pflegerinnen jetzt so –, die „weiblich syphilitische" und „krätzige" Station der Charité in Berlin und die Irrenpflege in der provinzialen Irrenanstalt zu Marsberg übernahmen.

Damit war von Fliedner und seinen ersten tapferen Diakonissen der Kampf gewonnen gegen die unglaublichen Zustände in den deutschen Krankenhäusern, in denen praktisch nur wandernde und unterwegs erkrankte Handwerksgesellen, arme Sieche und verlassene Kranke lagen, um die sich niemand ernstlich kümmerte. Jeder andere Kranke sträubte sich mit Händen und Füßen dagegen, in ein solches verschmutztes Haus gelegt zu werden, deren kümmerliche Einrichtungen oft nur Stätten der Ansteckung, der Verwahrlosung und des Lasters waren. Dort gingen Wärter und Wärterinnen oft zweifelhaften Rufes ihrem verachteten Beruf nach. Er brachte ihnen so wenig ein, daß sie auf die Trinkgelder der Kranken angewiesen waren. Die Krankenhaustüren standen immer offen. Schon früh traten die Mädchen mit den Brötchen in die Krankenstuben und jeden Tag begann der übliche Tausch von Schwarzbrot gegen Schnaps, wie die Diakonissen in Frankfurt beobachteten.

Diese „dunkle Zeit der Krankenpflege" wurde nun durch die Diakonissen liquidiert.

5

Grundlegung der Mutterhausdiakonie – Friederike Fliedner, erste Vorsteherin der Diakonissen – Kritik an den Grundlagen – Heimgang Friederike Fliedners

1844 rief der große Erweckungsprediger Johann Heinrich Volkening im Minden-Ravensbergischen Land in die große Landgemeinde Jöllenbeck die erste Gemeindediakonisse. Damit eröffnete sich erstmalig das Arbeitsfeld der Gemeindediakonie.

1836 war die erste Krankendiakonisse Gertrud Reichardt angetreten, im gleichen Jahr beginnt auch die Lehr- und Erziehungsdiakonie durch die Aufnahme der ersten „Kinderdiakonisse". Damit war der Anfang zu dem evangelischen Lehrerinnenseminar in Kaiserswerth gemacht. Pflege- und Lehrdiakonie stehen nebeneinander.

Der Rahmen eines fraulichen Dienstes an Kranken, an Gefangenen, an Armen und Alten wie an der gesunden und verwahrlosten Jugend ist abgesteckt.

Es geht durch viel Nöte. Die geringsten sind die finanziellen. Dann nahm Fliedner erneut den Bettelstab in die Hand und verstand es z. B. in zwei Monaten im Jahre 1837 in Elberfeld und Barmen über 1000 Taler zu sammeln[11].

Bitterer ist es für ihn, der die Not der unbeschäftigten, unverheirateten Frau sieht, daß sich so wenig befähigte Frauen gebildeter Stände für den Diakonissenberuf melden. Es wird erst anders, als Fliedner nach Württemberg reist und dort Beziehungen aufnimmt.

Aus den Erwecktenkreisen Schwabens finden bald tüchtige Württembergerinnen den Weg zum Niederrhein. Am 22. März 1839 trafen die ersten vier schwäbischen Mädchen in Kaiserswerth ein, Bauerntöchter, aber mit der guten Begabung ihres Stammes. Die damals 29jährige Maria Schäfer wurde eine der bedeutenden Frauen in der Geschichte der Frauendiakonie, die in vierzigjähriger Arbeit die Diakonissensache in Schlesien heimisch machte. Sophie Wagner wurde als Hausmutter der Diakonissenanstalt und Erzieherin der Schwesternschaft in Kaiserswerth bestimmend[12]. Das waren besonders befähigte und willensstarke Frauen gewesen, das „unvergessene Geschenk", der erste Beitrag Württembergs zur Frauendiakonie.

Schritt für Schritt wird für die zusammenwachsende Schwesternschar eine innere Ordnung geformt. Aus der Krankenpflegeschule wurde ein Mutterhaus, damit die ausgesandten Pflegerinnen nicht schutzlos in der Fremde blieben. Der Schutz der Liebe, der Ordnungen und der Zucht dieses Mutterhauses war unentbehrlich in einer Zeit, in welcher die Wärterinnen in den Krankenhäusern und oft genug bei der Privatpflege ungeschützt der Willkür ihrer Dienstherren und der Begehrlichkeit des Mannes ausgesetzt waren. Der Gesellschaftsordnung der Zeit entsprechend vertraten Fliedner und seine Frau bei den Diakonissen die Elternstelle.

Es bildete sich allmählich auch eine Kleiderordnung heraus. Blau war Fliedners Lieblingsfarbe und die schwarze Farbe schien ihm zu düster für die Kranken. Die Diakonisse empfing durch Fliedner die Tracht der verheirateten Bürgersfrau zum Zeichen der Würde ihres Berufes. Damit waren auch die Diakonissen, die aus dem „Magdstand" kamen, aus ihm herausgehoben. Diese Dienstkleidung wurde vom Morgen bis zur Nachtruhe angelegt und der übliche Morgenrock, der zum Berufsbild der oft schlampigen Wärterin gehörte, verpönt.

Die ersten Diakonissen erhielten ein festes Gehalt, der mit 30 Talern jährlich bei freier Station und Kleidung dem Einkommen eines Schullehrers entsprach. Überall wurde Neuland beschritten und erst später hat sich die genossenschaftliche Form unter Ablehnung eines persönlichen Lohn- oder Gehaltsempfangs herausgebildet[13].

Entscheidende Bedeutung gewann bei dieser Herausbildung eines Diakonissendienstes Fliedners erste Ehefrau Friederike, die nach einem Leben voller Selbstverleugnung und hingebender Opferbereitschaft im Alter von 42 Jahren an den Überlastungen gesundheitlich zerbrach. Sie war Pfarrfrau und Mutter von elf Kindern, von denen sie nur drei überlebten. Als Frau des Vorstehers war sie an seine Weisungen gebunden und zugleich doch die unmittelbare Vorsteherin der Schwestern, ganz Vorsteherin und ganz Mutter und Freundin der Diakonissen.

Dreimal hat Fliedner vergeblich versucht, zu einer geeigneten Vorsteherin zu gelangen, doch selbst Amalie Sieveking hatte geglaubt, den Ruf ablehnen zu müssen. So blieb alles auf den schmalen Schultern der Pfarrfrau liegen, die durch ihre Wirtschaftlichkeit, Umsicht und Sparsamkeit ihrem Mann einfach unentbehrlich blieb, die mit ihm alles, sowohl in den großen grundsätzlichen Fragen, wie in der Fülle der Einzelheiten besprach und ihm ebenbürtig war. Sie hat die Diakonissen in die Krankenhäuser eingewiesen, an die sie gerufen wurden, und in oft unerquicklichen Verhandlungen mit wenig einsichtigen Ärzten und Verwaltungsstellen Übergriffe abgewehrt und den Diakonissen ihre Eigenständigkeit gesichert. Daheim lagen inzwischen oft Kinder krank oder siechten dahin.

Dazu kam das ständige Kommen und Gehen im Mutterhaus. Bis zu ihrem Heimgang sind innerhalb von $5^1/_2$ Jahren 50 Pflegerinnen eingetreten, aber nur 29 konnten als geeignet bleiben.

Besaß auch Fliedner selbst eine vorzügliche Kenntnis der Frauenseele und zeichnete er sich als ein hervorragender Erzieher aus, so war sie ihm *die rechte Partnerin*.

Es war wohl tragisch, daß sie, die echte Tochter des demokratischen und freiheitlichen Rheinlandes mit ihrer Klarheit und Festigkeit, mit der sie für die Diakonissen und ihre evangelische Freiheit eintrat, bei ihrem Mann nicht durchdrang.

Er hatte die *Ordnung des Diakonissenhauses nach dem preußischen System der straffen Subordination* entworfen: Vorsteher – Vorsteherin – Hausmutter – Diakonisse. Nicht die Eigenverantwortung, sondern der schlichte und pünktliche Gehorsam der Diakonisse standen obenan. Der Schwesternschaft räumte Fliedner kein Eigenleben ein, eine genossenschaftliche Selbstverwaltung der Schwestern kennt er nicht. Selbst die Oberin ist in späteren Zeiten nicht aus der eigenen Schwesternschaft genommen.

Hier lag wohl die Not Friederikes. Ihr stand als Urbild eine aus evangelischem Geist lebende Gemeinde vor Augen, wo einer den anderen in Liebe und Fürbitte trägt. Der rheinische Protestantismus mit seiner von reformierter Art geprägten Kirchlichkeit hatte die Laienwelt von jeher zur tätigen und verantwortlich-selbständigen Mitarbeit herangezogen. Das war ihr in Fleisch und Blut übergegangen und ein Stück ihrer selbst. *Eine Widerspiegelung dieses lebendigen Gemeindelebens suchte sie auch in der schwesterlichen Gemeinschaft der Diakonissen*[14].

Sie beugte sich unter die Entscheidung ihres Mannes. Mit ihm war sie der Überzeugung, daß eine Diakonisse kein Alltagsmensch sein kann und darf. Dorthin führte nach Fliedners Überzeugung kein anderer Weg als jener der „Mägde Christi", wie er gern seine Schwestern bezeichnete. Friederike wollte mit ihm nur wirklich Berufene in diesem Amt wissen. Darum schlug sie ihm vor, als sich von vielen Seiten in beängstigendem Ausmaß der Ruf nach Diakonissen für die Krankenhäuser mehrte, Diakonissendienst und weltliche Berufswege nebeneinander auszubauen und beide zu betreuen. Theodor Fliedner lehnte wieder ab. Vielleicht wollte er die einzigartige Möglichkeit, die ihm hier geboten war, die Krankenhäuser durch seine Diakonissen zugleich seelsorgerlich zu betreuen, nicht aus der Hand geben, ehe er nicht dazu gezwungen wurde. Ob er Spannungen zwischen Diakonissen und Pflegerinnen befürchtete und den einheitlichen Geist eines Krankenhauses bedroht glaubte? Es bleiben hier noch unbeantwortete Fragen[15].

Welchem Widerstand und Spott bereits seine Diakonissen begegneten, wenn sie in den Krankenstuben mit den Kranken beten und ihnen ein gutes seelsorgerliches Wort sagen wollten, wußte Fliedner aus ihren Berichten. Die Entchristlichung und Entkirchlichung im industriellen Deutschland schritt mit schnellen Schritten voran. Wenige besaßen neben ihm einen solchen klaren Einblick[16].

Wieviel Not wäre der Diakonissensache und dem Krankenpflegeberuf erspart geblieben, wenn sich bei Beginn ein zweiter Berufsweg für Krankenpflegerinnen eröffnet hätte. Er hätte sich nicht im Schatten des höher geachteten Diakonissenberufes so mühsam und voller Bitterkeiten durchringen müssen.

Fliedner konzentriert sich ganz auf das Amt des Dienens und der Diakonie der Frau. Das bedeutete für ihn den Inbegriff aller christlichen Liebesarbeit. Um die sozialen und sozialpolitischen Fragen des werdenden Fabrikarbeitertums hat er sich nicht bemüht. In der Konzentration auf die Diakonissenarbeit lag Fliedners unvergängliche Größe und seine Schranke. Wichern hat diese Selbstbeschränkung nie verstehen können.

Doch so vollzog sich in dieser schöpferischen Anfangsperiode, die bis Friederikes Heimgang 1842 reichte, die „Erneuerung des apostolischen Diakonissenamtes" als eines gleichberechtigten Amtes neben der männlichen Diakonie auf dem Felde der Pflege- und Lehr- bzw. Erziehungsarbeit. Es gelang die Überbrückung aller Standesunterschiede unter den Schwestern, denen im Diakonissenmutterhaus eine Heimat geboten wurde. Mitten in den Auflösungserscheinungen der alten vorindustriellen Gesellschaftsordnung Europas durch das Industriezeitalter wurde hier der Weg für sinnerfüllte Frauenberufe freigelegt. Bisher unausgeschöpfte Liebes- und Erziehungskräfte des weiblichen Geschlechtes konnten sich fruchtbar zur Geltung bringen.

In einem hat sich Fliedner getäuscht. Was er geschaffen hatte, war keine „Wiederherstellung des apostolischen Diakonissenamtes", sondern etwas Neues, geboren aus dem Geist der Reformation. „Aber diese Täuschung war eine glückliche, sie gab festen Halt und stärkte die Gewißheit, nach Gottes Willem zu handeln“ [17].

Bei der Fülle an Schwierigkeiten, – z. B. erhielt er erst 1846 die staatliche Genehmigung, die seine Arbeit überhaupt sicherte –, konnte er nur standhalten, weil er sich als ein von Gott Gerufener wußte. Er war daheim in der Welt des Gebetes und eines unerschütterlichen Glaubens, begabt mit einem Herzen voller Barmherzigkeit, dem Erfinderreichtum der Liebe und einer wunderbaren Gabe, auf Frauen einzuwirken. Er hat viel geweint über alle Verhaftung des Menschen in Schuld und Sünde. Das Bild des barmherzigen Samariters wurde er nicht müde zu betrachten.

Als es bei Friederike Fliedner zum Sterben geht, betet sie, während er ihr die Hand hält, sich und ihm zu Trost: „Sollt ich meinem Gott nicht singen, sollt ich ihm nicht dankbar sein?.. Ist doch nichts als lauter Lieben, das Sein treues Herze regt, das ohn Ende hebt und trägt, die in Seinem Dienst sich üben... Alles Ding währt seine Zeit, –“. Ihr Mann betet zu Ende, ihr die Augen zudrückend: „Gottes Lieb in Ewigkeit“ [18].

6

Ausbau auf erprobter Grundlage – Karoline Fliedner – Lehr- und Kinderdiakonisse – Stellung zur Kirche

Karoline Fliedner, geborene Bertheau, (1811–1892) wurde durch Verehelichung am 29. Mai 1843 die zweite Vorsteherin der Diakonissen. Ihre körperliche, geistige und organisatorische Arbeitsleistung war nicht geringer, die inneren Kämpfe dieser Frau, die mit heißer, leidenschaftlicher Liebe an ihrem Mann hing wie an den Kindern, nicht weniger. In gleicher, letzter Aufrichtigkeit ringt sie wie Friederike mit Gott: „Es wird mir immer gewisser, daß der Herr Dich und mich berufen hat, für das Diakonissenwerk das Leben zu lassen, und ich bin dann ganz willig dazu...“ [19]. Mit starkem Herzen wurde sie eine „Fürstin im Reich der Liebe“.

Das Geniale war bei beiden Frauen und bei Fliedner die Weite ihrer Gesichtspunkte und bei aller nüchternen Einfachheit der Zug ins Große. Als Fliedner mit der Krankenpflegeschule begann, kaufte er 1836 das ehemalige Bürgermeisterhaus, das größte und stattlichste Haus in Kaiserswerth, ein dreistöckiges Gebäude mit hohen und hellen Räumen. Den besten Arzt der Stadt engagierte er für die Krankenanstalt. Und wie er fast mit einem Schlage das ganze Krankenhauswesen in Deutschland grundlegend umstülpte und erstmalig eine wirkliche Krankenpflege durchsetzte, so verfuhr er auch, als er Ostern 1844 aus dem

Seminar für Kleinkinderlehrerinnen das Seminar für Volksschullehrerinnen entwickelte.

Auch hier durchbrach er das Vorurteil, daß nur Männer in der Schulstube recht Zucht halten und wissenschaftlich zu unterrichten verstehen. Der preußische Staat begann wohl zur gleichen Zeit, Frauen als Lehrerinnen auszubilden. Fliedner aber stellte ein Beispiel rechter evangelischer Mädchenbildung auf. Aus der Kinderdiakonisse wurde die Lehrdiakonisse. 1850 faßte Fliedner das Ziel ins Auge, begabte Seminaristinnen zu Lehrerinnen für höhere Töchterschulen auszubilden und schritt zur Verwirklichung. Schließlich wurde die Ausbildung von Lehrerinnen und Erzieherinnen aller Altersstufen und Schulgattungen durchgeführt. Über tausend Schülerinnen sind bis zum Tode Fliedners durch die Kaiserswerther Seminare mit Erfolg geleitet worden.

„Unsere lieben Seminaristinnen werden für drei Zwecke hier vorgebildet: 1. daß sie selbst ihren Gott und Heiland besser kennenlernen und in Seiner und des Nächsten Liebe wachsen mögen; 2. daß sie ihre Schülerinnen in allen Elementargegenständen unterrichten können, sowie in den anderen Kenntnissen, die die Töchter des gebildeten Mittelstandes nötig haben; 3. daß sie ihre Schülerinnen für das praktische häusliche Leben vorbereiten“ [20].

Der Tageslauf der Schülerinnen war selbstverständlich in das geistliche Leben des Mutterhauses eingeschlossen. Sie nahmen an den täglichen Hausandachten, an den Gottesdiensten und Festen mit teil. Pfarrer Fliedner hat nie anders gedacht und gehandelt. Innerhalb der Kirche sollte sich das Diakonissenamt als kirchlich geordneter Dienst entfalten.

Kirchenregimentliche Bevormundung suchte er nicht. Im Kampf um die Einführung der neuen preußischen Agende im Rheinland hat er unerbittlich die evangelische Freiheit gegen staatskirchliche Bevormundung verteidigt. Bezeichnenderweise wünschte er eine enge Verbindung mit seiner rheinisch-westfälischen Kirche über den gewählten Synodalpräsidenten, nicht kirchenamtlich über den Generalsuperintendenten [21].

Wie Wichern suchte er im Sinn eines allgemeinen Priestertums Luthers eine freie Betätigung aller diakonisch-missionarischen Kräfte im weiten Raum der Kirche im brüderlichen Miteinander mit dem geistlichen Amt. Weil das Kirchenamt weithin versagte und die Not diesen Pionieren der Inneren Mission auf dem Herzen brannte, waren sie darauf angewiesen, unmittelbar an den König und den Staat heranzukommen. Diese vermochten die staatliche Erlaubnis zur freien Wirksamkeit allein zu erteilen, sie hatten das Armen-, das Kranken- und das Erziehungswesen allein in der Hand. Viel stärker als im 18. Jahrhundert waren die Staatskirchen durch die Omnipotenz des Staates, der in alles hineinregierte, gebunden. Die Konsistorien, bisher relativ selbständig, wurden am Anfang des 19. Jahrhunderts zu Abteilungen des Kultusministeriums bzw. ihm bei- oder untergeordnet. Das eigentliche Problem aber liegt tiefer. Die innere Situation der weithin noch dem Rationalismus verfallenen Staatskirchen und ihrer Kultusdiener hat die Kluft zwischen dem gläubigen und erweckten Volk und den rationalistischen Geistlichen in dem Maße vertieft, als die Erweckungsbewegung und die erneuerte christliche Liebestätigkeit im Volk Fuß faßte.

Zu offensichtlich wurde, daß ein ins Konventionelle und Institutionelle erstarrtes Staatskirchentum auf dem Weg des Jahrhunderts in eine entchristlichte Massenkultur keinen Angriffsgeist gegen diese Dechristianisierung entwickeln konnte. Gegenüber dem schleppenden Betrieb der kirchlichen Behörden wandten sich diese Männer lieber unmittelbar an den Staat und den König. Sie sind keineswegs den Staatskirchen „ergänzend zur Seite getreten". Aber sie haben ihre irdische Kirche liebgehabt und an die eine heilige christliche Kirche geglaubt.

7

Diakonissenhäuser eigener Prägung neben Kaiserswerth – Florence Nightingale und England – Königliche Stiftung in Berlin

Fliedner ist bald auch in die Welt hinausgestürmt. In der Zeit, in welcher in Kaiserswerth sich ein großes Arbeitsgebiet nach dem anderen öffnet, hat Fliedner innerhalb Deutschlands unermüdlich für den Eintritt der Frau in die kirchliche Diakonie geworben und auf die Unentbehrlichkeit dieses Dienstes der Liebe hingewiesen. Neben Kaiserswerth waren bereits andere Diakonissenhäuser im Entstehen, die aus eigenen Wurzeln entstanden sind, wie z. B. in Straßburg, wo Pfarrer Härter unter seinen Konfirmandinnen einen „Armendienerinnen-Verein" zur Pflege Kranker und Siecher gegründet hatte. Aus ihm erwuchs 1842 eine Diakonissenanstalt, in der sich die Schwesternschaft zu einer wirklichen genossenschaftlichen Übung der Liebe entfaltete. Die in drei Stufen gegliederte Schwesternschaft als Probeschwestern, Beischwestern und eingesegnete Schwestern entschied selbst über die Aufnahme und wählte auch ihre Oberin allein aus ihrer Mitte. Der Seelsorger des Hauses besaß nur eine beratende Stimme. Eine Eigengestaltung gewann das Pariser Diakonissenwerk, das durch sehr bewegte Wandlungen hindurchging, die Diakonissensache in Holland, die dort einseitig fest an die Krankenpflege gebunden wurde, die Berner Arbeit (1844), die zuerst viel verspottet wurde, die Riehener Diakonissenanstalt bei Basel (1852) mit dem unermüdlichen Spittler als Gründer, das Dresdner Diakonissenwerk (1844), das von 1856 an aufblühte, als es durch Pastor Fröhlich seine streng lutherisch-kirchliche Prägung verstärkte, das Züricher Werk, das

1858 seinen Dienst aufnahm. Andere Häuser folgten in Breslau, Königsberg, Stettin, Stuttgart, Augsburg und Speyer. Den stärksten Einfluß gewann Fliedner auf die preußischen Gründungen im Osten. Die süddeutschen Mutterhäuser fanden sich mit den schweizerischen Häusern und dem elsässischen bald zusammen, da sie manche Fragen und Nöte gemeinsam hatten [22].

Auch in den nordischen Ländern entstanden Diakonissenhäuser, die zum Teil besonders eng mit dem Kaiserswerther Mutterhaus verbunden waren und von Theodor Fliedner mannigfache Anregungen und Hilfe fanden [23]. Fliedners berühmte Schülerin ist jedoch Florence Nightingale (1820–1910), die nach einer Ausbildung in Kaiserswerth und Paris gegen den Willen ihrer Eltern auf Grund einer inneren Berufung zu einem bewunderungsvollen Vorbild in der Lazarettarbeit im Krimkrieg und zur Bahnbrecherin der modernen Krankenpflege in England wurde. Durch die von ihr ins Leben gerufene Londoner Schwesternschule hat sie die Krankenpflege in England zu einem geachteten Frauenberuf erhoben und so auch zur Entfaltungsfreiheit der Frau beigetragen [24].

Die Märzrevolution 1848 löste buchstäblich eine neue Welle von Diakonissenhausgründungen aus. Ihre Zahl wuchs von neun vor 1848 bis zum Jahre 1861, dem Jubelfest des fünfundzwanzigjährigen Bestehens der Kaiserswerther Anstalt, auf siebenundzwanzig. König Friedrich Wilhelm IV. hatte Fliedner bereits im Jahre 1847 im Zusammenhang mit seinem Lieblingsplan eines „Centraldiakonissenhauses" in Berlin zum „geistlichen Inspektor aller Diakonissenanstalten" in seinem Land ernannt. Bei der Einführung der Oberin Marianne von Rantzau in diesem neuen Diakonissenhaus „Bethanien", der königlichen Stiftung, besaß Fliedner bei aller treuen Fürsorge für sie keine glückliche Hand und Wichern, der mit zu Rate gezogen war, schaltete sich ein. So unterstanden die zwölf aus Kaiserswerth „geborgten" ersten Diakonissen nicht der neuen Oberin, „da sie alle aus Kaiserswerth sind und von dort aus regiert werden, auch dorthin berichten und sich auszusprechen haben" [25].

Zwanzig Jahre hindurch mußte dann noch mit der Ministerialbürokratie gerungen werden, welche diese königliche Stiftung nicht als „Mutterhaus der kirchlichen Diakonie", sondern nur als staatliches „Krankenhaus" ansah, bis der Charakter des „Central-Diakonissenhauses Bethanien" als staatsfreie milde Stiftung der Evangelischen Kirche endgültig anerkannt war [26].

War auch Kaiserswerth das nächste Vorbild, so hat doch die erste Oberin von Bethanien verstanden, Bethanien eine eigene Note zu verleihen. Für die Gliederung der Schwesternschaft wurde Straßburg zum Vorbild, für die Ausbildung Neuendettelsau. War Wichern zuerst besorgt, daß sich nur „Berliner Schneidermamsells und Dienstmädchen" als Diakonissen meldeten, so erwies sich die königliche Stiftung bald doch als ein Anziehungspunkt für Töchter höherer Stände, die sich in größerer Zahl einstellten. Marianne von Rantzau verstand es, an der Seite des tatkräftigen Pastor Schultz in guter Partnerschaft nicht nur dem Titel „Oberin" eine diakonische Würde zu verleihen, sondern auch den Schwestern eine würdigere Stellung in der Öffentlichkeit und für ihre Tätigkeit eine umfassende Bildung zu geben. Dagegen konnten auch die maßlosen Angriffe liberal-bürgerlicher, unkirchlicher Literaten wie Gutzkow mit seinem Roman „Die Diakonissin" (1855) und seines Nachbeters, des baltischen Gesellschaftsliteraten Alexander von Ungern-Sternberg in seinem Roman „Die beiden Schützen" nichts mehr ausrichten[27].

8

Fliedners Orientdiakonie – Die erste Generalkonferenz der Mutterhäuser in Kaiserswerth – Heimgang Fliedners

Im Jahre 1849 brachte Fliedner vier Diakonissen nach Nordamerika zur Begründung eines Diakonissenhauses in Pittsburg. Er fühlte sich als Schuldner der Frauenwelt in allen Erdteilen. Es drängte ihn dann nach dem Orient zum Aufbau einer „Orientdiakonie".

Von Jerusalem war die apostolische Diakonie ausgegangen, an der Fliedners Herz hing und deren Erneuerung seines Herzens Freude war. Der schweizerische Missionar Gobat war 1846 zum Bischof des vereinigten anglikanisch-preußischen Bistums in Jerusalem geweiht worden, einer Lieblingsstiftung Friedrich Wilhelm IV. von Preußen. Dem Bischof Gobat brachte Fliedner im Jahre 1851 vier Diakonissen nach Jerusalem, obwohl dieser nur um zwei gebeten hatte. Eine Pflege- und eine Lehrdiakonie entstand in Jerusalem. In Konstantinopel, in Smyrna, in Beirut, in Kairo und Alexandrien erwuchs eine segensreiche Kaiserswerther Orientarbeit. Fliedner wollte der Mohammedanermission „ohne jede Proselytenarbeit" Bahn brechen und der unterdrückten Frau in den zurückgebliebenen christlichen Orientkirchen den Weg zu ihrer eigentlichen Berufung als christliche Mutter und barmherzige Schwester zeigen. Fliedners hochgespannte Hoffnungen haben sich in der Orientdiakonie nicht erfüllt. Doch seine Waisenhäuser haben im Orient alle Stürme überdauert und bilden bis heute Brückenköpfe einer ökumenischen Diakonie, mögen sie auch in Afrika und Asien noch wie ins Leere hineinragen[28].

Fliedner hat von seinem ersten Jahresbericht an, dem Kaiserswerther Freundeskreis die ökumenische Weite seiner Diakonissenarbeit vor Augen geführt. Er suchte dann auch einen Zusammenschluß sämtlicher Diakonissenhäuser in Konferenzen. Im Jubeljahr des fünfundzwanzigjährigen Bestehens der Kaiserswerther Arbeit rief er am 9. und 10. Oktober 1861 die Vertreter dieser verschiedenen Häuser zu einer Konferenz nach Kaiserswerth. Von den eingeladenen 27 Mutterhäusern fehlten 14, darunter so grundlegende Werke wie das Pariser und Neuendettelsauer. Doch sollte sich aus diesem Anfang später eine Kaiserswerther Generalkonferenz der Mutterhäuser entwickeln. Fliedner bat um die gemeinsame Fürbitte für einander, „auf daß ein geistiges Band heiliger Liebe und Gemeinschaft vor und mit dem Herrn sie näher verbinde“[29].

Drei Jahre Lebenszeit waren Fliedner noch vergönnt. Seine Gesundheit war lange Jahre hindurch schon aufs äußerste bedroht gewesen. 1838 hatten ihn die schwarzen Pocken, 1841 der Typhus, 1852 eine Lungenentzündung in höchste Lebensgefahr gebracht. 1856 folgt eine erneute Lungenentzündung, 1857 brach ein schwerer, im glühenden Wüstensand Ägyptens verursachter Blutsturz endgültig seine Körperkräfte. Hustend, bleich, abgezehrt, ein hoffnungslos kranker Fliedner kehrte 1857 heim. In den müden sieben Jahren, die folgten, stand ihm sein Schwiegersohn Julius Disselhoff, sein späterer Nachfolger, zur Seite. Am 4. Oktober 1864 schloß Fliedner die Augen. Der Bahnbrecher der Frauendiakonie, eine ökumenische Gestalt innerhalb der Diakonie des 19. Jahrhunderts, war dahingegangen. Auf dem Sterbebett segnete er seine Lebensgefährtin und Gehilfin mühevoller Jahre ein zu weiterem Dienst. Von ihr haben wir u. a. das Wort:

„Ich bin den Diakonissen in vieler Beziehung jetzt mehr gleichgestellt. Ich glaube, daß ich ihnen allen innerlich näher komme. Bisher habe ich doch hauptsächlich für Vater gelebt und ihn geliebt. Er wird sich freuen, wenn jetzt mein Herz sich mehr erweitert und ich in der Liebe reichlicher und fruchtbarer werde. Das möge mir durch Gottes Gnade des Vaters Segen verleihen“[30].

Es war die Frau, die durch Tiefen hindurch geschritten war und einmal an ihren Mann schrieb: „Um Mitternacht ging die Qual furchtbar an. Meine Seele war in großen Wassern, die sie in den Abgrund rissen. Ich kann es nicht mehr beschreiben. Es war Gottesverlassenheit, Höllenqual –.“

Ihr zur Seite stand der treue Schwiegersohn Disselhoff.

Pastor Disselhoff, der Schwiegersohn und Nachfolger Theodor Fliedners in Kaiserswerth (1827–1896) leitete zuerst die von Fliedner 1851 errichtete Heilanstalt für weibliche Gemüts- und Nervenkranke. Aus dem Studium der Geisteskrankheiten und aus Beobachtungen über den Zustand der Blöden und Idioten, um die sich damals nur wenige kümmerten, erwuchs eine bahnbrechende Arbeit: „Die gegenwärtige Lage der Kretinen, Blödsinnigen und Idioten in christlichen Ländern, ein Not- und Hilfsbüchlein für die Verlassensten unter den Elenden der Deutschen Nation“ (1857).

Sie gab den Anstoß zur Gründung einer Anstalt für Schwachsinnige im Rheinland und in Westfalen. Weitere Anstalten folgten in allen Teilen Deutschlands. Darunter befand sich schließlich auch die Spezialanstalt für Epileptiker in Bethel, welche unter Friedrich von Bodelschwingh einmal 5000 Betten umfassen sollte.

9

Wilhelm Löhe in Neuendettelsau, der lutherische Diakonissenvater – Mutterhaus nur einstweilen, nicht für immer

Eine andere Gestalt war inzwischen neben Fliedner getreten, um den eigenen Namen unverlöschlich in die Lettern der diakonischen Arbeit einzugraben: Wilhelm Löhe (1808–1872). Dieser große lutherische Kirchenmann hatte Wicherns und Fliedners Arbeit aufmerksam verfolgt und ging doch beiden aus dem Wege. Er besichtigte Fliedners großes Werk in Kaiserswerth nicht und blieb dem Central-Ausschuß für Innere Mission fern. Und doch bestand eine große Gemeinsamkeit in der Sehnsucht nach Erneuerung des apostolischen Lebens in den Gemeinden und im Wissen, daß hier auf die besondere Gabe der Frau, auf ihre Liebes- und Lehrkraft, für die Gemeinde nicht verzichtet werden kann.

Im Mittelpunkt von Löhes Denken stand in einzigartiger Geschlossenheit seine lutherische Kirche. „Sein ganzes Leben und Wirken sollte ein Lied von der wahren Kirche sein, die im Gottesdienst ihren Herrn in heiliger Ergriffenheit anbetet, im Dienst an den Menschen die allzeit bereite Magd ihres Herrn ist und untereinander die Gemeinschaft ihrer Glieder pflegt.“ [31]

Die besondere Verbundenheit mit dem Sakrament war ein hervorstechender Wesenszug seiner Herzensfrömmigkeit. Wenn er auch gern Stadtpfarrer geworden wäre, war und blieb er doch Geistlicher einer Landgemeinde Neuendettelsau, die durch ihn berühmt wurde. Seine wundersame Beredsamkeit machte sehr bald seine fränkische Landgemeinde zu einem Wallfahrtsort. Sie kamen von weit her und regelmäßig, um seine Predigten zu hören. Er war zugleich einer der begnadetsten lutherischen Liturgen. Seine intensive Seelsorge führte ihn zur Erneuerung der altlutherischen Privatbeichte. Immer fühlte er sich zuerst als Pfarrer seiner Gemeinde. Dabei blieb es. Weil er sich im Wächteramt für seine lutherische Kirche wußte, bemühte er sich um die kirchliche Versorgung der nach Amerika ausgewanderten lutherischen Landsleute, bemühte sich seit 1846 um die Gründung lutherischer Kolonien in Michigan und rief ein Jahr zuvor die Indianer-Mission ins Leben. Die letzte Arbeit, die Löhe begann, an der sein Herz besonders hing, war die Diakonissenanstalt [32].

Er hat eigentlich etwas anderes gewollt. Als er 1853 den „Lutherischen Verein für weibliche Diakonie" gründete, sollte dies der Anfang für eine diakonische Neubelebung der Gemeinde sein. Überall sollten sich im Lande Töchtervereine, lebendige Zellen der Barmherzigkeit bilden. Was Löhe erhoffte, trat nicht ein. Es entstanden nur acht Vereine.

„Wenn es dahin gekommen wäre, daß der Funke, der sich hier entzündete, sich zündend in dem ganzen Lande verbreitet hätte, und daß allenthalben Vereinigungen für weibliche Diakonie entstanden wären und sich ausgebreitet hätten, ein Feuer der Liebe und der Barmherzigkeit unser Volk ergriffen und umfaßt hätte, wäre das in der Tat nicht weit mehr gewesen, als wenn eine Diakonissenanstalt, wie es nun der Fall ist, ihr Haupt und Licht nach allen Seiten hin erhoben hätte, während die Bevölkerung zu keinem eigentlichen Vereine für weibliche Diakonie emporgegangen wäre." [33]

„Nicht für immer, sondern nur einstweilen" begann Löhe im Jahre 1854 im Gasthof zur Sonne in einer gemieteten Wohnung seine Bildungsanstalt für Mädchen. Nach ihrem „Kurs" sollten die Schülerinnen ausgesegnet werden, um in ihrem Heimatort oder in Schulen, Spitälern oder Kinderbewahrungsstätten selbst den Ort und die Art ihres Dienstes sich zeigen zu lassen. Doch die Absolventinnen wünschten selbst eine Lebensgemeinschaft, einen Rückhalt an ihrer Bildungsanstalt. Schritt für Schritt ließ sich Löhe bis hin zum Mutterhaus führen. Es ging Löhe dabei um die Erhaltung einer fröhlichen Freiheit. Und wenn ein Mädchen, das im Mutterhaus ihre letzte Bildung empfangen hat, vom Diakonissendienst in die Ehe überwechselte, so war das „kein sehr bedauernswertes Ereignis". Nur eins erwartete Löhe „von allen Schülerinnen und Diakonissen nach der Probezeit, ein Gelübde der Aufrichtigkeit" [34].

„Wie alles Gute aus dem freien Willen der christlich angeregten Schar hervorgeht und von ihr ins Leben gesetzt wird, so ist insonderheit die Diakonie unserer Tage eine Sache des freien Willens und des freiwilligen Zusammenschlusses derjenigen, welche Gott dazu angeregt und erweckt hat. Ist überhaupt die Bruder- und Schwesternschaft kein Zeichen einer toten Kirche, sondern des noch vorhandenen kräftigen und guten Willens, so ist sie heutzutage bei dem Verderbnis der Massenkirchen geradezu die Trägerin des Lebens; es steht auch in keines Menschen Macht, dies anders zu machen. So gewiß das ist, so gewiß ist es aber auch, daß die Form der Bruderschaft und Schwesternschaft nach der Zeiten Weise sich ändern, vollkommener und minder vollkommen sich gestalten wird. Es muß sich eben eine jede Zeit ihre Form gefallen lassen und so muß sich denn auch die Diakonissin des 19. Jahrhunderts die Gestaltung des Daseins gefallen lassen, die ihr gegenwärtig möglich ist und sich fröhlich in dieselbe fügen, wenn sie auch die schö-

nere Vollendung in früherer Zeit immer im Auge behält, sie zurück- und herbeisehnt und, sofern es möglich ist, sie anstrebt. Sie fülle ihren Platz aus und behalte sich immer das bessere Ziel vor, nach dem gestrebt sein muß" [35].

Löhe hat immer damit gerechnet, „daß die Diakonissenanstalt vielleicht nur zehn Jahre dauern und dann ihr kleines Licht wieder auslöschen könnte" [36]. „So wird auch die Diakonissenanstalt schon einmal wieder untergehen, sintemal nichts zeitliches einen ewigen Bestand hat, es sei gut oder böse ..." [37]. Die Sehnsucht Löhes hat Hermann Bezzel, da es die eigene war, in die schönen Worte gefaßt: „Die Idee des altkirchlichen Gemeindediakonissentums ist für unsere Zeit noch zu hoch, aber unwiederbringlich dahin ist sie nicht: ihr zur Gestaltung zu helfen, ist unsere Pflicht. Durch die kommenden Stürme wird manches dürre Laub abgestreift werden, aber auch manches keim- und triebkräftige Reis gestärkt. Das 20. Jahrhundert wird an seinem Ausgang bessere Weisen des Dienstes kennen als die jetzt möglichen gebundenen" [38].

Was an Weisheit und Wahrheit Löhe in seiner Diakonissenarbeit ausgesprochen und praktiziert hat, ist wie Fliedners Werk in die Geschichte der Diakonie eingegangen. Von Jahr zu Jahr lernend im Hören auf Gottes Wort und Weisung, prägt sich das Bild der Neuendettelsauer Diakonisse. Im Raum der lutherischen Kirchen und der lutherischen Gemeinden innerhalb von Unionskirchen wurden diese Neuendettelsauer Diakonissen in viele Dienststellen der Liebe außerhalb Bayerns gerufen. Und wie die Kaiserswerther Schwestern bei dem Neuanfang in der weiten Welt in manchen Häusern mithalfen, so geschah es nun auch hier.

„Ich bin weder ein Maler noch ein Sänger, wenn ichs aber wäre, so malte ich die Diakonissin, wie sie sein soll, in ihren verschiedenen Lebenslagen und Arbeiten. Es gäbe eine ganze Reihe von Bildern und ebenso viele Lieder. Malen würde ich die Jungfrau im Stall – und am Altare, in der Wäscherei – und wie sie die Nackenden in reines Linnen der Barmherzigkeit kleidet, – in der Küche – und in dem Krankensaale, auf dem Feld – und beim Dreimalheilig im Chor und wenn sie ganz allein den Communicanten Nunc dimittis singt, – ich würde alle möglichen Diakonissenberufe malen: in allem aber Eine Jungfrau, nicht immer im Schleier, aber immer Eine Person – – – Und warum denn? ... Weil eine Diakonissin das Geringste und das Größte können und tun, sich des Geringsten nicht schämen, das höchste Frauenwerk nicht verderben soll. Die Füße im Kot und Staub niedriger Arbeit – die Hände an der Harfe — das Haupt im Sonnenlicht der Andacht und Erkenntnis Jesu. – So würde ich sie aufs Titelkupfer der ganzen Bildersammlung malen. Darunter würde ich schreiben: Alles vermag sie – arbeiten – spielen – lobsingen" [39].

10

Zweite Schwesterngeneration – Kriegseinsatz – Neue Impulse Friedrich von Bodelschwingh – Eva von Tiele-Winckler

Im Jahre 1872 starb Wilhelm Löhe, der lutherische Kirchenmann, der großartige Diakonissenvater. Inzwischen hatten sich die Kaiserswerther Konferenzen, auf denen die verschiedenen Diakonissenhäuser zu Beratungen zusammenkamen, eingespielt. Auch Neuendettelsau beteiligte sich. Eine zweite Schwesterngeneration löste das Pioniergeschlecht ab und fand ein bereitetes Haus. Neue Fragen meldeten sich. Die Frauenemanzipation begann und die marxistische Arbeiterbewegung.

Das bedeutete Kampf und Einengung zugleich. Aus der Mädchen- und Frauenwelt, die in den Fabriksälen ihr Brot verdienen mußte, kam kein Nachwuchs in die Diakonissenhäuser. Wohl meldete sich eine verhältnismäßig große Zahl von Mädchen aus „dienendem Stande“, aber das waren Töchter aus dem einfachen bürgerlichen Mittelstand. Der Nachwuchs war hier teilweise so stark, daß nicht mehr als die Hälfte der Schwestern eingesegnet wurden. Sie fanden den Aufstieg nach dieser tüchtigen Schulung in anderen Berufen. Vor dem Absinken ins „Proletariat“ waren sie bewahrt worden.

Aus den sogenannten „höheren Ständen“ meldeten sich selten Töchter im Mutterhaus. Die Genfer Konvention und das Rote Kreuz waren gegründet worden. Die „Vaterländischen Frauenvereine“ übernahmen die Ausbildung freiwilliger Krankenpflegerinnen. Die ersten Schulen zur Ausbildung berufsmäßiger Krankenpflegerinnen ohne kirchliche und bekenntnismäßige Grundlage begannen ihre Arbeit.

Doch entstanden neue Diakonissenhäuser. Die Ausbreitung der Mutterhausdiakonie in der Weite Rußlands zwischen Petersburg und dem Schwarzen Meer und in den baltischen Ländern wurde zu einer Leidensgeschichte. Das Elisabeth-Krankenhaus Goßners retteten die Gräfin Anna von Arnim und der westfälische Pastor Kuhlo mit einer Schar von Probeschwestern, die von der Minden-Ravensberger Erweckung geprägt waren. Hier blühte ein neues Mutterhaus auf[40]. Es fehlte nicht an schweren Krisen in anderen Häusern.

Der Staat begann seine Ansprüche zu stellen. Im preußisch-österreichischen Krieg 1866 und im deutsch-französischen Krieg wurden die Diakonissen im Lazarettdienst eingesetzt und als der Frieden eintrat, mußte der Einsatz für künftige Mobilmachung eingeübt werden. Erstmalig waren die Diakonissen aus der Geborgenheit der Mutterhäuser und ihrer verschiedenen Dienste herausgerissen worden[41].

Später dehnte der Staat die Versicherungspflicht auf die Diakonissen als „Arbeitnehmer“ aus und führte die staatliche Krankenpflegeprüfung in die Ausbildung der Diakonissen ein. Die Dienstverpflichtung der Diakonissen für Kriegslazarette trat hinzu.

Es fehlte nicht an neuen Impulsen. Den Grundton auf der Kaiserswerther Konferenz von 1872, der „Generalkonferenz", gab der Vorsteher der jungen Diakonissenanstalt Bielefeld, Pastor von Bodelschwingh an. Er stellte die soziale Frage. Noch 1875 stand auf der Generalkonferenz der Mutterhäuser die gleiche Frage auf der Tagesordnung. Sollte man Diakonissen in die Arbeitersiedlungen, in diese Massenquartiere senden? Bei den Kindern der Proletarier konnte man beginnen. Viele Diakonissenhäuser sahen sich ans Krankenhaus gewiesen, wo Gott die Menschen beiseite nimmt und die Begegnung zwischen Glaube und Welt noch ungezwungen möglich war. Bodelschwingh wünschte, daß die großen Krankenhäuser eher abgerissen werden müßten, weil sie einzelnen Familien ihre Verpflichtung an den Kranken nur zu schnell abnehmen. Es kam zu keinen durchgreifenden Beschlüssen. Die ganze Abgründigkeit der sozialen Problematik blieb verborgen. Die politische und soziale Haltung der Kirchen war bereits unheilvoll festgefahren.

„Konnte die Entscheidung anders ausfallen? Nach 1871 war doch in den Kreisen der Inneren Mission der Kampf gegen einen pedantischen orthodoxen, religionsfeindlichen Marxismus eröffnet worden, der sich innerhalb der Sozialdemokratie zeigte. Man sah dabei nicht scharf genug, daß nicht die ganze Sozialdemokratie in diesem christentumsgegnerischen Fahrwasser schwamm[42]. Doch spiegelte die zögernde Haltung der Generalkonferenz der Mutterhäuser die allgemeine Unsicherheit im Protestantismus wider."

Doch zeigten sich neue Wege und Gestaltungen. Bodelschwingh verwandelte seine „Stadt der Barmherzigkeit" in eine Diakonie-Gemeinde, in der die Elenden und die Epileptischen mitdienten, mitlobten und auf diese Weise eine „schöpferische Barmherzigkeit" erstand. Bodelschwingh hielt die Krankenhäuser für nötig, aber die Diakonisse, die das Elend sucht, wo es in den Gemeinden zu finden sei, reiche mit ihrem Arm weiter. Noch weiter aber reiche die Kinderpflege, die Licht selbst in die elendesten Stuben trage. Der Gedanke von „Gemeindepflegehäusern", in denen Kinderschwestern, Gemeindeschwestern und Krankenhausschwestern zusammenwirken als Filialen des Mutterhauses, klang bei ihm auf.

Eva von Tiele-Winckler (1866–1930), die Bodelschwingh so gern als Oberin in Bethel behalten hätte, nahm diesen Impuls in ihren Kinderheimen auf und ging selbst den Weg der Armut und des völligen Glaubensgehorsams. Als sechzehnjährige Konfirmandin liest die Suchende zum ersten Mal im Neuen Testament und stößt auf das Gleichnis vom guten Hirten, das sie nicht mehr frei gibt. Ihr Herz „durchzieht tiefe innere Gewißheit", daß ihr Leben fortan Christus gehört. Ihr

Weg wird ihr gewiesen, als sie zufällig im Miechowitzer Schloß, in dem sie aufwuchs, in der Schloßküche ein halbverhungertes Bettelkind sich gierig auf den Abfalleimer stürzen sieht. Es vergehen Jahre, bis ihr Vater ihr die Möglichkeit einräumt, in der Gemeinde-, Armen- und Krankenpflege der Heimat zu arbeiten. In heiligem Ernst dient sie den Ärmsten, beginnt in Bethel eine Ausbildung und muß doch wieder heimkehren und zieht jubelnd aus dem Schloß in ein Häuschen, um in freiwilliger Armut den Elenden, vor allem den armen Kindern, zu dienen.

Auf dringenden Wunsch Bodelschwinghs kehrt sie nach Bethel zurück. Eine schwere Erkrankung wird ihr zum Ruf, das Amt der Oberin aufzusagen und in die Heimat zurückzukehren. In Oberschlesien wird sie zur „Mutter Eva". Als nach dem Tode ihres Vaters ihr ein Millionenerbe zugesprochen wird, verbraucht sie es restlos zur Gründung von Heimathäusern für heimatlose Kinder, zuerst in ihrem geliebten Oberschlesien, schließlich über ganz Deutschland hinaus bis nach China, Indien und Afrika. Sie schafft den Kindern in kleinen Kinderfamilien von zehn bis fünfzehn Kindern verschiedenen Alters eine von Sonnenschein und Liebe durchleuchtete Heimat. Als die Inflationszeit ihr großes Vermögen endgültig zusammenschmelzen läßt, treten opferfreudige Menschen für ihre Arbeit ein und ihre Hände füllen sich immer neu. Als sie 1930, fast 64jährig, heimging, sank eine der von Tausenden bewunderten und geliebten Persönlichkeiten, eine der anziehendsten Gestalten in der neueren Frauendiakonie dahin. Sie hinterließ in dem von ihr gegründeten Diakonissenmutterhaus Friedenshort in Miechowitz (Mechtal) in Oberschlesien 700 Schwestern, die ihre Arbeit fortsetzten. Diakonie und Mission verbanden sich in diesem Werk, als Mutter Eva Schwestern unmittelbar in den Missionsdienst nach Innerchina aussandte[43].

11

Jahrhundertwende – Krisenzeit – Freie Schwestern – Wohlfahrtsschülerinnen – Vereinsdiakonie

Das Werk der Frauendiakonie weitete sich mit jedem Jahrzehnt, in das sie neu eintrat. Die große Jubelfeier des Kaiserswerther Mutterhauses im Jahre 1886 führte auch die Generalkonferenz der Mutterhäuser zusammen. In ihrer Geschlossenheit, mit der sie in 57 Mutterhäusern 6366 Schwestern auf mehr als 2000 Arbeitsplätzen, darunter in fast 600 Krankenhäusern und auf fast 700 Gemeindestationen vertrat, stellte sie eine lebendige Kraft in einem weithin bereits entkirchlichten Deutschland dar. Der Diakonissenberuf war inzwischen nicht der einzige Frauenberuf geblieben. 25 Prozent der deutschen Frauen übten einen Beruf aus. Neben die Diakonisse war auf ihrem ureigensten Gebiet der Krankenpflege die „freie Schwester" getreten und kämpfte um ihre gesellschaftliche Anerkennung als „Vollschwester". Die Generalkonferenz von 1886 erklärte:

„So entschieden wir die heute herrschend gewordene Form des Diakonissentums für unsere Zeit für die geeignetste, ja für unentbehrlich halten, ebenso entschieden sind wir der Meinung, daß sie nicht für die einzige erklärt werden darf. Vielmehr sind die hier und da gemachten Versuche, daneben eine andere Form zu finden, mit Freuden zu begrüßen, vorausgesetzt, daß sie von Männern mit lebendigem kirchlichen Sinn und praktischem Blick ausgehen" [44].

Damit war das bereits ausgesprochen, was die junge Kaiserin Auguste Viktoria sich erwünschte, welche im Jahre 1889 und noch einmal 1899 eine Konferenz von „Sachverständigen und Freunden des evangelischen Diakonissenwerkes" zusammenrufen ließ. Kein Monopol, aber die führende Stellung der Diakonissenarbeit erbat sie. Für die Lösung der sozialen Aufgaben konnten nicht genug barmherzige Frauenhände arbeiten.

Aus der Jugend, die sich im „Verband der weiblichen Jugend" um die Jahrhundertwende sammelte, ging ein neuer Beruf der Berufsarbeiterinnen der Inneren Mission hervor. Pastor Burckhardt in Berlin nahm diese Ausbildung in die Hände. Um diese Zeit entstanden die ersten Wohlfahrtsschulen. Der Staat übernahm diese Frauen für seine wachsende Wohlfahrts- und Sozialarbeit und bot ihnen die Lebensstellung als Beamtinnen [44+].

Aus dem „Allgemeinen Frauenverein", der 1864 entstanden war, schied die sozialistische Frauenbewegung aus und es bildete sich der „Deutsch-Evangelische Frauenbund". Er fand nicht den Weg zu den Mutterhäusern. Doch in den evangelischen Gemeinden trafen sich Frauenhilfe und Diakonissendienst.

Am Ende des 19. Jahrhunderts wurde die innere und äußere Krise in der Diakonissenarbeit offenbar. Die junge Frauengeneration fand immer schwerer den Weg zu den Mutterhäusern mit ihren patriarchalischen Formen. Vor allem die gebildete Jugend, deren Zahl durch die schnell fortschreitende Ausdehnung eines höheren Mädchenschulwesens ständig stieg, klopfte kaum noch an die Pforten der Mutterhäuser.

Und doch wuchs der Bedarf an Diakonissen unaufhörlich. Viele Kirchengemeinden suchten Gemeindepflegestationen einzurichten. Die neue Sozialversicherung beschleunigte den Ausbau der bestehenden Krankenhäuser, deren Bettenzahl beträchtlich vermehrt wurde. Die Diakonissenhäuser, welche den entscheidenden Beitrag zur Entstehung des modernen Krankenhauses geleistet hatten, waren nicht mehr in der

Lage, mit dieser stürmischen Entwicklung mitzugehen. Seit der ersten „Konferenz von Sachverständigen und Freunden des evangelischen Diakonissenwerkes“ im Jahre 1889 trat die rückläufige Bewegung ein, daß die Diakonissenhäuser die pflegerische Betreuung von Krankenhäusern einschränken mußten.

Hier suchte und fand Professor Friedrich Zimmer (1855–1919) neue Wege für die weibliche Diakonie. Er dachte zuerst an „Töchterheime“, in denen er Pfarrfrauen und Pfarrtöchter dazu anleiten konnte, in kleineren Gemeinden solche Dienste zu übernehmen, welche in größeren von Gemeindeschwestern ausgeübt wurden. Doch zeigte sich ihm bald, daß das Verlangen in der jungen Frauengeneration allgemein lebendig war, die sich eine „Lebenserziehung“ als modernes christliches Mädchen ersehnte, welches einen Beruf ergreifen mußte und einen Lebensberuf wollte.

Diese Möglichkeit sah er im Krankenpflegeberuf. So formten sich seine Gedanken zu einem „Diakonieseminar“ für junge Mädchen vor allem aus gebildeten Kreisen, die sich nicht zur Diakonisse berufen fühlten und doch nach einem diakonischen Beruf strebten. So kam es 1894 zur Form der „Vereinsdiakonie“, nachdem Pfarrer Disselhoff, der Nachfolger Fliedners, sich nicht entschließen konnte, diese Ausbildung im Diakonissenmutterhaus durchzuführen.

Von schicksalhafter Bedeutung wurde die Begegnung zwischen Professor Dr. Friedrich Zimmer, dem damaligen Direktor des Herborner Predigerseminars und der noch jungen Oberin des Städtischen Krankenhauses in Elberfeld, Anna Margarete van Delden. Mit einem kleinen Kreis von Männern und Frauen gründete Zimmer am 11. April 1894 in Elberfeld den „Verein zur Sicherstellung von Dienstleistungen der evangelischen Diakonie“ (abgekürzt „Ev. Diakonieverein“ genannt). Am 1. Juli 1894 zogen bereits die ersten „Schwesternschülerinnen“ in das evangelische Diakonieseminar Elberfeld ein. Schneller als es Zimmer vorausgesehen hatte, entstanden weitere Diakonieseminare an anderen städtischen Krankenhäusern. Die ersten ausgebildeten Schwestern, bei denen eine höhere Schulbildung vorausgesetzt wurde, gelangten sehr rasch in leitende Stellungen innerhalb der neuen Diakonieseminare und als Oberinnen neuentstehender städtischer Krankenhäuser. So wuchs dem Ev. Diakonieverein im ersten Jahrzehnt seines Bestehens bereits eine nicht geringe Zahl bedeutender Frauenpersönlichkeiten zu, die dem Werk einen solchen Auftrieb gaben, daß im Jahre 1905 nahezu 1000 Schwestern in sieben verschiedenen Diakonieseminaren und auf verschiedenen kleineren Arbeitsgebieten ihren Dienst leisten konnten.

In der Geschichte der deutschen Krankenpflege sind die Diakonieseminare die ersten rein fachlich bestimmten Krankenpflegerinnenschulen gewesen.

In diesen Diakonieseminaren lag das ganze Schwergewicht des Lernens, des Arbeitens, der Ausbildung und Fortbildung der Diakonieschwestern. Das Diakonieseminar blieb mit ihrer Seminaroberin der Mittelpunkt der Schwesternschaft des „Bezirks". Seminar- bzw. Diakoniepfarrer übernahmen die biblische Unterweisung der Schülerinnen. Über die Schülerin zur Jungschwester und von der Stammschwester zur Verbandsschwester führte der Weg in die Schwesternschaft. Die eingesegneten Verbandsschwestern bildeten den inneren Ring der Schwesternschaft.

So ergab sich ein völlig anderes Gefüge als in einem Diakonissenmutterhaus. Während die Diakonisse Tochter ihres Mutterhauses ist und vom Mutterhaus mit allem Lebensnotwendigen versehen wird, ist die Diakonie-Schwester wirtschaftlich selbständig. Sie soll nicht „dienen, um zu verdienen", sondern „verdienen, um dienen zu können". Der Diakonieverein schließt als Rechtsträger für die Diakonieschwester die Dienstverträge ab, sichert das Gehalt und die Pension.

In einer Partnerschaft von Verein und Genossenschaft freier Schwestern entfaltete sich dieser neue Zweig einer Vereinsdiakonie.

Hier sah man die besondere Aufgabe in der Ausbildung einer Überzahl von Schülerinnen, die nur eine Ausbildungsstätte zur Ablegung ihrer Krankenpflegeprüfung suchten, ohne der Schwesternschaft beitreten zu wollen. In Berlin-Zehlendorf entstand schließlich eine Zentrale, ein Heimathaus für alle Diakonieschwestern. Doch der eigentliche Mittelpunkt der Diakonieschwestern blieb das jeweilige Diakonieseminar ihres „Bezirkes".

Dr. Zimmer trennte sich später von seinem Werk, um neue Aufgaben der Frauenerziehung und Volksbildung aufgreifen zu können. Der Diakonieverein entwickelte sich jedoch stetig. Mit anderen organisatorisch ähnlich geformten Schwesternschaften hat sich der Evangelische Diakonieverein zum sogenannten „Zehlendorfer Verband für Evangelische Diakonie" zusammengeschlossen.

Als 1901 das Fürsorgeerziehungsgesetz in Kraft getreten war, entwickelten sich neue Fürsorgeerziehungsanstalten. Auch hier traten Diakonieschwestern in die Lücken ein. So geschah der Aufbruch einer neuen Form der Diakonie, der in der freien Schwesterschaft des Ev. Diakonievereins sichtbar wurde und seit der Jahrhundertwende einen kräftigen und anhaltenden Auftrieb zeigte[45].

12

Gemeinschaftsdiakonie – Freikirchliche Diakonie – Missionarische Neuausrichtung – Hermann Bezzel – Schöpfung auf Abbruch – Theodor Zöckler und die Stanislauer Anstalten

Die um die Jahrhundertwende erstarkte Gemeinschaftsbewegung begann ebenfalls eigene Diakonissenhäuser zu gründen. Mit den großen Mutterhäusern suchte sie nicht zu konkurrieren. Die dort erprobte Glaubens-, Arbeits- und Lebensgemeinschaft übernahm sie dankbar. Was sie erstrebte hat am klarsten Pastor Krawielitzki (1866–1942) verwirklicht. Auch er dachte nicht an eine Revolutionierung, sondern nur an eine Reformierung der alten Kaiserswerther Grundlage. Der greise Diakonissenvater Daendliker in Bern war dabei nicht unbeteiligt. Was Wilhelm Löhe ausgesprochen hatte: „Die Diakonisse ist nicht für das Krankenhaus da, sondern das Krankenhaus für die Diakonisse", sprach Pastor Krawielitzki nur drastischer aus: „Es ist eine geistliche Totengräberei, daß die Diakonisse wohl des Doktors Magd, aber nicht des Herrn Magd ist"[46].

Er wies in Fliedners Hausordnung nach, daß dieser den Diakonissenberuf als einen „einheimischen Missionsberuf" angesehen habe: „Die Schwestern dienen nicht um der Armen, Kranken und Kinder willen, sondern um Jesu willen, stets in der Absicht, daß sie dem Herrn mögen ihre Seelen gewinnen." An dies Wort Fliedners erinnerte er und konnte darum Kaiserswerth freudig als „Mutterhaus aller Mutterhäuser" bezeichnen.

Die heftigen Auseinandersetzungen zwischen der Gemeinschaftsbewegung und den Kaiserswerther Diakonissenhäusern sind verklungen. Aus dem Gemeinschaftsschwesternhaus in Vandsburg entfaltete sich der Deutsche Gemeinschaftsdiakonieverband mit seiner Zentrale in Marburg/Lahn, mit sechs Mutterhäusern, den größten in Marburg/Wehrda, „Hensoltshöhe" Gunzenhausen in der Nachbarschaft von Neuendettelsau und Elbingerode/Harz, dem sich im Ausland noch zwei Mutterhäuser in der Schweiz und Nordamerika anschlossen[47].

„Aus der Erweckung geboren, will das Werk der Erweckung dienen." Das allgemeine Priestertum aller Gläubigen legt hier auch den Diakonissen das Zeugenrecht und die Zeugenpflicht auf. So werden nur bekehrte und von Gott gerufene junge Mädchen aufgenommen. Nur wer selbst gerettet ist, kann Retterdienste leisten. Bald konnte Vandsburg auf steigende Eintrittszahlen und schließlich auf einige tausend eigene Diakonissen hinweisen.

Die anderen Gemeinschafts-Diakonissenhäuser schlossen sich zum Bund deutscher Gemeinschaftsdiakonissenhäuser zusammen. 1885 war auch ein Diakonissenwerk der methodistischen Kirche in

Frankfurt am Main entstanden, ein baptistisches folgte in Berlin. Auch hier bemühte man sich um die missionarische Ausrichtung der alten, bewährten Mutterhausform. Die freikirchlichen Diakonissenhäuser bildeten einen Verband evangelisch-freikirchlicher Diakonissen-Mutterhäuser. Da missionarischer Zeugenwille und Seelsorge eindeutig diese Diakonissenhäuser bestimmte, konnten sie Krankenhäuser übernehmen, ohne ihre eigentliche evangelistische Zielsetzung aufgeben zu müssen. Neue Formen einer Diakonie entwickelten sie nicht, sondern hielten an der Mutterhausform Fliedners fest, erfüllten sie aber mit missionarischen Impulsen[48].

Eine großartige innere Besinnung ward der Mutterhausdiakonie als Mitte aller fraulichen Diakoniearbeit durch Hermann Bezzel (1861 bis 1917) zuteil. Als Rektor der Diakonissenanstalt Neuendettelsau und schließlich als Präsident des Oberkonsistoriums in München hat dieser lutherische Bischof eine Wirkung ausgestrahlt, die in der ganzen deutschen evangelischen Christenheit und im Weltluthertum noch nicht zu Ende gegangen ist.

Seine Schriften sind erfüllt von prophetisch geistesmächtiger Schau. Er hat vorausgesehen, was die Kirche nach ihm erleben und erfahren sollte.

Die Hauptzeit seines Lebens galt dem Werke Wilhelm Löhes, dessen zweiter Nachfolger er geworden war. Prophetisch hat er den Mutterhäusern verkündigt, daß ihnen die Krankenhäuser und Schulen genommen und einmal nichts als der Elendsdienst an den Gefallenen und Lebensunwerten bleiben werde. Zu dem echten missionarischen Anliegen der Gemeinschaftsdiakonie hatte Bezzel eine gewisse Nähe. Er hat dadurch auf einen Kirchenkampf vorbereiten und entscheidend mithelfen können, eine neue Pfarrergeneration, aber auch eine neue Diakonissengeneration zu prägen.

„Die Tatpredigt verlangt nicht hochgebildete Persönlichkeiten, nicht einmal technisch ganz geschulte, so begrüßenswert diese Schulung ist, um den Vorwurf der Rückständigkeit nicht aufkommen zu lassen, sondern Jungfrauen, welche von treuer Liebe zu Christo, dem im Leide des Lebens erscheinenden Meister, erfüllt sind. Sie sollen nicht mit allerlei Schlagworten einer volkstümlichen Apologie ausgestattet sein, die, von gutem Willen eingegeben, an den guten Willen appelliert, noch weniger in hochgehenden Beweisführungen geschult sein, sondern von der erfindsamen Liebe gedrängt sein, die alles glaubt und doch nicht leichtgläubig, alles hofft und doch nicht leichtsinnig ist, alles trägt, um Christo Bahn zu machen. Nur wer des endlichen Sieges gewiß ist, der auch aus scheinbaren Niederlagen, ja aus ihnen um so herrlicher sich erhebt, kann feste Schritte des Dienens tun“[49].

Bezzel wurde nicht müde, von der „Schöpfung auf Abbruch“ zu sprechen.

„Wir sind in den Mutterhausgedanken nicht so versunken, daß wir ihn für schlechthin unentbehrlich erklären möchten und müßten, hoffen vielmehr, daß das altkirchliche Ideal eines Löhe „aus der Gemeinde für die Gemeinde" noch einmal Tat und der Zusammenhang der einzelnen durch das Land zerstreuten, auf dem heimischen Boden, dem sie entwachsen sind, heimatlich arbeitenden Diakonissen ein rein innerlicher werden wird" [50].

Was Bezzel eindringlich aussprach von der Diakonie in Bewegung, gewann Gestalt in dem einzigartigen Lebenswerk Theodor Zöcklers in Galizien. 1891 kam er im Dienst der Judenmission nach Stanislau, mitten in eine sterbende evangelische Diaspora Galiziens. Er und seine Lebensgefährtin, die dafür ihr Vermögen hingab, erbarmten sich der Waisenkinder unter den armseligen deutschen Kolonisten. Die „Zöcklerschen Anstalten" entstanden mit ihrem Mittelpunkt, dem Diakonissenmutterhaus Sarepta, das zugleich eine Zufluchtsstätte für verkrüppelte und sieche Kinder war. Ein ganzer Kranz von Pflegestationen legte sich darum.

Der erste Weltkrieg bedrohte das Werk. Dreimal zieht Zöckler in Kriegs- und Revolutionswirren nach dem Zufluchtsort Gallneukirchen, wo ihn das österreichische Diakonissenhaus mütterlich aufnimmt und kehrt immer wieder mit seiner Schar nach Stanislau zurück.

Seine Schwestern werden in dieser bedrohten Diaspora zu Missionarinnen und Predigerinnen, sie halten Schule, sie sammeln die zerstreuten Gruppen, ohne nur einen Augenblick den Dienst an den Elenden aufzugeben. Das Fest der Stanislauer Anstalten ist das Fest der Kirche. Wo eine Diakonisse arbeitete, dort enstand eine Gemeinde. Zöckler wurde zum Senior der galizischen Diasporakirche. In den Notzeiten nach dem ersten Weltkrieg veranstaltete er ein ökumenisches Hilfswerk für Juden und Deutsche, Polen und Ukrainer. Auf das ukrainische Volk sprang eine stark evangelische Erweckung über.

So baute ein Diakonissenhausvater mit einem ärmlichen Mutterhaus, aber mit „mündigen Töchtern", mit schwachen Schwestern eine Diasporakirche in einer selten so klar hervortretenden fruchtbaren Verbindung von Kirche und Diakonie [51].

13

Rückblick und Ausblick

Blicken wir zurück. Ein weiter, ein opferreicher, ein gesegneter Weg in immer neuen Wandlungen, von Nöten nie frei, der Dienst der Frau in der Kirche verwirklichte sich. Männer wie Theodor Fliedner, Wilhelm Löhe, Friedrich von Bodelschwingh, Hermann Bezzel und manch Ungenannter unter den Rektoren, Professor Zimmer nicht vergessend, haben dem diakonischen Werk der evangelischen Frau das Geprage verliehen. Und doch ist diese Geschichte der Frauendiakonie keineswegs nur eine Geschichte von Männern. Was die Frauendiakonie der evangelischen Christenheit schenkte, ist zutiefst ermöglicht worden durch den Dienst der bekannten und unbekannten Frauen selbst, einer Eva von Tiele-Winckler und anderer Vorsteherinnen, jener Frauen, die das schlichte Kleid der Diakonisse, das Gewand der Diakonieschwester, der freien evangelischen Schwester und Helferin, das Kleid der Wohlfahrtspflegerin, der Kindergärtnerin, der Heimleiterin, der Berufsarbeiterin in einem der zahllosen Dienste der Inneren Mission, der Gemeindehelferin, der Katechetin und Organistin trugen und tragen.

Die heimliche Mitte aller Frauenarbeit in der christlichen Diakonie, welch vielfältige Formen sic auch angenommen hat, bleibt der Diakonissendienst. Bezzel nannte die „Diakonissenhäuser hin und her“ die „Schatzhäuser der Kirche“. Einen Führungsanspruch besitzen sie damit nicht. Ihr Gestaltswandel in immer neu erworbener rechter Zuordnung von „Bindung und Freiheit“, der das Bewährte nicht versäumt und das Neue nicht übersieht, ist immer im Fluß gewesen und wird es bleiben.

5. Kapitel

Johann Hinrich Wichern und die klassische Zeit der Inneren Mission

1

Die bleibende Bedeutung Johann Hinrich Wicherns

Johann Hinrich Wichern ist sehr verschieden beurteilt worden. Nach einer Zeit, in der man fast kritiklos nur seine großen Leistungen als Bahnbrecher der heutigen Inneren Mission gewürdigt hat, setzte eine kritische Beurteilung ein, die fast nur das sah, was er nicht geleistet hat. Heute ist man augenscheinlich zu einer umfassenderen und ruhigeren Würdigung zurückgekehrt[1].

Man wagt heute den Satz, daß Johann Hinrich Wichern die Züge des Genies getragen hat. Nannte doch Theodor Heuß ihn die größte Gestalt im deutschen Protestantismus des 19. Jahrhunderts. Die genialen Züge lassen sich unschwer auffinden[2].

Es gelang Wichern, was Fliedner nicht gegeben war, eine Gesamtschau der ganzen inneren und äußeren Situation seiner Zeit aus einem Guß hinzustellen. Er wies aber auch ein Programm vor, das ausbaufähig blieb und noch heute in seinen entscheidenden Grundgedanken von einer überraschenden Aktualität ist.

Inmitten einer bedrohlichen und stürmischen Zeit, als in die verelendeten Massen des neuen Industriearbeiterstandes kommunistische und atheistische Gedanken eindrangen, rief er die wachen Kräfte zu einem Gegenangriff der Liebe auf und führte sie zu einem gemeinsamen Einsatz christlicher Barmherzigkeit. Die kräftigsten Impulse gingen in der Inneren Mission, die damals entstand, von Wichern aus.

Die pädagogische Wissenschaft erblickt in Wichern einen der Väter der pädagogischen Reformbewegung und den Pionier der modernen Jugendfürsorge. Als einer der bedeutendsten Erziehungsdenker und großen Anreger des modernen Fürsorgewesens nimmt er noch heute einen bedeutsamen Platz in der Fürsorgewissenschaft ein[3].

Deutlichstes Beispiel seiner genialen Hellsichtigkeit sind wohl seine Gedanken über den Strafvollzug. Hier wo das Recht geschützt und der Straffällige gebessert werden soll, erweist sich bis heute die ganze Armut der menschlichen Fähigkeit und der menschlichen Gesellschaft, diese Aufgaben zu lösen und die Schatten zu bannen. Man kann dann „nur mit der größten Hochachtung an das denken, was Wichern programmatisch zum Strafvollzug gefordert hat und was bis heute uneingelöstes Programm geblieben ist“[4]. Hier wie auf vielen anderen Gebieten des sozialen Lebens war Wichern in der Lage, bis auf die Wurzeln der Not und der Probleme zu schauen. Das vermag nur ein genialer Geist, ein Genie der Barmherzigkeit. So wird dieses große geschichtliche Urteil, das heute wieder unbefangener ausgesprochen wird, daß er ein Genie, ein Genie der Barmherzigkeit gewesen ist, nicht übertrieben sein.

2

Johann Hinrich Wicherns Entwicklung bis zur Gründung des Rauhen Hauses 1833

Johann Hinrich Wichern ist auf einem merkwürdigen Weg auf die Höhe seines Lebens und Auftrages geführt worden. In unruhevoller Zeit, als die französischen Truppen bereits Hamburg besetzt hielten, wurde er am 21. April 1808 als ältestes Kind des kaiserlichen Notars und vereidigten Übersetzers Johann Hinrich Wichern geboren. Der Vater, Nachkomme armer hannoverscher Leineweber, hatte sich vom Mietkutscher und Schreiber zum kaiserlichen Notar hochgearbeitet und beherrschte schließlich zehn Sprachen. Doch die Wirren der Napoleonischen Kriege und die Kontinentalsperre vereiteln einen finanziellen Lebenserfolg. Es war darum ein furchtbarer Schlag, als der Vater, der sangesfrohe, bildungsbegeisterte, der Romantik zugetane, herzensfromme Vater im Jahre 1823 an Schwindsucht starb. Die Tagebucheinträge des jungen Johann Hinrich verraten die tiefe Erschütterung, die noch jahrelang nachklang[5].

Langsam aber unaufhaltsam verarmte die achtköpfige Familie. So tapfer Johann Hinrich Wichern für die Mutter und die sechs jüngeren Geschwister durch Privatstunden zum Unterhalt beitrug, der vorzeitige Abgang von der vorletzten Klasse des berühmten Gymnasiums, des Johanneums, ließ sich nicht vermeiden.

Doch in diesem äußeren, bedrängten Rahmen vollzog sich eine reiche innere Entwicklung. Durch seine Privatstunden kam Johann Hinrich Wichern mit Familien in Verbindung, die der Romantik und der neu sich regenden Erweckungsfrömmigkeit zugetan waren. Bedeutende Persönlichkeiten Hamburgs nahmen sich des hochbegabten und gläubigen Gymnasiasten an. Früh wurde der junge Romantiker und gläubige Christ Johann Hinrich in den gemeinsamen Kampf bedeutender Männer Hamburgs gegen die ebenso flache wie tyrannische Aufklärung hineingezogen. Im Stadtbibliothekar und Professor am Akademischen Gymnasium Hartmann, in dem bedeutenden Senator Martin Hieronymus Hudtwalcker gewann der junge Wichern väterliche Freunde. Die edle, leidgeprüfte, große Künstlerin Luise Reichardt, die Goethe und alle berühmten Romantiker in ihrem Vaterhaus kennengelernt hatte, eine Frau voller Glauben, vermittelte ihm eine überreiche Fülle von Anregungen.

Im christlich-romantischen Jugendkreis der „Theebaklesia“, wie er ihn scherzhaft nannte, kam man jeden Sonnabend abends von 7 Uhr an bei Brot und Bier zusammen, sang, musizierte, las, schwärmte. In nächtlichen Bootsfahrten auf der Alster fand man romantischen Stimmungszauber. Junge Kaufleute, Studenten, Künstler waren sich hier eins in „Jesus Christus, wahrer Gott und Mensch“. Die neue Welt der Jugend tritt hier der noch vom religiösen Rationalismus beherrschten Welt des Alters gegenüber. Man protestiert nicht, doch gestaltet man sich seine eigene Welt. Aus diesem Kreis sind mehrere bedeutende Männer der romantischen Malerei und des öffentlichen Lebens hervorgegangen.

Im Januar 1826 trat Wichern für ein reichliches Jahr als Erzieher in die Pluns'sche private Lehranstalt ein. „Ich führte Aufsicht über ungezogene, durchtriebene Buben.“ Wöchentlich gab er 23 Stunden Unterricht am Institut, zusätzlich 7 Privatstunden und hörte noch 6 Stunden Kolleg am Akademischen Gymnasium, einer Zwischenstufe zwischen Johanneum und Universität. Nur vier Stunden blieben nachts für den Schlaf. Oft klagte er über rasende Kopfschmerzen. In diesen Jahren beständiger Überanstrengung und Überreizung hat Wicherns Gesundheit bleibende Schäden davongetragen. In dieser Zeit legte er sein Tagebuch an, das uns in heiße innere Kämpfe hineinblikken läßt. Wichern war eine leidenschaftliche Natur, schnell zum Jähzorn entflammt. In unerbittlichem Wahrheitsernst zügelte er seine Natur und selbst die unscheinbarste Lebenserfahrung bezog er auf Gott. Hier schon kündigte sich der geniale Erzieher an.

Hochbegabte Erweckungsprediger im besten Mannesalter wie sein Konfirmator Pfarrer Wolters, dann Pfarrer John, vor allem Pfarrer Rautenberg von St. Georg, der mit ihm privat die hebräischen Psalmen las, ihn aber auch in die Oper mitnahm, bestärkten seinen Entschluß, Theologie zu studieren. Senator Hudtwalcker und Professor Hartmann, die vom jungen Wichern viel für eine Neubelebung der Hamburger Kirche erwarteten, ermöglichten ihm das Theologiestudium in Göttingen und Berlin.

Der Einfluß wissenschaftlicher Theologen wie Lücke in Göttingen, in Berlin der berühmte Schleiermacher weiteten seinen Blick zu einer Gesamtschau des Christentums. Sie lehrten ihm die „Theologie der Romantik“, die den einzelnen mit seiner individuellen Veranlagung lebendig einfügte in die tragenden Gemeinschaften von Familie, Volk und Kirche. Der berühmte Kirchengeschichtler Berlins, Neander, ein getaufter Jude, suchte in der Geschichte des Christentums die Äußerungen und Ausdrucksformen des gläubigen Lebens auf, die Praktizierung des allgemeinen Priestertums aller Gläubigen. Schleiermachers Betonung des Familiengedankens und Neanders Betonung des allgemeinen Priestertums im Sinne der lutherischen Reformation haben auf Wichern bleibenden Einfluß gewonnen, doch sind seine Lehrer nur Anreger gewesen. Wichern hat alles eigenständig umgeprägt. Sehr genau studierte er Luther, auch Jakob Böhme.

Bedeutungsvoll wurden ein Besuch der Franckeschen Stiftungen in Halle, die Begegnung mit dem Vater der Armen in Berlin, dem ehrwürdigen Baron von Kottwitz, der viele Studenten in seinen Bann zog. Der geistvolle jüdische Arzt Dr. Julius, der später zur katholischen Kirche übertrat, beeindruckte den jungen Wichern mit seiner Forderung nach einer umfassenden Gefängnisreform nach amerikanischem Vorbild. Der junge Wichern begann seiner Berufung entgegenzureifen[6].

Am 2. September 1831 kehrte der junge Wichern in seine Vaterstadt zurück. Der Anblick der Türme Hamburgs erregte in ihm mit elementarer Wucht die Gewißheit, zu einem besonderen Werk ausersehen zu sein. Den jungen Kandidaten der Theologie, der in Hamburg seine theologische Prüfung ablegte, zog Pfarrer Rautenberg sofort in die Sonntagsschularbeit seiner Gemeinde St. Georg hinein, die dieser auf englische Anregung im Jahre 1825 begonnen hatte.

Unter allen Hamburger Pastoren hatte sich Rautenberg als erster angesichts der erschreckenden Verwilderung unter dem großstädtischen Proletariat zu einer wirklich sozialen Tat aufgerafft. Die Zeit der häßlichsten Anfeindungen der Sonntagsschularbeit an den ärmsten Kindern der Stadt im Senat und durch die Mehrheit der rationalistisch gesonnenen Hamburger Pastoren, die bis zur polizeilichen Überwachung des Unterrichts führten, war inzwischen abgeklungen. Man suchte einen neuen Oberlehrer und Schulleiter für die durch freiwillige Schulhelfer betreute Sonntagsschule und wählte den jungen Wichern einstimmig zu diesem Amt. Pfarrer Rautenberg hatte mit diesen Sonntagsschulhelfern einen Besuchsverein gegründet, der die Familien der teilnehmenden Kinder aufsuchte.

Hier tat sich für Wichern eine entsetzliche Elendswelt auf, und er gewann Einblick in sie, wie sie außer in Hamburg wohl damals kaum zu gewinnen war.

In seinen Notizbüchern und in einem umfangreichen Manuskript „Hamburgs wahres und geheimes Volksleben" hat der junge Wichern viel von der schreienden Armut und der trostlosen sittlichen Verwahrlosung festgehalten, die ihm auf seinen Gängen im „Gängeviertel" Hamburgs entgegentraten. Diese Aufzeichnungen suchen an Schärfe der Beobachtung und an der Hingabe am Einzelfall ihresgleichen. Hier findet man eine interessante Parallele zu dem Bild, das etwas später Friedrich Engels von der Lage der arbeitenden Klasse in England entwirft[7].

Wichern erkennt die Aussichtslosigkeit, sittlich bedrohten Kindern in der Sonntagsschule durchgreifend zu helfen, wenn sie im Bannkreis ihrer zerrütteten Familie bleiben. Was hatte er denn gesehen? In einer Lumpensammlerfamilie schliefen vier Personen auf einem Strohsack unter einer Decke. Viele Kinder liefen fast nackt herum. Knaben banden ihre zerlumpten Sachen mit Bindfäden zusammen. Ein sechzehnjähriges Mädchen hatte sich seit seinem fünften Lebensjahr ohne jede Aufsicht herumgetrieben. Kinder wuchsen ungetauft, unkonfirmiert und ohne Schulunterricht auf. Wenn junge Burschen mit jungen Mädchen zusammenliefen, dann unterblieb fast selbstverständlich die Trauung. Einen zwanzigjährigen jungen Mann fand Wichern mit einem sechzehnjährigen Mädchen und mit einer öffentlichen Dirne zusammen hausen. Kindermißhandlungen fielen nicht auf. Einmal traf Wichern selbst die Kinder eines Trunkenboldes betrunken an. Furchtbare Frauenschicksale entrollten sich vor seinen Augen.

Der junge Wichern drang darauf, daß die nächste Jahresversammlung des Sonntagsschulvereins am 25. Februar 1833 in aller Öffentlichkeit abgehalten werden sollte. Im großen Tanzsaal des Schneideramtshauses in der Filterstraße strömten tatsächlich über 1000 Personen zusammen. Es wurde die erste große Gemeindeveranstaltung in der Geschichte der Hamburger Kirche überhaupt. Hier trat erstmalig der junge Wichern als Mahner von prophetischer Eindringlichkeit auf, wie später so oft in seinem Leben, und rief die Hamburger Bürgerschaft zur erbarmenden Hilfe für die von der bürgerlichen Gesellschaft im Stich gelassenen Proletarierfamilien auf. Viele Hamburger erfuhren damals erst durch Wichern etwas von der unheimlichen Nachtseite der stolzen und reichen Stadt.

Noch im spätem Alter sagte Wichern im Hinblick auf diese Versammlung: „Nur zweimal in meinem Leben habe ich das sichere, mich übermannende Bewußtsein davon gehabt, daß Gott mir im außerordentlichen Maße die volle Kraft des Wortes verlieh: das erste Mal bei jener Sonntagsschulfeier im Hamburger Schneideramtshause, das zweite Mal bei meiner Rede über die Innere Mission auf dem ersten Wittenberger Kirchentag“ (1848).

3

Die Gründung des Rauhen Hauses in Hamburg 1833 und seine Anfangsgeschichte

Der Wille, ein Rettungshaus zu gründen, wuchs von diesem Tage an im Besuchsverein und unter den Erweckten in Hamburg. In dem zwanzig Jahre älteren Senator Dr. Karl Sieveking, einem Mann des Glaubens und der Liebe, gewann Wichern den treusten Freund. Innerhalb seines eigenen großen Grundbesitzes stellte Sieveking einen weiten Garten mit einer kleinen strohbedeckten Bauernkate für das Rettungswerk zur Verfügung. Das baufällige Häuschen trug seit undenklicher Zeit den Namen: „Das rauhe Haus". Am 30. April 1833 betrat es Wichern erstmalig mit Sieveking und am 31. Oktober 1833 zog Wichern mit seiner Mutter, seiner Schwester und einem seiner jüngeren Brüder unter das Strohdach des Rauhen Hauses ein.

Wenige Tage später kamen die ersten drei Knaben, die zu den verkommensten Kindern der Stadt gehörten. Einer unter ihnen, ein sechzehnjähriger Bursche, dessen Sprachschatz nur aus wenigen Worten bestand, hatte bisher in einer schauerlichen Umgebung gelebt. Bis zum Jahresende waren zwölf Knaben im Alter von fünf bis achtzehn Jahren in der Hütte. Wichern kannte die meisten und hatte sie in ihren Wohnlöchern oder im Gefängnis bereits besucht. Sie hatten oft auf Steinhaufen oder auf Saaltreppen die Nächte zugebracht. Einer von ihnen hatte sich in seinem zwölften Lebensjahr vor der Polizei zu 92 Diebstählen bekannt. „Mit sieben von diesen Knaben hatten Eltern, Armenpfleger und Schullehrer oder selbst die Obrigkeit es vergebens versucht, sie zu bändigen und zum Gehorsam zu bringen. Einer von diesen Burschen hatte bereits an einer Kette gelegen und sich von ihr zu befreien gewußt. Sie beherrschte der leidenschaftlichste Freiheitswille, Ordnung und Zwang haßten sie.

An diesen Kindern erwarb sich der junge Wichern den Ruhm eines „großen Menschenbändigers". Das Rauhe Haus mit diesem Menschenmaterial wurde die Wiege der berühmtesten Rettungsanstalt und das Geburtshaus der Inneren Mission. Im ersten Augenblick ist alles da, eine ganz klare Erziehungspraxis innerhalb einer ganz klaren Theologie der Erziehung! Die Macht der Sünde ist in der Menschheitsgeschichte offenbar. Gottes Gegenschlag ist das Geschehen der Christusoffenbarung. Seit Christus stehen sich zwei Reiche, das Reich der Gnade und das der Sünde in dramatischen Auseinandersetzungen gegenüber. Jeder einzelne Mensch ist in diese Schlacht hineingezogen.

In diesem gewaltigen Geschichtsdrama zwischen Glauben und Unglauben ist die Rettung aus der versklavenden Macht der Sünde möglich. Die vorbehaltlose Vergebung ist der Anfang einer Geschichte des einzelnen mit Gott.

Ganz folgerichtig sagte Wichern zu jedem Kind, das ihm zugeführt wurde: „Mein Kind, ich weiß alles, aber es ist dir alles vergeben." Dann verbot er ihm, mit einem anderen Menschen als mit ihm selbst je wieder über sein früheres Leben zu sprechen. Er gab diesen aufgenommenen Kindern sogar neue Rufnamen, damit sie auch nicht durch die tägliche Anrede an das frühere Leben erinnert wurden.

Neben der Vergebung war das Vertrauen das zweite Geheimnis seiner Erziehungsmacht. Es kam ja alles darauf an, daß das Kind das Vertrauen zu diesem Vergebungswort gewann. Glaubte es diesem Zuspruch, dann war es gerettet. „Alle Einrichtungen müssen derart sein und bleiben, daß sie Vertrauen ausdrücken und darum gibt es in einem Rettungshause keine Mauer, keine Zäune, keine Schlösser und Riegel, keine Spionage.“ Erziehung war für Wichern nichts anderes als die Realisierung der Freiheit, zu der Christus durch die Befreiung von der Schuld als ersten Befreiungsakt befreit hat. Das erste, was Wichern mit den Knaben tat, war die Abtragung des Walles, der im Westen und Osten das Rauhe Haus umgab. Knaben, die immer wieder wegliefen, schickte Wichern absichtlich auf weite Wege und von ihm geschickt, kamen sie wieder[8].

Echte Freiheit aber wird in rechter Entscheidung für die echten Bindungen gelebt. Zucht und Freiheit bedingen einander. Das Kind gewinnt Freiheit und erlebt das Füreinander zuerst in der Familie. Wichern konnte den Kindern echte Bindung im Familienleben nicht voll ersetzen. Aber er schuf ihm angenäherte Formen.

Er faßte nicht mehr als 12–14 Kinder der verschiedenen Altersstufen in familienähnlichen Gruppen zusammen. Freiheit, Liebe und Freude gestalten die echte Familienwelt. Denn nur der wird einmal in der Gemeinschaft der Erwachsenen bestehen und sich bewähren, der wirklich hat Kind sein dürfen und dem das Leben in der Welt des Kindes geschenkt worden ist. Hier darf sich jedes Kind frei entfalten und weiß doch, daß es auch für die anderen zum gegenseitigen Dienst da ist. Eine feine, zarte Führung lenkt sie miteinander.

Wichern suchte diese kleine, übersehbare Gemeinschaft der Familie zu realisieren, „die nicht etwa Ersatz der eigenen Familie sein will, sondern vielmehr Wohn-, Tisch-, Spielgemeinschaft, von zwölf Kindern, die hier einander begegnen und in gegenseitigem Dienen und Vertrauen ihr Leben zusammen mit dem „Bruder“ gestalten, der die Leitung der Familie ausübt“[9]. Denn der „Bruder“ ist nicht Vorgesetzter der Kinder, sondern nur Glied dieser Gemeinschaft als älterer unter den jüngeren Brüdern.

Darum lag Wichern alles daran, die bei ihm aufgenommenen Kinder nicht ihrem Elternhaus zu entfremden, sondern sie zu einer erneuten Liebe zu ihm zu erziehen. Die lebendige Verbindung zwischen Eltern und Kindern sollte nicht abreißen. Im Rauhen Haus als einem „Organismus der rettenden Liebe“ gestaltete jede Gruppe im Einzelhäuschen mit Gärtchen und Spielplatz ihr Eigenleben.

Man lebte füreinander und jeder gestaltete mit. Bereits bei der Gründung der ersten Knabenfamilie handelte Wichern entsprechend. Den Bau des ersten eigenen Häuschens besprach und beschloß er mit den Knaben. Alle Hilfsarbeiten, Ausschachten, Herbeischleppen des Baumaterials, taten die Jungen. So bauten sich die Knaben, die als erste angekommen waren, ein eigenes Häuschen und machten im alten Haus

Platz für eine neue Knabenfamilie. Als auch dieses Haus zu eng wurde, bauten die Jungens einen Steinwurf weit ein neues Haus. In eigenen Werkstätten wurden die Knaben auf ein späteres Handwerk vorgebildet. Alles, was man im Rauhen Haus benötigte, wurde hier hergestellt. Wichern leitete sie auch hier an, füreinander zu arbeiten, so wie es in einer gesunden Familie geschieht, wie es in einem gesunden Volk sein sollte! In späteren Jahren erzählte Wichern noch mit Rührung, wie einmal eine Knabenfamilie aus eigenem Entschluß heimlich für eine neue eine ganze Wohnzimmereinrichtung zimmerte.

So frei und selbständig wie im täglichen Leben und Arbeiten sollte sich jeder Junge auch im gemeinsamen Beten, Singen und in der Andacht bewegen können. Die Knaben waren abwechselnd als Vorleser tätig. Eine reiche Festkultur entfaltete sich. Wichern war erfinderisch in immer neuen Feststunden, zu der er seine Jungen zusammenrief. Jedes Haus feierte den eigenen Geburtstag. Es fehlte nicht an Enttäuschungen und schmerzlichen Erfahrungen. Aus den Hafenvierteln wurden Kinder gebracht mit „pöbelhaften Gewohnheiten und entarteten Trieben". Im ersten Jahr haben drei Burschen eines der neugebauten Häuser mutwillig angezündet, sie mußten der Polizei ausgeliefert werden. Wichern aber unterließ im Jahresbericht nicht die ergreifende Bemerkung: „Ihre Namen sind zwar aus, wie es mir schien, gebieterischen Rücksichten in der ergreifenden, erschütternden Feier ihrer unvergeßlichen Abschiedsstunde aus den Gedächtnistafeln unseres Hauses förmlich getilgt und nie wieder im Rauhen Haus im Angesicht des ganzen Hauses genannt, aber in dem Schilde der Fürbitte und der Liebe desto tiefer eingegraben"[10].

Wichern ließ sich Schritt für Schritt weiterführen. Als neben der ersten Knabenfamilie neue entstanden, bedurfte er Gehilfen. Seinen ersten brauchbaren „Bruder" hat ihm Heinrich Zeller in Beuggen vermittelt, den Bäckergesellen Baumgartner, der von Basel nach Hamburg zu Fuß wanderte. Bald schritt Wichern zur Gründung des „Bruderhauses" (1839). Die sorgfältige theoretische Ausbildung ist hier nur die eine Seite einer umfassenden Erziehung im Dienst der Liebe. Eine innerlich sich tragende Gemeinschaft künftiger Erzieher und Mitarbeiter in der Liebesarbeit der Kirche sah Wichern für grundlegend an, um alle Heimerziehung pädagogisch lebendig zu erhalten. Von einem „Seminarismus", einem Überwuchern rein abstrakter Unterrichtung, wollte er nichts wissen.

So entstand aus seiner Theologie der Erziehung eine lebendige Erziehungswelt. Pestalozzi und Schleiermacher haben ihn vor allem angeregt. Doch hing Wicherns Theologie der Erziehung aufs engste mit der Grundhaltung der gesamten Erweckungsbewegung zusammen, wenn er auch in die zweite Generation hineingehörte. Wie Fliedner hat auch Wichern die Individualpädagogik folgerichtig durchgebildet. Über jeden Knaben wurde Buch geführt, Konferenzen abgehalten, eine Hauschronik mit genauem Register angelegt und die Brüder machten regelmäßige Besuche bei den Eltern[11].

Damit war aufs engste die Gemeinschaftserziehung durch das Familienprinzip und durch die Arbeitsgemeinschaft verbunden. Jedes Kind half seinen Fähigkeiten entsprechend mit und diente dem Ganzen. In einer gegliederten Gemeinschaft sollte sich jedes Kind heimisch fühlen und in dieser Geborgenheit sich frei entfalten können.

Wichern suchte alles, was im erziehenden Gesamtleben auf den jungen Menschen zukam, als Gabe und Geschenk Gottes auszulegen und ihm den Zwangscharakter zu nehmen. Das Evangelium verstand Wichern als die große Horizonterweiterung und Lebensbereicherung, die dem einzelnen angeboten wurde. Von der Vergebung aus erzog er und gab er den Weg frei in ein neues Leben.

Den Gehorsam fordernden Charakter des Gnadenangebotes, daß die Gabe Christi zur Entscheidung, zur Krise führt, hat Wichern nicht unterschlagen. Er wußte nur als begnadeter Erzieher, daß man verprügelten Kindern nicht mit der Zuchtrute kommen konnte.

Man hat bei Wichern einen antinomistischen Affekt beobachtet, d. h. er wollte nicht mit dem „Du sollst" Zucht und Ordnung erreichen. Daß das Evangelium selbst zu einer Lebensordnung führt, die Gehorsam und freiwillige Anerkennung fordert und darum auch „gesetzlichen Charakter" trägt, ist ihm kaum entgangen. Er erkannte jedenfalls die Bedeutung der Krise für die Erziehung und daß alle Erziehung mit den Krisen und einem durch Krisen bedrohten Erziehungsvorgang zu rechnen hat. Darin war er der Wirklichkeit des Lebens näher als die säkulare Pädagogik, welche die Erziehung als kontinuierliche Formung des jungen Menschen verstand[12].

Wichern und seine Helfer im Erziehungswerk blieben zunächst mit ihrer Pädagogik außerhalb der Rettungshäuser recht unverstanden. Doch hat Wichern noch erleben können, wie sich im Jugendstrafrecht der Gedanke, daß es nicht auf Bestrafung, sondern auf Erziehung und Gewinnung der Jugend für die Gesellschaft ankam, durchzusetzen begann. Seit 1846 arbeitete Wichern in Preußen in dieser Richtung. In der Geschichte der Jugendhilfe hat so Wicherns Werk seinen prägenden Einfluß niedergeschlagen. „Man kann nicht daran zweifeln, daß Wicherns Erziehungsdenken in erstaunlich hohem Maße die Probe der Geschichte bestanden hat. Das liegt daran, daß Wicherns Werk in seiner ganzen Fülle aus den Tiefen des Evangeliums heraus gewachsen ist und dadurch, bei aller Einzelkritik, die möglich und notwendig sein mag, auf einem Grund steht, der sich dem Christen immer neu als tragfähig und der Gegenwart gewachsen bewähren wird"[13].

4

Wicherns Vorstoß von Hamburg vor 1848 und die Ausdehnung seiner Arbeitszweige

Das kühne Werk Wicherns konnte nicht verborgen bleiben. In ganz Deutschland regte sich der Wille der Erweckten, die überall aufbrechenden Nöte zu lindern. Das beginnende Industriezeitalter hatte bei dem Übergang zum Maschinenbetrieb dem neuen Unternehmertyp, der zumeist aus dem Handwerkerstand kam, ein Überangebot an Arbeitskräften eingebracht. Hier konnte man beliebig verfahren, da es keine Schutzgesetze gab, weder für eine Arbeitszeit- noch für eine Feiertagsregelung. Das erste preußische Gesetz, welches Kindern unter neun Jahren die Fabrikarbeit untersagte (1839), wurde bezeichnenderweise auf Veranlassung des Militärs erlassen, weil bei der Rekrutenaushebung der untaugliche Zustand der meisten aus den Fabriken kommenden jungen Männer aufgefallen war. Für die Zukunft sollten Kinder über 10 Jahre und Jugendliche keine Nacht- und Sonntagsarbeit mehr leisten und täglich „nur" 10 Stunden in den Fabriksälen festgehalten werden[14].

Fast schlimmer war die seelische Not. Die Auflösung der patriarchalischen Hausarbeit zwang zahllose Männer mit ihren Frauen und Kindern bei ausgesprochenen Hungerlöhnen in der Fabrik zu arbeiten. Vom Lande zogen die nachgeborenen Bauernsöhne, die auf den Gütern keine ausreichende Arbeit fanden, als billige Arbeitskraft in die Industriestädte und vermehrten das Industrieproletariat. In trostlosen Mietskasernen, in denen man die kleinen Kinder tagsüber sich selbst überlassen mußte und die oft verwahrlosten, wo zehn und mehr Personen auf Strohschütten in einem Raum schliefen, mußte die Bitterkeit und der Haß gegen die Privilegierten aufbrechen.

Friedrich Engels, der engste Mitarbeiter von Karl Marx, kam aus einer frommen Fabrikantenfamilie des Wuppertals und sah hier die grotesken Bilder. Sonntags zogen die frommen Fabrikanten und Handwerksmeister in das Gotteshaus, ihre Arbeiter aber mit Hungerlöhnen in die Fabriksäle und kannten keinen Feiertag. Aber das focht die Frommen nicht sonderlich an. Diese Beobachtungen haben Friedrich Engels nicht auf die revolutionäre Bahn getrieben. Aber sie haben mitgeholfen, daß er sich völlig und in verächtlichem Ton vom Christentum trennte[15].

Wo aber eine Hilfsbereitschaft innerhalb der gläubigen Kreise des evangelischen Volkes sich regte, war Wichern zur Stelle. Im steigenden Maße wurde Wichern vom Jahre 1837 an in verschiedene Gegenden zu Vorträgen und Beratungen gerufen. Wichern besaß ein feines Verständnis für die seelische Lage eines Hilflosen und besaß den unermüdlichen Willen, der Erkanntes in die Tat umsetzen muß. Er gewann das Vertrauen der Bettler und Gefangenen und vermochte unter den Aristokraten und Fürsten völlig unbefangen zu verkehren. Das wohlhabende Bürgertum Hamburgs und der Adel Schleswig-Holsteins standen ihm zuerst bei, bald reichten seine Verbindungen bis in das Schloß des preußischen König Friedrich Wilhelms IV. Neben der Leitung des Rauhen Hauses, einer großen Korrespondenz und einer ständigen literarisch-theologischen Produktion reiste er unermüdlich in den ersten Jahren im rüttelnden und schüttelnden Postwagen[16].

Wicherns besondere Gabe war es, immer neue Bevölkerungsgruppen aufzuspüren, die von christlicher Betreuung unberührt blieben. Im Zeitalter der Eisenbahnbauten sah er die Notstände unter den Eisenbahnarbeitern. Er wußte um die vielen Männer, die ohne festen Wohnsitz in Deutschland auf der Wanderschaft waren. Er kannte die Zahl der Zehntausende von armen Handwerksburschen, die nach Paris, nach London und in andere westeuropäische Industriegebiete abgedrängt worden waren und dort der Verelendung anheimfielen, kaum beachtet von den kirchlichen Stellen.

Je mehr Brüder in seinem Hamburger Werk in seinem Geiste ausgebildet wurden, je näher lag es ihm, sie hier einzusetzen. 1837 zogen die ersten Hausväter vom Rauhen Haus hinaus, zum Teil bis nach Rußland. Sie gingen in den Gefängnisdienst. „Pilgernde Brüder" suchten die Arbeiter auf den Straßen und in den Herbergen auf, um ihnen christliche Schriften anzubieten und sich ihrer seelsorgerlich anzunehmen, Kolonistenprediger reisten bis nach Amerika.

Damit begann d e r o p f e r r e i c h e W e g d e r m ä n n l i c h e n D i a k o n i e. Langsam gewann der Stand der Diakonen seine besondere Gestalt und wurde zu einem unentbehrlichen Helfer der Inneren Mission, der einzelnen Pfarrgemeinden und der Gesamtkirche.

Mit diesen selbstlosen Männern gelang es Wichern, die oft völlig ungeeigneten Kräfte in der lokalen Liebestätigkeit erweckter Kreise zu ersetzen. Jetzt kamen die rechten Männer, die unter Verzicht auf ein eigenes Familienleben, sich in oft viel zu großen Aufgabenkreisen verzehrten. Als Stadtmissionare, als Krankenpfleger unter Siechen und Blöden, als Herbergsväter unter einem wilden jungen Volk, als Leiter von Hospizen standen sie an vorderster Front. Sie übernahmen als Heimleiter mit ihren tapferen Ehefrauen Mädchen-Rettungshäuser, deren Atmosphäre oft so schwierig war und in der sie ihren eigenen Kindern nicht immer ganz gerecht werden konnten. Ihre Besoldung war vielfach kärglich.

Hier aber reiften Persönlichkeiten heran, Männer, die mit ihren Frauen fast Unmögliches doch unverdrossen leisteten. Sie betrieben z. B. einen großen landwirtschaftlichen Betrieb, der einem Waisenhaus angegliedert worden war und waren gleichzeitig die Erzieher der anvertrauten Kinder. Sie wurden zu Vätern und Müttern heimatloser Kinder, die Diakonen und ihre Frauen. Sie verstanden es nicht nur mit den Matrosen in den Seemannsheimen richtig umzugehen, sie gewannen ihr Vertrauen und wurden geliebt und geehrt.

Das war nur möglich, weil Wichern von Anfang an energisch darauf gedrungen hatte, ungeeignete junge Männer, mit denen man anderweitig nichts anzufangen wußte, von der Ausbildung zurückzuweisen. Es ging hier nicht um eine bequeme Versorgung „halber Kräfte". Wichern verschärfte trotz eines vermehrten Bedarfes an Diakonen die Aufnahmebedingungen und wurde hier von der Brüderschaft der jungen Diakonen kräftig unterstützt. So wurden von 100 Meldungen, die das Rauhe Haus z. B. im Laufe des Jahres 1856 erhielt, nur 26 angenommen.

Die „Brüderschaft des Rauhen Hauses" bildete eine Lebensgemeinschaft, die in Wichern ihre monarchische Spitze besaß. Man unterschied zwischen Sendbrüdern und Freibrüdern, die sich nur lose mit der „Brüderschaft" verbanden. Im Januar 1854 rief Wichern eine Hilfskasse für in Not geratene Sendbrüder ins Leben. Aus ihr wurden auch Unterstützungen der Witwen und Waisen bei Todesfällen durchgeführt. Das war ein erster schwacher Ansatz zu einer Alters- und Witwenfürsorge.

Die außerhalb Hamburgs tätigen Diakone wurden in Konventen zusammengefaßt, deren innere Ordnung geregelt wurde. Keiner dieser Mitarbeiter sollte das Gefühl der Vereinsamung haben. Brüder, die zu weit voneinander entfernt wohnten, wurden in Korrespondenzkonvikten zusammengeführt[16+].

Auch durch die Fürbitte verband Wichern die Brüder. Wie im Hauptgottesdienst des Rauhen Hauses am ersten Sonntag jeden Monats fürbittend aller Brüder gedacht wurde, so sollten an demselben Tage alle Brüder dafür beten, „daß der Herr das Kommen seines Reiches in der Christenheit durch neue Predigt des göttlichen Wortes mehre und unter dem Segen seines Wortes auch die Brüderschaft mit seinem Heiligen Geist erfülle, das Werk ihrer Hände fördere, allen Schaden und alle Anläufe des Bösen von ihnen fernhalte und wo er sie zuließe, uns im Glauben den Sieg gewinnen lasse"[16++].

Nicht alle Brüderhäuser, die später entstanden sind, haben sich von Wichern in der Gestaltung ihrer Ordnungen so anregen lassen, daß „Brüderschaften" entstanden. Manchmal haben sie sich in den Anfangszeiten um ihre Diakone herzlich wenig gekümmert und sie innerlich unzureichend gestützt[16+++]. Sie wurden oft auf schwierigsten Posten fast allein gelassen. Es sind auch Fälle genug bekannt, wo sich Vereinsvorstände praktisch nur um die Rechnungslegung kümmerten und für andere Nöte und Fragen weder Zeit noch Geduld aufbrachten.

Erst allmählich haben sich die Verhältnisse für die Diakonenschaft und ihre Familien entscheidend gebessert. Es ist nicht zu viel gesagt, daß Wichern und seine „Brüder" dem Diakonenstand die erste und entscheidende Formung gegeben haben. Wie das deutsche Pfarrhaus durch Jahrhunderte hindurch zu einer Pflanzstätte neuer Pfarrergeschlechter geworden ist, so hat das deutsche Diakonenhaus in einer nicht viel mehr als hundert Jahre umfassenden Geschichte sich als eine gleiche gesunde Heimat erwiesen, aus der tüchtige Söhne im geistlichen Stand oft in entscheidende kirchliche Führungsstellen aufstiegen[17].

Das war nur eine Seite in Wicherns bahnbrechender Wirksamkeit. Seit 1843 benutzte Wichern in seinen Veröffentlichungen für diese ganze Arbeit den Ausdruck „Innere Mission"[18]. Von 1844 an gab Wichern die „Fliegenden Blätter" in einer eigenen Druckerei heraus. Hier erschienen Artikel über soziale Notstände, Berichte über die kirchliche Lage und die evangelische Liebesarbeit, um das Bewußtsein der Zusammengehörigkeit aller helfenden Kreise zu stärken.

Ein frischer, zupackender Ton weht durch diese Blätter. Wie die ganze Erweckungsbewegung war Wichern von der Überzeugung beseelt, daß nach der Todesstarre des Rationalismus ein neuer geistlicher Frühling über die Christenheit gekommen sei.

„Durch die heutige christliche Gemeinde hindurch ist auch die Kunde von dieser Not gegangen und der Geist der erbarmenden Liebe ist in ihr wieder erwacht; derselbe hat sich aufgemacht, das Reich Gottes auf Erden als ein Reich der rettenden Liebe in Christo zu betätigen, und zwar in den schwerlich noch zu zählenden freien Veranstaltungen, die bereits ganz Deutschland... wie mit einem immer dichter gespannten Netz umschlingen. Hier ist das Gebiet der Inneren Mission. Sie bezweckt den Wiederaufbau des Reiches Gottes in den von den Ämtern des christlichen Staates und der christlichen Kirche unerreichbaren inneren und äußeren Lebensgebieten"[18+].

In diesem Jahr, in dem die „Fliegenden Blätter aus dem Rauhen Haus" zum ersten Mal in alle Welt hinausgingen, wandte sich Wichern auch mit einer Schrift über die „Notstände der protestantischen Kirche und die Innere Mission" an die breite Öffentlichkeit. Sie eröffnete die lange Reihe von Situationsberichten, die er in eine ahnungslose, kleinbürgerlich-zufriedene kirchliche Welt hineinwarf. Er spürte den Zwang einer „langsamen Wandlung der Kirche aus einer obrigkeitlichen Anstalt zur brüderlichen Gemeinschaft".

Seit 1840 verdichteten sich die Beziehungen zu Berlin. Wichern bot dem preußischen Staat die Dienste der Brüder für die Leitung von Rettungshäusern und für den Gefängnisdienst an, wenn sie ihre Seelsorge dabei ungehindert nach den Grundsätzen des Rauhen Hauses ausüben konnten. Am 5. November 1844 empfing der König Wichern zur Audienz. Die preußische Regierung schickte nunmehr junge Männer zur Ausbildung innerhalb des Brüderhauses nach Hamburg für den preußischen Gefängnisdienst und schloß mit Wichern einen förmlichen Vertrag. Man versuchte bereits, Wichern ganz in den preußischen Dienst und nach Berlin zu ziehen.

Inzwischen hatte Friedrich Wilhelm IV. bereits seinen Plan veröffentlicht, einen „Schwanenorden" zu organisieren, dessen „Männer und Frauen ohne Unterschied des Standes und Bekenntnisses" den Kreuzzug gegen das Elend und die Armut unternehmen sollten. Wichern erstattete ein Gutachten und bemühte sich, es „ins Deutsche unserer Tage" zu übersetzen. Er wollte dem König seine Gedanken und Pläne über die Innere Mission vortragen und ist daraufhin im Auftrag der Regierung in das schlesische Hungergebiet abgereist. Aus dem „Schwanenorden" wurde wie aus den meisten Plänen des romantischen Preußenkönigs nichts, der nie gewagt hat, den letzten Schritt zu vollziehen. Das war das Unglück dieses Königs, daß er durch das Spiel mit genialen Einzeleinfällen und andachtsvoll entworfenen religiös-politischen Gedankengebilden seine verhängnisvolle Unfruchtbarkeit verschleierte. „Er war eine Persönlichkeit voll faszinierender Anziehungskraft, aber ein erdenfremder Künstler und Doktrinär, kein Staatsmann; und – sein Geist bewegte sich seit seiner Jugend auf der unsicheren, problematischen Grenze zwischen Gesundheit und unzweifelhafter Krankheit"[19].

Doch Wichern besaß das Ohr der einflußreichen Männer in Berlin. In Sorge vor der unabwendbar heraufkommenden Revolution hörten sie jetzt aufmerksam zu, wenn er Tatsachenberichte über die Erbitterung der Notleidenden gegen das Bestehende und über die entsetzliche sittliche Verwilderung im deutschen „Nomadenvolk" der Handwerksburschen ausbreitete. Als 1846 die Generalsynode in Berlin tagte, deren fruchtlose und endlose Debatten nichts einbrachten, hat Wichern unter den Synodalen als Privatmann den Beschluß angeregt, der den Vereinen das Recht einer ungehinderten Liebestätigkeit neben dem Pfarramt einräumte. Er ist dann doch in den synodalen Entwürfen hängen geblieben, hat aber den Boden mit vorbereiten helfen, auf dem im Revolutionsjahr 1848 die „Innere Mission" ins Leben gerufen werden konnte[20].

5

Wichern und die Angst vor der Revolution unter den Zeitgenossen

Wichern hat wie kaum ein zweiter in der Zeit des sozialen Umbruches, in die sein Leben fällt, diese Unruhe mit der Exaktheit eines Seismographen registriert. Im Grunde genommen gehörte er zu den konservativen Naturen, die allen Änderungen abhold sind. Aber er mußte der Unruhe verfallen, wie er sah, daß in den Jahrzehnten ab 1830 alles in Gärung und Auflösung geriet. Die politischen, die wirtschaftlichen, die sozialen Verhältnisse gerieten in Fluß. Die Menschen, selbst aufs tiefste erschüttert, fanden keine Lösungen mehr, die eine Aussicht auf Beständigkeit boten. Viele unter den Zeitgenossen traten die Flucht in eine romantische Vergangenheit, in die Welt des Mittelalters an. Diese scheinbare Einheitswelt mit ihrem klaren gesellschaftlichen Aufbau und ihrer großen Idee des Heiligen Römischen Reiches Deutscher Nation faszinierte damals ungezählte Gebildete. Das liberale Bürgertum verfiel der technischen Utopie und erklärte die Schmerzen der Gegenwart für Geburtswehen eines glücklichen technischen Zeitalters, das heraufzog und dessen Werden man nicht einengen sollte, um den Gesundungsprozeß nicht zu verzögern. Noch wirksamer aber sollten sich die sozialen Zukunftsbilder eines Karl Marx und Friedrich Engels erweisen[21].

Daß Wichern im Revolutionsjahr, in dem Augenblick, als er sein großes öffentliches Werk in Deutschland beginnt, alles bereit hat, was er zu sagen und zu leisten hat, entstammt dieser wissenden Unruhe und dem unerbittlichen, durch keinen anderen kirchlichen Fachmann überbotenen Überblick über die tatsächliche Wirklichkeit im Volk, den er sich erarbeitet hatte. Die Zeitwirrnisse zu entwirren und seinen Lebensplan zu entwickeln war aber Wichern nur möglich, weil er theologisch darauf gerüstet war.

Es sind die gleichen theologischen Grundansichten, die bereits in seiner Theologie der Erziehung zum Ausdruck kamen. Man kann wohl kaum Wichern des freilich oft wiederholten Vorwurfes zeihen, daß er theologisch auf unsicheren Füßen gestanden habe.

Gewiß hat Wichern im Laufe seines Lebens und unter dem Eindruck manchen Widerspruches verschiedene Aussagen vorsichtiger formuliert. Und doch bleibt sein theologisches Denken von einer großartigen innerlichen Einheitlichkeit[22].

Es ist eine heilsgeschichtlich orientierte Theologie. Von der Schöpfung über die Erlösertat Christi bis zur Endvollendung ist die Menschheit in das spannungsvolle Ineinander von Heils- und Weltgeschichte einbezogen. Zwei Reiche kämpfen seit dem Sündenfall miteinander, das werdende Gottesreich, welches die Sünde entmächtigt und das mächtige Weltreich der Sünde. Immer, wenn das Reich Gottes neue Kräfte entfaltet, erneuert auch das Weltreich der Sünde seine Einflußsphären. So kommt es im Gang der Menschheitsgeschichte zu immer neuen Höhepunkten dieses Kampfes zwischen Weltreich und Gottesreich. Das geschieht zumeist stoßartig und drängt sich auf begrenzte Zeitspannen zusammen. Es ist immer Christus selbst, der in die Geschichte stärker und verhaltener eingreift, sich ihr bezeugt und die Gegenkräfte damit munter macht.

Beide Reiche befinden sich dabei in einem beständigen Fortschreiten, durch Mangelzeiten und Erschöpfungszustände oft gelähmt und gehemmt. „Dieses durch das Ja des Gottesreiches gestellte Nein des Weltreiches hat nicht minder seine einheitlich fortschreitende Geschichte“[23]. In diesem Kampf auf Leben und Tod ist kein Ende abzusehen, bevor Christus wiederkommt.

Hier liegt der Einsatzpunkt für den Christen. Christus ist nicht nur der Herr seiner Christenheit, sondern auch der Welt. Auch hier wirkt er, sein Wirken innerhalb der Christenheit und in der Welt ist zusammengefaßt in dem Begriff des Reiches Gottes. So steht für Wichern der Dienst für Volk und Staat und Kirche nebeneinander und schlingt sich ineinander. So konnte tatsächlich der Eindruck entstehen, als ob bei Wichern das Vaterland in der Reihenfolge oft vor der Kirche stand. Als überzeugter Patriot hat Wichern für eine christliche und soziale Wiedergeburt seines, von einem sozialen Chaos bedrohten, deutschen Volkes unentwegt und begeistert gearbeitet. Als freier Bürger der Stadt Hamburg, als Republikaner, hing er doch mit Liebe an Preußen und seinem unglücklichen König. Seine Liebe galt darüber hinaus dem ganzen deutschen Volk. Und doch war er bei aller Hochschätzung des deutschen Volkes frei vom Chauvinismus der Freiheitskriege und suchte die Innere Mission nicht als nationale, sondern zugleich als übernationale Aufgabe zu entwickeln[24].

Seine Vorstellungen von der Kirche als Volkskirche umfaßten alle Anliegen. Sie war ihm eine göttliche Stiftung, communio sanctorum im Sinne des 3. Glaubensartikels. Sie besaß volkserrettende Macht. Keineswegs bedeutete dies für Wichern, daß jeder im Volk ein wahrer Christ sei, aber die Volkskirche war dem ganzen Volk in all seinen Ständen das Evangelium schuldig, nicht nur den armen Volksschichten. Manches kann bei Wichern vieldeutig erscheinen. In der Form, wie er hier und dort von der Volkskirche spricht, müssen wir heute Bedenken anmelden. Es darf aber nicht übersehen werden, daß es damals eine Kirche im heutigen Sinn des Wortes nicht gab. Selbständiges kirchliches Leben auf synodaler Grundlage gab es damals nur im Rheinland und in Westfalen.

Die Konsistorien jenseits der Elbe waren im Grunde Staatsbehörden. „Wo es Geistliche in kirchenleitender Stellung gab, die sich über das, was kirchlich notwendig war, ihre eigenen Gedanken machten, waren sie durchweg nicht bereit, auf die Gedanken Wicherns einzugehen“[25]. Es ist auf den „alten“ Büchsel in Berlin hingewiesen worden, der lebenslang die Besorgnis hatte, das innerste Interesse der Pastoren könne so stark von den Unternehmungen der Inneren Mission beschlagnahmt werden, daß das Verantwortungsbewußtsein der eigenen Gemeinde gegenüber darunter leiden könne. Gewiß war die Besorgnis nicht ganz unbegründet. Doch entscheidende Impulse für den Aufbau eines echten Gemeindelebens sind von Büchsel nicht ausgegangen.

Wichern hat es tatsächlich mit der evangelischen Christenheit Deutschlands, mit allerlei christlichen „Kreisen“ und einzelnen christlichen Persönlichkeiten in der Öffentlichkeit und mit dem Staate zu tun gehabt. Etwas anderes gab es nicht, was aktiv werden konnte! Das Amt der Verkündigung hat Wichern hoch gehalten, obwohl er sich nicht scheute, immer wieder darauf hinzuweisen, wie kläglich es angesichts des sozialen Chaos versagte. Wichern arbeitete mit der Dienstwilligkeit der einzelnen gläubigen Christen, mit denen, die das Recht und die Pflicht des allgemeinen Priestertums aller Gläubigen ausübten. Er wußte, daß dieses lebendige Christentum Frucht einer rechten Verkündigung war.

Nach seiner ganzen Pädagogik, die leidenschaftlich das Subjekt-Objekt-Verhältnis ablehnte, welches den einen nur zum Objekt der Arbeit des anderen macht und ihn faktisch entmündigt und die Eigenfreiheit nimmt, konnte eine christliche Gemeinde niemals reines Objekt kirchlichen Handelns sein und bleiben. Sie war für ihn stets Subjekt kirchlichen Handelns. Die Pastorenkirche und den reinen „Verbalismus“ in der Kirche hat er leidenschaftlich abgelehnt. In den Trägern des allgemeinen Priestertums entdeckte er eine Fülle charismatischer Begabungen. Er brauchte nur auf seine Mitarbeiter zu blicken. So forderte er Raum für die Laienpredigt.

Er sah alles ineinander. Aus dem Wirken des Amtes geht das allgemeine Priestertum hervor, das eigenständig arbeiten soll in freien Vereinigungen, die mit dem Amt zusammenwirken. Sie arbeiten mit freiwilligen Kräften, mit Dilettanten und können doch der Fachleute, der Berufsarbeiter auf die Dauer nicht entraten. Sie sind *„die festen Träger dieser Ideen, tragen das förmliche Amt dieses (sc. allgemeinen) Priestertums, ohne Ordinierte, Eingeweihte, Geistliche im engeren Sinn des Wortes zu sein. ... der tatsächliche Beweis, daß auch die Gemeinde ... mitberufen ist zum priesterlichen Beruf, zu welchem jeder durch die Taufe geweiht worden, weshalb er zu diesem Beruf keiner neuen Weisung bedarf“* [26].

Es ist verständlich, daß Wichern in dieser Situation einer inaktiven Kirche sich an den umfassenderen Begriff des Reiches Gottes hielt, wie die ganze Erweckungstheologie es tat. Hier allein konnte sein radikales Krisenbewußtsein theologisch fundiert und in ein theologisches Geschichtsbild eingeordnet werden. Die Gegenwart, die er durchlebte, bedeutete für ihn von der Schrift her einen neuen Höhepunkt des Kampfes zwischen Weltreich und Gottesreich. „Das Antichristliche und Antichristische wurde plötzlich offenbar als organisierendes Prinzip, das sich nun der ewigen geoffenbarten

Wahrheit, gewaffnet mit Hohn, Verachtung oder Frevel, entgegenstellte"[27].

Diese theologische Grundposition hat mit dem elementaren Bewußtsein geschichtlicher Bedingtheit auch seines eigenen Wirkens und Wesens innerlich jene Freiheit ermöglicht, die diesen urkonservativen Mann von bestimmten theologischen, kirchlichen oder politischen Richtungen unabhängig erhielt. Sein volkhaft-nationales Denken hat den Erdgeruch des 19. Jahrhunderts getragen und ist doch darin nicht untergegangen. Er hat einer Patriotisierung, aber keiner Nationalisierung und Politisierung der Kirche das Wort gesprochen. Er wußte sich als Gebundener einem „christlichen" Staat gegenüber, nicht einem klerikalen, den er stets ablehnte. Christlich war ihm der Staat, wenn er elementar an einem lebendigen Christentum in seiner Mitte interessiert war. Einer „Verchristlichung" hat er nicht das Wort geredet. Evangelisierung und christliche Sozialisierung des Volkes waren sein Verlangen.

Nur an einer, aber an einer entscheidenden Stelle hat ihm seine Theologie der Geschichte nicht die Warnung erteilt, die sein gewaltiges Werk darum zum Torso werden ließ. Eine einzige Fehlanalyse hat sich zu einer großen Tragödie ausgewachsen, an der aber der ganze Protestantismus, noch mehr aber die ganze unfromme bürgerliche Gesellschaft des 19. Jahrhunderts mitschuldig geworden ist. Das sollte bereits im Revolutionsjahr 1848 deutlich werden.

6

Das Revolutionsjahr 1848 und der Kirchentag zu Wittenberg

Das Revolutionsjahr sollte Wicherns größte Stunde werden. In Schlesien war der Hungertyphus ausgebrochen und hielt grausame Ernte unter den ausgemergelten Bergarbeitern und Webern. Wichern eilte im amtlichen Auftrag mit zehn seiner „Brüder" dorthin. Es hatten sich alle Brüder ohne Ausnahme bereit erklärt, in das Seuchengebiet mitzugehen. Die Behörden erwiesen sich als unfähig, sie arbeiteten zu langsam und umständlich, um hier zur rechten Zeit Abhilfe zu schaffen. Da griff Wichern mit erfrischender Tatkraft und der ihm eigenen großen Organisationsgabe ein. Für Tausende von Waisenkindern wurde Aufnahme und damit Rettung in staatlichen und kirchlichen Heimen geschaffen. Am 18. März sollte Wichern im Berliner Schloß dem König einen Bericht erstatten. Doch inzwischen war die Revolution ausgebrochen. Barrikaden versperrten ihm in Preußens Hauptstadt den Weg zum Fürsten.

Die größte Stunde im Leben Wicherns war gekommen. Die Kirche sah sich plötzlich vor Aufgaben gestellt, die sie nie gekannt hatte.

Wenn die Liberalen überall in Deutschland das Heft in die Hand nahmen, die für die Kirche nicht viel übrig hatten, was sollte dann aus ihr werden? Doch auch das Ideal der deutschen Einheit fand in der in unzählige Landeskirchentümer zerspaltenen evangelischen Christenheit ein Echo. Im Überschwang der ersten Begeisterung dachte man an eine „Deutsche Nationalkirche". So fand der Ruf von Professor Moritz August von Bethmann-Hollweg (1795–1877) lebhafte Zustimmung, als er zu einem gesamtdeutschen Kirchentag aufrief. Etwa 500 Männer aus dem kirchlichen Leben sollten sich vom 21. bis 23. September 1848 in der Wittenberger Schloßkirche beratend versammeln, um einen Kirchenbund vorzubereiten. Wichern, der ewige Theologiekandidat der Hamburger Kirche, war bereits eine solche gewichtige Persönlichkeit, daß er zu den Männern gebeten wurde, welche die Einladung unterzeichneten. Er tat es nur, als man ihm zugestand, auf der Kirchenversammlung über die Innere Mission sprechen zu dürfen[28].

Die Kirchenversammlung stand von vornherein unter einem besonderen Unstern. Es waren soeben die neuen Nachrichten aus Frankfurt eingetroffen: die Masse im Aufruhr gegen die Nationalversammlung. Militär griff ein; General Auerswald und der junge Fürst Lichnowski waren vor den Toren der Stadt ermordet worden. Brach hier vulkanisch die Tiefe auf? Man sprach in Wittenberg von nichts anderem als von diesen schreckhaften Frankfurter Ereignissen. Die endlosen Debatten über die Verfahrensweise, wie man ohne Verletzung des Bekenntnisses zu einem Kirchenbunde gelangen könnte, befriedigten nicht. Am Nachmittag des 21. Septembers nahm Wichern das Wort: wenn der Kirchentag nicht ergebnislos auseinandergehen solle, müsse er die Innere Mission in die Hand nehmen. Doch erst am Nachmittag des 22. Septembers kam Wichern endlich voll zu Wort.

Die Rede, die Wichern hier hielt, ist in die Geschichte eingegangen. Aus dem Stegreif hielt er wahrscheinlich seinen ganzen berühmten Vortrag, von dem wir leider nur die Wiedergabe der Stenographen, wohl nur in verkürzter Form, besitzen. Wir haben also im Protokoll des Kirchentages allein eine zusammenfassende Nachschrift vorliegen.

In prophetischer Vollmacht hat er seine Gedanken über das „enthüllte Europa" ausgesprochen.

„Unerhörtes ist geschehen, und noch Unerhörteres wird vielleicht geschehen, aber wen, dem die zerrütteten inneren Verhältnisse des Volkslebens auch nur einigermaßen bekannt waren, konnte und wird das überraschen? Die Innere Mission hat längst auf den nun geöffneten Abgrund hingewiesen, gerufen, gebeten, gewarnt und Wege der Hilfe

gezeigt. Das enthüllte Europa diktiert die Notwendigkeit der Inneren Mission."

„Meine Freunde! Es tut eines not, daß die evangelische Kirche in ihrer Gesamtheit erkenne: Die Arbeit der Inneren Mission ist mein! daß sie ein großes Siegel auf die Summe dieser Arbeit setze: die Liebe gehört mir wie der Glaube. Die rettende Liebe muß ihr das große Werkzeug, womit sie die Tatsache des Glaubens erweist, werden. Diese Liebe muß in der Kirche als die helle Gottesfackel flammen, die kundtut, daß Christus eine Gestalt in seinem Volke gewonnen hat. Wie der ganze Christus im lebendigen Gottesworte sich offenbart, so muß er auch in den Gottestaten sich predigen, und die höchste, reinste, kirchlichste dieser Taten ist die rettende Liebe. Wird in diesem Sinne das Wort der Inneren Mission aufgenommen, so bricht in unserer Kirche jener Tag ihrer neuen Zukunft an."

„Die evangelischen Prediger müssen sich zuerst mit ihren Brüdern im Amte sammeln und in bezug auf das in diesem Gebiet Versäumte Buße tun und durch ihre Buße die Gesamtheit der Gemeinde zur Buße bewegen! Oder wer könnte und dürfte sich solcher Buße entziehen? Demütigen wir uns alle vor dem Herrn! Es ist hier eine gehäufte Schuld, nicht des einzelnen, sondern der Gesamtheit; eine Schuld nicht bloß dieses Geschlechtes, sondern eine ererbte und von Jahrhundert zu Jahrhundert vererbte Schuld; eine Schuld, die jetzt im neu aufbrechenden Zeitalter gesühnt werden soll. Diese Buße würde der Grenzstein zwischen der alten und neuen Zeit in unserer Kirche sein. Die neue Zeit und ihre Früchte würden herrlicher werden als die alte mit ihrem Ende."

„Die Innere Mission hat es jetzt schlechterdings mit der Politik zu tun und arbeitet sie nicht in diesem Sinne, so wird die Kirche mit dem Staate untergehn. Zwar ist ihre Aufgabe nicht, über Staatsformen zu urteilen, aber daß die Staatsbürger mit dem christlichen Geist erfüllt werden, gleichviel unter welchen Staatsformen, das muß eine ihrer ernstesten Sorgen sein."

„Der Kern und Schatz der evangelischen Kirche: das allgemeine Priestertum, das uns nicht minder als ein Recht denn eine Pflicht galt, das seinen Mittelpunkt und Schutz hat in dem von Gott geordneten Amte, wird es wahr machen, daß je mehr und mehr das Senfkorn der Inneren Mission wächst und als ein alles überschattender Baum die rettende Macht des Herrn an unser ganzes Volk verkündigt" [29].

Das sind mit die berühmtesten Sätze aus Wicherns Rede. Er verlas dann noch einmal seinen Antrag, die Innere Mission unter die Aufgaben des Kirchenbundes aufzunehmen. Sofort erhob sich die ganze Versammlung, um ihre Zustimmung feierlich zu bekunden. Was an diesem Nachmittag noch an Vorträgen folgte, fand kein aufmerksames Ohr mehr. Die Versammlung ging wie in einem Freudenrausch auseinander.

Überwältigt von der Größe der Stunde schrieb Wichern am Abend des 23. Septembers an seine Frau: „Damit hat Gott ein Werk getan, wie es in seiner evangelischen Kirche noch nicht geschehen ist. Die protestantische Kirche wird damit, was sie noch nicht gewesen ist, eine wahrhaftige Volkskirche. In dieser Tatsache wird das Dogma vom allgemeinen Priestertum zum ersten Mal ... zu einer von der Kirche bestätigten Wahrheit."

Der Höhepunkt in Wicherns Leben war erreicht. Wichern blieb der Romantiker auch in einer schnell sich ändernden Welt, enthusiastisch hat er von der Inneren Mission eine christliche Wiedergeburt des deutschen Volkes erwartet. Hier aber wurden seine Grenzen offenbar. Es ging ihm mit den Teilnehmern des Kirchentages zugleich „um die Rettung der bürgerlichen Welt, um deswillen wir uns treu zu unserem Volke halten". Nachdem sich das Volk „selbst zum Gott gemacht hat, habe jetzt die Innere Mission als die bewaffnete Tochter der Kirche sich der Mutter zum offenen Kampf gegen die Verderber des Volkes . . . zur Bekämpfung der Revolution erboten".

Es hat unbestritten in Wittenberg niemanden gegeben, der so genau die Stimmung unter dem verelendeten Handwerksproletariat kannte wie Wichern. Aber er hat zu sehr das atheistische Aufbegehren und nicht deutlich genug ihren Schrei nach sozialer Gerechtigkeit mitten in dieser Empörung vernommen. In Wittenberg zitierte er die Stimme der Gottesleugner:

> Fluch dem Gott, dem blinden, dem tauben,
> zu dem wir vergebens gebetet im Glauben,
> auf den wir vergeblich gehofft und geharrt,
> er hat uns gefoppt und hat uns genarrt!

7

Ein Gespenst geht um in Europa – Fehlanalyse bei Wichern auf dem Kirchentag zu Wittenberg?

Wichern ist in dem „tollen Jahr" 1848 nicht frei von einer „Katastrophenpsychose" geblieben, die damals über alle konservativen Gemüter kam. Seine Deutung der Revolution als eines atheistischen Aufstandes aus der Tiefe, die zu einer Ablehnung jeglicher Selbsthilfe der Masse von unten her, aus sich heraus, gesteigert wurde, war eine Fehlanalyse. „Ein Gespenst geht um in Europa – das Gespenst des Kommunismus." Diesen dramatischen Eingangsworten des Kommunistischen Manifestes, das Wichern kaum je kennengelernt hat, haben die Konservativen, wie richtig ausgesprochen wurde, erst mit ihrer apokalyptischen Rhetorik eine Resonanz verschafft[30].

Zweifelsohne besaß Wichern kaum sonst vorhandene Einzelkenntnisse über die treibenden Grundkräfte der einem sozialen Chaos entgegengeschleuderten Masse. Daß er die gärenden Sehnsüchte und Aufschreie in dem in Stich gelassenen Proletariertum als anarchistisch und antichristlich interpretierte und allein dessen Stellung zur Gottesfrage auslotete, war seine empfindliche Schranke. Denn es wäre im Jahre 1848 durchaus noch möglich gewesen, die deutschen Arbeitermassen von den antikirchlichen und antichristlichen Ideen mit Erfolg fernzuhalten, ohne sie von dem Weg einer gewerkschaftlichen Selbsthilfe abzulenken. Denn in England und später in Amerika ist das mit Hilfe der Kirchen, vor allem der freikirchlichen Prediger, die aus den niederen Ständen kamen und unter Beteiligung aller Schichten, welche die soziale Frage und ihre Lösung als Ehrenaufgabe des ganzen Volkes ansahen, gelungen. Freilich waren in England und Amerika die gebildeten Kreise nicht so dem christlichen Glauben entfremdet wie in Deutschland und die kirchlichen Kreise an stete Mitarbeit gewöhnt, die Kirchen also nicht so inaktiv wie die deutschen Staatskirchen[30+].

Doch in Deutschland war man zu sehr erschrocken und dadurch irritiert, daß sich atheistische Stimmen unter die berechtigten Proteste mischten. In England aber ließ man ruhig Karl Marx an seinem weltberühmt gewordenen, wenn auch trockenen, umständlich und langweilig geschriebenen Buch „Das Kapital" arbeiten und für die „Internationale" agitieren. Man hegte keine Angst vor ihm und seinem rührigen Gefährten Friedrich Engels und war sich des gesunden Urteils des eigenen Volkes sicher[31].

Vielleicht ist Wichern hier nicht zu wenig, sondern zu sehr der der Romantik verbundene Theologe gewesen und diese Theologie hat sich vor die Wirklichkeit geschoben! Vielleicht hat er doch zu schnell in den Aufmarsch der proletarischen Massen, die sich zu formieren begannen, den Aufmarsch des gegenchristlichen Reiches der Welt mit hineingesehen. Das Unausgegorene und Zwielichtige der frühen Arbeiterbewegung stand zu sehr in dieser Beleuchtung.

Aber man kann wiederum nicht sagen, daß Wichern durch seine theologische Geschichtsschau in der Beurteilung des Kommunismus fehlgeleitet worden ist. In einer Weise ist hier Wichern hellsichtig gewesen, was ihn aus der ganzen braven konservativ-kleinbürgerlichen Kirchlichkeit und Christlichkeit des 19. und noch des 20. Jahrhundert weit heraushob und zum prophetischen Warner mit großer Vollmacht werden ließ.

Den anderen, den Konservativen und den Liberalen saß weithin nur die Angst vor dem Unberechenbaren der Revolution, der „Revolutionspessimismus" im Nacken. Wichern jedoch hat mit „großer ethischer Unbestechlichkeit" die Schuld der ganzen bürgerlichen Gesellschaft an diesem sozialen Unheil deutlich gemacht. Er hat nicht hinter dem Berge gehalten, daß eine jahrhundertalte Verschuldung von Staat und Kirche in dieses soziale Chaos geführt hat. Er hat es ausgesprochen, daß die Christianisierung Europas nicht Evangelisierung und daß die Reformation keine eigentliche Missionsbewegung, sondern sehr schnell eine landesherrlich geförderte Verschulung der evangelischen Lehre nach unten gewesen war[32]. In diesem weit größeren Rahmen als die Mehrzahl seiner Zeitgenossen sah er alles. Er wußte aus seiner Geschichtsschau, daß diese Gegenwartskrise nicht die letzte in der Menschheitsgeschichte sein würde. Er stellte sie in die umfassende Not der ganzen Menschheitsgeschichte, in die Unordnung, die immer eine ihrer Kennzeichen ist und bleibt.

Daß Wichern die turbulenten Verhältnisse seiner Zeit in diesen großen geschichtstheologischen Zusammenhängen gesehen hat, war seine Stärke und Schwäche zugleich. Für ihn war die Buße der erste gemeinsame Schritt für alle, auch für die sogenannte arbeitende Klasse, bei der Schuld und Schicksal wie bei den anderen Gesellschaftsschichten ineinander lag. Hier trafen sich Wichern und der frühe Kommunismus ganz unmittelbar. Und doch schieden sich hier die Wege radikal. Denn nach dem Kommunistischen Manifest wird die Schuld der herrschenden Schicht, die die Ausbeutung der wirtschaftlich Schwachen zuließ, nur so getilgt, daß die allein Schuldlosen, das Proletariat, die Herrschaft in der Gesellschaft übernehmen und damit die Herrschaft der Unschuldigen heraufführen[33]. Diese messianische Rolle des Proletariats aber war für Wichern mit der Tatsache unvereinbar, daß Christus der Retter der Welt auch aus dem sozialen Unheil ist.

Aber schon begann diese inbrünstige Heilserwartung einer neuen, auf Schuldlosigkeit gegründeten, klassenlosen Gesellschaft dem Proletariat seine so unbegreiflich trostlose Situation zu erhellen und es mit einem messianischen Weltsendungsbewußtsein zu erfüllen, welches die Herzen erfüllen konnte[34]. Die heiße Sehnsucht nach einer gerechten Welt klammerte sich in steigendem Maße an diese Zukunftsutopie[35]. Die Idee der „Verbrüderung der Arbeiter" mit ihrer faszinierenden und tröstenden Verheißung des Endsieges und dem Wissen um die Machtpositionen, die dadurch zu erreichen waren, daß man sich verbrüderte, schuf bereits taube Ohren für das Christentum[36].

Durch seine Geschichtstheologie wußte Wichern, daß über die Zukunft nur Gott allein verfügen kann[37]. Sein christliches Gesellschaftsbild sah er als eine Lösungsmöglichkeit seiner Generation an, nicht als ein Zukunftsbild[38].

„Doch wer will diese Zukunft zeichnen? Wer hat sie gesehen? Aber wer will nicht Hammer und Kelle erheben, wenn ihm gewiß geworden, daß er zum Mitbauen auf der Baustelle gerufen ist, auf der der Herr immer klar offenbar machen wird, wie er seinen Tempel im einzelnen vollenden will?“ [39]

Ohne Gott vorzugreifen, zur rechten Stunde das rechte Werk angreifen, ohne ängstlich danach zu schauen, was werden wird, allein in der Hoffnung, daß für Gott nichts vergeblich getan wird, das darf genug sein.

8

Wicherns dreifacher Weg zur Lösung der sozialen Frage: Die umfassende sozialpolitische Aufgabe des Staates – die brüderliche Nächstenhilfe – die Selbsthilfe der Notleidenden – Die soziale Frage und die Evangelisation

Wichern besaß ganz bestimmte Vorstellungen von dem, was nach 1848 geschehen sollte. Vom Staat erwartete er in umfassenden sozialpolitischen Bemühungen die Überwindung der Massennöte durch eine entsprechende Arbeits-, Wirtschafts- und Sozialpolitik. Er hat es ja in der Hand, die Verhältnisse der benachteiligten Stände zu bessern. Dabei soll er sich des Rates der Sachverständigen bedienen, welche die Ursache der Massennöte untersuchen und die Vorschläge zur Besserung unterbreiten sollen. Daß der Staat damit aus einer Ruhe aufgescheucht wird und eine Fülle tiefgreifender Wandlungen den Staat in seinen Lebensformen umwandeln wird, hat Wichern klar erkannt. Doch hier lag schon eine Tragik.

Die staatlichen Maßnahmen kamen im ganzen 19. Jahrhundert immer zu spät und erwiesen sich als unzulänglich. Damit wurden auch, weil diese Voraussetzungen fehlten, die Bemühungen der Inneren Mission oft zum Torso. Der Staat erwies sich im tiefsten als unsicher. Einmal versuchte er im patriarchalischen Sinne zu ordnen, dann folgte er liberalen Vorstellungen, die ihn hießen, jedes Eingreifen in Wirtschafts- und Sozialpolitik zu unterlassen. Wichern selbst fühlte sich als Mann der Kirche dem Staat gegenüber nicht befugt, ihm sozialpolitische Anweisungen zu erteilen. Selbst den Wirtschaftskapitänen gegenüber entschuldigte sich Wichern oft förmlich, daß er sozialpolitische Fragen aufwerfe [40].

Neben das Eingreifen des Staates, der die soziale Not allein nicht überwinden kann, sollte die Selbsthilfe des christlichen Volkes treten, um der Massenverarmung und dem Massenverderbnis wehren zu können. Hier hat Wichern unermüdlich die Vereinstätigkeit der Inneren Mission auf den Plan gerufen. Doch besaß er gegenüber dieser Hilfsbereitschaft und Hilfeleistung einen gewissen Vorbehalt. Der einzelne

Notleidende wurde dabei zum Fürsorgeobjekt in seiner Vereinzelung und Isolierung.

Er aber suchte die christliche Assoziation der Hilfsbedürftigen selbst zu wecken. Darin sah er ein berechtigtes Element der kommunistischen Bewegung, daß sie zur Selbsthilfe und Selbstverantwortlichkeit aufrief. Der Zusammenschluß der Hilfsbedürftigen zu Wohnungsbaugesellschaften, zu Konsumgenossenschaften, zu Gewerkschaften und Standesvertretungen schien ihm geeignete Wege zu zeigen. Auch hier dachte er diese Selbsthilfeorganisationen nicht als Abkapselung gegenüber anderen nicht beteiligten Gesellschaftsschichten. Nach dem großen Hamburger Brand (1842), bei dem sich seine Rauhhäusler Knaben hervorragend bewährten, die sich freiwillig beim Löschen in der Stadt beteiligten und von denen keiner der Versuchung unterlag, mitzuplündern, schlug Wichern die Errichtung von Wohnsiedlungen vor. Hier sollten immer zweihundert Familien aus den verschiedenen sozialen Schichten beieinander wohnen und sich wieder verstehen lernen. Hätte nur eine der staatlichen oder städtischen Stellen diese Vorschläge ernst genommen, es wäre nicht so unbedacht die fürchterliche Kasernierung der Arbeiter in den Mietskasernen der Großstädte nach 1870 zugelassen worden. Daß Wichern hier immer in der Richtung eines patriarchalischen Verhältnisses zwischen Gutsherrn und Lohnarbeiter, zwischen Industrieherrn und Fabrikarbeiter gedacht hat und nur in der Aussöhnung eine Lösung zum Nutzen des ganzen Volkes erblickte und zu wenig die grausame Entwicklung der Industriegesellschaft sah, war seine Schranke. Es bedurfte härterer Mittel, einer Selbsthilfe des Arbeitertums, eines rücksichtslosen Aufbegehrens des Proletariats in Deutschland mit dem Streikrecht in der Faust, um sich in die Industriegesellschaft hineinzukämpfen und einen gesicherten Standort zu gewinnen[40+].

Wenn man aber von 1848 bis 1948 die Wegstrecke überblickt, so hat doch Wichern entscheidend mit beigetragen, daß Deutschland nicht dem sozialen Chaos anheimgefallen ist[41]. Das sozialpolitische Wirken der Inneren Mission unter Wicherns bahnbrechender Anleitung hat zweifelsohne das soziale Gewissen verfeinert, was nicht unterschätzt werden darf.

Das begann schon auf dem Wittenberger Kirchentag. Wichern forderte dort: „Die Angelegenheiten des Proletariats müssen auf die Kanzel und so in die Gemeinde gebracht werden." Das Evangelium mit seiner gewissenverfeinernden Macht muß wieder in die Volksmassen getragen werden. Wichern wünscht sich eine Evangelisation unter den Arbeitern.

„Kommen die Leute nicht in die Kirche, so muß die Kirche zu den Leuten kommen. So hat es auch der Herr Christus gemacht, der zu uns

gekommen und nicht gewartet, bis wir zu ihm gekommen. Wir müssen Straßenprediger haben, vornehmlich in den großen Städten. Die Straßenecken müssen Kanzeln werden, und das Evangelium muß wieder zum Volk dringen.“

Vor allem sah Wichern das Problem der Großstadt mit der Vermassung der Menschen. Negativ hat er die Großstädte nicht allein beurteilt, sie waren Brennpunkte, an welchen sich „alle Kräfte der Kunst, der Industrie, das Wissen, alle geistige Tüchtigkeit“ konzentrieren[42]. Aber er hat die Schäden deutlich gesehen und ist zu dem unermüdlichen Anreger der eigentlichen „Stadtmission“ geworden. Die Großstädte

„stehen da, gesättigt mit Früchten einer von Gott entfremdeten Intelligenz, ausgestattet mit allem Prunk einer Sinne verwirrenden Genußsucht, verzehrt von der rastlosen Betriebsamkeit zur Erhaltung und Erhöhung des irdischen Lebens, in ihren Massen verführt durch den Schein einer irreleitenden Literatur und durch Predigt, welche das Wort Gottes verfälscht hat, mit Schulen versehen, in denen nur in den seltensten Fällen das lautere Evangelium gelehrt wird – jetzt vollends hineingestürzt in den Wirbel politischer Aufregung“[43].

Die Unkirchlichkeit in den Städten hatte unter den Gebildeten längst eingesetzt und breitete sich in den unteren Schichten aus. Wie konnte man die Massen aber zurückgewinnen, wenn die Gebildeten ihre eigenen Wege gingen? Auch darauf war die Kirche schlecht oder überhaupt nicht vorbereitet.

Man muß den Mut Wicherns bewundern, der überall nur Notstände sehen muß und doch zur unverdrossenen Arbeit ruft, der Entfremdung des Volkes in allen Ständen entgegenzuwirken. Sobald Wichern von Wittenberg nach Hamburg zurückgekehrt war, faßte er im Auftrag des neugegründeten Central-Ausschusses für die Innere Mission alle seine Gedanken und Pläne in einem Band von 227 Seiten zusammen. Diese Denkschrift von 1849 „Die Innere Mission der deutschen evangelischen Kirche“ ist wohl nicht so flüssig geschrieben wie die anderen Schriften Wicherns, aber sie ist doch aus einem Guß[44]. Was hätte werden können, wenn diese Mahnrufe, vor allem die Analyse der Not des Proletariers, genügend beachtet worden wären! Man hatte sich doch recht schnell von dem Schrecken der Revolution erholt. Die Schwierigkeiten, mit denen die Nationalversammlung in Frankfurt nicht zu Rande kam und die kühle Zurückhaltung des Auslandes gegenüber der deutschen Frage, ließen die alten Regierungen wieder Atem schöpfen. Man einigte sich eher über ein Wehklagen ob des Abfalls des Volkes und sah in der Verbindung von Thron und Altar alles Heil. Friedrich Wilhelm IV. wollte ein dankbares Kirchenvolk und davon sprach man dann auf vielen Kanzeln[45].

9

Die Arbeit des Central-Ausschusses für die Innere Mission unter Wicherns Leitung von 1849 an

Und doch kam die Arbeit im „Central-Ausschuß für die Innere Mission" zustande. Zwölf Mitglieder wurden berufen. An die Spitze trat und blieb bis zu seinem Tode (1877) Moritz August von Bethmann-Hollweg. Er war der maßgebende Einberufer des Wittenberger Kirchentages gewesen und der Erfinder des Namens „Central-Ausschuß". Sehr oft ist Wichern auf Schloß Rheineck Bethmann-Hollwegs Gast gewesen, der ein gläubiger Christ war, Sohn einer über große Reichtümer verfügenden Frankfurter Familie, Professor der Rechte und später Kurator der Universität Bonn. Er war eine lautere Persönlichkeit. Neben ihm standen als Stellvertreter Fr. Julius Stahl, der Verfechter des „christlichen Staates" und Heinrich von Mühler, der spätere Kultusminister. Dessen Wunsch, auch einen Fabrikbesitzer und einen Handwerksmeister hinzuzuziehen, wurde bezeichnender Weise nie erfüllt. Hochgestellte Persönlichkeiten des Staates, der Kirche und des Adels blieben im „CA" unter sich[46]. Wicherns kraftvoller Persönlichkeit aber gelang es, daß diese personelle Zusammensetzung des Central-Ausschusses für die Innere Mission, in der das konservative Element überwog, nicht zu einem lähmenden Gewicht wurde[47]. So hat Wichern auf den großen Tagungen die Programmpunkte aufgesetzt und ist nicht gehindert worden.

Ein Stiftungsfonds ermöglichte, vor allem durch ein königliches Darlehn, daß Wichern vom Rauhen Haus unabhängig wurde und der Central-Ausschuß sein Gehalt aufbrachte[48]. Als wesentliches Ziel Wicherns sollten möglichst viele Landesvereine und in Preußen Provinzialvereine ins Leben gerufen werden, damit Sammelpunkte entstanden, eine Verzettelung der Kräfte vermieden wurde und neue Gründungen sich hier anschließen konnten.

In Hamburg und Bremen ließ sich die Aufgabe leicht lösen. Auch in Süddeutschland ergaben sich kaum Schwierigkeiten. In Baden, in Hessen-Darmstadt, in Frankfurt, in Hessen-Nassau wie in der Pfalz erfolgte der Anschluß an den Central-Ausschuß. In Mecklenburg-Schwerin verhinderte im Gegensatz zu Mecklenburg-Strelitz der Führer der Landeskirche Theodor Kliefoth vorerst den Anschluß. In der Liste fehlten zuerst auch die Landeskirchen von Sachsen, Hannover und sechs der thüringischen Landeskirchen.

Auf seiner ersten großen süddeutschen Reise im Sommer 1849 fand Wichern in Bayern viel Anerkennung. Auf Grund seines Besuches in

München erfolgte ein Erlaß des Oberkonsistoriums vom 29. November 1849, der alle Geistlichen zur Mitarbeit in der Inneren Mission unter ausdrücklicher Anerkennung des Vereinswesens aufforderte. Wilhelm Löhe entzog sich noch einer Zusammenarbeit. Er hatte in Gunzenhausen im gleichen Jahre betont nicht einen Verein, sondern eine „Gesellschaft für Innere Mission im Sinn der lutherischen Kirche" ins Leben gerufen. Alle Arbeit der Inneren Mission sollte im Pfarramt verwurzelt bleiben. So war bei dem Fernbleiben Löhes zuerst nicht an eine Gründung eines bayerischen Landesvereins zu denken. Wichern jedoch war zuversichtlich und konnte nach seinem Vortrag vor dem bayerischen Zentralmissionsvereins in Nürnberg und nach Ansprachen in übervollen bayerischen Kirchen wie in St. Anna zu Augsburg und St. Matthäus in München fröhlich heimschreiben:

„Ich bin mit Furcht und Zittern hier eingezogen. Aber der Herr hat das Gebet erhört. Die härteste und gefährlichste Stelle des in Deutschland zu befürchtenden Widerstandes ... ist überwunden" [49].

In Württemberg bestand bereits eine interkonfessionelle Centralleitung aller freiwilligen und amtlichen Liebesarbeit und man empfand kein Bedürfnis nach Gründung eines Landesvereins für Innere Mission. Doch die Stuttgarter Predigerkonferenz, welcher die tüchtigsten Pfarrer der Landeskirche angehörten, schloß sich nach Wicherns Besuch im Juli 1849 dem Central-Ausschuß an. Die persönliche Verbindung mit Württemberg war hergestellt und das genügte fürs erste.

In den acht preußischen Provinzen kam Wichern nicht überall sofort zum Ziel. Bescheiden waren die Anfänge in Posen, reicher hatte sich die Innere Mission in Pommern entfaltet, in Brandenburg und in Schlesien hatte Wichern vorerst keinen Erfolg, in der Provinz Sachsen schloß sich die Gnadauer Pastoralkonferenz als „Kirchlicher Centralverein in der Provinz Sachsen" sofort an. Am reichsten aber erblühte die Innere Mission in der Rheinprovinz und vor allem in Westfalen (ca. 500 Anstalten und Einrichtungen) mit seiner lebendigen, von aktiven Laienkräften getragenen Kirchlichkeit.

Die führenden Männer in den deutschen Landeskirchen und in Preußen, soweit sie sich mit ihren Vereinen angeschlossen hatten, wurden gewöhnlich zu „Agenten", Vertrauensmännern des Central-Ausschusses, berufen. Man fand diese „Agenten" und „Korrespondenten" auch in den Landeskirchen, die sich noch fern hielten wie in Braunschweig, Hannover, Oldenburg, Holstein, Mecklenburg-Schwerin, im Königreich Sachsen und in den thüringischen Teilstaaten. Bereits in den ersten acht Jahren seines Bestehens besaß der Central-Ausschuß mit allen deutschen Landeskirchen eine engere Verbindung. Jetzt waren endlich die mannigfaltigen bereits bestehenden Vereine und Anstalten, die ganz aus freier Hingabe einzelner bahnbrechender Männer und Frauen oder lebendig-christlicher

Kreise entstanden waren, untereinander verbunden und konnten einander über den Central-Ausschuß anregen und helfen.

Die Hauptarbeit lag auf Wicherns Schultern. Wie viel durfte er aus freier Initiative und Mithilfe lebendiger evangelischer Christen hier aufblühen sehen: freie evangelische Anstalten und Stiftungen für Kinder, Kranke, Alte, Sieche, Körperbehinderte und Geisteskranke; evangelische Vereine zur leiblichen und geistigen Betreuung, Heilung und Rettung von besonders Gefährdeten oder bereits „Versunkenen", von Auswanderern, Seeleuten, Binnenschiffern, Wanderarbeitern. Die Strafgefangenen und Strafentlassenen, die Landstreicher, die sonstigen Süchtigen wurden betreut. Vereine zur Herstellung und Verbreitung christlicher Schriften und Zeitschriften und guter Volksliteratur, evangelische Jugendvereine verschiedener Art entstanden. Brüder- und Schwesternhäuser wurden ins Leben gerufen. Ähnliche Anstalten zur Ausbildung von bewußt christlichen Pflege- und Erziehungskräften, von Stadt- und Volksmissionaren, Jugendpflegern und Gemeindehelfern bildeten ähnlich den alten Klöstern befruchtende Mittelpunkte ganzer kirchlicher Landschaften. Einzelne Kirchenkreise und Einzelgemeinden hatten Bezirks- bzw. Gemeindevereine für Innere Mission, männliche Besuchsvereine und in den Häusern helfende und pflegende Frauenvereine, freiwillig unterhaltene Gemeindeschwesternstationen errichtet.

Besonders lag Wichern die Stadtmission am Herzen. Nach dem Vorbild der Londoner City-Mission hat er sie zuerst in Berlin geschaffen. Ihre Aufgabe sah er vor allem in dem Kampf gegen Prostitution und wilde Ehen, gegen die Trunksucht, dann in der Fürsorge für die Dienstboten, die Armen, auch in der Arbeit an den Auswanderwilligen[50].

Dazu gehörten auch die „Herbergen zur Heimat", das Gegenstück zu Kolpings Gesellenvereinen. Der Bonner Professor Clemens Theodor Perthes (1809–1867), der Sohn des bekannten Buchhändlers Friedrich Perthes in Hamburg, eröffnete 1854 die erste Herberge in Bonn. Er hatte Wicherns Rede auf dem Wittenberger Kirchentag mit Freuden begrüßt, auch die Begründung des Central-Ausschusses und selbst 1849 den Vorsitz im neugegründeten Bonner Verein für Innere Mission übernommen. Noch im gleichen Jahr hatte er in Bonn erreicht, daß jede arme Familie einen besonderen Pfleger als Helfer und Berater erhielt. Die größte Not entdeckte er jedoch in der damaligen Verwahrlosung der wandernden Handwerksgesellen. Die Zunftherbergen waren längst verfallen und die Wanderer auf liederliche Wirtshäuser angewiesen. Von den Wirten wurden sie an Hand von Geberlisten zum Betteln angehalten, damit sie abends das Geld in den Herbergen verzechten. Nur durch Schaffung einwandfreier christlicher Herbergen war diesem Übel zu steuern.

Wichern konnte für die Gründung der ersten Herberge in Bonn vom preußischen König eine hohe Geldgabe erreichen. Perthes und Wichern waren die typischen Vertreter der norddeutschen Erweckungsbewegung, die in ihnen nachwirkte. Mit diesem tätigen Christentum unterschieden sie sich von den „Stillen im Lande“, die im Wuppertal durch ihre soziale Blindheit um 1830 teilweise so viel Unheil anrichteten[51].

Man war auch weitherzig genug, keinen Zwang auf Teilnahme an den Hausandachten auszuüben, verstattete zuerst auch das Kartenspielen in der Herberge. Doch konnte man unmöglich das Spielen um Geld verhindern und so ging man auf die Form von Unterhaltungsabenden über. Auch die Herbergen wurden nach dem Familienprinzip aufgebaut. Als Hausvater wirkte ein christlich gesinnter und bewährter Handwerksmeister mit seiner Frau. Die Mahlzeiten wurden gemeinschaftlich eingenommen. In Bonn übernahm zuerst ein Diakon des Rauhen Hauses diesen Dienst[52].

Ganz ohne Widerspruch entfaltete sich diese Arbeit nicht. In den vorerst abseits stehenden lutherischen Landeskirchen Mittel- und Norddeutschlands meldete sich eine Opposition. Strenge Lutheraner wie Claus Harms sahen in Wicherns Wirksamkeit eine Gefahr. Ein Geistlicher habe nur innerhalb seiner eigenen Gemeinde zu wirken. Man war mißtrauisch gegen freie Vereine, die vielleicht gar zu freikirchlichen Bestrebungen verleiten könnten. Predigt und Bekenntnis durften keine Konkurrenz erhalten. Man vermißte in der Inneren Mission die feste Grundlage eines Bekenntnisses.

In diesen Kreisen fiel sogar das böse Wort: Die Innere Mission sei das verderbliche Schlinggewächs am Baume der Kirche. Man prophezeite ihren Untergang. Es sind dann aber doch Männer wie Abt Gerhard Uhlhorn in Hannover gewesen, deren gesunder Blick für Wahrheit auch Lutheraner zur Mitarbeit innerhalb der Inneren Mission und des Central-Ausschusses bewogen hat. Auch Wilhelm Löhe ist je länger je mehr auf die Seite Wicherns geführt worden. Diese Lutheraner haben Wichern selbst den Dienst geleistet, daß er in seinen theologischen Aussagen bedachter wurde und manche schillernden Aussagen zurechtrückte[53].

Andere Angriffe kamen vom Liberalismus, der in der Inneren Mission ein protestantisches Gegenstück zu den Machtzentren des Jesuitenordens erblicken wollte. Adolf Diesterweg warnte im Namen der liberalen Lehrerschaft und warf der Inneren Mission Englandhörigkeit, Bedrohung der Sittlichkeit, der Geistesfreiheit und reaktionäre Gesinnung vor. Doch trennte sich von diesen Angriffen sehr deutlich der theologische Liberalismus und fand sich in seinen aktivsten Vertretern zur echten Mitarbeit in den sozialen Werken durchaus bereit.

Doch hier kam es Wichern sehr deutlich zum Bewußtsein, wie in der Inneren Mission eben alles auf Freiwilligkeit der Gründer, Träger und Gönner, auf deren ganz persönliche Initiative und Treue angewiesen war. Es fehlte die feste Sicherung und Einordnung in die verfaßte Kirche und ihre amtlichen Organe.

10

Wicherns Plan einer kirchlichen Diakonie und ihr Schicksal

Bisher hatte Wichern, um den schlimmsten Erscheinungsformen der Not zu begegnen, seine Brüder vom Rauhen Haus an ihre Brennpunkte gesandt. Die Anstalten und Vereine der Inneren Mission entstanden oft zufällig, aber zumeist auch nur dort, wo eine besondere Not gläubige Christen wachgerüttelt hatte. Viele Gemeinden aber mußten leer ausgehen, und es fand sich in ihnen niemand, der sich um die Hilfsbedürftigen und Gefährdeten aller Art wirklich kümmerte. Damit war auf die Dauer nichts zu gewinnen, daß Wichern gegenüber allen Angriffen und Einwänden gegen die Innere Mission auf das Versagen des geistlichen Standes wie des Staates gegenüber den Nöten des modernen Lebens hinwies[54].

Wicherns genialer Zug war, daß er die seltene Gabe besaß, umfassend zu denken und zu planen. „Der große Gestalter steht neben dem großen Denker."

Wichern sah die große Not derer, die noch nicht anstaltsreif waren und deren Not und Ratlosigkeit doch groß war, die Not der Familien, die mit ihrem Schicksal nicht fertig wurden, die Vereinsamung vieler alter Menschen überall in den Häusern des Landes. Und doch half ihnen niemand freiwillig. Die bürgerliche Armenpflege aber war weithin verbürokratisiert und dem oft recht derben Gemeindeegoismus auf den Rathäusern ausgeliefert.

So proklamierte Wichern in ausführlichen Darlegungen die erneute Pflicht der verfaßten Kirche und ihrer Gemeinden, die uralte Aufgabe, die ihr im späten Mittelalter die bürgerliche Gemeinde abgenommen hatte, wieder neu zu ergreifen: die Sorge für die Notleidenden in ihrer Mitte selbst mit verstärktem Ernst aufzugreifen. Er dachte auch hier an eine gesunde Aufgabenverteilung zwischen der amtlichen Armenfürsorge der Städte und Gemeinden und den Kirchgemeinden. Die geschlossene Fürsorge in Anstalten und Krankenhäusern wollte er den bürgerlichen Gemeinden überlassen, die offene Fürsorge, die „Hausarmenpflege" der in ihren Stuben wohnenden „Armen" den Kirchgemeinden anvertrauen.

Wichern hatte nach 1848 verschiedene Erfahrungen machen müssen. Viele ließen in ihrem Eifer nach, nachdem sich der Schrecken, die „Revolutionsspsychose", der „Revolutionspessimismus" gelegt hatten und die alten Verhältnisse scheinbar ungebrochen weiterliefen. Er glaubte, daß für eine regelmäßige, allgemeine Gemeindediakonie die Kräfte der Freiwilligkeit auf die Dauer nicht ausreichen würden. In breiter Front sollten zusammen mit den freiwilligen Stoßtrupps der Inneren Mission

Laienkräfte der Einzelgemeinden unter der Führung diakonischer Berufskräfte zum Liebesdienst antreten[55].

Diese regelmäßige kirchliche Diakonie sollte als unaufgebbarer Wesensbestandteil einer glaubwürdigen Kirchgemeinde der Freiwilligkeit bzw. auch der Nichtwilligkeit und Willkür von Pastoren und Laien entzogen werden. Kirchenamtlich sollte die allgemeine diakonische Verpflichtung in jeder Kirchengemeinde verankert und in einem eigenen diakonischen Amt sichtbar werden.

Gerhard Noske hat durchaus mit Recht darauf hingewiesen, daß es sich hier um den letzten und größtangelegten Vorstoß Wicherns in seinem Lebenskampf gegen den Moloch der leiblich-seelischen Armennot und gegen die gegenseitige Gleichgültigkeit und mangelnde Brüderlichkeit in den Gemeinden handelte[56]. Wichern scheiterte damals an der Ablehnung durch die amtliche Kirche, die sich nach dem Rücktritt Friedrich Wilhelms IV. nicht mehr zu einer Rücksichtnahme verpflichtet fühlte.

Wicherns Pläne einer kirchlichen Diakonie sind in einem Vortrag aus dem Jahre 1855 und einem eingehenden Gutachten aus dem folgenden Jahre ausgesprochen worden.

Am 19. Februar 1855 konnte Wichern in Anwesenheit Friedrich Wilhelms IV. und vieler führenden Persönlichkeiten aus Staat und Kirche im Vereinshaus des evangelischen Vereins in Berlin seine grundlegenden Gedanken: „Über kirchliche, bürgerliche und freiwillige Armenpflege" vorlegen. Zwei Tage später tafelte Wichern beim König, der ihm seine höchste Anerkennung für den Vortrag zollte. Bei den bekannten hochkirchlichen Neigungen des Königs mußten ihm Wicherns Ausführungen über den kirchlichen Diakonat besonders gefallen. Denn des Königs hochkirchlicher „Sommernachtstraum" zielte auf die Erneuerung der „drei göttlich gestifteten apostolischen Ämter der Bischöfe, Presbyter und Diakone". Ob er an einer freien, vereinsmäßigen evangelischen Diakonie neben einem gemeindemäßigen Diakonat zugleich Interesse zeigte, war dabei nicht klar geworden. Der König wies noch auf eine bevorstehende, größere preußische Synode hin, auf der die Frage erneut verhandelt werden sollte[57].

Auf Veranlassung des Evangelischen Oberkirchenrates in Berlin verfaßte Wichern 1856 noch ein ausführliches „Gutachten, die Diakonie und den Diakonat betreffend". Es war als Verhandlungsgrundlage für den König auf der „Monbijoukonferenz" bestimmt. Dieser Konferenz lagen Wicherns ausführliche und Fliedners und dreier anderer Gutachter kürzere Stellungnahmen zum diakonischen Memorandum des Evangelischen Oberkirchenrates vor.

Die Monbijou-Konferenz des Jahres 1856 verlief sehr aufschlußreich. Friedrich Wilhelm IV. hatte sie einberufen, um die Arbeit der Generalsynode von 1846 fortzusetzen und eine allgemeine Landessynode für Preußen vorzubereiten.

Wicherns Vorschläge waren klar und konkret. Innerhalb der staatlichen Verwaltung sollten zusammenfassende Ämter eingerichtet werden, die sich ausschließlich der Wohlfahrtsarbeit in Theorie und Praxis widmen sollten.

Jede Kirchenprovinz sollte einen „konsistorialen Archidiakonus" anstellen, der die diakonische Verantwortung der Kirche zu repräsentieren hatte. In jeder Gemeinde der Kirchenprovinz sollte er in irgendeiner Form ein diakonisches Amt ins Leben rufen. Daneben sollten durchaus auch die freien Vereine der Inneren Mission ihr Arbeitsfeld, das überparochial war und blieb, ihren Wirkungsbereich behalten.

Dem Grundgedanken, daß die Diakonie in ein organisches Verhältnis zum Staat und der Kirche gebracht werden sollte, stimmte man zu. Ein solcher grundsätzlicher Beschluß „war harmlos und stürzte niemanden in Unkosten". Bei der Frage einer praktischen Durchführung jedoch „fand sich alles, Generalsuperintendenten, Ministerialbeamte, Professoren und was sonst noch an der Konferenz teilnahm, im Widerstand gegen die revolutionären Pläne des Hamburger Kandidaten zusammen". So verwässerte man den Gedanken eines „Archidiakonats" zu der unverbindlichen Empfehlung, man möge innerhalb der Konsistorien erforderlichenfalls jemand „mit der Pflege schon vorhandener oder notwendig werdender Diakonie" betrauen.

Es war nicht mehr als eine schamhaft verhüllte Ablehnung.

Der König war durchaus Wicherns Ansicht, daß er als Summus episcopus, als Haupt der Kirche, einen solchen „Archidiakonat" durch königlichen Erlaß begründen könnte. Aber wie immer, wenn es um Entschlüsse ging, entzog sich der König einer Entscheidung[58].

Es blieb alles beim alten. Die geistig lebendigen Menschen, in ihren politischen Hoffnungen enttäuscht, öffneten sich dem atheistischen Pessimismus Schopenhauers. Religiöse Gemüter suchten Geborgenheit im Schoße der katholischen Kirche. In Mainz entfaltete der Bischof von Ketteler seine sozialen Gedanken und band die katholischen Arbeiter viel länger als der Protestantismus an sich, ehe sie sich dem Marxismus zuwandten. Auch dann bildeten diese innerhalb des deutschen Proletariats jene gewerkschaftliche Gruppe, die in religiösen Fragen nie recht mit dem antireligiösen Flügel mitging[59].

In der Berliner evangelischen Kirche, wohin der König die besten Kanzelredner gerufen hatte, sammelte sich unter den Kanzeln alles, was zum Hof, zur hohen Bürokratie und zum guten Bürgertum, eben zu den Stützen des Staates und der Kirche sich zählte und die Einheit von Thron und Altar demonstrierte. Vom Arbeiter sprach niemand! Zwei Jahre später brach bei Friedrich Wilhelm IV. die unheilbare

Krankheit vollends durch, und er mußte auf die Regierung verzichten. Ein innerpolitischer Systemwechsel folgte, und Wicherns Pläne einer kirchlichen Diakonie wurden vollends zu den Akten gelegt. Erst die großen Zerreißproben des 20. Jahrhunderts: die große Kirchenaustrittsbewegung innerhalb der marxistischen Arbeiterschaft, der Kirchenkampf 1933–1945, der Zusammenbruch 1945 und der Wiederaufbau eines kirchlichen Lebens haben die Fragen Wicherns nach einer kirchlichen Diakonie wieder neu dringlich gemacht, daß sie zu einer der Schicksalsfragen einer zur Freiwilligkeitskirche sich entfaltenden Volkskirche geworden ist[60].

11

Wicherns Eintritt in den preußischen Staatsdienst – Die gescheiterte Gefängnisreform – Die soziale Frage auf den Tagungen des Central-Ausschusses – Wicherns Krankheit und Tod

Im Jahre 1857 rief König Friedrich Wilhelm IV. Wichern in den preußischen Staatsdienst. Die letzten Gründe, die Wichern bewogen haben, den Ruf anzunehmen, sind nicht recht deutlich geworden. War es eine beginnende Resignation über so viel Unverstand und Trägheit in der evangelischen Kirche und im deutschen Bürgertum? Denn nur eine Minderheit nahm seinen Ruf ernst und erkannte die Zeichen der Zeit. Oder trieb ihn das große Erbarmen mit den Zuchthäuslern zu diesem Schritt? Der König gab ihm und seinen Rauhhäusler Diakonen, die als Gefangenendiakone eingesetzt wurden, freie Hand.

Der unbequeme Prophet, der immer wieder und unermüdlich seinen Bußruf an die besitzenden Stände richtete, wurde ehrenvoll unter Ämtern und Akten begraben. Man schob ihn langsam, aber sicher auf das tote Gleis. Man wartete nur auf den Augenblick, als zwei seiner Gefangenendiakone aus dem Rauhen Haus im Moabiter Zellengefängnis im Aufsichtsdienst törichte Ungeschicklichkeiten begingen, um die Pressefehde wider die „fromme" Gefängnisreform zu starten.

Am 2. Oktober 1862 stand der zum preußischen Ministerialrat und Oberkonsistorialrat ernannte Dr. h. c. Johann Hinrich Wichern vor dem preußischen Abgeordnetenhaus. Es ging heiß her. Seit elf Jahren kämpfte Wichern um die Verankerung seiner Gefängnisreform in der preußischen Strafgesetzgebung. Als man ihm die Inspektion über die preußischen Zuchthäuser übertrug, war er durch alle Provinzen gereist, hatte alle Gefängnisse besichtigt und in jeden Winkel geschaut. Erschüttert von dem, was er dort gesehen hatte, schrieb er:

„Ich wünschte nur eines, daß ich die Herren der Justiz und der Verwaltung und auch die mächtigen Finanzherren nur 4 Wochen lang durch die Zuchthäuser und Gefängnisse führen könnte, damit sie die

ganze trübselige und als Fluch auf unserem Volk lastende Wirklichkeit mit eigenen Augen sehen" [61].

Mit der Leidenschaft eines großen und erbarmenden Herzens hatte Wichern sich inzwischen um die verlorenen Söhne seines Volkes bemüht. Mit Hilfe seiner Mitarbeiter aus dem Rauhen Haus war mancher schreiende Mißstand bereits ausgeräumt worden. Für Wichern blieb ein unlöslicher Zusammenhang zwischen der christlichen Gemeinde innerhalb und außerhalb des Gefängnisses. Er wünschte sich reife Laienchristen, die ihre Brüder hinter den Mauern aufsuchen, eingedenk des Herrenwortes: „Ich bin gefangen gewesen, und ihr habt mich besucht." Niemand sollte verloren gegeben werden.

An jenem denkwürdigen 2. Oktober 1862 ging es in der Sitzung um eine prinzipielle Entscheidung. Aber Unverstand und Widerstand eines satten liberalen Bürgertums schlugen ihm hier entgegen. Die nicht selbst leidenden, die nicht selbst sozial gefährdeten, die sogenannten normalen Bürger verweigerten im Namen der liberalen Freiheitsidee, die so viel Ungerechtigkeit übersah, die „fromme" Gefängnisreform. Am Liberalismus und Materialismus, welche im Bürgertum der zweiten Hälfte des 19. Jahrhunderts sich fest eingenistet hatten, scheiterten die bescheidenen Anfänge einer Sozialpolitik, die Wichern auszulösen suchte.

Und doch sollte in jener beschämenden Plenarsitzung des preußischen Abgeordnetenhauses, bei der Niederlage Wicherns durch die Liberalen, einer jener Männer aufstehen und ein Zeugnis für Wichern ablegen. Der Minister, der sich vor seinen auch in der Presse schmählich angegriffenen Ministerialrat hätte stellen sollen, schwieg. Doch der fortschrittliche Abgeordnete von Bunsen, der einst Wichern durch die dunklen Viertel Londons geführt hatte, erklärte feierlich: „Mein Lebensschicksal hat mich mittelbar und unmittelbar mehrere Male mit ihm in Berührung gebracht, und obwohl es hier in seiner Gegenwart beinahe unziemlich ist: ich kann nicht anders als öffentlich diejenige feste Überzeugung zu wiederholen ..., daß dieser Mann eine Zierde der deutschen Nation und einer unserer wenigen großen Männer ist."

Dieser so oft mißverstandene und so wenig unterstützte Wichern hat in der gleichen Zeit unentwegt auf den Kongressen für Innere Mission die soziale Frage in den Vordergrund geschoben. Diese Kongresse, durch die sich der Central-Ausschuß immer mehr zu einer Spezialkonferenz für Fachleute entwickelte, wanderten durch Deutschland und waren bis 1872 mit dem Kirchentag verbunden, der sich allmählich als nicht mehr zugkräftig erwies und dann wegfiel. 1849 tagte man wieder in Wittenberg, 1850 in Stuttgart, 1851 in Elberfeld, 1852 in Bremen, 1853 in Berlin, 1854 in Frankfurt a. M., 1856 in Lübeck, 1857 in Stuttgart, 1858 in Hamburg, 1860 in Barmen, 1862 in Brandenburg,

1864 in Altenburg, 1867 in Kiel, 1869 in Stuttgart, 1872 in Halle[62].

In den sechziger Jahren hatte der Aufmarsch der Arbeiterschaft begonnen. 1853 verhandelte man auf dem Kongreß für Innere Mission bereits über die kirchlichen Zustände der großen Städte, 1857 über die sozialen Schäden der ländlichen Bevölkerung.

Viktor Aimé Huber (1800–1869), ein vielseitiger Gelehrter, der Europa bereist hatte, stand bei der Erörterung der sozialen Fragen als treibende Kraft hinter Wichern, der sich ihm im gleichen Bemühen um die Arbeiterschaft verbunden wußte[63].

Huber hat als erster evangelischer Christ in aller Schärfe die damals neuen Forderungen in der Öffentlichkeit vertreten: Selbsthilfe der arbeitenden Klassen durch Wirtschaftsvereine und Gemeinschaftssiedlungen. Wichern besprach die Hubersche Schrift „Die Wohnungsnot der kleinen Leute“ (1857) in den „Fliegenden Blättern“ und gab zu, daß die Wohnungsfrage „eine der Kernfragen des heutigen sozialen Problems“ sei. Das Kernübel der Wohnungsfrage wurde 1857 auf dem Stuttgarter Kirchentag hervorgehoben und zum Schluß wieder an die „Staatsfürsorge“ appelliert. Im November 1857 wurde die Arbeiterwohnungsfrage durch Wichern noch im Central-Ausschuß selbst zur Sprache gebracht. „Diese Sache auf sein Programm zu setzen“ erstrebte Wichern und stieß doch auf Widerspruch. Man sollte eine solche Frage lieber einem Spezialverein überlassen und die Geschäftsordnung des Central-Ausschusses nicht noch mehr überlasten. Diese sozialpolitische Frage läge doch dem Central-Ausschuß fern! Welch ein Stimmungsumschwung gegenüber 1848! Man erklärte sich nur bereit, die Hubersche Schrift über die Wohnungsnot der kleinen Leute unter den Vertrauensleuten des Ausschusses zu verbreiten. Eine für den Hamburger Kirchentag ins Auge gefaßte Spezialkonferenz über die Arbeiterwohnungsfrage kam mangels Interesse nicht zustande!

Auf dem Barmer Kirchentag 1860 schob Wichern wieder die soziale Frage in den Vordergrund, als man seinen Vortrag „über die Erziehung und Bewahrung der weiblichen Jugend in der arbeitenden Bevölkerung mit besonderer Berücksichtigung der Fabrikbevölkerung“ anhören mußte. In seiner Bescheidenheit, die aber hier falsch am Platze war, erklärte Wichern vor den angesehenen Fabrikanten, die in Barmen zu seinen Füßen saßen: „Ich bin auf diesem Gebiete ein Laie, der sich belehren lassen muß und wird, der aber seit Jahren ernstlich damit beschäftigt ist, sich belehren zu lassen“[64]. Gute Vorschläge wurden unterbreitet, eine Kommission aus angesehenen christlichen Fabrikanten und Bürgermeistern des Wuppertals sollte die vorliegenden Fragen weiter erledigen, aber es schlief alles wieder ein.

1862 unternahm Huber vereint mit Wichern einen Vorstoß auf dem Brandenburger Kirchentag. Hubers Vortrag unter dem Titel: „Die genossenschaftliche Selbsthülfe der arbeitenden Klassen“ wurde als

Sonderdruck vom Central-Ausschuß verbreitet. Die dringende Mahnung Hubers, die Innere Mission sollte eine aktive Sozialpolitik aufnehmen, verhallte jedoch ungehört. 1863 und 1868 wurde die Frage der Arbeiterschaft wieder erörtert. Doch 1869 muß Wichern auf dem Stuttgarter Kirchentag „die Nichtbeteiligung an den großen sozialen Fragen der Gegenwart namentlich an der sogenannten Arbeiterfrage" tadeln.

Mit gesammelter Energie wandte sich Wichern nach den Stuttgarter Verhandlungen erneut der Arbeiterfrage zu. Wichern lenkte jetzt mit der Inneren Mission in die Bahnen des „Kathedersozialismus" ein, wie die liberalen Gegner die von den meisten jüngeren Professoren der Nationalökonomie vertretene sozialreformerische Richtung nannten. Wichern gab auf einer von ihm einberufenen Mai-Konferenz 1870 in Verbindung mit den „Kathedersozialisten" die Überzeugung wieder: „Daß weder Gesetzgebungen noch irgendwelche ökonomischen Theorien den sozialen Frieden sichern werden, wenn nicht die Arbeitgeber in weiterem Umfange, als es bisher der Fall gewesen ist, den Arbeitern gegenüber als Träger jener Humanität sich bewähren, die ihren tiefsten Grund nur im Christentum haben kann"[65].

Mißverständlich war es, daß Wichern ein Jahr später auf der Berliner Oktoberversammlung den sozialistischen Arbeiter mit dem verlorenen Sohn im Gleichnis verglich, der bereits bei den Trebern angelangt sei. Aber man muß wissen, wie rückhaltlos Wichern dem Vortrag des Berliner Staatswissenschaftlers Adolph Wagner zugestimmt hat, der die Berechtigung vieler sozialistischer Forderungen anerkannte und der Kirche die Aufgabe anwies, sich bei der Predigt sozialer Pflichten „vor allem nach oben und dann erst nach unten zu wenden". Adolph Wagner hatte sich selbst im Vortrag an Wicherns Gedanken angelehnt. Das sachkundige wie unparteiische Bild der sozialen Lage, wie es von Adolph Wagner herausgestellt war, fand auch die volle Zustimmung der Versammlung. Dem Gelöbnis, daß „jeder an seinem Teil und jeder in seinem Berufe an den sozialen Aufgaben der Gegenwart" mitarbeiten wolle, folgten aber in der Weite der Kirche und der Inneren Mission nicht die entsprechenden Taten[66].

Wichern selbst war nicht mehr der alte. Im April 1866 hatte er kurz hintereinander zwei Schlaganfälle erlitten, von denen er sich leidlich erholen konnte. Aber seine frühere Leistungsfähigkeit hatte er nicht wieder gewonnen. Langsam ließ seine schöpferische Kraft nach. Im Jahre 1874 schied er definitiv aus dem preußischen Staatsdienst als ein siecher, dem Tode geweihter Mann aus. In der Nacht vom 4. zum 5. April 1874 erlitt der Rastlose einen neuen Schlaganfall, durch den ein Gehirnleiden zum Ausbruch kam, das sich in anererbten, rasenden Kopfschmerzen seit der Jugendzeit angekündigt hatte. Eine siebenjährige erschütternde Leidenszeit folgte. Es wurde ein langsames Sterben. Zwangsvorstellungen und jähe Zornesausbrüche quälten den Siechen und seine Umgebung und ließen ihn oft keine Ruhe finden. Im April 1880 verlor er die Sprache, der lichten Augenblicke wurden weniger. Am 7. April 1881 erlöste ihn endlich der Tod.

12

Wicherns Vermächtnis

Niemand wird ohne Erschütterung von diesem Ende lesen. Wichern hat viel Kritik während seiner Lebenszeit erfahren. Vieles ist ein Torso geblieben, was er erstrebt und wofür er gekämpft hat. Das Proletarierelend mußten die Arbeiter aus sich heraus überwinden. Wichern hat ihnen dabei nicht im Wege gestanden. Seine sozialen Weck- und Warnrufe waren kein schlechter Hilfsdienst.

Daß die Innere Mission zu einem großen Baum geworden ist und als eine entscheidende Lebensäußerung der evangelischen Christenheit in Deutschland Hunderttausenden verzweifelter, verlassener und kranker Menschen helfen, ungezählte Tränen trocknen konnte, ist statistisch nicht aufzurechnen.

Seine unmittelbaren Schöpfungen, das Rauhe Haus in Hamburg und das Johannesstift in Berlin-Spandau sind bestehen geblieben.

Die von ihm geforderte Wandlung der Behörden- und Pastorenkirche in eine diakonisch und missionarisch ausgerichtete Gemeindekirche hat langsam eingesetzt.

Der Staat wurde unter entscheidender Mitwirkung der Inneren Mission durch eine umfassende Gesetzgebung der Träger einer Sozialpolitik, wie es sich Wichern gewünscht hatte, einer Sozialpolitik, welche das Selbstverantwortungsprinzip mit dem Solidaritätsprinzip verbunden hat. Die großen Lebensrisiken der Krankheit, der Invalidität und des Alterns wurden durch ein Versicherungssystem auf ein erträgliches Maß herabgemildert. Die Schließung der letzten Lücken in bleibender Beziehung von Vorsorge und Selbsthilfe kennzeichnet das ganze 20. Jahrhundert[67].

Die Innere Mission als seelsorgerlich-missionarische Bewegung, welche das entfremdete Volk, vor allem den abwartenden Arbeiterstand für das Christentum und ein Leben in und mit der Kirche zurückgewinnen will, steht noch in ihren Anfängen. Die Frage der Inneren Mission, wie sie Wichern stellte, die wirkliche Durchdringung des Volkes mit den Kräften des Evangeliums, ist noch ungelöst.

Wichern hat tatsächlich den Umkreis der Inneren Mission denkerisch und praktisch abgeschritten. Mit ihm endet die klassische Zeit der Inneren Mission. Die nachfolgenden Geschlechter werden immer wieder dieser größten und genialen Gestalt der Inneren Mission im 19. Jahrhundert zu Füßen sitzen müssen.

6. Kapitel

Diakonie und Innere Mission in der Bismarckzeit und im Kaiserreich bis 1914

1

Der Central-Ausschuß nach Wicherns Ausscheiden in der Bismarckzeit

Wicherns schwere Erkrankung erzwang seine Rückkehr nach Hamburg. Der Central-Ausschuß mußte deshalb eine neue Leitung wählen. Man war sich einig, daß es galt, das von Wichern überkommene Erbe treu zu bewahren und zu mehren, vor allem der neuen Zeit anzupassen. Es war nicht einfach, all die Kräfte, die sich in der weiten Arbeit der Inneren Mission und Diakonie in Deutschland regten, zusammenzuhalten. Alle Wandlungen der Arbeitszweige spiegelten sich an dieser zentralen Stelle getreulich wider. Die Geschichte dieses Central-Ausschusses verkörperte tatsächlich in verdichteter Form den weiteren Weg, den die Innere Mission und ihre Werke im Volksganzen und innerhalb der Kirchen bis zum Ausbruch des ersten Weltkrieges 1914 einschlugen.

Vorerst bat man den greisen Ehrenpräsidenten Bethmann-Hollweg, für den ausgeschiedenen Wichern die Leitung des Central-Ausschusses zu übernehmen, die er auch bis zu seinem Tod am 14. Juli 1877 ausübte. Nach 1877 mühte man sich fast zehn Jahre hindurch mit behelfsmäßigen Zwischenlösungen. Im Jahre 1886 fand man in Professor D. Bernhard Weiß, Lehrstuhlinhaber für Neues Testament an der Theologischen Fakultät der Berliner Universität, einen neuen Präsidenten. Die Zeit der großen und genialen Persönlichkeiten auf dem Präsidentenstuhl war vorbei[1].

Es war keine glückliche Entwicklung zu nennen, daß jetzt die Theologen im Central-Ausschuß die erdrückende Mehrheit bildeten. Zur Wichernzeit standen 12 Nichttheologen 13 Theologen gegenüber, wenn man Wichern selbst unter die Theologen zählte. 1890 sah man nur noch 15 Laien unter 28 Theologen. Minister und Ministeranwärter befanden sich kaum noch unter den mitverantwortlichen Laien. Höhere Beamte aus den verschiedenen Berliner Ministerien, nicht mehr die Führungskräfte an den Spitzen von Behörden, nahmen die freigewordenen Plätze ein.

Bedenklicher war die vorgenommene Änderung der Satzungen. Die alte Zielsetzung: „Rettung des evangelischen Volkes aus seiner geistlichen und leiblichen Not“ wurde durch eine farblosere Formulierung ersetzt. Der Central-Ausschuß besaß nunmehr „den Zweck und die Aufgabe, innerhalb des evangelischen Deutschlands sowie unter den im Ausland lebenden Deutschen durch den Dienst der inneren Mission das Reich Gottes bauen zu helfen".

Hier geschah der gleiche Vorgang wie in Kaiserswerth, wo auch der Rettungsgedanke Fliedners blasseren Zielsetzungen weichen mußte[1+]. Die ernüchterte zweite Generation meldete sich zu Wort, welche einer enthusiastischen Hoffnung auf eine Wiedergeburt des ganzen Volkes aus den Kräften des Evangeliums den Abschied gegeben hatte. Die Innere Mission wurde als eine, nicht als die Lebensäußerung der Kirche angesehen.

Angesichts eines gekräftigten kirchlichen Bewußtseins betonte der Central-Ausschuß, daß er „insbesondere bestrebt sei, solche Gebiete des Volkslebens, die der Wirkung des Evangeliums entzogen sind, demselben wieder zu öffnen, die Werke christlicher Liebestätigkeit anzuregen, isolierte Bestrebungen dieser Art miteinander in Verbindung zu bringen und mit Rat und Tat ihnen zu dienen"[2].

Man wollte anregen und wollte ernstlich darauf achten, nicht in „die Arbeiten anderer willkürlich einzugreifen". Auch läge ihm jeder Versuch einer Straffung und „Konzentrierung aller Liebesarbeit unter seiner eigenen Leitung" fern. Keinesfalls wollte man den einzelnen Landesverbänden und Provinzialausschüssen der Inneren Mission zu nahe treten und sie in ihrer Selbständigkeit beschränken. Man wurde ängstlich und zaghaft, was Wichern noch völlig fern gelegen hatte.

Die katholische Kirche ging freilich zur gleichen Zeit den umgekehrten Weg. Sie baute auf Grund der Erfahrungen des Kulturkampfes zuerst ihr Pressewesen machtvoll auf und verzichtete nicht auf eine straffe zentrale Leitung. Besaß sie 1865 nur 20 Zeitungen, so 1878 bereits 271. In einem Vereinswesen, das sie jetzt aufzog, spannte sie die katholische Bevölkerung so dicht ein, daß kaum noch eine Lücke in diesem Netz zu finden war. Ihre Generalversammlungen, die Katholikentage, wurden zu imponierenden Schaustellungen und gaben zündende Parolen aus. Da wurde nicht nur behutsam „angeregt", um landeskirchliche Empfindlichkeiten zu schonen. Drei „karitativ-soziale Zentralvereine", der mächtige „Volksverein für das katholische Deutschland", der „Katholische Frauenbund" und seit 1897 der „Caritasverband für das katholische Deutschland" schlossen sich zu einer engen Arbeitsgemeinschaft zusammen. Zugleich wurden die einzelnen Stände, selbst die Dienstboten, in Standesvereinen fest zusammengefaßt[2+].

Eine gewisse Wandlung zeichnete sich freilich innerhalb der einzelnen Landeskirchen und ihrer Pfarrerschaft in der Stellung zur Inneren Mission ab. Wurden der Kindergottesdienst und die Jugendarbeit anfänglich ohne jede Mitarbeit des Gemeindepfarrers von der Inneren Mission allein durchgeführt, so wurde es allmählich anders. Was zuerst von freiwilligen Kräften der Inneren Mission angepackt worden war, wie z. B. auch die Bibelstunden, griffen jetzt die Geistlichen auf.

Nach und nach wurde in jeder Kreissynode, in jedem Diakonats- bzw. Superintendenturbezirk ein Gemeindepfarrer zum Sachbearbeiter für Aufgaben der Inneren Mission bestellt. Die Innere Misson wurde volkstümlich. Man wußte im Kirchenvolk, wohin man sich in besonderen Notfällen wenden konnte.

Man muß es den Männern im Central-Ausschuß hoch anerkennen, daß sie sich nicht in das Schlepptau der Kirchenbehörden nehmen ließen. So umkämpften Persönlichkeiten wie Adolf Stoecker und so unbequemen Mahnern wie Friedrich von Bodelschwingh, die sie zu Mitgliedern beriefen, haben sie zur Zeit und Unzeit die Treue gehalten und sich nicht eilfertig und devot, wie z. B. der preußische Oberkirchenrat in Berlin, vor dem Stirnrunzeln der Regierung und der Krone benommen.

Eine besondere Belastung mußte der Central-Ausschuß in Kauf nehmen. Die Geschäftsführung im Central-Ausschuß blieb in den Händen des engsten Mitarbeiters Wicherns, des journalistisch hochbegabten Pastors Friedrich Salomo Oldenberg, eines Mannes jüdischer Abstammung. Er gab als verantwortlicher Redakteur die von Johann Hinrich Wichern einst hinreißend redigierten „Fliegenden Blätter" heraus. Allzu ängstlich hielt er an den alten, eingefahrenen Arbeitsgeleisen der Inneren Mission fest und wollte nichts anderes als ein unentwegter Schildhalter Wichernscher Gedanken sein, so wie er sie verstanden hatte. Das wandelnde Gewissen des Ausschusses in sozialen Fragen wurden andere, Männer wie Bodelschwingh und Stoecker.

So konnten die „Fliegenden Blätter", die einmal Wichern begründet und mit sprühenden Impulsen versehen hatte, nur am Leben erhalten werden, indem sie zum offiziellen Organ des Central-Ausschusses erklärt wurden. Inzwischen war seit 1876 in der „Monatschrift für Diakonie und innere Mission" ein neues wirkungsvolles Fachorgan entstanden. Pastor Theodor Schäfer, der von Wilhelm Löhe entscheidende Anregungen empfangen hatte, der Vorsteher des Altonaer Diakonissenhauses, wollte damit der konfessionellen lutherischen Richtung innerhalb der Inneren Mission mehr Geltung verschaffen[3]. Schäfer begrenzte die Innere Mission: „Sie ist diejenige kirchliche Reformbewegung des 19. Jahrhunderts, welche den inneren Zustand der Kirche dadurch zu bessern unternimmt, daß sie die Werke der Barmherzigkeit ebenso wie die freie Verkündigung des Evangeliums dem Leben der Kirche einpflanzen und in ihr wirksam machen will"[4].

Dieses Neuluthertum wollte nur bessern und geriet in die Gefahr, sich zu sicher zu fühlen und an der Zeit vorbeizureden. Damit verband sich ein gewisser ängstlich-reaktionärer Zug. Das hohe Ziel von der innerlichen Herrlichkeit der äußerlich so bescheidenen lutherischen

Kirche durfte eigentlich nicht zum Selbstabschluß führen[5]. Diese Gefahr aber drohte!

Es gelang dem Central-Ausschuß, die lutherischen Kreise festzuhalten und berechtigte Bedenken, die durch ungeschützte Äußerungen Oldenbergs entstanden waren, zu zerstreuen. Was Wichern nicht gelungen war, trat jetzt ein. Anfang Oktober 1875 konnte man in Dresden inmitten einer lutherischen Landeskirche einen Kongreß für Innere Mission halten. Der Kirchentag, der bisher mit den Sitzungen des Central-Ausschusses getagt hatte, war inzwischen eingeschlafen. Die katholische Kirche baute ihn in Deutschland machtvoll und imposant aus, der Protestantismus schläferte seinen Kirchentag ein. So tagte der Central-Ausschuß ohne Kirchentag erstmalig für sich allein in Dresden. Die Teilnehmerzahl sank dadurch um 60 Prozent. In Halle zählte man auf dem letzten Kirchentag 1872 etwa 1200 Teilnehmer, jetzt fanden sich knapp 500 in Dresden ein. Doch dieser Verlust wurde bald aufgeholt. Vor allem erwies es sich als sehr glücklich, daß man wohl die Teilung in Hauptvorträge und Spezialkonferenzen beibehielt, sich aber mit freien Abendveranstaltungen an die breite Öffentlichkeit wandte.

Die streng sachliche Arbeit an einer Fülle praktisch-kirchlicher Aufgaben, welche das ganze evangelische Deutschland bewegten, blieb im Sinne Wicherns im Mittelpunkt der Bemühungen des Central-Ausschusses. Das Zusammengehörigkeitsgefühl im deutschen Protestantismus über alle landeskirchlichen Grenzen hinaus wurde damit in einer Zeit, in der es keinen Kirchenbund gab, wesentlich gestärkt.

Schneller als man gedacht hatte, trat die soziale Frage im Blick auf die Arbeiterschaft wieder in den Mittelpunkt. Es kam zu Attentaten auf den greisen Kaiser Wilhelm I. Am 11. Mai 1878 verübte der Klempnermeister Hödel auf der Prachtstraße „Unter den Linden" den ersten Anschlag auf den Kaiser. Die Revolverkugeln verfehlten ihr Ziel, doch die Erregung der Öffentlichkeit war ungeheuerlich. Bismarck benützte sie, um dem Reichstag einen Gesetzesentwurf vorzulegen, den er längst vorbereitet hatte und nur aus dem Schreibtischfach herauszuziehen brauchte. Damit sollte die sozialdemokratische Propaganda vernichtend getroffen werden. Die liberale Mehrheit des Reichstages lehnte jedoch ab. Am 2. Juni 1878 aber traf der Anarchist Dr. Nobiling den alten Kaiser und verwundete den Einundachtzigjährigen schwer. Jetzt handelte der „eiserne Kanzler".

Der unbequeme Reichstag wurde kurzerhand aufgelöst. Der neue Reichstag, der eine konservative Mehrheit brachte, nahm das Sozialistengesetz am 21. Oktober 1878 an. Alle Vereine wurden verboten, „welche durch sozialdemokratische, sozialistische oder kommunistische Bestrebungen den Umsturz des bestehenden Staates und der Gesellschaftsordnung bezwecken". Ein Versammlungsverbot schloß sich an, die Verbreitung von Drucksachen und die Einkassierung von Beiträgen wurde untersagt. Das Gesetz wurde dreimal verlängert und bis 1890 aufrechterhalten.

Wie der Kulturkampf, den Bismarck hauptsächlich gegen die katholische Kirche geführt hatte, diese Kirche nur gestärkt und gekräftigt aus der Auseinandersetzung herausführte und sich als völlig verfehlt erwies, so war es auch hier. Das Sozialistengesetz hat ungeheueren Schaden angerichtet. Was bedeutete es schon, daß man bis 1890 auf Grund des Gesetzes 322 Zeitungen verbot, 900 Personen landesverwiesen und 1500 verurteilt hatte? Man trieb dadurch nur die Arbeitermassen mit den gehetzten Führern zusammen und verband sie um so enger. Bisher war die Mehrheit der organisierten Arbeiterschaft durchaus noch nicht im Sinne von Karl Marx und Friedrich Engels festgelegt. Sie suchte vielmehr Verbindung mit dem linksliberalen Flügel des Bürgertums vor allem im Süden und Westen Deutschlands[6].

Bebels Buch „Die Frau und der Sozialismus" gewann aber durch das Sozialistengesetz seine starke Wirkung. Es wurde heimlich gedruckt und verbreitet. Es erneuerte das messianische Sendungsbewußtsein des Proletariats und verhieß ihm eine herrliche Zukunft. Stärker aber wirkten in diesem christentumsfeindlichen Buch die ungefärbten Situationsberichte über die Lage der deutschen Arbeitermädchen und Arbeiterfrauen. Was hier zusammengetragen wurde, war schlimm genug. Bebel aber trug auch die Sünden der höheren Stände zusammen, und auch dieser Bericht trug den Stempel der Wahrheit. Auch sein ehrlicher Kampf gegen Schmutz und Schund im öffentlichen Leben mußte Bebel viele Sympathien einbringen[7].

Was aber unternahm Oldenberg mit den „Fliegenden Blättern"? Er öffnete sie allen Stimmen, welche die Sozialistengesetze direkt oder indirekt für gut hielten. Im Schlepptau einer obrigkeitshörigen Haltung ließ er zu, daß die „Fliegenden Blätter" praktisch zu einem Kampfblatt gegen die Sozialdemokratie wurden. Oldenberg übernahm unwidersprochen die Thesen eines westfälischen Pfarrers Harpe, der in jedem Verein für Innere Mission auch einen „Verein zur Bekämpfung der Sozialdemokratie" sah (1875)[8].

Ganz so hart legte sich 1877 der Central-Ausschuß aber nicht fest. „Wir stehen als warme Freunde für die Sozialdemokraten, aber als entschiedene Gegner wider die Sozialdemokratie." Man beschränkte sich jedoch praktisch im Central-Ausschuß auf weniger dringliche Fragen des Arbeitertums, auf die Förderung des Herbergswesens, der kirchlichen Betreuung besonderer Gruppen des Arbeiterstandes wie der Hollandgänger und Eisenbahnarbeiter. Darin sah man seinen Beitrag „zur Arbeiterfrage".

Seit dem Jahre 1880, mitten in der Zeit des Sozialistengesetzes und seiner Daumenschrauben, bildeten sich nach und nach die verschiedenen Fachverbände, die einen Zusammenschluß gleichartiger Anstalten oder freier Vereine darstellten. Ein lebhafter Austausch von Erfahrungen, gegenseitiger Anregungen und Planungen im gemeinsamen Dienst setzte ein. Diese Gliederung nach Arbeits-, Sach- und Wesensgebieten unterlag im Lauf der folgenden Jahrzehnte noch mancher Wandlungen. Sie festigte sich zugleich und bildete „ein feingliedrig ineinander greifendes Lebensgefüge, das seine lebendige Zusammenfassung in dem Central-Ausschuß" behielt[9].

Gewiß blieb angesichts des Sozialistengesetzes die Situation für den Central-Ausschuß nicht einfach. Bei seinem unermüdlichen Eintreten für den Sonntagsschutz mußte der Central-Ausschuß manche schnöde Abfuhr einstecken. Der preußische Handelsminister Aschebach z.B. wies eine Eingabe, im Interesse der Sonntagsruhe bei der Bahn den Güterverkehr an Sonn- und Feiertagen fallen zu lassen, 1876 einfach ab. Mit etwa 32000 Unterschriften, die dem Reichskanzler und dem Bundesrat vorgelegt wurden, bat man um eine Abänderung der Gewerbeordnung, damit Handwerk und Industrie nicht „ihre Gehülfen, Gesellen, Lehrlinge und Arbeiter an Sonn- und Feiertagen" beschäftigen konnten (1877). Man erreichte nur, daß der Reichstag wenigstens die Sonntagsarbeit der Jugendlichen 1878 untersagte.

Wie heftig waren rheinisch-westfälische Industriekreise im Abgeordnetenhaus schon zu Wicherns Zeiten gegen jede Beschränkung der Sonntagsarbeit vorgestoßen. Doch hier blieb der Central-Ausschuß dem Vermächtnis Wicherns treu, der auf seiner letzten öffentlichen Rede am 10. Oktober 1871 erklärt hatte: „Viele sogenannte konservative Arbeitgeber wie liberalistische haben hier beide gleich stark an ihre Brust zu schlagen, auch in diesem wie in so manchen anderen Punkten sind die Sünden, z.B. der Eigennutz, der Geiz und die Selbstsucht beider Parteien ganz vollständig gleich. Die Familie lebt wesentlich vom wahren Sonntag"[10].

Der Erfolg blieb nicht aus. Wenn 1885 eine Rundfrage der Reichsregierung ergab, daß die Sonntagsarbeit nur noch von der Hälfte aller Betriebe aufrecht erhalten wurde, so darf man hier die Auswirkung der unermüdlichen Arbeit der Inneren Mission nicht zu gering veranschlagen. 1889 ließ der Central-Ausschuß noch einmal eine Denkschrift zur Sonntagsruhe herausgehen. Im Jahre 1891 verbot endlich eine Reichsverordnung die Sonntagsarbeit.

Durch das Sozialreformwerk Bismarcks wurde der Central-Ausschuß aus jener rein negativen Haltung, in die Oldenberg mit seinen „Fliegenden Blättern" geraten war, in eine positive Mitarbeit zurückgerufen. Rechtzeitig verstand es der Central-Ausschuß, sich der Mitarbeit eines ausgezeichneten Fachmannes für Sozialpolitik zu sichern. Er wählte den Vortragenden Rat im preußischen Handelsministeriums Theodor Lohmann zu seinem Mitglied (1880). Von

1881 an wurde Lohmann für zweieinhalb Jahre Bismarcks engster Mitarbeiter an der Sozialreform, bis er für den Kanzler zu unbequem wurde. Das Krankenversicherungswerk wurde wesentlich sein Werk[11].

Das Krankenversicherungsgesetz wurde am 15. Juni 1883, das Gesetz über die Invaliditäts- und Altersversicherung am 22. Juni 1889 erlassen. Das Unfallversicherungsgesetz war bereits am 6. Juli 1884 für rechtskräftig erklärt worden. Doch diese für Europa vorbildlichen Sozialgesetze standen im unseligen Schatten des Sozialistengesetzes. Sie steigerten nur die Verbitterung in der Arbeiterschaft, weil sie als eine aufgezwungene Wohltat aus den Händen einer verhaßten Gewalt stammten. Daß hier Vorbildliches für die Arbeiterschaft geleistet worden war, ging im Kampflärm einfach unter.

Theodor Lohmann schied dann aus dem Reichsdienst aus und stellte nunmehr seine sozialpolitischen Erfahrungen dem Central-Ausschuß zur Verfügung. Er entwickelte sein Programm in Anlehnung an Wichern und Huber und der Central-Ausschuß machte es sich zu eigen. Es war durchaus eine reife, in sich geschlossene Arbeit, die hier entstand und auf der Grundlage biblischen Denkens entfaltet worden war. Lohmann schonte in ihr nicht die Unternehmer und entlarvte ihre oft rein diesseitige, materialistische Lebensstellung, die sich vor Gott nicht mehr verantwortlich wußte. Er nahm die alten Gedanken einer Verbindung von Staatshilfe, Selbsthilfe der Arbeiterschaft und der Bruderhilfe der Inneren Mission wieder auf.

Und doch krankte sein ganzes Programm daran, daß es an einer veralteten Vorstellung festhielt. Lohmann verglich den Unternehmertyp mit dem alten Idealbild eines verantwortlichen Standesherrn auf seinem Rittergut, wo nach christlicher Tradition der Gutsherr in guten wie bösen Tagen für seine Gutsarbeiter und deren Familien treulich sorgte und alle miteinander eine große Familie bildeten. Lohmann sah nicht, daß dieses gute patriarchalische Verhältnis auf dem Lande weithin in der Auflösung begriffen war. Andererseits ließen sich die soziologischen und sozialpolitischen Formen, die sich in der Industrie eingespielt hatten, niemals mit einem Gutsbetrieb vergleichen[12]. Hier galten andere Gesetze[13].

Erfolg konnte diesem redlich gemeinten Versuch nicht beschieden sein. Er redete an den wirklichen Verhältnissen vorbei. Auf diesem Wege konnte die Innere Mission kein Vertrauensverhältnis zu der Arbeiterschaft herstellen noch ihr Los wirksam bessern. Da mußte härter gehandelt werden, wenn man ihr helfen wollte. Doch an dieser Tatkraft und verbissenen Energie fehlte es dem Central-Ausschuß. Er wollte nach allen Seiten anregend wirken, aber nicht dafür mit unerschrockener Zähigkeit kämpfen und eventuell leiden. Er war zuletzt nicht unabhängig genug und wie die Staatskirche zu sehr an den Staatswagen angehängt.

So verhallte dieser Ruf, in der Zeit des Sozialistengesetzes auf überparteilicher Ebene an der Lösung der sozialen Frage mitzuarbeiten. Lohmanns Denkschrift von 1884 wurde wohl vom Central-Ausschuß unter dem Titel „Die Aufgabe der Kirche und ihrer Inneren Mission gegenüber der Wirtschaft und gesellschaftlichen Kämpfen der Gegenwart" in vielen Tausenden von Exemplaren an alle Vereine der Inneren Mission, an die Pastoralkonferenzen, an die Presse, an die Regierungsmitglieder, selbst an Bismarck, an die Reichstagsabgeordneten und alle Persönlichkeiten im öffentlichen Leben geliefert, die an sozialpolitischen Fragen mitarbeiteten. Aber das war und blieb eben alles, was geschah. Es war zu akademisch, zu unverbindlich!

Hier enthüllte sich die eigentliche Tragik der ganzen Bemühungen des Central-Ausschusses und der Inneren Mission bis zum Zusammenbruch des deutschen Kaiserreiches 1918. Man nahm warmherzig und umsichtig zu den brennenden Fragen der Zeit Stellung und wich ihnen durchaus nicht aus. Doch nachdem man sie geklärt und entsprechende Richtlinien erlassen hatte, ließ man die Zügel, die man eben herzhaft angefaßt hatte, wieder schleifen.

Das geschah nicht nur gegenüber der brennenden sozialen Frage, sondern auch in der Frage der Evangelisationsbewegung, wie sie damals aufgebrochen war und die Kirche wie Innere Mission lebhaft beschäftigte. Im Süden und Westen Deutschlands evangelisierte seit 1884 als freier Evangelist mit großem Erfolg Elias Schrenk; zuerst in den Städten Bremen, Frankfurt a. M. und in Kassel. Von anderen Orten abgesehen, war es diesem Bahnbrecher einer nüchternen, biblisch ausgerichteten und kirchlich gesonnenen Evangelisation gelungen, die entkirchlichten Massen zu Tausenden in die gemieteten Säle, schließlich in die geräumigen Stadtkirchen zu ziehen, wo sie ihm atemlos zuhörten.

Oft bedeutete diese Arbeit des großen Evangelisten zugleich einen Auftakt zur Inangriffnahme einer Stadtmission und anderer Arbeitszweige der Inneren Mission. Z. B. soll „fast alles, was in Kassel an wirklichem christlichem Leben vorhanden sei, auf die Evangelisation Schrenks zurückgehen", wie ein Mitglied der Kassler Kirchenbehörde sich äußerte[14].

Hinter Elias Schrenk stand Professor Christlieb in Bonn, der dort bereits 1881 einen „Evangelisationsverein" gegründet und das „Johanneum" als Evangelistenschule ins Leben gerufen hatte. Hier sollten dem großen Evangelisten Elias Schrenk die notwendigen Helfer, Mitstreiter und Nachfolger zuwachsen. Von vornherein hatte man an eine gute Zusammenarbeit mit dem geordneten Pfarramt gedacht und wollte mit ihm die Arbeit unter den entkirchlichten Massen betreiben. Daß man gegenüber einer 150jährigen Erfahrung der Evangelisationsarbeit in den angelsächsischen Ländern erst Anfangserfahrungen sammeln und behutsam vorgehen mußte, war klar erkannt worden.

Doch stand dieser Evangelisationsbewegung sofort eine Mauer von Mißtrauen und Gegnerschaft in den Reihen der Pfarrerschaft gegenüber. Auf dem Kassler Kongreß des Central-Ausschusses (1888) kam dieses Problem zur offenen Aussprache. Sells Vortrag „Die Laientätigkeit im Reich Gottes, ihre Notwendigkeit und ihre Schranken" wurde der Sache jedoch nicht gerecht. Die im „Geiste zufriedener Sattheit" vorgetragenen Thesen „beruhten auf dem Gedanken, daß die Innere Mission ihren Verkirchlichungsprozeß in Richtung auf die gehorsame Einordnung in die Gemeinde nur noch zu vollenden brauche". „Es bedarf heute keiner wesentlich neuen Organisation mehr, sondern einer bewußten Zusammenfassung aller hilfsbereiten Kräfte und Organe zu einer geordneten Gemeindepflege." Das bedeutete die versteckte Ablehnung der Evangelisationsbewegung, ausgerechnet auf Kassler Boden, wo die Erfolge der Arbeit Schrenks so offensichtlich in der Stärkung des christlichen Lebens in den Gemeinden vorlag[15]. Doch die Frage einer Hereinnahme der Evangelisation in den Schoß der Inneren Mission bewegte den Central-Ausschuß noch in vielen Einzelsitzungen. Schließlich räumte man ein, daß es wohl zur Zeit noch „einer außerordentlichen Verkündigung des göttlichen Wortes" bedürfe. Die Evangelisation, als ein „berechtigtes Werk" der Inneren Mission, sollte als „Notbehelf" so lange noch betrieben werden, bis das geordnete Pfarramt dafür selbst wieder eintreten könne. Grotesker konnte die damalige Lage nicht verzeichnet werden.

Inzwischen hatten sich die Zweige der Evangelisationsbewegung und der Gemeinschaftsbewegung verselbständigt. Der Central-Ausschuß übersah gewiß nicht, wie durch die Evangelisation den vielen, kleinen Arbeitsgruppen der Inneren Mission neues Leben zufloß, man ließ sich auch den Dienst der erweckten und gewonnenen Mitarbeiter gefallen, doch blieb man bei der bisherigen Verfahrensweise. „Abwarten, beobachten, prüfen, wohlwollend erwägen, sympathisieren, im besten Fall unter Hervorhebung mancher prinzipieller oder durch die Erfahrung gegebener Bedenken eine freundliche Förderung, aber kein tatkräftiges Zugreifen und Mitarbeiten[16].

Ja, man schwieg sich in den Fachblättern über den Fortgang der Evangelisation in Deutschland beharrlich aus. Wichern freute sich, in den „Fliegenden Blättern" jede, auch noch so leise Regung missionarischen Lebens treulich zu registrieren und zu ermuntern. Jetzt verhielten sich die Persönlichkeiten, welche in den Schlüsselstellungen der Inneren Mission und in den Redaktionsstuben saßen „sehr zurückhaltend, vielleicht aus Ratlosigkeit abwartend" oder wie Rahlenbeck, der Sekretär des Central-Ausschusses „geradezu ablehnend". Theodor Schäfer, der Konfessionalist, benutzte sogar seinen Jubiläumsvortrag „Ein halbes Jahrhundert Innere Mission" zur schärfsten Abrechnung mit den Evangelisationsfreunden. Das Bild aber, das er von der Evangelisationsarbeit zeichnete, war verzerrt und ungerecht. Die Evangelisationsbewegung konnte sich beim besten Willen darin nicht wiedererkennen.

Eine Enge, die nur anerkennen konnte, was sich bereits im Schoß der Inneren Mission bewegte oder in ihr entstanden war, machte sich hier neben manchen echten theologischen, auch konfessionellen Besorgnissen breit. Man sah einfach die Not in ihrer ganzen Größe nicht, noch war man beweglich genug, ihr zu steuern und über gewisse Unterschiede hinweg großherzig die Mithelfer zu rufen und durch größere theologische Tiefe als Brüder zu gewinnen[17]. So scheiterte die Aufnahme der Evangelisationsbewegung in den Schoß der Inneren Mission wie auch ihre Verkirchlichung trotz guter Anläufe auf der Eisenacher Kirchenkonferenz von 1896 und der preußischen Generalsynode von 1897. Leidenschaftlich begehrte ein Freund der Evangelisationsbewegung wie Dammann in „Licht und Leben" auf: „Wenn immer nur nach kirchlichen Garantien gefragt wird, wenn immer nur die Angst über den Häuptern schwebt, daß ein Pfarrer gestört werden könnte in seinem Amt, daß Leute sich bekehren und dann Verwirrung anrichten könnten, wenn niemals dem Geiste Raum gegeben wird, der da wehet, wo er will, wenn niemals der Gedanke an die Hunderttausende im Unglauben verlorener Seelen die Herzen erzittern macht, dann ist man nicht würdig und wohlgeschickt, über Evangelisation und Gemeinschaftspflege zu beraten"[18].

Ausgerechnet in dem damals schon weithin entkirchlichten Schleswig-Holstein behauptete der Generalsuperintendent Kaftan: „Die lutherische Kirche komme mit den bisherigen Mitteln (Gottesdienst, Seelsorge und Amtshandlungen) an die Abgefallenen besser heran, als es mit besonderen volksmissionarischen Maßnahmen geschehen könne"[19]. So vermag noch am 15. Dezember 1911 das Konsistorium in Kiel in Berlin anzufragen, ob in der preußischen Landeskirche „Laien von der Kanzel religiöse Vorträge gehalten haben". Kaftans Berliner Bruder Julius ließ die beruhigende Antwort erteilen: Mit Wissen und Willen des Evangelischen Oberkirchenrates nicht[20].

Liberale, Konfessionalisten und kirchliche Innere Missions-Leute hatten mit Erfolg die Eingliederung der Evangelisationsbewegung in die Innere Mission bzw. ihre Verkirchlichung verhindert. Die Evangelisationsbewegung behielt ihr Heimatrecht innerhalb der evangelischen Kirche nur bei ihren Freunden unter den Pfarrern, nicht in der Gesamtkirche. Nur wenige Evangelisten, unter ihnen Samuel Keller, traten zu Elias Schrenk und seine alte Klage schien sich zu bestätigen: „Deutschland ist jetzt das einzige Land, in dem niemand Evangelist werden will"[21]. Die charismatische, die evangelistische Gabe war doch wohl nur spärlich vorhanden.

Der Central-Ausschuß blieb bei seiner behutsamen Zurückhaltung, es fehlten ihm selbst die nötigen Büro- und Schreibkräfte wie theologische Hilfsarbeiter. So war es unter dem Vorsitz von Professor D. Bernhard Weiß, der 1887 bis 1896 Präsident des CA war, noch ausgeprägter unter dessem Nachfolger, dem Direktor und späteren Präsidenten des Reichsversicherungsamtes Otto Gaebel, dem 1907 ein Mann aus der Industrie, der kaufmännische Direktor der Siemens- und Halske A. G. und der Siemens-Schuckert-Werke, Friedrich Albert Spiecker als Präsident folgte.

In diesen Zusammenhang eines schmerzlichen Zurückbleibens hinter den Forderungen der Zeit zählt auch die Auswanderernot, die durch das ganze 19. Jahrhundert hindurch eine offene Wunde bildete. Durch die Auswirkungen der französischen Revolution hatte die Auswanderungsfreiheit Eingang in die Grundrechte der europäischen Staaten gefunden. Zwischen 1831 bis 1900 sind knapp 5 Millionen Deutsche vorwiegend nach Nordamerika ausgewandert.

Nach dem Aufhören der englischen Kolonialherrschaft in Nordamerika gestaltete sich hier ein neues Staatsgebilde mit allen bürgerlichen Freiheiten und ungeahnten wirtschaftlichen Aufstiegsmöglichkeiten. Europäischen Zuwanderern wurden die Tore in dieses Zukunftsland weit geöffnet.

Nachdem die Revolution von 1848 in Deutschland in einer „finsteren Reaktion" und Verfemung aller freiheitlichen Bestrebungen endete, wanderten über 1 Million „Demokraten" und „Achtundvierziger" aus Deutschland nach Nordamerika ab. Der nächste große Schub folgte, als im Jahre 1873 die großen Arbeiterentlassungen und die plötzliche Herabsetzung der Arbeiterlöhne in Deutschland eintraten. Im Jahre 1881 trieb das Sozialistengesetz Bismarcks über 200 000 Deutsche nach Nordamerika.

Die garantierte Wanderungsfreiheit ließ diese Reaktion offen. Die deutschen Staaten verhielten sich hier teilweise völlig gleichgültig. Die Abschiebung der Verarmten war durchaus nicht immer unwillkommen. Man wurde die Hungerleider los. Doch fehlte es auch nicht völlig an einer wirklichen Fürsorge in den Hafenstädten, während der Überfahrt und an Rechtshilfe im Ausland.

Die evangelischen Staatskirchen in Deutschland fühlten sich durch diese Auswanderungszahlen nicht beunruhigt. An den Staatsgrenzen fand der klare Auftrag einer Staatskirche seine Begrenzung. Dazu trat die besondere Struktur der evangelischen Gemeinden Deutschlands, die diese Haltung erleichterte, da sie rein traditionell, konservativ und patriarchalisch gestimmt waren. Diese große Auswanderungsbewegung wurde praktisch kaum zur Kenntnis genommen.

Wer aus den Parochialgrenzen ausschied, geriet aus dem Blickfeld. Keine aus christlichem Gemeindebewußtsein aufbrechenden Impulse wurden spürbar, die gar zur Veranstaltung von Abschiedsgottesdiensten oder einer letzten gemeinsamen Abendmahlsfeier hätten führen können. Sang- und klanglos verschwanden die auswandernden Glieder.

Dagegen rührte sich ein starkes Interesse in dem national-human gesonnenen Bürgertum, das eine Fülle humanitärer, sozialer und nationaler Pläne und Bemühungen für die Auswanderer hervorbrachte und sich eine Literatur schuf, die sich in der Öffentlichkeit sehen lassen konnte.

Doch fand auch die Erweckungsbewegung den Weg zu den Auswanderern. Das zeigte sich bereits innerhalb der Deutschen Christentumsgesellschaft in Basel. Die 1815 entstandene Basler Mission bemühte sich um die nach Rußland ausgewanderten deutschen Familien. Die 1828 gegründete Rheinische Missionsgesellschaft im Wuppertal gründete 1837 den „Christlichen Verein für die evangelischen Deutschen in Nord-Amerika". Wilhelm Löhe und Louis Harms (1808–1865), der große Volksprediger in Hermannsburg, auch verschiedene lutherische Gruppen bemühten sich um die Auswanderer. Wilhelm Löhes Ruf führte bis zum Jahr 1850 zur Aussendung von 62 Pfarrern. Die Berliner Mission betreute die nach Kapstadt ausgewanderten Deutschen usw.

Die hier angedeutete Aktivität für Auswanderer in den verschiedenen Vereinen und Gesellschaften kannte Wichern, als er 1849 seine „Denkschrift an die deutsche Nation" herausgab.

Sein Ziel war, dahin zu wirken, daß zuletzt im Umkreis der evangelischen Kirche kein Glied derselben mehr sei, das nicht das lautere Wort Gottes in rechter, das heißt gerade ihm eignender Weise hörte und die ihm sich darbietende Gelegenheit zu diesem Hören fände, auch ohne sie zu suchen"[22].

Er ruft klagend aus: „Die Wegziehenden und Weggegangenen hätten nie ohne Begleitung der christlichen Schule und Kirche fern ziehen müssen. . . Was das Vaterland an seinen weggezogenen Söhnen geistig verloren, ist unendlich viel mehr, als was es durch ihren Wegzug (infolge Übervölkerung, die dadurch gemildert wurde) materiell gewonnen".

Richtig erkannte er nicht nur die äußere Not der Auswanderer im fremden Land. Er sah noch mehr die Bedrohung der deutschen Arbeiter in London, Paris und Marseille durch den kommunistischen Atheismus und in Nordamerika entsetzte er sich über den „heillosesten, frivolsten, radikalsten deutschen Unglauben". Er denkt an intensive Seelsorge, Bibel- und Schriftenverteilung wie Aufklärung über die amerikanischen kirchlichen Verhältnisse in den Auswandererhäfen, wie Löhe sie in Bremen organisiert hatte. Er wünschte Schiffsgottesdienste auf der Überfahrt, „wie das auf so vielen englischen und amerikanischen Schiffen der Fall ist".

Wichern schritt selbst zur Tat. Vom Rauhen Haus wurden von 1844 bis 1851 die ersten neun Brüder als Kolonistenprediger in verschiedene Synoden in Nordamerika gesandt. Man versuchte auch die Gründung eines Bruderhauses in Pittsburg, das nicht zustande kam. Es kam dann innerhalb der Inneren Missions-Kreise zu einer engen Zusammenarbeit mit dem 1832 gegründeten Gustav-Adolf-Verein, der ersten und größten, nicht unmittelbar aus der Erweckungsbewegung hervorgegangenen Vereinigung im deutschen Protestantismus.

Unter dem Leitgedanken der Seelsorge an allen wandernden Menschen, den Handwerksburschen, den Grenzgängern nach Holland, den Lippischen Ziegelarbeitern im Havelland, den Eisenbahnarbeitern und Kanalarbeitern bei den Neuanlagen, selbst den Badegästen in deutschen Kurorten wurde die Auswandererfürsorge in die Bemühungen des Central-Ausschusses eingegliedert.

Dem Unwesen der sogenannten „Tanzmädchen", die alljährlich von Agenten nach Kalifornien gelockt und vorwiegend in der Wetterau gewonnen wurden, konnte auf Veranlassung des Central-Ausschusses durch die hessische Regierung der Riegel vorgeschoben werden[23]. Es erfolgten die Anfänge der Seemannsmission, „dieses dankbarsten Zweiges aller Missionen", in Hamburg, Bremen, Antwerpen, Rotterdam, in Hull, Liverpool und Sunderland.

Dazu trat der bescheidene Anfang einer seelsorgerlichen, nachgehenden Betreuung der Flußschiffer und der deutschen Seeleute in ausländischen Hafenplätzen auf dem ganzen Erdball.

Doch bei den Hunderttausenden, die von den deutschen Auswandererhäfen aus ihre Heimat verließen, war dieses Bemühen mit wenig Kräften, hinter denen nur kleine Freundeskreise betend und opfernd standen, „nicht mehr als ein Tropfen auf den heißen Stein"[24].

Daran änderte auch nichts die freundliche und besorgte Haltung, die die 1852 gegründete Eisenacher Deutsche Evangelische Kirchenkonferenz der Auswandererfürsorge zuteil werden ließ. Was die evangelische Kirche durch ihre berufenen Kirchenführer an der Millionenschar deutscher Auswanderer ein halbes Jahrhundert hindurch tun konnte, war bescheiden[25].

Die große und beunruhigende Not aber lag auf einem anderen Feld. Der Groll gegenüber dem deutschen Staats- und Fürstenwesen, der Hunderttausende neben der nackten Not aus Deutschland trieb, zog auch die Staatskirche und ihre Pastoren in ihre Abneigung hinein.

Es ändert nichts an der Größe und Bedeutung Wicherns, aber zeigt doch seine Grenze, die sich hier hemmend auswirken mußte, daß dieser Bahnbrecher der Inneren Mission und Diakonie in seinem praktischen

Verhalten zu stark an eine konservativ-monarchische und christliche Staatsidee gefesselt war. In der ersten personellen Zusammensetzung des Central-Ausschusses für die Innere Mission standen die leitenden Persönlichkeiten wie Bethmann-Hollweg und Stahl in engster Verbindung mit der im Entstehen begriffenen konservativen Partei in Preußen. Sie sahen wie Wichern in der Revolution von 1848 und allen Bestrebungen, von unten her, aus dem Volk heraus, die Staatsform umzuformen, nur Antichristliches und Satanisches. Sie werteten das alles als „das allgemeine Verbrechen gegen das Ganze des Staates, woraus sich alle übrigen Verbrechen gegen Leib und Leben, materielles und geistiges Eigentum, Ehre und Sitte" ergeben[26]. Diese Worte Wicherns zählen zu den schärfsten Worten, die gegen die Revolution von 1848 ausgesprochen worden sind. Galt diese Kampfansage gegen Gottlosigkeit allen Ständen und Parteien und hat sich auch Wichern immer auf der Höhenlage eines überparteilichen Standpunktes gehalten, so hemmte diese Tatsache einfach „die kirchlich-religiöse Ansprechbarkeit eines großen Teiles der aus politischen Gründen auswandernden Millionenheere deutscher Menschen"[27].

Eine Millionenschar, von ihrer Kirche politisch nicht mehr verstandener, deutscher Auswanderer, sich selbst weithin überlassen, verlor die Verbindung mit ihrer Heimatkirche deutscher Reformation und wurde von den angelsächsischen Erweckungskirchen zumeist aufgesogen. Wo sie sich aber aus eigenem Bemühen, durch schwache Kräfte kirchlicher Kreise in Deutschland unterstützt, ihr evangelisches Kirchenwesen draußen aufbauten, gewannen sie erst ein halbes Jahrhundert und noch später wieder eine lebendige Beziehung zu den deutschen Kirchen und deren Theologie.

Man wird bei einer gerechten Würdigung all dieser Umstände dieses Zurückbleiben des Central-Ausschusses für die Innere Mission hinter dem, was er und die Innere Mission als Gesamtbewegung erkannt und sich vorgenommen haben, in einem großen Gesamtbild sehen müssen. Die deutschen Landeskirchen, noch dem Staat verhaftet und soziologisch an dahinschwindende Gesellschaftsgruppierungen zu einseitig gebunden, waren einfach verbürgerlicht. Hier lagen die schweren Hemmungen für die erstrebte Breitenwirkung all der Zielsetzungen. Die Kirchen und das Kirchenvolk gingen den schnelleren Schritt ins freie Land nicht mit. Der Central-Ausschuß als sichtbare Verkörperung der Inneren-Missions-Bewegung war mit ihr durch zahllose Fäden diesem verbürgerlichten und konservativ gestimmten Kirchentum verbunden. Doch was die Männer und Frauen innerhalb der Inneren Mission und Diakonie planten, aussprachen und zu realisieren versuchten, hebt sie weit heraus aus einem oft beschämend mittelmäßigen Kirchentum mit seinen fehlenden großen Impulsen. Um die Werke der Inneren und Äußeren Mission, um diese freien Dienste sammelten sich die beweglichsten, die opferbereiten und religiös ernsten Kreise innerhalb der Landeskirchen. Sie waren und blieben bei allem schmerzlichen Versagen doch eine Vorhut, die sich inmitten eines im Staatsschutz sicher fühlendem Kirchentums ängstigten angesichts einer fortschreitenden Entchristlichung. Von einer kirchlichen Selbstzufriedenheit verwundert angeschaut, wagten sie sich auf das offene Feld und setzten sich den Stürmen und Anfeindungen aus.

Die beiden großen Schlachten um die Seele des aus der würgenden Not herausstrebenden Industrieproletariats und der Millionen deutscher Auswanderer haben sie freilich damals nicht gewonnen.

Das hat alles deutlich ausgesprochen werden müssen, warum die Entwicklung auf dem Kontinent vor allem in Deutschland so völlig anders als in den angelsächsischen Ländern verlaufen ist, wo es zu keinem Riß zwischen Kirche, Christentum und Arbeiterschaft gekommen ist. Der Schmerz Wicherns über die von der Kirche versäumten ärmsten Söhne im 19. Jahrhundert darf nicht vergessen werden.

Das ist aber nur die eine Seite im vielschichtigen Bild der evangelischen Staatskirchen um und nach der Jahrhundertwende. Wir dürfen auch bei der preußischen Landeskirche, die wohl unter den evangelischen Landeskirchen in Deutschland am stärksten an ihre staatliche Obrigkeit gebunden blieb, nicht alles nur negativ sehen. Die kirchenpolitische Lage war kompliziert. Die Universitätstheologie war nach Schulen aufgespalten. Eine allgemeine innere Unsicherheit im Lager der Theologen spiegelte sich in den Kirchenleitungen wider. Die mittel- und norddeutschen Landeskirchen waren davon am stärksten betroffen.

Doch begünstigten die Kirchenleitungen die Arbeit der Inneren Mission. Sie hinderten weder die Geistlichen noch die Gemeinden, tatkräftig in der Liebesarbeit mitzuarbeiten. Im Rahmen ihrer begrenzten Möglichkeiten förderten bzw. ermunterten sie diesen Dienst.

Es gab viele lebendige Kräfte, die in den Landeskirchen und ihren Einzelgemeinden regsam waren, die nicht müde wurden, die Innere Mission mit ihrer Liebe und ihren Opfern zu tragen. Unbekümmert um Menschenurteil und staatlichen Beifall praktizierten sie das „öffentliche Dienstangebot ihrer evangelischen Kirche“. Es ist in allen Landeskirchen unendlich treu gearbeitet worden.

Es soll keinesfalls der Eindruck entstehen, daß nur dort, wo man organisierte „Werkerei“ wahrnimmt, wo man im Vordergrund laut hantiert, etwas geschieht. Vieles und Entscheidendes vollzieht sich im Stillen. Werkerei an sich bedeutet durchaus noch nicht inneres Leben und geistlichen Fortschritt. Erst wenn man das eine und das andere Bild zusammenhält, gewinnt man ein gerechtes Urteil über die Kirche vor dem 1. Weltkrieg. So kam es zu keiner Stagnation. Schon waren zwei, mit ihrer preußischen Landeskirche wurzelhaft verbundene große Persönlichkeiten vorgetreten, die Wicherns Erbe übernahmen und den Kampf um die Seelen der Bedrohten neu eröffneten: Friedrich von Bodelschwingh und Adolf Stoecker.

2

Friedrich von Bodelschwingh (1831–1910)

Es ist wohl nicht zu viel gesagt, wenn man festzustellen meint: „In der Kirchengeschichte des letzten Jahrtausend haben wohl nur Franziskus von Assisi und Martin Luther in dieser Weise wie Bodelschwingh die Seelen der Menschen angerührt". Der Gewalt seiner Persönlichkeit haben sich nur wenige entziehen können und schon zu Lebzeiten war er von einem Legendenkranz umgeben.

Seine Jugendentwicklung hat Friedrich von Bodelschwingh in seinem eigenhändigen Lebenslauf niedergelegt, den er in lateinischer Sprache am 6. September 1857 bei der Meldung zum ersten theologischen Examen seiner westfälischen Kirchenbehörde übergab[28]. „Geboren bin ich, Friedrich von Bodelschwingh, am 6. März 1831 zu Tecklenburg, einem Städtchen im nördlichen Westfalen, wo mein Vater Ernst damals Landrat war." Sein Vater, der spätere Minister Friedrich Wilhelms IV. von Preußen, und seine Mutter waren in ihrer Glaubensart in der Erweckungsbewegung beheimatet. Vom 11. bis zum 17. Lebensjahr besuchte Friedrich von Bodelschwingh „nicht ohne Erfolg und Freude" das Joachimsthaler Gymnasium in Berlin. Das Revolutionsjahr 1848 trieb den Vater ins Privatleben auf sein väterliches Gut in Westfalen zurück. Die verworrene Situation in dem durch die Revolution innerlich schwer angeschlagenen preußischen Staat ließ Friedrich von Bodelschwingh an der Berliner Universität davon abhalten, Jura zu studieren, um einmal in den Staatsdienst zu treten. Er beschloß, sich dem Beruf des Landwirts zu widmen. Zwei Jahre hindurch „bemühte ich mich, auf einer großen Domäne die Kunst des Landbaues kennenzulernen. Danach kehrte ich in die Hauptstadt zurück und begab mich an die Ableistung des dem Vaterlande geschuldeten Wehrdienstes. Aber schon im dritten Monat des Wehrdienstes fiel ich in eine schwere Lungenkrankheit; da ich körperlich sehr schwach war, mußte ich zum Landleben zurückkehren, während ich mir vorher auf Wunsch des Vaters vorgenommen hatte, nach Ableistung des Wehrdienstes aufs neue das akademische Studium, vornehmlich der Jurisprudenz, zu beginnen, mit dessen Hilfe ich später auch, abgesehen von meiner persönlichen Veranlagung, dem Staate dienen könnte"[29].

Bodelschwingh übernahm die Verwaltung eines sehr großen pommerschen Gutes, Gramenz, dessen Besitzer, der Oberpräsident von Pommern, Senfft von Pilsach, seinem Vater eng verbunden war. Pilsach war ein hervorragender Landwirt, der sich um seine Gutsleute sorgte, aber in einer verblendeten Leidenschaft seine Güter nicht durch Bearbeitung von Ödland abzurunden suchte. Er meinte, möglichst viele Pachtgüter seinem Gutsbetrieb unmittelbar einfügen zu müssen. „Daß dadurch selbständige Bauern, die mit ihren Familien ein auskömmliches Leben führten, zu verdrossenen Proletariern herabgedrückt wurden, sah er nicht, wollte er nicht sehen, konnte er nicht sehen, redete sich sogar ein, durch solche straffe Zusammenfassung die Verhältnisse in Pommern zu festigen und so die Revolution abzuwehren. Sein eigener Sohn, Bodelschwinghs heißgeliebter Freund Otto, murrte gegen den Vater, da er die politische und soziale Katastrophe voraussah“[30]. Aber er begnügte sich mit beweglichen Klagen.

Hier erwarb sich der junge Friedrich von Bodelschwingh nicht nur den Ruf eines genial begabten Landwirts. Er griff auch in die trostlosen Verhältnisse der Leute ein. Die Inspektoren hatten sich mit einer scheinbar straffen äußeren Ordnung beruhigt, um in ihrer Behaglichkeit ungestört zu bleiben. Um die tatsächliche Lage der Gutsleute kümmerten sie sich nicht. Bodelschwingh jedoch sah, wie diese Leute sich durch die ungehemmte Süchtigkeit nach Schnaps und rohen Genüssen ihr eigenes Leben zerstörten. „Das war meine erste Sorge“, berichtete er seinem Vater, „gewaltsam und eigenmächtig einzugreifen. Da dies aber nicht geschehen konnte, ohne daß ich mich auf das genaueste um die Familienverhältnisse der Leute kümmerte, so bin ich fast täglich in allen Stätten des großen Elends herumgekrochen und habe in vielen Familien förmlich die Haushaltung geführt... Indem ich das Schicksal sämtlicher Leute von der Gramenzer Inspektorenkamarilla losband, habe ich auch ihre ganzen Schulden, gegen 300 Taler, persönlich auf mich genommen.“

In dem Dreiundzwanzigjährigen tritt bereits hervor, was ihn sein ganzes Leben hindurch auszeichnen sollte: die barmherzige Hingabe an den armen Mitmenschen, die ritterliche Bereitschaft, zu schützen und die völlige Freiheit von der Macht des Besitzes, vor allem auch eine große pädagogische Begabung, zu organisieren und zu erziehen[31].

Doch in Gramenz sollte er zu seiner eigentlichen Berufung gelangen. Durch die Lektüre der Geschichte von Tschin, dem Chinesenknaben, wurde er dazu veranlaßt, seine bisherigen Berufsziele radikal zu ändern.

Der Gottesruf zum Theologiestudium trat an Bodelschwingh heran. „In jener Zeit berührte mich Gottes Hand, die ich schon öfters zurückgewiesen hatte, schwerer als zuvor. Größere äußere Bedrückungen, als meine Kraft zu tragen vermochte, und nicht minder meine eigenen als anderer Menschen Versündigungen und Irrtümer ängstigten mich derart, daß ich zu dem einzigen Erretter meine Zuflucht zu nehmen gezwungen wurde. Zur gleichen Zeit vermehrte der Tod des heißgeliebten Vaters die Bewegungen meines Gemütes"[32].

Bodelschwingh begab sich nach Basel, um im Missionshaus und an der Universität Theologie zu studieren, um einmal unter den Heiden als Missionar ein Zeuge Jesu Christi zu werden. In Karl August Auberlen fand er den begeisternden Lehrer, der ihm die Tiefen der christlichen Botschaft in der Schrift aufschloß. Er lernte das Reich Gottes nicht als christlichen Staat verstehen, sondern als eine Bruderschaft, die sich jetzt als Kreuz- und Pilgergemeinde verbunden weiß, um der zukünftigen Erscheinung Jesu Christi entgegenzuharren und dieser Zukunft durch ihr Zeugnis und ihre Taten zu dienen.

An der Erlanger Universität gab er nur eine Gastrolle, lernte hier aber Wilhelm Löhe, den großen lutherischen Kirchenmann in seiner Neuendettelsauer Arbeit kennen. Der Besuch bei dem berühmten Vater Blumhardt in Bad Boll war unbeabsichtigt durch ein schweres Gewitter verursacht worden, das ihn auf der Höhe des Hohenstaufen überraschte und dort, völlig durchnäßt, einzukehren zwang. „Der liebe Vater Blumhardt hat sich dann auch des wider Willen zu ihm getriebenen jungen Studenten aufs väterlichste angenommen und ich hatte solch ein Zutrauen zu ihm, daß ich ihm in allen Stücken mein Herz ausschütten konnte. Ich blieb einige Tage bei ihm, die mir von großem bleibendem Segen geworden sind und unser Gemeinschaftsband knüpfte bis an das Ende seiner Tage"[33]. Diese beiden Begegnungen mit Löhe und Blumhardt wie mit der biblischen Theologie Auberlens waren von entscheidender Bedeutung für Bodelschwingh.

Nach gut abgelegtem Examen ließ sich Bodelschwingh als Hilfsprediger an die deutsche lutherische Gemeinde nach Paris senden und blieb volle sechs Jahre, so daß man ihm dann das zweite theologische Examen erließ. Hier sorgte der junge Pfarrer unter den armen Familien der ausgewanderten Hessen, der Straßenkehrer von Paris, tatkräftig für geordnete Verhältnisse, baute eine Kirche, errichtete eine Schule und sorgte durch erzieherische Maßnahmen für Zucht und Sitte. Mit Erfolg wehrte er der drohenden Proletarisierung. Bodelschwinghs besondere Gaben der erzieherischen Einwirkung auf Menschen zeigten sich hier wieder vor allem im Umgang mit den Kindern und in der Krankenseelsorge.

Schon hier wurde sein Name weithin bekannt durch die Berichte, die er über seine Pariser Erfahrungen in deutschen Kirchenblättern veröffentlichte. Schon hier wurde seine heilige Leidenschaft sichtbar, mit der er den Weg von der Vergebung der Sünden zum geschenkten Glauben an die Herrlichkeit des kommenden Reiches Gottes verkündigte. Für ihn war Gemeinde die Schar derer, die dem kommenden Herrn entgegenwanderte.

Bodelschwingh heiratete in Paris am 18. April 1861 seine Kusine Ida von Bodelschwingh. Die zarte Gesundheit seiner jungen Frau zwang ihn schließlich, die zweite Pfarrstelle der westfälischen Gemeinde Dellwig bei Unna anzunehmen. Auch in diesem westfälischen Bauerndorf zeigte sich seine erzieherisch-erweckliche Begabung, mit der er hier noch vorchristliche Überlieferungen der Dorfgemeinschaft umprägte und z. B. das Schützenfest durch ein Missionsfest ersetzte. Seine zupackende Art ließ ihn einmal das hingeworfene Wort eines Leichtfußes: „Man lebt nur einmal" zu einer Predigt führen: „Man lebt nur einmal, und man stirbt nur einmal".

Daneben aber galt seine besondere Sorge der Pariser Arbeit, die er hatte aufgeben müssen. Mit unglaublicher Zähigkeit hat Bodelschwingh bis 1905 um den Weiterbestand dieser nicht allein durch den deutsch-französischen Krieg 1870/71 bedrohten Arbeit gekämpft, bis ihr Bestand endgültig gesichert war[34].

In Dellwig übernahm er noch die Herausgabe des „Westfälischen Hausfreundes", eines konservativ gestimmten christlichen Sonntagsblattes, das auch die politischen und andere Zeitereignisse regelmäßig besprach. Von 1865 an leitete er das Blatt. Hier in den Aufsätzen kann man den Theologen Bodelschwingh kennenlernen, der zu seiner eigentlichen Berufung heranreift.

In Dellwig starben im Januar 1866 seine vier Kinder, drei Söhne und eine Tochter, in einer Keuchhustenepidemie. „Damals als unsere vier Kinder gestorben waren, merkte ich erst, wie hart Gott gegen Menschen sein kann, und darüber bin ich barmherzig geworden gegen andere." Wer den Bericht von diesem Sterben seiner vier Kinder gelesen hat, wird ihn kaum wieder vergessen[35]. „An ihrem Krankenbett erkannte er, daß vor den Toren der Ewigkeit unsere Vorstellungen von der Zeit, von jung und alt, dahinfallen. An ihren Gräbern begriff er, daß der heilige und barmherzige Gott das Kreuz Christi aufrichtet, um uns Menschen zu zeigen, daß Gericht zur Gnade führte, so man zu glauben lernt, daß seit dem Kreuz Christi. . . von überall her der Heimweg bereitet ist für die von Gott geliebte Welt"[36].

Mit vierzig Jahren wird Bodelschwingh von seiner westfälischen Bauerngemeinde nach Bielefeld berufen, wo er die Leitung eines fünf Jahre zuvor gegründeten Diakonissenhauses übernahm. Zugleich hatte er für epileptische Knaben zu sorgen, die vorübergehend in einem Bauernhofe am Ende der Sparrenburg untergebracht waren. Aus diesem bescheidenen Anfang erwuchs die Stadt der Barmherzigkeit, eines „der originellsten Werke, die in der christlichen Kirche durch den Dienst barmherziger Liebe entstanden" sind. Es war der fünfte Ruf, der ihn traf, nachdem er die Leitung in Chrischona, die Leitung der Goßnerschen Mission in Indien, die Heimatführung dieses

Werkes und die Leitung des Berliner Centraldiakonissenhauses Bethanien angeboten bekam und ausgeschlagen hatte.

Beide Arbeiten, die seit 1867 bestehende „Heil- und Pflegeanstalt für Epileptische" und das 1869 gegründete Diakonissenmutterhaus Sarepta leitete Bodelschwingh in Personalunion. Dazu trat nach wenigen Jahren die Brüderanstalt Nazareth. Durch ihn verwuchs alles zu einer inneren Einheit.

Bahnbrechend wurde seine Arbeit an den Epileptischen. Er erkannte schnell, daß die Epilepsie nicht mit den anderen Krankheiten in eine Linie gestellt werden konnte. In den anfallfreien Zeiten glichen die Epileptischen, solange sie noch „frische Fälle" waren, den gesunden Menschen, sie übertrafen sogar durch ausgeprägte Gaben oft die Gesunden. Er nahm ihnen zuerst das Bewußtsein, „Ausgestoßene" zu sein und gab ihnen Heimat, Arbeit und Ehre. Er wurde zu einem der Entdecker der „Arbeitstherapie". In Bethel galt es als feste Ordnung, daß jeder, auch der Schwächste mitarbeitete. Eine erfinderische Liebe konnte auch dem Ärmsten noch eine sinnreiche Arbeit vermitteln und ihm durch Kleben und Sortieren die Ehre wiedergeben, ein mitschaffendes Glied des Ganzen zu sein. Von Wichern und Pestalozzi übernahm er den Familiengedanken und aus der alten Rettungsarbeit die Festkultur. Das Feiern der Feste in einem erfinderischen Reichtum gehörte wie die alle miteinander verbindende Arbeit zu dem Signum Bethels.

Den Mittelpunkt in Bethel jedoch bildete wie in Neuendettelsau bei Löhe, das Gotteshaus, die Zionskirche, die unter der Mithilfe aller dazu noch fähigen Kranken erbaut worden war. Die Gottesdienstordnung war von Löhe beeinflußt. Hier klang von Anfang an auch mitten durch den Aufschrei der von einem Anfall Getroffenen das Bekenntnis und der Trost auf: „ich habe aber Zuflucht zu Deiner grundlosen Barmherzigkeit, suche und begehre Gnade um des Herrn Jesu Christi willen"[37]. Der 126. Psalm wurde zum Bethelpsalm:

„Wenn der Herr die Gefangenen Zions erlösen wird, so werden sie sein wie die Träumenden. Dann wird unser Mund voll Lachens und unsere Zunge voll Rühmens sein. Da wird man sagen unter den Heiden: Der Herr hat Großes an ihnen getan! Der Herr hat Großes an uns getan; des sind wir fröhlich. Der Herr bringe wieder unsere Gefangenen, wie du die Bäche wiederbringst im Mittagslande. Die mit Tränen säen, werden mit Freuden ernten. Sie gehen hin und weinen und tragen edlen Samen und kommen mit Freuden und bringen ihre Garben."

Nur ein kleiner Teil der Epileptischen wird ausgeheilt und kann entlassen werden. Doch hier stehen sie in einer Gemeinde, die von dem einen leben, daß sie der Freiheit entgegengehen. Auch die Gemeinde der Gesunden wartet mit ihnen auf den gleichen „Befreier". Bei einer eschatologischen Ausrichtung der Theologie, die es wagt, auf alle Rätsel mit der Grundüberzeugung, mit dem Bekenntnis zu antworten, daß der kommende Herr alle sichtbaren und unsichtbaren Gefängnisse sprengt, in die die Gesunden wie die Kranken einbezogen sind, konnte Bethel das werden, was es innerhalb der deutschen Inneren Mission geworden ist.

Bodelschwingh verstand die königliche Art des Bittens, die dem den besten Dienst erweist, den er zum Geben veranlaßt. Mit einer bezwingenden Heiterkeit vermochte er bildhaft zu bitten. Z. B. wurde 1891 der Ackerhof Enon erworben, um dessen reiche Wasseradern für die Anstalt verwenden zu können. 50 000 Liter Wasser konnten täglich hier gewonnen werden. 50 000 Mark betrug der Kaufpreis. So bat Bodelschwingh, jeder Leser seines Aufrufes möge eine Mark schenken, „um für alle Zukunft täglich unsern armen Kranken einen Liter frischen Wassers zu reichen". Mühelos kam in kurzer Zeit dieser Betrag zusammen. Als ihm jedoch der amerikanische Millionär Carnegie eine Riesensumme schenken wollte, wehrte er erschrocken ab. Millionen könnten ihm nicht helfen, nur einfache Menschen, die nicht nur Gaben spenden, sondern auch für sein Werk beten[38].

Diese heitere Fröhlichkeit und Sorglosigkeit vor Gottes Angesicht, diese Freudigkeit im Dienst der Liebe, die Zeichen aufrichtet, ehe der Tag des Herrn kommt, war geboren aus seiner Theologie. Das war ein neuer Klang in der deutschen Liebesarbeit.

Für viele Freunde Bodelschwinghs bildete es eine Überraschung, als Bodelschwingh zehn Jahre nach der Übernahme Bethels die Grenzen dieser Arbeit überschritt und sich der großen sozialen Fragen des Volkes annahm. Nach dem leichten Sieg von 1871 und dem Milliardensegen der französischen Kriegstribute folgte eine große Wirtschaftskrise in Deutschland. Um 1880 zogen gegen 200 000 brotsuchende Industriearbeiter auf den alten Wanderstraßen der Handwerker durchs Land. Angesichts der hier plötzlich auftretenden Notstände reichten die bisherigen Einrichtungen, die 91 „Herbergen zur Heimat" nicht aus. Täglich klopften 20–30 Bettler in der Anstalt an. Als dann Bodelschwingh mit der Darreichung eines Mittagessens eine einstündige Arbeitsleistung verband, erschienen vom gleichen Tage an nur noch 2–3 dieser „lieben Brüder von der Landstraße".

Dann aber wurde Bodelschwingh weitergeführt. Einer dieser Hilfesuchenden bat, bleiben zu dürfen. „Ja, wenn Sie fallsüchtig wären, dann könnte ich Sie behalten". Die Antwort ließ nicht auf sich warten, die freilich Bodelschwingh nicht erwartet hatte: „Ich bin ja auch fallsüchtig." War diese Not der 200 000 arbeitsloser Industriearbeiter, die auf den Landstraßen dahinzogen, nicht eine „Epilepsie der Wirtschaft und Gesellschaft, für die alle mitverantwortlich waren?"

Von dem Frankfurter Pfarrer Gustav Schlosser übernahm er den Anstoß, Unterstützungsvereine nach dem württembergischen Vorbild und landwirtschaftliche Kolonien zu gründen. Mit unglaublicher Zähigkeit trieb er die Gründung von Arbeiterkolonien für die Wanderarmen vorwärts. Die erste legte er 1891 in der Senne zwischen Bielefeld und Paderborn selbst an. Hier gab es für 200 mittellose Wanderer für 3–4 Monate in der Kultivierung von Heideboden „Arbeit statt Almosen". 1898 schritt Bodelschwingh zum Aufbau der großen Notstandskolonie auf dem ausgedehnten Gelände des Wietingsmoors am Dümmersee, wo zur Trockenlegung des Moors Torf gestochen wurde. Für Berlin, wo Bodelschwingh die Not in den verschiedenen Obdachlosenasylen kennengelernt hatte, schuf er im Norden der Reichshauptstadt die Kolonie Hoffmannstal, wo jeder Aufgenommene sein Einzelzimmerchen erhielt[39].

Auf Bodelschwinghs Betreiben bildete sich am 12. Februar 1884 bereits ein „Centralverein deutscher Arbeiterkolonien" in Berlin. In ihm waren die Kolonievereine, die sich auf seinen Rat hin als Träger der Arbeit darstellten, so weit sie bisher entstanden waren, zusammengefaßt. Protestantische und katholische Vereine arbeiteten einträchtig zusammen. Seit der Eröffnung der Arbeiterkolonie Wilhelmsdorf in der Senne entstanden bis 1891 zwanzig evangelische und zwei katholische Gründungen[40].

Diese Kolonien sollten „Sache der freien kirchlichen Liebestätigkeit" bleiben, wenn auch Zuschüsse aus dem Silberhochzeitsfonds des Kronprinzen, des späteren Kaisers Friedrich, nicht fehlten. Die Errichtung eines dichten Netzes von Naturalverpflegungsstationen auf den Hauptwanderwegen der arbeitslosen Industriearbeiter war in erster Linie nach Bodelschwinghs Überzeugung eine Angelegenheit der staatlichen Behörden und Kommunalverbände. Hier sollten Unterkunft und Verpflegung nur gegen eine gewisse Arbeitsleistung gewährt werden, um dem entmoralisierenden Betteln zu wehren. Bei jeder Station wünschte sich Bodelschwingh den „barmherzigen Holzstall". Steineklopfen galt ihm nur als Notlösung.

Nach Fühlungnahme mit Bodelschwingh erfolgte eine vorbildliche Regelung im ganzen Regierungsbezirk Minden (1883). Das Stationsnetz war hier so eng, daß der Wanderarme auf einem Halbtagemarsch von einer Station zur anderen gelangen konnte, ohne betteln zu müssen. Der Erfolg war überzeugend. Die „Vagabondage" verschwand hier fast gänzlich. Nach diesem Musterbeispiel wollte Bodelschwingh das ganze Reichsgebiet durchorganisieren.

Bodelschwingh wünschte sich zugleich ein engmaschiges Netz von „Herbergen zur Heimat". Er verfiel dem originellen Gedanken, den Bielefelder Gymnasiallehrer Otto Perthes, einen Sohn des Begründers der ersten Herberge in Bonn, ein Jahr lang als Handwerksbursche verkleidet, im Auftrag der Kommission für Herbergswesen durch die Herbergen und Stationen wandern zu lassen.

Bodelschwingh arbeitete 1884 den Reiseplan bis Breslau selbst aus. Aus den Berichten gewann Bodelschwingh die Überzeugung, daß eine soziale Revolution im Anmarsch sei und schrieb dem ihm persönlich gut bekannten Kronprinzen noch Ende Oktober des gleichen Jahres:

„Die sozialdemokratische Agitation hat der Selbstsucht der besitzenden Klassen gegenüber zu mächtige Hebel in der Hand und zu sichere Positionen, in denen sie wirklich recht hat, als daß ihr in anderer Weise das Heft aus der Hand gerungen werden könnte, als daß man diese wirklichen Ungerechtigkeiten, die ihr Macht verschaffen, wegräumt“ [41].

Nun aber drängte Bodelschwingh zur Bildung eines „Deutschen Herbergsvereins“, der am 18. Februar 1886 in Berlin beschlossen wurde. Freilich weigerte sich Pastor Oldenberg als Sekretär des Central-Ausschusses für die Innere Mission, die Sache zu übernehmen. Schließlich wollte der Central-Ausschuß durchaus an der alten Perthes'schen Linie festhalten, die Herbergen nur für zahlende wandernde Handwerksgesellen offen zu halten, um sie nicht durch die mittellosen Industriearbeiter zu vergrämen, daß sie gar die Herbergen mieden.

Doch Bodelschwingh war besser über die Verhältnisse unterrichtet. Die Gewohnheitsbettler besuchten die „Herbergen zur Heimat“ schon längst. Welcher Herbergsvater war in der Lage, zu unterscheiden, welcher zahlende Herbergsgast mit Bettelpfennigen oder mit ehrlich erarbeitetem Geld seine Rechnung beglich? In den sieben Jahren zwischen 1884 und 1890 entstanden 198 neue Herbergen, bis 1893 stieg ihre Zahl auf 426. Einige Provinzialkirchen bzw. Landeskirchen gewährten für diese Arbeit Kollekten, andere weigerten sich wie z. B. die Hansastädte, der Konsistorialbezirk Kassel, Frankfurt a. M., die beiden Mecklenburg und Lippe-Detmold, Waldeck, Hessen-Darmstadt, Anhalt, die Thüringischen Staaten und Süddeutschland.

Schließlich begab sich Bodelschwingh auf den Weg der aktiven Politik und ließ sich Ende September 1903 als Kandidat der christlich-konservativen Partei aufstellen. Die Sorge um seine Wanderarmen trieb ihn. Die Frage der gesetzlichen Regelung zur Abhilfe der Arbeitslosigkeit ließ ihm keine Ruhe mehr. So begann Bodelschwingh seine Tätigkeit im preußischen Landtag. Von Wilhelm II. war er schwer enttäuscht worden.

„Wenn Sie wüßten, wie ich es bei Seiner Majestät schon verdorben habe in freimütigen und ernsten Bitten, so würden Sie einsehen, daß meine Waffen ihm gegenüber stumpf geworden sind. Ich kann nur mit vielen andern für unser armes deutsches Vaterland betende Hände aufheben zu dem, der im Regimente sitzt und auch durch dunkle Wege zum Lichte führen kann“ [42].

Bodelschwingh räumte nicht mehr dem Landesherrn die oberste Entscheidungsgewalt zu, wie er es bisher innerlich getan hatte, sondern der gewählten Volksvertretung innerhalb der konstitutionellen Monarchie. Zwischen 1904 und 1909 wirkte Bodelschingh im preußischen Landtage. Am 5. Mai 1904 hielt Bodelschwingh seine zweite Rede im Landtag. Man war auf ihn schon aufmerksam geworden. „Dicht um die Rednertribüne geschart, standen die Mitglieder des Hauses und hingen förmlich an den Lippen des Redners, damit ihnen nur kein Wort verloren gehe, und tiefe Stille herrschte, die nur durch die erschütternden Lachsalven unterbrochen wurde, welche die witzige, angenehm berührende Vortragsweise hervorrief. . . Als er dann am Schluß ein „Amen" sprach, wollte der Beifall des dankbaren Hauses, der sich bis auf die Tribünen fortpflanzte, kein Ende nehmen. Schlicht aber, wie der ehrwürdige Greis die Tribüne bestiegen hatte, verließ er sie wieder und entzog sich allen Beglückwünschungen – auch der Minister"[43]. Bodelschwingh hatte die Mahnung zur barmherzigen und sozialverantwortlichen Behandlung der untersten Schicht der Arbeiterschaft bei der „Kanalbauvorlage" ausgesprochen. Sein Ja zur Kanalbauvorlage trat dahinter fast zurück. Das Echo dieser Rede Bodelschwinghs in der öffentlichen Presse war groß und nachhaltig.

Bodelschwingh wirkte so stark auf die Parlamentarier und Regierungsvertreter, weil er nicht mit einem allgemeinen Programm zu ihnen kam, sondern mit ganz konkreten Bitten. Darum konnte er mit ihnen nicht anders umgehen als wie mit den Gesunden und Kranken in Bethel. Ihm war hier das „Du" und „Ihr" in der Anrede im Parlament und in den Ministerien gemäßer als ein steifes „Sie". Die Pförtner der Berliner Ministerien kannten und liebten den „Vater Bodelschwingh" und ebneten ihm alle Wege. 1907 gelang es Bodelschwingh, das erstrebte Gesetz zur Regelung der Fürsorge für die Wanderarmen in Preußen zu erreichen. Doch tauchten inzwischen neue und dringlichere Probleme und Nöte auf, so daß dieses Gesetz nicht mehr die Bedeutung gewann, die man ihm beigemessen hatte[44].

Denn inzwischen hatte ein zweites Gebiet sozialer Not Bodelschwinghs Aufmerksamkeit gefesselt. Es handelte sich um die bedrükkende Wohnungsnot der Arbeiterschaft, die in ungesunden Wohnkasernen zusammengedrängt in den Industriestädten hausen mußte. Was half es, daß der Central-Ausschuß für ein christliches Familienleben eintrat und die entsetzliche Wohnungsnot machte alles illusorisch? „Die Gewährung eines eigenen Herdes auf eigener Scholle ist das wirksamste Mittel, unserm Arbeiterstande aufzuhelfen und ein gesundes Familienleben aufzurichten und zu erhalten, und kommt keine Aufgabe auf dem Gebiet des sozialen Lebens dieser an Wichtigkeit gleich."

Im Jahre 1885 gründete er einen Verein „Arbeiterheim", dessen Mitglieder sich zu Einzahlungen von Sparbeträgen für ein Eigenheim verpflichteten. Nicht nur die fabrikarbeitende Bevölkerung der Städte, auch die landwirtschaftlichen Arbeiter der Güter sollten „ein Stücklein Erbteil" erhalten.

Auf dem Kasseler Kongreß des Central-Ausschusses für die Innere Mission im Jahre 1888 vermochte Bodelschwingh bereits auf 83 Arbeiter- und Handwerkerfamilien in 42 Doppelhäusern vor den Toren der wachsenden Industriestadt Bielefeld hinzuweisen, die durch seinen Verein „Arbeiterheim" entstanden waren. In jeder größeren Stadt sollte der Central-Ausschuß durch seinen Einfluß einen solchen Verein ins Leben rufen.

Auch hier wäre angesichts einer damals wieder günstigen Wirtschafts- und Finanzlage Deutschlands eine großzügige Durchführung dieses Bodelschwinghschen Planes durchaus möglich gewesen. Doch der Central-Ausschuß begnügte sich mit einer kurzen Druckschrift von vier Druckseiten „zur Abhilfe der Wohnungsnot" und gab dabei den Vereinen der Inneren Mission den guten Rat, nicht „als Baugesellschaften die Errichtung von Arbeiterwohnungen etc. in die Hand zu nehmen"[45]. So wich der Central-Ausschuß wieder einer Aufgabe, die ihm von Bodelschwingh so eindringlich gestellt worden war, aus.

Bodelschwingh ließ sich nicht entmutigen. Er suchte die Unternehmer für diesen Gedanken zu gewinnen. Nach einer längeren Unterredung mit Krupp in Essen gelang es ihm, diesen von der Richtigkeit dieses Anliegens zu überzeugen. Krupp versprach, in nächster Zeit 600 Häuser zu bauen, welche seine Arbeiter als Eigentum erwerben konnten, ohne damit an seine Fabrik gebunden zu sein. Auch an die Stadtverwaltungen wandte sich Bodelschwingh. Doch waren nur die von Bremen und Elberfeld für seine Bitte zugänglich. Bodelschwingh forderte auch die Bevorschussung dieses Wohnungsbauprogramms durch Staatsgelder. Er schrieb 1892 persönlich an Wilhelm II. Ein Reisesekretär Bodelschwinghs machte durch Besuchsreisen und Vorträge die Sache des Vereins „Arbeiterheim" in Deutschland hin und her bekannt. Der Erfolg blieb bescheiden. Die Überführung des Arbeiterstandes in die Besitzverhältnisse eines gesunden Mittelstandes, um damit die soziale Kluft zur überbrücken, stand noch in weiter Ferne, so sehr auch Bodelschwingh drängte. Unermüdlich betonte er, es müsse gehandelt werden, „da wir überhaupt nur noch sehr kurze Zeit haben". Denn ihn trieb eine geheime Sorge, das 19. Jahrhundert werde um dieser sozialen Spannungen willen „entsetzlich und schrecklich enden"[46].

In noch drei anderen Einrichtungen schritt Bodelschwingh zur Erweiterung seiner in Bethel beheimateten Arbeit. Die „Evangelische Missiongesellschaft für Deutsch-Ostafrika", die im Zeichen der Kolonialbegeisterung gegründet und nicht recht gedeihen wollte, wurde 1906 von Bodelschwingh als „Bethelmission" übernommen. Auch für Afrika war Bodelschwingh der Überzeugung, daß die Zeit für Missionsarbeit kurz sei und sie ausgekauft werden müsse. „Eine Missionsarbeit ist allemal eine Wartezeit auf die Zukunft des Herrn" konnte Bodelschwingh wiederholt aussprechen.

Dazu gesellte sich die Gründung eines Kandidatenkonvikts für die zukünftigen Geistlichen (1890). Hier wurde ein halber Tag Dienst in der blauen Schürze unter den Kranken Bethels geleistet, während in der anderen Zeit das Programm eines Predigerseminars durchgeführt wurde.

Kühner war die Gründung einer Theologischen Schule, die 1904 von Bodelschwingh inmitten der Anstalt ins Leben gerufen wurde. Der preußische Staat erteilte überraschend schnell seine Zustimmung. Mit zwei Dozenten und elf Studenten begann der Vorlesungsbetrieb dieser freien Fakultät, die ein Gegengewicht gegen den damalig vorherrschenden Liberalismus an den Universitäten bilden sollte. Hier war eine Einführung der Studenten in eine kirchlich orientierte und an den Bekenntnissen ausgerichtete Theologie vorgesehen. Diese Hochschule hat in den Jahren ihres Bestehens eine prägende Kraft bewiesen.

Am 2. April 1910 ist Bodelschwingh in Bethel gestorben. Noch kurz vor seinem Tode war er durch die Berliner Asyle für Obdachlose, „diese Brutstätten des Verbrechens und der Trunksucht und aller Laster der Menschheit" gegangen und „suchte sich dort die Leute zusammen, deren Hoffnung noch nicht erloschen war". Für sie hatte er seine Arbeiterkolonie „Hoffnungstal" vor den Toren Berlins errichtet. In seinen letzten Lebensjahren, als die Frische nachließ, hat sich Bodelschwingh oft zugerufen: „Vorwärts, alter Faulpelz"[47]. Seine letzten Worte auf seinem Sterbelager waren: „Sorget nichts, Kinder. Alle eure Sorge werfet auf Ihn!"

Martin Rade entwarf in der „Christlichen Welt" ein überzeugendes Bild von Bodelschwinghs Bedeutung.

„Bodelschwingh ist am 2. April in Bethel entschlafen. Ein beneidenswert reiches Leben hat damit seinen Abschluß gefunden. Diesem Mann war es vergönnt, unermeßlich viel Gutes zu tun, und den Dank aller dafür zu gewinnen. Es hat Zeiten gegeben, da man sagen konnte: er war der geliebteste und geachtetste Mensch in Deutschland. Über die Grenzen der Parteien und Konfessionen hinweg... Viele gute Worte werden jetzt über ihn gesagt und geschrieben werden. Wer unter uns wäre nicht durch ihn berührt, gepackt, beeinflußt worden? Unvergeßliche Begegnungen stehn mir vor der Seele ... Gott segne das Andenken dieses Mannes an dem großen Erbe, das er hinterlassen hat, in seinen eigensten Werken wie in den letzten Einwirkungen seines Bildes auf Abertausende von Herzen und Gewissen!"[48].

3

Adolf Stoecker und der Kampf um das entkirchlichte Berlin

Neben Friedrich von Bodelschwingh ist in der Zeit zwischen 1878 und 1909 keine andere Persönlichkeit innerhalb der evangelischen Kirche so bekannt gewesen wie Adolf Stoecker, Hofprediger und Volkstribun. Beide Männer sind miteinander befreundet gewesen. „Einer wußte vom anderen, daß an der Lebensarbeit des Freundes sich Zukunftsfragen des Volkes entscheiden."

Bodelschwingh hat dem Hofprediger in Berlin darum unentwegt die Freundestreue gehalten, wenn er ihm auch nicht bei jedem seiner Schritte zustimmen konnte. Beide Männer waren wesensverschieden. Dem westfälischen Edelmann fehlte aller persönlicher politischer Tatendrang und jede Leidenschaft zum politischen Streitgespräch. Seine verwandtschaftlichen und sonstigen Verbindungen zur Berliner Hofgesellschaft und zu den führenden Kreisen nahm Bodelschwingh nur in Anspruch, wenn er Geldmittel für eins seiner neuen Liebesarbeiten benötigte oder in ungezählten Einzelfällen vom Schicksal Geschlagenen aller Schichten persönlich zu helfen suchte[49].

Adolf Stoecker war völlig anders. „An der Lauterkeit seines Grundmotivs bestand kein Zweifel." Darum blieb Bodelschwingh ihm hilfreich zur Seite. Doch seine Kämpfe lagen auf einem ganz anderen Feld. Vor Bodelschwingh besaßen selbst seine entschiedenen Gegner unwillkürlich eine tiefe Hochachtung. Der Gewalt seiner Persönlichkeit konnte sich niemand entziehen. Sie zu beschmutzen wagte niemand. Der Hofprediger wurde geliebt und bewundert von Ungezählten, leidenschaftlich abgelehnt von Tausenden. Samuel Keller, der originellste unter Deutschlands Evangelisten sagte einmal über Stoecker: „Ich komme viel durch ganz Deutschland, ich reise viel von Nord nach Süd, von Ost nach West, gerade wie er. Und da ist es mir begegnet, daß man in der Eisenbahn keinen besseren Unterhaltungsstoff mit Freund und Feind haben kann, als denjenigen: Stoecker. So wie ich das Wort hingeworfen habe, gleich habe ich die schönste Unterhaltung, bei dem einen in rasendem Haß, bei dem anderen in der größten Begeisterung... Sein Name steht stets in einem Atem mit einem anderen Wort in allen Boulevardblättern: Muckerei und Stoeckerei!"[50].

Wie Friedrich von Bodelschwinghs Lebenswerk, so kann man auch Adolf Stoeckers Arbeit als eine Fortsetzung der Arbeit Johann Hinrich Wicherns verstehen. Brennpunkt des Lebenseinsatzes bei Adolf Stoecker war sein Kampf um die Reichshauptstadt, um das heidnische Berlin.

Dieser Weg war Adolf Stoecker in seiner Kindheit nicht vorgezeichnet worden. Er wurde am 11. Dezember 1835 in Halberstadt als Sohn eines Wachtmeisters bei den Halberstädter Kürassieren geboren. Unter den vier Geschwistern war er der einzige, bei dem sich eine außergewöhnliche Begabung zeigte. Mit sechs Jahren besaß er die Kenntnisse, mit denen er in die Sexta eines Gymnasiums hätte eintreten können. Dafür wurde er unmittelbar aus der Volksschule wenige Jahre später sofort in die Quarta des Gymnasiums übernommen. Seinen Vater, einen grundehrlichen, gütigen Mann, verehrte er tief. Seine willensstarke, phantasiebegabte Mutter setzte den Besuch auf dem Gymnasium durch.

Den persönlichen Ruf Gottes in die Nachfolge verspürte der hochbegabte Gymnasiast unter den Predigten des feurigen Dompredigers Martin Hugo Lange, einem Mann der Erweckung, der Jura studiert hatte, Referendar geworden war und über dem Bibelstudium mit befreundeten jungen Männern die Gewißheit empfing, zum Dienst des Evangeliums berufen zu sein.

In dem Hause des Dompredigers und dem Kreise der Erweckten, die sich im Hause des Geheimen Justizrates Krüger versammelten, fand Adolf Stoecker die Glaubensgewißheit.

„Zu dem Mangel an religiöser Erkenntnis und Wärme kam durch schlechten Verkehr und Verführung mancherlei Schüler- und Jugendsünde, so daß mein Leben ohne Aufblicken nach oben und wahre Heiligung verlief. Ich wurde ein guter Schüler, aber ein schlechter Christ. Jahrelang habe ich so hingelebt, ohne daß mir das Gewissen schlug. Endlich, im letzten Jahre meiner Schulzeit, während des Sommers 1853, nahm sich Gott meiner an und brachte mich ans Licht."

Hier in der erwecklichen, pietistisch gestimmten Gemeinschaft des Krügerschen Hauses festigte sich sein junger Glaube.

„So tief bin ich damals in die Lebensmacht des Christentums hineingeführt, daß ich von da ab niemals wieder in ernstliche Zweifel oder Anfechtung des Glaubens gefallen bin" [51].

Tiefgehende Zweifel sind Adolf Stoecker erspart geblieben. Doch ging es bei ihm durch viele innere sittliche Kämpfe:

„Ich habe manchmal mit meinem Denken und Wollen wie an einem tiefen Abgrund gestanden und hätte mich am liebsten in das große Nichts hineingestürzt. Aber aus der Tiefe glänzte mir das Gnadenantlitz meines Heilands entgegen; in diese Tiefen habe ich alle Eitelkeit, allen Ehrgeiz, alle böse Lust, alle Eigengerechtigkeit versenkt, in diesen Tiefen habe ich mitten im Dunkel die Gnade meines Gottes gefunden. Noch oft genug tauchen in Gedanken die alten Gestalten auf, aber es sind Gespenster, die keine Macht haben, die kaum einen Augenblick schrecken können. Unter dem Schirm des Höchsten sitzt sich's gut. . . Mein natürlicher Mensch ist grundböse, ein wildes Meer, vom Sturm gejagt, in den Tiefen von Ungeheuern durchzogen. Und doch hat mir der Herr im Kampf, der gar nicht immer treu geführt ist, geholfen. ... Und nun ist mir doch vieles, was mir als Pflicht so schwer

war, in die freudige Liebe hineingewachsen, daß ich's mir kaum vorstellen kann, wie das einmal der Siegespreis eines großen Kampfes war... Ich habe lange Zeit gerungen, ehe es mir klar wurde, daß in den Todesschmerzen Christi mein Leben bewirkt werde... Aber in bangen Stunden, in denen mir alle Sterne des Glaubens in tiefe Nacht versanken, ging mir die blutrote Gnadensonne von Golgatha auf. Da erkannte ich, was mir zum Frieden meiner Seele fehlte; da wurde mein Herz still in der Anbetung meines Heilands" [52].

So stürmisch, so leidenschaftlich wie die Brust dieses Mannes von Kämpfen durchschüttert wurde, so bewegt gestaltete sich sein äußeres Leben. Sein Theologiestudium in Halle, später in Berlin konnte er sich nur durch spartanische Sparsamkeit ermöglichen.

„Meine äußeren Verhältnisse waren dürftig genug, aber ich kam doch durch. Am Schönhauser Tor fand ich eine große Wohnung, freilich dicht unter dem Dach, aber sie kostete nur drei Taler im Monat. Unten im Haus war ein Keller, in dem man zu Mittag essen konnte. Außerdem verstanden wir das Darben gar nicht als einen Übelstand, sondern lediglich als eine Probe der Selbst- und Weltüberwindung. Einmal haben wir Stubengenossen sechs Wochen hindurch nur Mittagbrot unten im Keller gegessen. Frühmorgens gingen wir während dieser Zeit an den Brunnen, abends in der Schönhauser Allee spazieren. Geklagt haben wir niemals, sondern uns gefreut, daß wir trotz des Fastens dennoch fleißige Studenten sein konnten."

Nach seinem ersten theologischen Examen, das Stoecker in Berlin ablegte und dem zweiten, das er in Magdeburg bestand, ging er als Hauslehrer zu Graf Lambsdorff im Kurland. Nach dem deutsch-französischen Krieg 1870/71 bewarb sich Stoecker um das Amt eines Divisionspfarrers in dem neu eroberten Metz und erhielt es. Hier bemühte sich Stoecker nicht nur um seine Soldaten, sondern auch um die Nöte unter den zugezogenen reichsdeutschen Protestanten. Er errichtete für die Kranken eine Diakonissenstation und für die weibliche evangelische Jugend eine Höhere Töchterschule, an der er selbst unterrichtete. Ein Kirchenbau wurde in die Wege geleitet. So stand Stoecker schon mitten im Arbeitsfeld der Inneren Mission, ehe er nach Berlin gerufen wurde.

Am 18. Oktober 1874 trat er die freigewordene vierte Hof- und Dompredigerstelle in Berlin an. Es waren schicksalsreiche Zeiten, die damals über das evangelische Berlin hereinbrachen. Am 1. Oktober 1874 war das Zivilstandsgesetz in Kraft getreten. Der allgemeine Tauf- und Trauzwang entfiel, was praktisch des Ende des bisherigen Staatskirchentums bedeutete.

„Was niemand, auch nicht der ärgste Pessimist, erwartet hatte, das geschah und stellte sich gleich in dem neuen Jahr mit erschreckender statistischer Beweiskraft vor unsere Augen: Von hundert hier in Berlin

standesamtlich geschlossenen Ehen waren nur etwa 18–19 kirchlich eingesegnet; von 100 geborenen Kindern wurden nur etwa 52 getauft.“

Das war für Stoecker der Anfang in Berlin. Kirchenverhöhnung und Verspottung des christlichen Glaubens gaben den Ton an in Berlins Öffentlichkeit. Es war ein förmlicher „Zivilstandsrausch“, der ungezügelt hervorbrach. Junge Paare aus führenden Kreisen vollzogen mit Pomp ihre standesamtliche Eheschließung ohne nachfolgende kirchliche Einsegnung, um ihre Kirchenverachtung zu demonstrieren. In gebildeten Kreisen gehörte es zum guten Ton, unkirchlich zu sein.

Als sich herausstellte, daß in Berlin schon Tausende von Ungetauften nachzuweisen waren, rief ein Fortschrittsblatt aus: „Hurra! Die ersten tausend Heiden in Berlin.“ Ein angesehenes liberales Blatt begann die Geschmacklosigkeit, falsch zu zitieren: „Es ist eine Lust zu leben; heutzutage kann man außerhalb des Schattens der Kirche leben und sterben“[53]. Die sozialdemokratische Presse setzte in ihren Tageszeitungen nur diesen Ton der radikalen bürgerlichen und liberalen Presse fort und sorgte in den Reihen der Arbeiterschaft für den Niedergang der Kirchlichkeit und Christlichkeit.

Daß ein solcher Abfall in der Reichshauptstadt sich vollziehen konnte, bleibt zuletzt ein Rätsel. „Gewiß waren in der französischen Revolution schlimmere Dinge geschehen; aber niemals, solange es eine Christenheit gibt, war die Verachtung kirchlicher Ordnungen so zahlreich, so schmachvoll, so überwältigend hervorgetreten wie damals in Berlin.“ Welche religiöse Hochstimmung hatte das deutsche Heer beseelt, das 1870/71 nach Frankreich zog. Der junge Ahlfeld konnte damals seinem Vater nach Leipzig in überschwänglicher Begeisterung schreiben: „Ein solches deutsches Tedeum (wie am Tage von Sedan) ist noch niemals gesungen worden, solange es eine Christenheit gibt.“ Stoecker selbst berichtet aus jenen Tagen:

„Die übereinstimmende Meinung der Menschen, welche damals mit religiösen und sittlichen Augen unser Volk beobachtet hatten, ging dahin, daß im Jahre 1870, besonders in den ersten Monaten des Krieges unser Volk von einem gottesfürchtigen Geist beseelt war, wie vielleicht nie zuvor“[54].

Die Militärseelsorge für Protestanten, Katholiken und Juden war während des Krieges glänzend organisiert worden. In den Feldlazaretten standen über 150 Geistliche bereit. Dazu waren noch gegen 360 Felddiakone und für die Krankenpflege ausgebildete Kandidaten der Theologie zu rechnen. Die großen Kathedralen in Troyes, Orléans, Amiens, Chartres waren von andächtigen Soldaten gefüllt, unter denen sich viele Protestanten befanden.

Als ein sichtlicher Segen Gottes wurde die Genfer Konvention des Roten Kreuzes empfunden, die von dem Schweizer Philantropen Henri Dunant (1828–1910) nach einem Besuch des Schlachtfeldes von

Solferino (1861) in die Wege geleitet und nach dem deutsch-dänischen Kriege am 22. August 1864 verankert worden war. Unter dieser Fahne verschwand der Unterschied zwischen Freund und Feind bei den außer Gefecht gesetzten Verwundeten. „Wer zwischen Pulverdampf und Flammen die Fahne mit dem roten Kreuz über der Friedensarbeit der Ärzte und Krankenpfleger flattern sah, der empfand etwas von der Macht des mitten im Kriege fortschreitenden Christentums und der wieder aufkommenden Kraft des Reiches Gottes." So empfand man damals. Bedeutungsvoll war das religiöse Verhalten der Führer Deutschlands in jenen Jahren des Krieges, bei Wilhelm I., bei Roon, bei Moltke, bei Bismarck[55].

Und nun dieser Zusammenbruch der Kirchlichkeit in der Reichshauptstadt! Alles schien wie weggeweht, was vorher an religiöser Glut vorhanden war. Vordergründig konnte man auf drei Ursachen hinweisen: auf die Milliarden der Gründerzeit, auf den Kulturkampf und die sozialdemokratische Umsturzpropaganda.

Dagegen vorzugehen, empfand der amtlich wenig beanspruchte Hofprediger Stoecker als seine Gewissenspflicht. Er begann mit der Einzelseelsorge. Täglich sah man ihn fünf bis sechs Stunden von Haus zu Haus gehen. Die sozialdemokratischen Blätter hatten damals kühl festgestellt: „Das ist die Quittung, die das Volk von Berlin für versäumte Seelsorge ausstellt."

Stoecker scheute sich nicht, das Kind beim richtigen Namen zu nennen. Bei dieser Entkirchlichung spielte die Fesselung der Kirche an den Staat und an den Fürsten eine verhängnisvolle Rolle. Er wußte, daß die Verkoppelung von „Thron und Altar" viele Sozialdemokraten davon abhielt, zu einem wirklichen Verständnis der christlichen Botschaft durchzudringen. Die Geistlichen galten in den unteren Schichten weithin nur als „schwarze Polizei", welche dem Volk die Religion zu erhalten hatte, damit es gehorsam und gefügig bleibe.

Die Verwandlung der Staatskirche in eine freie Volkskirche hielt Stoecker für unumgänglich. Hier war ein Rückstand aufzuholen. Im Leben des Volkes hatten die Fürsten ihre unumschränkte Macht eingebüßt. Ihre Rechte wurden durch die Parlamente begrenzt. Doch innerhalb des kirchlichen Raumes behauptete die Krone ihren bisherigen bestimmenden Einfluß als Oberhaupt im kirchenrechtlichen Sinn (summus episcopus). Wohl waren auch hier gewisse Befugnisse, die die Fürsten bisher unmittelbar in der Kirche ausgeübt hatten, mit anderen fürstlichen Rechten auf die Volksvertretungen übergegangen. Das machte alles aber nur schlimmer, nicht besser. Denn jetzt sprachen die Abgeordneten, ob Protestanten, Katholiken oder Freidenker durch ihre Beschlüsse in die Kirche hinein.

In Preußen besaß die evangelische Landeskirche, die größte in Deutschland, nach der Verfassung von 1873 in der Generalsynode ein

Gesetzgebungsrecht. Doch diese Generalsynode blieb vom Staatsministerium abhängig und der verantwortliche Minister scheute sich nicht, einmal eine preußische Generalsynode einfach wieder nach Hause zu schicken. Die Mitglieder der kirchlichen Behörde, auch die Generalsuperintendenten, wurden vom König unmittelbar berufen, der sich die ihm genehmen Leute auswählte. So konnte der Staat und konnten die städtischen Körperschaften rücksichtslos mit der unfreien evangelischen Kirche verfahren, was sie sich der freien katholischen Kirche gegenüber nicht wagten.

Stoecker stand zuerst fast allein in seinem Kampf für eine Befreiung der Kirche von ihrer staatlichen Gebundenheit. Furchtlos sprach er dem preußischen König seine bisherigen Rechte als obersten Bischof (summus episcopus) der Landeskirche ab und wollte ihm nur noch ein beschränktes Mitspracherecht in Form eines Patronatsverhältnisses zugestehen.

Dieser Ruf nach einer staatsfreien Volkskirche gehört zu Stoeckers Kampf um die Wiedergewinnung der Berliner Bevölkerung für die Kirche.

„Man mag vielleicht im Sinn haben, späterhin der Kirche in ihre Angelegenheiten wenig oder gar nicht dreinzureden; prinzipiell ist ihr Verhältnis zum Staat das der Unfreiheit; bis zur Ernennung jedes Superintendenten hinunter, bis auf Katechismen und Gesangbücher hinab steht jede Lebensäußerung der Kirche unter der Kontrolle des Ministers, ganz abgesehen davon, daß die Bildung ihrer Diener fast völlig in den Händen des Staates ist. . .“[56].

Stoecker ist mit diesem Anliegen damals nur von der jüngeren Generation unter den Theologen wirklich verstanden worden. Die ältere fühlte sich unter dem staatlichen Schutz angesichts einer wachsenden Entkirchlichung behüteter als in einer freien Volkskirche.

Im Jahre 1877, vier Jahre nachdem Stoecker in Berlin eingezogen war, übernahm er die Berliner Stadtmission, zuerst nur im Nebenamt. Johann Hinrich Wichern hatte bereits 1858 vor den Toren Berlins in Plötzensee das „Evangelische Johannesstift“ als zweite Brüderanstalt neben dem Rauhen Haus mit Rettungsanstalt und Seminar für Gefängnisaufseher gegründet. Hier wurden auch Diakone für die Stadtmissionsarbeit ausgebildet. Doch kam diese Arbeit nicht recht voran. Daneben bestand eine zweite kleine Stadtmissionsarbeit unter der Leitung des Generalsuperintendenten Brückner, der bald einsah, daß diese amtliche Führung nur hinderlich war.

„So gab denn D. Brückner 1877 die Leitung der Stadtmission auf und legte sie in meine Hände, da ich mich allezeit lebhaft an derselben beteiligt und den jungen, dazu berufenen Pfarrer mit Rat und Tat unterstützt hatte. Ich ahnte die große Entwicklung, die der Stadtmission in der neuen freiwilligen Form beschieden sein konnte. Allmählich regte

sich dann auch der Trieb zur Stadtmission an anderen Orten: Das Johannesstift, die alte Wichernsche Stiftung, hatte im Jahr 1877 gleichfalls Mittel erhalten, um eine Stadtmission anzufangen, und mit einem Pastor und fünf Stadtmissionaren begann sie ihre Tätigkeit. Es gelang mir, diese beiden Anfänge zu verschmelzen. Der verstorbene Minister von Bethmann-Hollweg half dabei. Der Central-Ausschuß für Innere Mission unterstützte die Einigung. So kam die Sache unter meine Leitung und hat mir 30 Jahre meines Lebens hindurch viel Mühe verursacht, aber auch die größte Freude gewährt" [57].

Von hier aus geschah der eigentliche Angriff auf das entkirchlichte Berlin. Die Grundlage aller Stadtmissionsarbeit wurde der Hausbesuch. Die Kinder lud man zum Kindergottesdienst ein. Säle wurden dafür gemietet. In ihnen versammelte man die Erwachsenen zu Bibelstunden. Eine wachsende Schriftenmission, eine zunehmende Zahl von Bibelstundenkreisen und Stadtmissionsgemeinschaften in Sälen und Kapellen waren die Hauptarbeitszweige neben der caritativen Tätigkeit. Armenpflege, Fürsorge für entlassene Gefangene, Kleinkinderschulen, Nähstuben, Wärmehallen, „Feierabend"-Häuser gehörten dazu. Männer-, Frauen-, Jünglings- und Jungfrauenvereine entstanden.

Hier wurden Laien an die Front gestellt. Es war das oft genannte „Apostolat" des schlichten Mannes aus dem Volk, das sich hier bewährte. Nicht akademisch gebildete Geistliche, sondern Handwerker, Arbeiter und Angestellte wurden nach einer diakonischen Ausbildung in das Amt eines Berliners Stadtmissionars gerufen. Sie wußten mit den Berliner Bürgern und Proletariern richtig umzugehen, sprachen ihre Sprache und verstanden ihre Nöte und Sorgen.

Zuerst wurde auf die Nachholung der Amtshandlungen der stärkste Nachdruck bei den Hausbesuchen gelegt. Später empfing das Werk stärker evangelistischen Charakter.

Viele Sonderarbeiten entstanden. Die Nachtmission suchte die Prostituierten zu retten. Zufluchtsheime für Mädchen und Frauen wurden dafür gegründet. Eine Droschkenkutschermission nahm sich dieser sonntagslosen Männer an. Die Kurrende drang in die dunkelsten Hinterhöfe der trostlosen Mietskasernen. Hier wurde zugleich das Wort verkündigt. Ihren Mittelpunkt behielt diese sich weit ausdehnende Arbeit jedoch in den schlichten Sälen und Versammlungsräumen inmitten der Mietskasernen, wo sich glaubens- und missionsbereite Kreise zusammenfanden, die selbst Mission trieben.

Einmal wöchentlich rief Stoecker seine Mitarbeiter, die Inspektoren und Stadtmissionare und andere Mitarbeiter zur Freitagskonferenz zusammen, die „für alle ein Ereignis war". Die Stadtmissionare berichteten aus ihrer Arbeit. Stoecker war jederzeit auf das beste über die Nöte der Großstadt unterrichtet.

Die Jahreseinnahmen dieser Stadtmissionsarbeit betrugen anfangs 11000 Mark, nach fünf Jahren stiegen sie auf 78000 Mark, um sich auf 200000 zu erhöhen. Stoecker war unermüdlich darauf aus, für seine Stadtmission neue Freunde zu gewinnen. In Berlin bildeten vor allem Frauenvereine die Hilfsorganisation. In den preußischen Provinzen veranstalteten die provinzialen Hilfsvereine Jahresfeste. Der kaiserliche Hof ging in den namhaften Spenden voran. Die Mark, Pommern, Ostpreußen, Schlesien, auch West- und Mitteldeutschland sandten laufend Gaben. So wurde das große Missionsfeld in der Reichshauptstadt ein Anliegen weiter Kreise im Reich.

Stoecker gründete in Berlin Christliche Hospize, in denen die auswärtigen Freunde gern einkehrten und auch auf diese Weise das Werk finanziell unterstützten. Es gelang ihm schließlich, bei den Generalsynoden eine jährliche Kirchenkollekte in allen Gemeinden der Landeskirche für die Berliner Stadtmission durchzusetzen. Zu offensichtlich waren die Erfolge dieser Arbeit.

Bald folgten andere große und mittlere Städte dem Vorbild Berlins mit Stadtmissionen teils evangelistischer, teils caritativ-pflegerischer Zielsetzung. 1887 zählte man bereits 27 Stadtmissionsvereine in Deutschland. 1927 umfaßte die Berliner Stadtmission 7 Geistliche, 30 Stadtmissionare, 5 Jugendsekretäre, 4 Theologiekandidaten, 60 Stadtmissionsschwestern und 12 andere hauptamtliche Mitarbeiter[58].

Die Stadtmission hat einen vielfachen Dienst geleistet: Es kam vor dem ersten Weltkrieg nicht zu den von den Sozialdemokraten geforderten und vorausgesagten Massenaustritten aus der evangelischen Landeskirche. Das war ohne Zweifel mit der unermüdlichen und opferbereiten Tätigkeit der Stadtmission zuzuschreiben, vor deren Leistungen auch die sozialdemokratischen Arbeiter einen gewissen Respekt nicht verhehlten.

Anderseits zeigte die Stadtmission nicht nur, wie es um die religiöse und kirchliche Verwahrlosung der proletarischen Schicht stand, enthüllte sie nicht nur die unbeschreiblichen Notstände in den Mietskasernen mit ihren sittlichen Gefahren. Sie konnte auf die noch vorhandene starke Ansprechbarkeit dieser entkirchlichten Menschen für eine wirklich christliche Verkündigung hinweisen und damit die Kirche ermutigen, diese Arbeit zu unterstützen. Die Kirche war nicht wehrlos einer unvermeidlichen Entkirchlichung ausgeliefert![58+]

Auch in einer anderen Richtung schlug Stoecker in der Berliner Kirche neue Bahnen ein. Er sah, wie es in Berlin an Kirchen und Pfarrern fehlte. Aus allen Provinzen, vornehmlich aber aus Ostpreußen und Schlesien strömten Abertausende nach Berlin, das zur Millionenstadt wurde. Für diese Hunderttausende mangelte es an Kirchen und Geistlichen. Riesengemeinden bis zu 100000 Seelen und darüber, von wenigen Geistlichen bedient, deren Kraft sich in Amtshandlungen und Konfirmandenunterricht verzehrte, waren keine Seltenheit. Zwischen 1870 und 1890 wurden in Berlin nur zwei Kirchen gebaut. Als Stoecker anläßlich der Weltausstellung in Chicago im Jahre 1893 dort evangelisierte, sah er den Unterschied zwischen der amerikanischen und der deutschen Großstadt. Dort waren im gleichen Zeitraum 250 Kirchen, in Berlin zwei errichtet worden. Das war nicht allein Schuld der staatlich gebundenen Kirchenleitung, die sich zum entschlossenen Handeln nicht aufraffte. Das war zugleich eine Schuld des liberalen Bürgertums in Berlin, welches die Berliner Stadtsynode beherrschte und keine Mittel für neue Kirchen und Pfarrer bewilligte.

So nahm Stoecker auch den Kampf gegen den kirchlichen Liberalismus mit auf. Mit Hilfe positiver Parochialvereine errang man schließlich in einem harten zehnjährigen Ringen die positive Mehrheit in der Stadtsynode. So konnte im Jahr 1888 auch hier der kirchliche Aufbau einen Anfang nehmen. Es gab noch genug Schwierigkeiten. Als im Jahre 1890 diese Stadtsynode die Heraufsetzung der Kirchensteuer von 5½ auf 7 % der Einkommensteuer beschloß, um wenigstens fünf neue Kirchen im kommenden Rechnungsjahr bauen zu können, verweigerte die Berliner Stadtverordnetenversammlung die Zustimmung. Selbst Bismarck warf gegen die Erhöhung der Kirchensteuer sein Veto in die Waagschale, da er Stoecker nicht zu mächtig werden lassen wollte. Doch war es der letzte Versuch, diese Neuorientierung zu verhindern. Ein Jahr darauf konnte die Stadtsynode durch einen einstimmigen Beschluß die Erhebung von 10 % Kirchensteuer in Berlin durchsetzen[59].

Stoecker brachte auch den Mut auf, den deutsch-amerikanischen Evangelisten von Schlümbach zu einer mehrmonatigen Evangelisation nach Berlin zu bitten. Durch diese Arbeit Schlümbachs entstand der Christliche Verein Junger Männer in Berlin mit Oberförster von Rothkirch als Vorsitzendem wie die Michael-Gemeinschaft unter des Grafen Pücklers Führung. Von dem Hofprediger gingen auch kräftige Impulse bei der Gründung des „Jugendbundes für Entschiedenes Christentum“ aus[60].

Die Stadtmissionsarbeit, welche den Hofprediger in die engste Berührung mit den sozial bedrängtesten Massen der Großstadt brachte, wurde für ihn die Brücke zur Politik. Er betrat die Arena sozialpolitischer Auseinandersetzungen.

Auf seine Anregung hin entstand 1877 das tapfere Buch des märkischen Pfarrers Rudolf Todt „Der radikale deutsche Sozialismus und die christliche Gesellschaft“, eine „Darstellung des sozialen Gehaltes des Christentums und der sozialen Aufgaben der christlichen Gesellschaft auf Grund der Untersuchung des Neuen Testaments“. Christus verstand Todt als „Sozialisten“ und stellte den gesamten Parteisozialismus mit Ausnahme des damit nicht wesensnotwendig verbundenen Atheismus als dem Evangelium nicht widersprechend hin.

Direkt revolutionär war sein Buch nicht. Denn Todt stand auf dem Boden eines christlichen Staatsgedankens und hoffte, mit Hilfe eines kommenden Staatssozialismus, des Wohlfahrtsstaates und des Einsatzes verantwortungsbewußter, christlicher Kreise die Gefahr eines sozialen Chaos zu bändigen. Von den bisherigen Kräften, die Staat und Kirche trugen, sollten die Reformen ausgehen. Die evangelische Kirche sollte „das Gewissen des Staates" werden und „als solches lebendiges Gewissen zugleich der Sauerteig desselben, welcher ihn und seine Gesetzgebung mit dem christlichen Geiste der Gerechtigkeit und der Liebe durchläutert"[61].

Die Ablehnung dieses Buches in orthodox-kirchlichen Kreisen war fast vollständig, der Central-Ausschuß für die Innere Mission distanzierte sich von dem Buch, die „Fliegenden Blätter" verschwiegen es beharrlich. Nur Bodelschwinghs „Hausfreund" empfahl die Lektüre dringend den „Fabrikherren, Geistlichen, Zeitungsredakteuren und Verwaltungsbeamten" als „eine außerordentlich beachtenswerte Schrift"[62].

In den von Todt, dem Nationalökonomen Adolf Wagner und Rudolf Meyer gegründeten „Zentralverein für Sozialreform auf religiöser und monarchischer Grundlage" trat Stoecker für kurze Zeit ein. Doch genügten dem Hofprediger die akademischen Vorträge in diesem Verein nicht. Auch damit war dem fortschreitenden Abfall der untersten Schichten von Christentum und Kirche nicht beizukommen. Stoecker wagte den für seine Zeit und für einen königlichen Hofprediger doppelt kühnen Entschluß, mit der Gründung einer eigenen „Christlich-sozialen Arbeiterpartei" in die politische Arena herabzusteigen.

„Was mich trieb, war die Verzweiflung um mein armes Volk, das ich in den Abgrund rollen sah und die Liebe zu den Seelen, die ich retten wollte... da habe ich denn unter Gebet und Flehen den Entschluß gefaßt, mitten hinein in die Sozialdemokratie zu gehen, den wilden Stier bei den Hörnern zu fassen und mit demselben zu ringen"[63].

Mit dieser Motivierung begann Stoecker seinen politischen Weg. Das Programm, das er damals für seine Partei entwickelte, war durchaus „ein echtes Arbeiterprogramm mit Forderungen, die später sämtlich ihre Erfüllung gefunden haben, freilich ohne Stoeckers Mithilfe"[64].

Am 3. Januar 1878, ein Jahr nach der Übernahme der Stadtmissionsarbeit, rief Stoecker durch einen Beauftragten eine öffentliche Versammlung zur Gründung dieser Christlich-sozialen Arbeiterpartei ein, die berühmte „Eiskellerversammlung", nach dem großen Saal im Norden der Stadt benannt, in der sie tagte.

Diesen Tag der „Eiskeller"-Versammlung hat Stoecker für den größten seines Lebens angesehen. Hier trat er mitten im Hexentanz der Massenleidenschaften, im Tabaksqualm und Gläserklirren der Volksversammlung, unter meist sozialdemokratischen Arbeitern mit einer sozialdemokratischen Versammlungsführung, an das Pult. Er vermochte das Wort zu bändigen, wie selten einer. Es wurde eine gewaltige Redeschlacht. Er wollte seine Gegner gewinnen.

„Die Existenz der Arbeiter muß gesichert werden. Auch ihre Invaliden müssen versorgt werden, auch ihre Witwen und Waisen sollen Brot haben. Aber das ist Ihr Unglück, meine Herren, Sie haben Ihren Sozialstaat im Kopfe. Und wenn man Ihnen die Hand bietet zu Verbesserungen, wenn man Ihnen helfen will, dann weisen Sie das höhnisch zurück und sagen: ‚Wir sind mit nichts zufriedenzustellen, wir wollen den Sozialstaat'. Damit verfeinden Sie sich die anderen Klassen und der Haß verdirbt alles. . . Ja, meine Herren, Sie hassen Ihr Vaterland. Aus Ihrer Presse glüht dieser Haß schrecklich heraus. Und das ist schlecht. Das Vaterland hassen, das ist, wie wenn einer seine Mutter haßt. Aber Sie hassen auch das Christentum. Sie hassen das Evangelium von der Gnade Gottes. Man predigt Ihnen den Unglauben, man lehrt Sie den Atheismus, und Sie trauen den falschen Propheten. . . Wollen Sie als Arbeiterpartei wirklich eine geschichtliche Bedeutung gewinnen, dann dürfen Sie das Edelste, was bisher in der Brust der Menschen gelebt hat, die Liebe zu Gott und die Liebe zum Vaterland, nicht totschlagen. . ."

Der sozialdemokratische Reichstagsabgeordnete, der Buchbinder Johannes Most, der Vertreter des radikalsten Flügels der sozialdemokratischen Partei, der spätere Anarchist und in Amerika zuletzt Schauspieler, riß in lodernder Beredsamkeit die ganze Versammlung mit sich fort. Er war damals der wildeste Agitator in Berlin: „Es ist zu bezweifeln, ob in den Kreisen, in welchen der Herr Hofprediger sich bewegt, Verständnis für die Not des Volkes vorhanden ist." „Selbst wenn das gesamte Pfaffentum die Sonne verfinstern und wie ein Heuschreckenschwarm heranstürmen sollte", rief er zuletzt wie in Ekstase aus, „so würden sich die sozialdemokratischen Arbeiter nicht von ihren Wegen und Zielen abbringen lassen." „Die Tage des Christentums sind gezählt. Macht Eure Rechnung mit Eurem Himmel, Pfaffen, Eure Uhr ist abgelaufen"[65].

Die Gründung einer „Christlich-sozialen Arbeiterpartei" wurde fast einstimmig von den anwesenden Arbeitern abgelehnt. Ihre Gründung kam dann doch zustande. Auch in dieser zweiten Versammlung mit 1500 Besuchern ging es wild zu. Die anwesenden Sozialdemokraten, welche schließlich die Versammlung sprengen wollten, sangen die Marseillaise. Stoecker stimmte „Ein feste Burg ist unser Gott' an und überstimmte mit seinen Freunden die anderen.

Doch mißlang der Versuch des Hofpredigers, mit seiner neuen Partei die Sozialdemokratie aus dem Felde zu schlagen. Im gleichen Jahr geschahen die Attentate auf den Kaiser, wurde das Sozialistengesetz erlassen und die Arbeiter erst recht den Sozialdemokraten in die Arme getrieben. Bei der Wahl des neuen Reichstages konnte Stoecker nicht ein Mandat erringen.

Der Evangelische Oberkirchenrat unter seinem neuen Präsidenten Hermes beeilte sich als gehorsames Organ des Staates, das Sozialistengesetz gutzuheißen, obwohl es einen erheblichen Prozentsatz des „Kirchenvolkes" zu Staatsbürgern zweiter Klasse stempelte. Stoecker erhielt von ihm einen Verweis (1878) und den Geistlichen wurde durch einen Erlaß vom 20. Februar 1879 die Pflicht auferlegt, sich „von allen öffentlichen Parteibildungen wie von der einseitigen Vertretung der Interessen eines einzelnen Standes" zurückzuhalten. Damit waren auch Todts Zentralverein und die Christlich-soziale Arbeiterpartei gemeint.

Stoecker jedoch rief in immer neuen Versammlungen auf zum Kampf für Christentum und Kirche, für Volk und Vaterland. Er begann im nächsten Jahr 1879 seine antisemitische Agitation, die ihn zu ungeheuren äußeren Erfolgen in Berlin führte. In den Sälen Berlins sammelte sich rasch eine kleinbürgerlich-mittelständische Gefolgschaft, die von der zündenden Beredsamkeit des Hofpredigers mitgerissen wurde. Diese „Berliner Bewegung" wandelte die Christlich-soziale Partei in eine bürgerliche um, die sich von 1881 an nur noch „christlich-soziale Partei" nannte.

Diese Partei der kleinen Leute in Berlin gewann Freunde im ganzen preußischen Staatsbereich. 1879 wurde Stoecker im Wahlkreis Minden-Ravensberg (Bielefeld-Herford) ins preußische Abgeordnetenhaus gewählt. 1881 wählte ihn Siegen, das nun sein Wahlkreis blieb, in den Reichstag. Die beiden Zentren der westfälischen Erweckungsbewegung stimmten für Stoeckers christlich-soziales Programm. Auch Bodelschwinghs „Hausfreund" war für Stoeckers Kandidatur eingetreten.

Mit Bodelschwingh teilte Stoecker seine Beurteilung der Judenfrage, durch die sich die Christlich-soziale Partei zur antisemitischen Gruppe innerhalb der Konservativen formierte, der sich Stoecker angeschlossen hatte.

Man zählte damals allein in Berlin (1880) gegen 45 000 Juden, in ganz England lebten dagegen 46 000, in ganz Frankreich etwa 51 000. Der Antisemitismus ging damals durch die Völker. Bodelschwinghs und Stoeckers Nein galt jedoch allein dem freisinnigen „Reformjudentum" in Berlin, soweit es sich keine Zügel anlegte und durch die von ihm beherrschte Presse zügellos einen modernen und zersetzenden Unglauben propagierte und eine Vormachtstellung an der Börse mit allen Mitteln erstrebte. Gegen das fromme Judentum, das sich religiös und sittlich gebunden wußte, hatten Stoecker wie Bodelschwingh keine Einwände. Darin unterschieden sich beide sehr von der damals losbrechenden antisemitischen Propaganda nationaler Kreise, die rassische und andere Gründe in den Vordergrund spielten.

Gegen Stoecker sind mehr als 200 jüdische Flugschriften oft gehässigster Art erschienen. Leidenschaftlicher wurde Stoeckers antisemitischer Kampf. Bodelschwingh konnte bei aller Anerkennung der Lauterkeit der letzten Beweggründe bei Stoecker ihm bei seinem neuen Saalredenstil nicht mehr folgen. Denn in seiner Glanzzeit zwischen 1881 bis 1884 ging der Hofprediger und Volkstribun Stoecker unerbittlich gegen dieses moderne glaubenslose Judentum der großen Städte vor, „das von Jehova abgefallen ist, dessen Scharen lieber in der Jerusalemer Straße als in den Straßen von Jerusalem wohnten, die sich anstatt mit dem Mantel der Propheten, mit dem Flittergold Mammons kleideten. Die Börse ist ihr Tempel, der Mammonismus ein Religionsersatz niedrigster Art“[66].

Kanonaden des Beifalls waren das Echo, als z. B. Stoecker 1883 in der Bockbrauerei über „Die Berliner Juden und das öffentliche Leben“ referierte. Der Hofprediger, der Leiter der Stadtmission, der kirchliche und monarchisch-konservative Politiker und Agitator Stoecker besaß in diesen Jahren eine „verführerisch-einflußreiche Stellung“.

Doch wurde sie bereits zielbewußt von seinen Gegnern unterminiert. Stoecker, der Führer der „Christlich-sozialen Partei“, ein vielgehaßter Mann, wurde zum vielgehetzten Wild der vereinigten Kräfte des freisinnigen Judentums und des Liberalismus. Die sozialdemokratische Presse sekundierte dabei. Man verwickelte ihn in Prozesse und strengte amtliche Untersuchungen an, in denen ihm nichts Belastendes nachgesagt werden konnte, so sehr man sein ganzes Leben durchstöberte. „Die Journalisten des Fürsten Bismarck, die gegen ‚Muckerei und Stoeckerei‘ loszogen und dabei den ganzen Klüngel von ‚Kreuzzeitung‘ und ‚Volk‘, von Stoecker und Alfred von Waldersee bis hinauf zur Kaiserin meinten, haben schließlich ihr Ziel erreicht“[67].

Kaiser Wilhelm I. zwang 1885 seinen Hofprediger Stoecker, einen Verzicht auf jede öffentliche politische Tätigkeit auszusprechen. „Ich werde, wenn ich öffentlich zu reden habe, nur religiöse und patriotische, und soziale Gegenstände besprechen, und die letzteren nur soweit, als sie unter den Gesichtspunkt des Christentums, der Kirche und der Inneren Mission fallen“[68]. Die antisemitischen Kampfparolen mußte Stoecker aufgeben.

Daß der Kaiser Stoecker nicht ganz fallen ließ, verdankte dieser dem Eingreifen des Prinzen Wilhelm, des ältesten Sohnes des Thronfolgers, der brieflich seinen Großvater bat, diesen einen der treuesten Kämpfer für die Hohenzollernmonarchie nicht fallen zu lassen. Seinem Enkel zu Liebe gab Wilhelm I. nach. Stoecker wurde durch den Oberkirchenrat „zur Vorsicht und Maßhaltung“ vermahnt.

Doch auch der Thronfolger, der spätere Kaiser Friedrich III., war gegen die christlich-soziale Sache eingenommen. Der ritterliche Bodelschwingh, der sich hier für den bedrohten Freund einsetzte, verhandelte mit dem Thronfolger. Denkwürdig ist der Brief, den Bodelschwingh am 22. August 1885 an den Thronfolger schrieb:

„Ich bin weit entfernt, Stoecker von Fehlern freizusprechen und stimme in manchen Punkten mit seiner Arbeitsweise nicht überein ... Er hatte keineswegs geahnt, daß er (durch seinen mutigen Kampf gegen die Sozialdemokratie) damit zu gleicher Zeit den Zorn der Fortschrittspartei und des dieselbe stützenden, das beste Mark unseres Volkes aussaugenden Börsenjudentums auf sich laden würde. Stoecker ist nicht klug, nicht berechnend, er fragt nie, was wird mir dafür, was werde ich dafür leiden müssen, sondern stets nur, was ist deine Pflicht und Gottes Wille ... Stoecker hat nie die Religion der Juden angegriffen, sondern im Gegenteil nur die religionslosen Juden, die den Glauben der Väter weggeworfen haben und mit den abtrünnigen Christen eins sind im Haß gegen das Kreuz, Thron und Altar ... Ich darf versichern, daß viele Tausende, ja wohl Hunderttausende deutscher Männer, die mit ganzer Treue zu Kaiser und Reich stehen ... meine Überzeugung teilen, daß unser Kaiserhaus wohl kaum einen tapferen, hingebenderen und unentbehrlicheren Diener und Kämpfer hat als Stoecker ... Auch glauben wir alle, daß auf dem Kampfplatz, den Stoecker betreten hat, auf dem christlich-sozialen Boden, der Entscheidungskampf der Zukunft liegt und daß, wenn das Banner sich im Kampf neigen sollte, das er erhoben, auch die Tage des christlich-deutschen Kaiserreichs und die Tage unseres geliebten Hohenzollernhauses gezählt sind, was Gott in Gnaden verhüten wolle“[69].

Stoecker war vorläufig gerettet. Am 28. Oktober 1887, zwei Jahre später, wurde die berühmte „Waldersee-Versammlung“ einberufen, zu der auch Stoecker hinzugezogen wurde.

Die tödliche Krankheit des Kronprinzen Friedrich warf ihre Schatten voraus. Es setzte ein Ringen um den Prinzen Wilhelm, den späteren Kaiser Wilhelm II., ein. Man hatte ihn auf die Berliner Stadtmission hingewiesen, denn man wußte, wie sehr ihn die soziale Frage bewegte und daß er den redlichen Willen erkennen ließ, die Not des Proletariats in Berlin zu lindern.

In diesem Zusammenhang lud das prinzliche Paar eben am 28. November 1887 einen ausgewählten Kreis von Ministern, Parlamentariern, Hofleuten und preußischen Kirchenführern zu einer Vorbesprechung beim Generalquartiermeister Graf Waldersee ein. Hier überraschte der Prinz die Anwesenden durch seine lebhafte Zustimmung zu den christlich-sozialen Gedanken. Eine zu enge Verbindung mit Stoeckers Stadtmission war nicht vorgesehen. Denn der künftige Kaiser bestimmte vier anwesende Glieder des Adels „den Vorsitz über ein Komitee zur Begründnug eines Vereins“ zu übernehmen, der im großen Stil die Stadtmission und ähnliche Werke unterstützen sollte.

Am 28. Mai 1888 erfolgte die offizielle Gründung des „Evangelisch-Kirchlichen Hülfsvereins", der zunächst in Berlin und anderen preußischen Großstädten und in den Industriegebieten die Arbeit der bestehenden oder neu zu gründenden Stadtmissionen unterstützen sollte. Zugleich wollte er durch die Bereitstellung von Geldmitteln überall eine geordnete kirchliche Versorgung durch Verkleinerung der Riesengemeinden sicherstellen. Hilfsgeistliche, Gemeindehelfer sollten angestellt und Gemeindehäuser errichtet werden. Das Protektorat übernahm die Kronprinzessin Auguste Viktoria, die spätere Kaiserin.

Der durch die Verankerung in der Hofgesellschaft großartig aufgezogene Hilfsverein konnte über Geldsummen in sechsstelligen Zahlen verfügen. In seinem engeren Ausschuß wurde der Kammerherr und Oberhofmeister der Kronprinzessin, Freiherr von Mirbach, ein gewandter Höfling, die eigentliche Hauptperson. In den weiteren vielköpfigen Ausschuß wurde auch Bodelschwingh gewählt. Hier drang Bodelschwingh vor allem auf Berliner Boden zur Errichtung neuer Kirchen und Pfarrstellen. Es entstand eine besondere Kirchbaukommission, aus der am 2. Mai 1890 der „Evangelische Kirchbauverein für Berlin" hervorging.

Mirbach spielte auch hier die Hauptrolle. Gegen Verleihung „hochtönender Kommerzienratstitel" wurden die Gelder zur Errichtung prunkvoller neoromanischer Kirchenbauten zusammengeholt. Bodelschwingh, der diesem Kirchbauverein nicht angehörte, seufzte über die vergeudeten Millionen und Stoecker wußte ein Klagelied über Mirbachs Feindseligkeiten zu singen, die ihn verfolgten.

Als Prinz Wilhelm als Wilhelm II. den Thron bestieg, drängte er ungestüm auf dem Weg einer sozialen Gesetzgebung vorwärts, um die monarchiefeindliche Sozialdemokratie aus dem Felde zu schlagen. Der deutsche Arbeiter sollte für die Monarchie, das Christentum und die Kirche zurückgewonnen werden. Am 4. Februar 1890 versprach der neue Kaiser in einem Erlaß den Ausbau des Staatssozialismus, wie ihn die Innere Mission seit Johann Hinrich Wichern erstrebt hatte. Weiterentfaltung des Versicherungsschutzes für die Arbeiter, Regelung ihrer Arbeitszeit, ausreichende Vertretung der Arbeitnehmer den Arbeitgebern gegenüber, Ausgestaltung der staatlichen Bergwerke „zu Musteranstalten" der Fürsorge und ausreichende staatliche Beaufsichtigung des Privatbergbaus wurden zugesagt. Darüber kam es zum Bruch zwischen Wilhelm II. und Bismarck, gegen den in evangelischen Kreisen seit dem Kulturkampf eine feindliche Stimmung herrschte, die Stoecker mit schüren half.

Jetzt ging ein Aufatmen durch die Reihen der maßgeblichen Mitarbeiter der Inneren Mission und des Central-Ausschusses. Lohmann hielt einen Vortrag über „den gegenwärtigen Augenblick" und zeichnete ein Bild der sozialen Lage, in der er schärfer als in seiner Denkschrift von

1884 die Schuld der Kirche herausstrich. Sie habe versäumt, „zur rechten Zeit zu den großen sozialen Fragen die rechte Stellung zu nehmen". Er bekannte sich ohne Vorbehalt zu der neuen Situation: „Der Weg wirklicher Sozialreform wird erst durch die Maßregeln beschritten, welche in dem kaiserlichen Erlasse vom 4. Februar angekündigt werden."

Der Oberkirchenrat in Berlin beeilte sich, mit einem langatmigen Erlaß vom 17. April 1890 die Geistlichen der altpreußischen Kirche zu jeder ihnen möglichen Mitarbeit im Kampf gegen die sozialen Nöte der Arbeiterschaft aufzurufen. Arbeitervereine sollten gegründet werden und in Arbeiterversammlungen die Pfarrer aufklärend wirken, die Innere Mission sollten sie unterstützen und sich an allen Wohlfahrtsbestrebungen wie Vereinen „zur Herstellung gesunder Arbeiterwohnungen" beteiligen. Vergessen war die gegenteilige Verordnung zur Zeit des Sozialistengesetzes. „Die Förderung der materiellen Wohlfahrt der Arbeiter und ihrer Familien ist auch eine der Voraussetzungen für die Hebung ihres religiös-sittlichen Lebens", beteuerte der Oberkirchenrat.

Stoecker atmete erleichtert auf: „Die Welt ist über Nacht christlich-sozial geworden." Mit vielen anderen Männern der Inneren Mission glaubte er im Zeichen dieser neuen Wilhelminischen Sozialpolitik an den Beginn einer großartigen Zusammenarbeit von Staat, Kirche und Innerer Mission. Der Hofprediger entfaltete eine neue sozialpolitische Aktivität, nachdem er ein Jahr zuvor vom Kaiserhof in seiner öffentlichen politischen Wirksamkeit lahmgelegt worden war.

Mit hervorragenden Persönlichkeiten, mit Adolf Wagner, dem großen Nationalökonomen, mit Ludwig Wagner, dem bewährten Pfarrer und Führer der Evangelischen Arbeitervereine und dem großen Gelehrten Adolf von Harnack gründete Adolf Stoecker am 28. Mai 1890 den „Evangelisch-Sozialen Kongreß". Hier sollte auf breiter Grundlage das akademische Gespräch zwischen Theologen aller Richtungen und Nationalökonomen über die sozialen Fragen im Geiste des Evangeliums geführt werden[70].

Da traf die christlich-soziale Sache nach Bismarcks Sturz der erste schwere Schlag. Im November 1890 verlor Stoecker sein Hofpredigeramt auf Veranlassung des Kaisers. Stoecker hatte sich bei einer politischen Ansprache anläßlich des konservativen Parteitages für Baden in Karlsruhe unvorsichtig geäußert und antisemitische Äußerungen einfließen lassen. Die Beschwerde des Großherzogs Friedrich in Berlin hätte auch anders behandelt werden können. Ein verhängnisvoller Charakterfehler Wilhelms II. trat zutage. Der unpopulär gewordene Stoecker, der auch in Berlin seine politische Position verloren hatte, wurde bedenkenlos in die Wüste geschickt, um die eigene Popularität zu steigern.

Das Echo des Oberkirchenrates folgte. Mirbach und der neue Präsident des Evangelischen Oberkirchenrates, Friedrich Wilhelm Barkhausen, drohten mit der kaiserlichen Ungnade, wenn Stoecker, der Hofprediger a. D., durch die dritte ordentliche Generalsynode in den Synodalvorstand gewählt worden wäre. Andere Zurücksetzungen folgten nach.

Schlimmer waren die Folgen für die christlich-sozialen Anliegen. Eine Berliner Bewegung gab es nicht mehr. Dafür erhob ein radikaler Antisemitismus sein Haupt, der sich immer stärker antikirchlich und antikonservativ gebärdete. Er zog 1893 mit 16 Abgeordneten in den Reichstag ein und konnte nicht mehr durch die Konservative Partei gezügelt werden.

Die Hoffnungen, die Wilhelm II. auf seine groß angekündigte Sozialpolitik gesetzt hatte, zerrannen an der unentwegt ablehnenden Stellung der Sozialdemokratie. Der Kaiser fühlte sich in seinem übersteigerten Geltungsbedürfnis empfindlich getroffen und eine zunehmende Empfindlichkeit trieb ihn einem Kreis stockkonservativer Industrieller zu, welcher den ganzen Ausbau der Arbeiterschutzgesetzgebung mißvergnügt beobachtet hatte. Von ihrem Standpunkt aus, allein Herr im Hause bleiben zu wollen, lehnten sie Gewerkschaften und Sozialdemokratie, Kathedersozialisten und Christlich-Soziale als gleich verwerflich ab. Der Stimmführer dieser Unternehmer war der in den Freiherrnstand erhobene Carl Ferdinand von Stumm-Halberg, der einflußreiche Industriekapitän, der in seinen saarländischen Hüttenwerken vorbildlich für seine Arbeiter sorgte, aber sich nicht hereinreden lassen wollte. Dieser Kreis mit Stumm an der Spitze gewann das Vertrauen des Kaisers.

So brach die Katastrophe über Stoeckers politisches Lebenswerk herein. Die äußeren Anlässe ließen sich finden. Sein politischer Kampfgefährte Hammerstein wanderte ins Zuchthaus. Stoecker hatte von seinen Wechselfälschungen und seinem zwielichtigen Lebenswandel nichts gewußt, aber er wurde verdächtigt und erneut in den Schmutz gezogen. Ein Brief Stoeckers, der sogenannte „Scheiterhaufenbrief" von 1888, mit dem er den jungen Kaiser gegen Bismarck einnehmen wollte, wurde der sozialdemokratischen Zeitung, dem „Vorwärts" in die Hände gespielt. Als Stoecker von Friedrichsruh zurückkam, wo er dem achtzigjährigen Bismarck zum Geburtstag gratuliert hatte, wurde dieser Brief veröffentlicht und Stoecker erschien als Heuchler und Intrigant (1895)[71].

Der Kaiser versuchte ihm den Titel eines Hofpredigers zu entziehen, der Oberkirchenrat beeilte sich, am 16. Dezember 1895 seine letzte Verordnung über die sozialen Aufgaben der Geistlichen zu widerrufen und tadelte viele wegen „unbesonnener Parteinahme für die Forderungen einer einzelnen Bevölkerungsklasse". Es folgte ein verhängnisvolles Telegramm des Kaisers, der Stoecker bis zu dessen Tod in unversöhnlicher Feindschaft verfolgte. Wilhelm II. telegraphierte am 28. Februar 1896 an seinen früheren Erzieher Geheimrat Hinzpeter in Bielefeld:

„Stoecker hat geendet, wie ich es vor Jahren vorausgesagt habe. Politische Pastoren sind ein Unding. Wer Christ ist, der ist auch sozial, christlich-sozial ist Unsinn und führt zur Selbstüberhebung und Unduldsamkeit, beides ist dem Christentum schnurstracks zuwiderlaufend. Die Herren Pastoren sollen sich um die Seelen ihrer Gemeinden kümmern, die Nächstenliebe pflegen, aber die Politik aus dem Spiel lassen, dieweil sie das gar nichts angeht."

Dieses Telegramm, im abgehackten friderizianischen Stil gehalten, wurde im Mai 1896 in Stumms Zeitung, der „Post" mit kaiserlicher Genehmigung veröffentlicht. Die christlich-soziale Sache war von der obersten Spitze des Deutschen Reiches öffentlich geächtet worden. Bodelschwingh hatte schon früher geklagt: „Er (Wilhelm II.) hat von seiner Mutter eine ungeheure Gewalttätigkeit geerbt, und das ist ein etwas schweres Erbteil gerade für einen Kaiser"[72]. Der Kaiser ließ sich sogar in einen Prozeß zwischen Stumm und dem ehemaligen Hofprediger hineinziehen, den Stumm verlor. So unerbittlich verfolgte der Kaiser Stoecker, daß er ihm noch ein Jahr vor dessen Tod die geistlichen Rechte entziehen lassen wollte.

Ein Trauerspiel vollzog sich. Aus dem Vorstand des Berliner Frauenbundes wurde Stoecker verdrängt. Bei der Einweihung der Friedenskirche in Berlin, die ihm praktisch ihre Entstehung verdankte, durfte er nicht sprechen. Das Kaiserpaar hatte sein Erscheinen an diese Bedingung geknüpft. Nur der Central-Ausschuß für die Innere Mission zeigte Größe und Unabhängigkeit. Stoecker wurde von ihm nicht fallengelassen.

Der Kaiser kündigte ein Jahr später auf dem Sparrenberg bei Bielefeld nach einer Besichtigung der Bodelschwinghschen Anstalten die sogenannte „Zuchthausvorlage" an, welche jeden, „der sich untersteht, einen Nebenmenschen, der arbeiten will, an freiwilliger Arbeit zu hindern", die schärfsten Strafen androhte. Das war eine Kampfansage gegenüber der Streikdisziplin, wie sie sich damals zu entwickeln begann. Doch kam die Zuchthausvorlage im Juni 1899 im Reichstag kläglich zu Fall.

Stoecker aber endete nicht, wie der Kaiser vorausgesagt hatte. Der frühere Oberpräsident von Kleist-Retzow, unter den Freunden Stoeckers einer der treuesten, stellte sich an die Spitze und baute mit Stoeckers Anhängern die Stadtmissionskirche oder Stoeckerkirche mit 1200 Sitzplätzen als neue Kanzel für den Unerschrockenen. Dort predigte Stoecker bis ein Jahr vor seinem Tod fast sonntäglich vor einer großen Gemeinde, in welcher der General neben dem Fabrikarbeiter und die Dame der hohen Gesellschaft neben dem Dienstmädchen saß.

Professor D. Cremer in Greifswald, der ungezählten jungen Theologen den Weg zum rechten Predigtdienst gezeigt hat, hat über Stoeckers Predigt geurteilt:

„Er kann zeugen, er kann beten und nie wird er rhetorisch, sondern alles ist Einfalt. Und alles ist Erbarmen und alles quillt aus lebendigem Brunnen und bedarf nicht geschmückter Gefäße, um genießbar zu werden. Er ist in Berlin der einzige Mann, der ganz predigen kann."

Überall, wo Stoecker in Deutschland zu einer Predigt geholt wurde, füllten sich die Gotteshäuser und mancher Feind verwandelte sich in einen Freund, nachdem er ihn gehört hatte. So gewann Stoecker durch seine nie mit politischen Zielen verquickten Predigten viele, die mit seiner einstigen politischen Tätigkeit nicht einverstanden gewesen waren.

Seine Predigten wurden auf achtseitige Blätter für 1 Pfennig gedruckt. Von Jahr zu Jahr stieg die Auflage dieser Verteilpredigten, die an sonntagslose Menschen, auf den Straßen der Großstädte, an Droschkenkutscher, an Postboten und Fabrikarbeiter verteilt wurden. In wenigen Jahren erreichte ihre wöchentliche Auflagenhöhe die Zahl 100 000. Neben Spurgeon hat Stoecker während seiner Lebzeiten die größte Gemeinde der Welt um seine Christuspredigten vereint.

Die letzte Predigt hielt er am Totensonntag 1906. Dann erfolgte der körperliche Zusammenbruch. Noch zweieinhalb Jahre lebte er in einer erzwungenen Ruhe und starb am 7. Februar 1909. Wie einen Fürsten haben ihn seine Berliner zu Grabe geleitet.

Manches ist an Stoecker menschlich-allzumenschlich gewesen. Er hat sich vom Glanz des kaiserlichen Hofes schwer getrennt. Es fehlte ihm, der so rasch Menschen vertraute, oft an der rechten Menschenkenntnis. In seinen antisemitischen Äußerungen hat er wohl kaum die Folgen bedacht und wie ungut es war, diesen Ton in die christlich-soziale Propaganda zu mischen. Die Erfolge, die er hier errang, waren zu billig eingeheimst. Seine berechtigten Sorgen wären wirksamer gewesen, wenn sie nicht in der lauten Öffentlichkeit behandelt worden wären.

Es war ein tragischer Vorgang, daß Stoecker wohl die Schwächen des herrschenden Staatskirchentums, das unter Wilhelm II. zu einem Byzantinismus zu entarten drohte, erkannte, anderseits aber nicht von dem Gedankenkreis eines konservativ-monarchischen Staates christlicher Prägung loskam, wie ihn Stahl und von Gerlach sich vorstellten. So ganz naiv ist Stoecker aber nicht diesem Phantom eines christlichen Staates nachgejagt.

„Man schreibt mir manchmal den Gedanken zu, daß die Kirche Fähigkeit und Pflicht habe, volkswirtschaftliche Gesetze aufzustellen, über technische Fragen wie Zölle, Steuern, Innungen usw. zu urteilen Eine solche Anschauung liegt mir fern. Daran habe ich nie gedacht. Aber allerdings trete ich dafür ein, daß alle Lebenskreise der christ-

lichen Menschheit, alle Ordnungen des öffentlichen Lebens von einem christlichen Geist durchdrungen sein müssen. Denn das ist gewiß: Von irgendeinem Geist müssen die menschlichen Einrichtungen beseelt sein. Haben sie keinen christlichen, so haben sie einen unchristlichen oder widerchristlichen Geist. Das Christentum hat alle Gedanken, um die Politik gerecht und das soziale Leben richtig zu gestalten"[73].

Jedenfalls hat Stoecker seine große Arbeitskraft und seine überragenden Gaben bedingungslos für die größten Ziele eingesetzt. Seine theologische Sprache ist uns fremd geworden. Es hat sich inzwischen alles gewandelt, die Staatsform, der gesellschaftliche Aufbau, die Politik, das Nationalgefühl, die Wirtschaft, die Theologie.

Seine bleibende Freundschaft mit Friedrich von Bodelschwingh weist uns auf den tiefsten Grund in der Theologie beider großer Gestalten hin: Bei beiden ist die gesamte Lebensarbeit von der „eschatologischen Ausrichtung des christlichen Gaubens getragen und beunruhigt. Dies alles hat ein Ende, mein Volk, unser Staat, die Welt und wir selbst mit unseren Werken. Aber der Dienst in dieser Welt hat eine unaufgebbare Beziehung zu jenem einen Herrn, des Reich kein Ende hat"[74].

Hier liegt auch das Geheimnis seines unverbitterten Kämpfens beschlossen, wie Vater Bodelschwingh nach Stoeckers Tod schrieb:

„Wenn ich meinen Freund jetzt beneiden wollte, so wäre es darüber, daß er vielleicht derjenige Streiter Gottes ist, der ein besonders reiches Maß von Unrecht gelitten hat als ein unerschrockener Verkündiger der Wahrheit"[75].

Stoecker wollte den „konfessionslos gewordenen Staat" mit Hilfe einer christlichen Bewegung unter den Wählern nach dem Ideal eines „christlichen Staates" auf konservativ-monarchischer Grundlage neu ausrichten und die „ehernen Berge des Widerstandes" gegenüber einer echten sozialen Neuordnung mit Hilfe des Staates beseitigen. Er scheiterte an dem Widerstand des Liberalismus, der Opposition Bismarcks und der zwiespältigen Sozialpolitik Wilhelms II., die nicht einsahen, wie viele der Gesetze ihres Staates zur Sünde führten, statt sie zu beseitigen.

Sein Freund Friedrich von Bodelschwingh teilte dieses Ideal eines „christlichen Staates" nicht mit ihm. Er wollte einen Staat mit „barmherzigen" Gesetzen, die allen Gliedern des eigenen Volkes Raum geben, daß sie eine innere und äußere Heimat in ihm finden, Familien gründen, der Arbeit sich widmen und das Leben verantwortlich leben können.

So wanderten beide miteinander, einander tragend und stützend, unter dem gemeinsamen Kreuz Jesu Christi. Sie waren Berufene, nicht weil die vorgesetzte Kirche ihnen den Auftrag dazu erteilte. Der kam nicht. Auftrag und Anstoß empfingen sie von dem, der sie auf die Spur dieser Nöte hingeführt und den inneren Drang eines an ihn gebundenen Willens mit der Glut des Herzens und der Wachsamkeit der Augen verbunden hatte.

4

Das Ringen um eine christliche Sozialpolitik – Friedrich Naumann

Was an offiziellen Festreden Neujahr 1900 zur Feier der Jahrhundertwende gesprochen worden ist, war von einem großen Optimismus beseelt. Man war davon überzeugt, daß das vergangene Jahrhundert stolzeste Leistungen vollbracht hatte und zu einem der größten der Menschheitsgeschichte zu rechnen sei. Die Erhebung Deutschlands zur Weltmacht war ihr Hauptinhalt. Deutschland ist den Völkern älterer Kultur ebenbürtig geworden. Der Rückblick auf die Erfolge des Jahrhunderts rühmte den Bund von Naturwissenschaft und Technik. Dieser Bund werde auch in Zukunft den Lebensstandard der Menschheit erhöhen und die Völker besser, glücklicher und zufriedener machen. Der wachsende friedliche Verkehr der Völker untereinander werde die Welt immer mehr zu einer Einheit zusammenrücken lassen, Europa werde sich immer stärker als eine Völkerfamilie verstehen.

Im Vergleich zu diesem großen Chor der Kulturoptimisten gab es nur wenige warnende Stimmen. Die Neujahrsbotschaft des Central-Ausschusses für die Innere Mission „an das evangelische deutsche Volk" erging sich nicht in diesem Optimismus. Die umwälzende Bedeutung der „sozialen Bewegung" wurde klar ausgesprochen. „Ohne Zweifel ist der Eintritt der arbeitenden Klassen als mitbestimmender Macht in die christliche Völkerwelt die folgenreichste Erscheinung, die das scheidende Jahrhundert darbietet, und die Überwindung der daraus erwachsenden Kämpfe die schwerste Aufgabe, die es dem aufsteigenden Jahrhundert hinterläßt". „Große Verschuldungen auf allen Seiten" werden mahnend hervorgehoben und die Forderung erhoben, daß „Größeres" als das bisher von der Inneren Mission Geleistete erforderlich sei. Denn „das Evangelium ist das einzige Heilmittel zur Gesundung unseres Volkslebens wie zur Herbeiführung eines dauernden Friedens in unseren sozialen Kämpfen"[76].

Dieser Aufruf wurde in der kirchlichen Presse abgedruckt und ging in 425 000 Exemplaren hinaus. Er sticht wohltuend gegenüber dem seichten Optimismus um die Jahrhundertwende ab, den man sonst überall, 14 Jahre vor dem Grauen des ersten großen Weltkrieges, vorgesetzt bekam.

In dem ständigen Auf und Ab der kaiserlichen Sozialpolitik hat der Central-Ausschuß eine klare Linie seiner Sozialpolitik festzuhalten vermocht, so schwer es oft war. Man verharrte auf der bisherigen Linie, unermüdlich Anregungen weiterzuleiten. Im Organ des Central-Ausschusses wurden fortlaufend Berichte über soziale Notstände und über Arbeiterfragen abgedruckt. Auf den Kongressen erörterte man unermüdlich soziale Probleme. Einzelheiten können hier übergangen werden. Denn große, die ganze Kirche erregende und die Öffentlichkeit bewegende Ereignisse fehlen.

Man begrüßte die christlich-nationale Arbeiterbewegung. Christliche Gewerkschaften auf überkonfessioneller Grundlage, als Standesorganisationen zur Vertretung der Arbeiterinteressen auf antimarxistischer Grundhaltung, bestanden seit 1899. Im Jahre 1903 konnten die christlichen Gewerkschaften, die evangelischen und katholischen Arbeitervereine, einige Staatsarbeiterverbände und der deutschnationale Handlungsgehilfenverband bereits 620000 Arbeiter und Angestellte in ihren Reihen aufweisen. Bald aber zählte die Gesamtzahl der im deutschen Arbeiterkongreß zusammenwirkenden Gruppen auf dem Boden einer christlichen Weltanschauung und nationaler Gesinnung 1112482 Mitglieder.

Der Central-Ausschuß stellte eine ständige Fühlungnahme mit dem Gesamtverband evangelischer Arbeitervereine her. Sie hatten zugleich enge Verbindung mit der „Freien kirchlich-sozialen Konferenz".

Diese Konferenz bildete eine Abspaltung des am 28. Mai 1880 von Adolf Stoecker und anderen Männern gegründeten „Evangelisch-Sozialen Kongreß", den Stoecker verließ, als man ihm, dem Geächteten, später den zweiten Vorsitz abzunehmen suchte.

Der neuen „Freien Kirchlich-Sozialen Konferenz", die am 27. und 28. April 1897 zum ersten Mal in Kassel zusammentrat, schlossen sich Vertreter der Evangelisations- und Gemeinschaftbewegung und namentlich die Theologen der biblizistischen Gruppe wie A. Cremer, Adolf Schlatter, Martin von Nathusius, W. Lütgert u. a. an. Hier wurden vor allem praktisch-kirchliche Fragen angeschnitten wie z. B. Volkskirche und Evangelisation, Sammlung der Heimarbeiterinnen, Evangelische Arbeitervereine und Christliche Gewerkschaften, Reform der Konfirmation usw.

Die Arbeit des Evangelisch-Sozialen Kongresses unter der Leitung Adolf von Harnacks blieb dagegen bei der theoretischen Erörterung und Klärung sozial-ethischer Probleme und behandelte daneben die Frage der Landarbeiter und die Frauenfrage.

Großartig zeigte sich dieser Evangelisch-Soziale Kongreß, als zu Beginn des neuen Jahrhunderts die zwei großen Arbeiterausstände alle christlich-sozial gestimmten Kreise aufs tiefste erregten. In dem Textilarbeiterstreik in Crimmitschau in Sachsen (1903/04) kämpfte man um den Zehnstundentag. In dem 200000 Arbeiter umfassenden Ruhrstreik des Jahres 1905 wurde um den achtstündigen Arbeitstag gekämpft. Direkte Erfolge errangen die Arbeiter in beiden Streiks nicht.

Doch hier stand auf einmal die Frage vor der Kirche und vor den christlich-sozialen Kreisen, auf welche Seite sie sich zu stellen hätten. In Crimmitschau hatten sich sämtliche dortigen Pfarrer für die Fabrikherren erklärt. Wo blieb hier die „Unparteilichkeit der Geistlichen", die „über den Parteien" stehen sollten? So wenig Klarheit bestand trotz der Arbeiterbewegung bei den grundsätzlichen Fragen innerhalb der Kirche!

Beim Ruhrarbeiterstreik beteiligte sich das Aktionskomitee des Evangelisch-Sozialen Kongresses an der Bereitstellung von Gaben zur Linderung der Not. Das war ein Lichtblick in der allgemeinen Unklarheit, welche ungeachtet aller Kundgebungen des Central-Ausschusses in sozialen Fragen bestand, wenn es um ganz praktische Dinge ging.

Der kurz nach dem Ruhrarbeiterstreik tagende Evangelisch-Soziale Kongreß in Hannover stellte in aller Öffentlichkeit einmütig fest, daß die Arbeiterorganisationen „eine für unsere Wirtschaft notwendige und für unsere Kultur bedeutungsvolle Erscheinung" darstellen[77]. Denn der positive Erfolg beider Streikbewegungen spiegelte sich in der Zunahme der Mitgliedzahl der freien und der christlichen Gewerkschaften wider. Es war vor allem in Süddeutschland zu hoffen, daß die wachsende Sozialdemokratie sich angesichts der Entfaltung freier und christlichen Gewerkschaften aus den Fesseln eines pedantischen orthodoxen Marxismus lösen würde. In den süddeutschen Staaten sah man nach 1900 demokratische Wahlrechtsreformen verwirklicht. Konsequente Sozialdemokraten bewilligten den staatlichen Haushaltplan. Eine Wendung schien sich vorzubereiten.

Nur der Führungsstaat Preußen hielt die breiten Volksmassen durch sein „Dreiklassenwahlrecht" fast völlig von der parlamentarischen Mitverantwortung fern. Wilhelm II. versäumte es völlig, den sozialistischen Industriearbeiter staatsfroh zu machen, in ihm die Bereitschaft zu wekken, diesen Staat auch als seinen Staat zu erkennen.

Die letzte von der Inneren Mission mitgetragene Arbeit vor dem ersten Weltkrieg war die „Evangelisch-soziale Schule" in Bethel. Ludwig Weber, der Führer des Gesamtverbandes evangelischer Arbeitervereine hatte sie ins Leben gerufen, um in ihr aus dem Arbeiterstand hervorgegangene künftige Führer von Arbeitervereinen wie evangelische Gewerkschaftssekretäre auszubilden.

Einen nachhaltigen Einfluß auf die Politik konnte die evangelische Arbeiterbewegung nicht gewinnen. In dem Reichstag von 1912 saßen 110 Abgeordnete der Sozialdemokratischen Partei und nur drei Christlich-Soziale.

Diese Erfahrung führte den eigenständigsten und genialsten unter den jungen Theologen innerhalb der Inneren Mission schließlich in die Politik: Friedrich Naumann. Am 28. März 1860 war der Pfarrerssohn Friedrich Naumann in Störmthal bei Leipzig geboren. Wicherns Arbeit im Rauhen Haus zog den jungen Theologen mächtig an. 1883 trat er als Oberhelfer dort ein. Die erzieherische Macht der Gemeinschaft ging ihm hier auf. In seinem ersten sächsischen Pfarramt in Langenberg bei

Zwickau, das er 1886 übernahm, zeigte sich bald seine große Gabe der Menschenführung. Eine tote Gemeinde wachte auf. Seelsorgerliche und volksmissionarische Verantwortung führte ihn in die Sozialpolitik wie vor ihm Stoecker. In der unmittelbaren Begegnung mit dem Fabrikarbeiter entstand seine erste bedeutende Schrift: „Arbeiterkatechismus oder der wahre Sozialismus". In seinem sozialen Pathos glich er dem Hofprediger in Berlin.

„Solange hier in einer Nacht Tausende verspielt und an lockere Weiber vertändelt werden, während dort die Näherin für stündlich etwa acht Pfennig mit müden Augen, mit abgezehrten weißen Fingern bis nachts um 2 Uhr arbeiten muß, nur um nicht der öffentlichen Unzucht in die Arme laufen zu müssen, solange wird der Ruf nach ökonomischer Gleichheit nicht verstummen. Wollt Ihr denen den Mund zuhalten, die nach Brot schreien? Wollt Ihr dem Lazarus vor des reichen Mannes Tür gebieten, daß er nicht merke, wie jener alle Tage herrlich und in Freuden lebt?" [78]

Im Jahre 1890 rief man ihn nach Frankfurt am Main als Vereinsgeistlichen der Inneren Mission. Hier zeigte sich seine große, ja hinreißende Beredsamkeit, die ihn ebenbürtig neben Stoecker stellte und seine schriftstellerische Begabung. Neben Stoecker wirkte er führend im Evangelisch-Sozialen Kongreß. 1891 gründete er in Frankfurt einen Evangelischen Arbeiterverein und errang bald innerhalb der Evangelischen Arbeitervereine eine führende Stellung. Naumann entdeckte, daß die Sozialdemokratie „die erste große Häresie der evangelischen Kirche" ist. So ist für ihn die Sozialdemokratie „nur ein Durchgangsstadium, die Endstation heißt christlich-sozial".

Der geniale Naumann entwickelte sich vom christlich-sozialen Herold zum national-sozialen auf christlicher Grundlage. Für christlich-soziale Pfarrer hatte der unsinnige kaiserliche Spruch die echten Wirkungsmöglichkeiten abgeschnitten: „Politische Pastoren sind ein Unding." Der christlich-soziale Pfarrer Naumann, der zum nationalsozialen Politiker sich wandelte, wurde 1907 linksliberaler freisinniger Abgeordneter im Reichstag. Immer aber blieben Gegenstand seines Werbens die Millionen sozialdemokratisch wählender Arbeiter. Sein Ziel war der soziale Staat. In ihm löst sich die Innere Mission stillschweigend auf. Der Sozialstaat übernimmt alle Wohlfahrtsaufgaben selbst und bewährt hier seine soziale Gesinnung.

War es einem sozial aufgeschlossenen Christentum nicht gelungen, die Sozialdemokratie aus ihrem Materialismus zu lösen, so wollte Naumann die Arbeiter für eine echte nationale Staatsgesinnung gewinnen. Auf diesem Wege hoffte er, sie doch aus der Verneinung zu führen. Immer blieb er auf dem Fundament eines ethischen Christentums stehen, ein Mann des Fortschrittes und zugleich ein Gefangener der wilhelminischen Ära in seinen dreißig Mannesjahren, die Zeit seines eigenen Ringens und Wirkens.

„Viele Christen von heute haben ihre Ideale in vergangenen Tagen. Das ist ein schwerwiegender, aber leider ein wahrer Satz. Es gibt etwas, was ich Romantik in der Kirche nennen möchte, ein Sichzurückziehen in die Vorstellung alter Zeiten. Wer den jungen Leuten zuruft: Schließt Eure Augen, wenn Ihr Karl Marx vorübergehen seht!, der kann recht liebe Menschen erziehen, aber keine Männer, die hart genug sind für den Kampf, der uns bevorsteht. Wen wollen wir denn schließlich gewinnen? Doch gerade das Volk, das heute schon sozialdemokratisch ist oder es morgen wird. Wie aber sollen wir das können, wenn wir eben dieses Volk und seine Zeitungen, Broschüren, Versammlungen nicht an uns selbst erlebt haben?" *Friedrich Naumann*[80].

Friedrich Naumann wollte die alte Monarchie mit sozialem Geist erfüllen, durch welchen das Arbeitertum in diesen Staat hineinwachsen konnte und sie damit am Leben erhalten. Als sie an ihrer eigenen Schwäche unterging, wollte er die neue Weimarer Republik zu einer echten Heimat für ein soziales, nationales und demokratisches Bürgertum bereiten, das in einer lebensvollen Partnerschaft mit dem Arbeitertum eine gute Zukunft aufbaut.

Doch er starb am 24. August 1919 im 60. Lebensjahr, nachdem er kurz zuvor in Berlin auf dem Ersten Parteitag der Deutschen Demokratischen Partei zum Parteivorstand gewählt worden war. Seinen Geist hat „sein Schüler Theodor Heuß in den zehn Jahren seiner Bundespräsidentschaft in die deutsche Geschichte eingebracht"[79].

So klingt in der Gestalt Friedrich Naumanns das nach, was Männer der Inneren Mission in der Linie von Johann Hinrich Wichern über Friedrich von Bodelschwingh und Adolf Stoecker an christlich-sozialen Anliegen und Aufgaben ihrem eigenen Volk übergeben haben. Mit ihnen teilte er die äußere Erfolgsarmut. Die direkt nachweisbaren Wirkungen auf den Gang der sozialen Entwicklung Deutschlands sind nicht leicht abzulesen. Aber wie diesen Vorgängern gelang es Friedrich Naumann, mit ungezählten Menschen aller Richtungen einen lebendigen und fruchtbaren Kontakt herzustellen. Seine unbestechliche Wahrhaftigkeit schuf Naumann einen großen Freundes- und Schülerkreis, denn sie war aus dem evangelischen Ethos geboren.

Vergessen werden darf auch nicht der tapfere Einsatz von Pastor Siegmund-Schultze, der in den Proletarierquartieren des Berliner Ostens nach englischem Vorbild im Jahre 1911 eine Soziale Arbeitsgemeinschaft ins Leben rief. Er versuchte hier erst einmal rein menschlich das Vertrauen des Proletariers zu erwerben. Seine jungen Mitarbeiter, Studenten aus allen Fakultäten, wohnten in Arbeiterwohnungen und sammelten die Arbeiterjugend in Klubs, die Erwachsenen in Ausspracheabenden, Mütterabenden und in einer Volksbildungsarbeit. Auf jede evangelistische Arbeit im Sinn der Stadtmission wurde Verzicht geleistet. Parteipolitisch blieb diese Arbeit neutral und religiös interkonfessionell. Doch wurde sie vom Ethos christlicher Liebe beseelt und wollte neue Wege zwischen den entfremdeten Volksschichten bahnen, um damit zugleich das Gewissen der Kirche und des Bürgertums für ihre sozialen Pflichten zu vertiefen.

Auch dem christlichen Sozialismus auf katholischer Seite sind keine weiterführenden Erkenntnisse geschenkt worden als sie der Protestantismus in seiner Auseinandersetzung mit der Arbeiterfrage gewann. Selbst der streitbare Bischof von Mainz, Ketteler, und Papst Leo XIII. sind nicht so sehr neue Wege gegangen, sondern innerhalb der katholischen Grundvorstellungen geblieben und nicht über die karitativen Vorschläge hinausgewachsen. Mit patriarchalischen Wohlfahrtseinrichtungen suchte man auch im katholischen Lager die sozialen Wunden zu heilen und hat sehr spät erst erkannt, daß dem Arbeiter mit einem neuen Arbeitsrecht geholfen werden müsse. Wohl begann man hier eher mit der Gründung von christlich-sozialen Arbeitervereinen, nämlich in der Zeit des Kulturkampfes, in die Bismarck die katholische Kirche verwickelte. Sie kamen auch zuerst nur mühsam voran und gingen in der katholischen Zentrumspartei auf.

Der Unterschied zwischen katholischer und protestantischer Soziallehre wurde bald deutlich. Der „christliche Sozialismus" katholischer Prägung wurzelt im kanonischen Recht und im katholischen Naturrecht. Der „christliche Sozialismus" evangelischer Prägung ist ganz persönlich begründet in der Liebesverantwortung des erlösten Christen, der jedem Arbeiter sein ganz persönliches Anrecht auf Menschenwürde und menschenwürdige Daseinsbedingungen mit zu erkämpfen hat.

Auch die päpstliche Enzyklika Rerum novarum vom 15. Mai 1891 hat so wenig wie die Schrift des Bischofs von Mainz, Ketteler, über die „Arbeiterfrage und das Christentum" von 1864 neue Wege gewiesen. „Auch sie traf nicht den Kernpunkt, daß dem Arbeiter nicht mit caritativen Almosen, sondern mit einem neuen Recht der Arbeit und der Arbeitsbedingungen zu helfen sei."

Doch hat Papst Leo XIII. die umwälzende Bedeutung der sozialen Frage erkannt und die römische Weltkirche dadurch zu alarmieren versucht. Wie weit das bis heute gelungen oder nicht gelungen ist, steht uns nicht an, hier zu erörtern. Ein Vorsprung vor der protestantischen Welt ist nicht zu erkennen.

Was die katholischen Sozialreformer mit den evangelischen vereinigt, ist die gemeinsame Überzeugung, daß eine wirklich gesunde Sozialordnung nicht auf die Kräfte des Christentums verzichten, jedenfalls mit antichristlichen Vorzeichen nicht verwirklicht werden kann.

Leo XIII. verlangte nach seiner Sozialauffassung ein Zusammenwirken von Staat und Gesellschaft, von Arbeitgebern und Arbeitnehmern, von Arbeiterfürsorge und Arbeiterselbsthilfe unter der Anleitung der Kirche, damit es zu einer rechten Harmonie im echt katholischen Sinn käme. Die protestantische Sozialauffassung im 19. Jahrhundert und in der wilhelminischen Ära proklamierte „Gotteshilfe, Selbsthilfe, Staatshilfe und Bruderhilfe" auf dem Wurzelgrund der ganz persönlichen Verantwortlichkeit des einzelnen Christenmenschen. Das soziale Gewissen der evangelischen Kirche, über das die Männer der Inneren Mission bescheidener dachten als die katholischen Sozialreformer über das ihrer Kirche, stand dann in diesem Stromkreis des persönlich wachen Gewissens der einzelnen.

5

Entfaltung der Inneren Mission bis zum ersten Weltkrieg

Wenn man die weitere Entwicklung der Inneren Mission im Kaiserreich verfolgte, so lag der Schwerpunkt der Tätigkeit auf den überkommenen diakonisch-fürsorgerischen Arbeitsgebieten, die nach den sich wandelnden Anforderungen ausgebaut oder umgebaut wurden[81]. Es wurden auch neue Arbeitsfelder entdeckt, die mit dem Wachstum und der Entfaltung des Zweiten Reiches zu einer Weltmacht zusammenhingen. Es kam zur Gründung der Bahnhofsmission, die ein Arbeitszweig der evangelischen Frauenwelt wurde. Ein „Verband Evangelischer Deutscher Bahnhofsmission" schloß im Jahre 1916 275 Bahnhofsmissionen zusammen. Hier wurde vor allem alleinstehenden Frauen, Müttern, Mädchen und Kindern Beistand geleistet. Auf die Notwendigkeit der Flußschiffermission hatte der Central-Ausschuß immer wieder hingewiesen. 1893 wurden den Vereinen für Innere Mission in Deutschland diese Arbeit an den etwa 160000 evangelischen Flußschiffern erneut ans Herz gelegt. Die Berliner Stadtmission unter Stoeckers Leitung gründete 1900 die „Vereinigung zur kirchlichen Fürsorge für die Fluß- und Kanalschiffer". Im Jahre 1904 wurde in Berlin eine Zille zur „Schwimmenden Kirche" umgebaut, in der sonntäglich Gottesdienst gehalten wurde. Ihre Hauptliegestelle war der Berliner Westhafen. Von dort wurde sie in die verschiedenen Häfen Berlins geschleppt. Manches junge Schifferpaar wurde in ihr getraut. Mehrere Schifferkinderheime entstanden, wo die Schifferkinder während der ganzen Schulzeit erzogen wurden und neben dem Schulunterricht durch den Schiffermissionar den Religions- und Konfirmandenunterricht empfingen[82].

Die Kellnermission an den sonntagslosen deutschen Gasthausangestellten erwuchs im Ausland. Sie wurde von drei Seiten angefaßt, seit

1888 durch den Londoner deutschen Christlichen Verein Junger Männer, durch Pastor Adolf Hoffmann von der deutschen lutherischen Gemeinde in Genf, einem früheren Mitarbeiter der Berliner Stadtmission, der unter dreihundert deutschen Kellnern arbeitete (1890). Doch erst der Pastor Hermann Friedrich Schmidt, der die deutsche evangelische Gemeinde in Cannes an der französischen Riviera von 1872–1908 betreute, verstand es durch sein Büchlein „Kellners Wohl und Wehe" (1891) ein allgemeines Interesse für die Kellnermission zu erwecken. England, Frankreich und die Schweiz bildeten von jeher die Hohe Schule für jeden vorwärtsstrebenden Kellner. So wurden London, Genf und Cannes zu ausländischen Mittelpunkten der Kellnermission, die dann auf deutschen Boden übergriff [83].

Mit dem Wachsen der deutschen Seegeltung wurde auch die Seemannsmission, die Wichern 1850 in Antwerpen begonnen hatte, ausgebaut. Der Central-Ausschuß sorgte dafür, daß sie auf englische, schwedische, holländische, italienische Häfen ausgedehnt wurde. Schließlich wurden vor dem Ausbruch des 1. Weltkrieges 200 Häfen betreut [83+].

Als Ergänzung der „Herbergen zur Heimat" waren nach 1860 christliche Hospize in verschiedenen Gegenden Deutschlands entstanden. Dem Zug der Zeit zum Zusammenschluß folgend, bildeten sie seit 1904 einen eigenen Verband, dem schließlich mehr als 200 Hospize und Erholungsheime mit rund 12000 Betten 1939 angehörten. Der Gedanke des christlichen Hospizes, der von der Inneren Mission ausgegangen war, pflanzte sich bald auch in außerdeutsche Länder fort, vor allem in die Schweiz und nach Skandinavien.

Unter Führung des Berliner Theologieprofessors Reinhold Seeberg, der seit 1898 dem Central-Ausschuß als Mitglied angehörte, wurden seit Beginn des 20. Jahrhunderts apologetische Vorträge vom Central-Ausschuß veranstaltet. In jährlichen Lehrgängen wurden Laien und Theologen in die gesamten Aufgaben der Inneren Mission eingeführt. Diese Vortragstätigkeit wurde in allen Landes- und Provinzialvereinen organisiert. Die Philosophie Nietzsches, die einen radikalen Naturalismus predigte, die Hinwendung zur bloßen Natur, zu dem Barbarischen, zum Diesseits, nahm die Jugend gefangen: „Ich beschwöre euch, meine Brüder, bleibet der Erde treu und glaubt nicht denen, die euch von überirdischen Hoffnungen reden", so sprach er. Daneben bedrohte der Skeptizismus die Gebildeten. Ein platter Diesseitsstandpunkt, Haeckels Welträtsel, Darwins „Kampf ums Dasein", der neue Mythus der Gewalt betörte die Massen, die sich noch im Raum der Kirche befanden, um die letzte Gläubigkeit auszuhöhlen.

Es fehlte auch nicht an öffentlichen Anschuldigungen der Inneren Mission gegenüber, die nicht nur von sozialdemokratischer Seite, viel mehr von einem liberalen und fortschrittsversessenen Bürgertum stammten, das alles anders und besser zu machen glaubte. Hier tat Aufklärung und Verteidigung not, die der Central-Ausschuß vornahm.

In dem neuen preußischen „Gesetz über die Fürsorgeerziehung Minderjähriger", das am 1. April 1901 in Kraft trat, wurde endlich den Wünschen der Inneren Mission mehr Rechnung getragen. Die tief eingewurzelten Vorstellungen von Strafe und Zwang wurden nunmehr durch den Erziehungsgedanken wirksam begrenzt bzw. abgelöst. Dafür hatte sich die Innere Mission seit drei Menschenaltern eingesetzt. Auch in den Kreisen der Strafrichter öffnete man sich im steigenden Maße dieser Neuorientierung.

Damals brach die Jugendbewegung auf. Das Problem Elternhaus und das Problem Schule rückten in den Vordergrund leidenschaftlicher Erörterungen. In der Jugend revoltierte man gegen ungesunde und unjugendliche Lebensformen und gegen ein Schulsystem, welches zu viel toten Wissensballast mitschleppte. Man protestierte gegen den platten Nützlichkeitsstandpunkt des 19. Jahrhunderts, das der Jugendzeit kein Eigenrecht zugestanden hatte. Man sah ja diese Zeit nur als ein unbequemes Durchgangsstadium und als eine reine Vorbereitungszeit für das Erwachsenenalter an. In allen Schularten unterrichtete man weithin nach einer schablonisierenden Pädagogik, welche die männliche wie die weibliche Jugend über einen Kamm schor. Jetzt entdeckte man, daß die Jugendzeit ihren Sinn auch in sich trägt und begeisterte sich an ihrem besonderen Sinngehalt. Die Jugendlichen zwischen dem 14. und 18. Lebensjahr erkämpften sich auch im erzieherischen Sinn ein Eigenrecht[83++].

Diese Wandlung wirkte sich auf das Jugendstrafrecht aus. Die bisherigen Träger der alten Rettungshausarbeit an Schwererziehbaren wurden zur Neubesinnung in ihrer erzieherischen Arbeit aufgerufen. Hier erwuchsen für die Erziehungsfürsorge an der männlichen Jugend neue große Aufgaben, die von der Diakonenschaft tatkräftig aufgegriffen wurden. Die Brüderhäuser entfalteten sich auch nach der Jahrhundertwende stark.

Wenn man die Entwicklung der Brüderhäuser verfolgt, wird man sagen können: Aus der schwachen Pflanze war ein mächtiger Baum geworden. Es gab bereits zahlreiche Brüderhäuser in allen Teilen Deutschlands. Zu den älteren Gründungen wie das Rauhe Haus 1833 und die Fliednersche in Duisburg 1844 waren inzwischen neuere getreten: Züllchow in Züssow bei Greifswald 1850; Neinstedt 1850; Johannesstift Berlin 1858; Stephanstift Hannover 1869; Moritzburg 1872; Karlshöhe 1876; Nazareth-Bethel 1877; Martinshof-Rothenburg-Kraschnitz 1881; Carlshof (Ostpr.) 1883–1945; Rummelsburg 1890; Neuendettelsau 1893; Tannenhof in Remscheid-Lüttringhausen 1896; Hephata in Treysa 1901; Rickling bei Neumünster 1906; Martineum in Volmarstein-Ruhr 1907; im Deutschen Gemeinschaftsdiakonie-Verband (DGD) das Brüderhaus Tabor in Marburg 1909; Lutherstift in Falkenburg 1920; Paulinum, Bad Kreuznach 1932; Wittekindshof, Bad Oeynhausen 1949; Johannes-Falk-Haus in Eisenach 1954.

Welch ein Reichtum an Eigenprägung zeigte sich hier. Eingebettet in die Traditionen ihrer Landschaften, getragen von einem oft festgeformten Freundeskreis, gestalteten sich die Erziehungsideale in den verschiedenen Brüderhäusern oft ganz unterschiedlich. Doch fanden sich die Brüderhausvorsteher auf Veranlassung des Central-Ausschusses seit 1904 in einer erneuerten Konferenz unter neuen Fragestellungen zusammen. Der Einsatz der männlichen Diakonie dehnte sich auf immer weitere Arbeitsfelder aus. Die Diakone wirkten als Gemeindehelfer und Jugendsekretäre, als Chorleiter und in den Verwaltungszentren der Gemeindepfarrämter und der Kirchenkreise nun auch ganz unmittelbar im Dienst der Kirche und nicht mehr nur der Inneren Mission. Sie wurden in immer weitere Arbeitsgebiete zur Mitverantwortung und zur Selbstverantwortlichkeit in führende Stellungen gerufen und arbeiteten ganz unmittelbar in weiten Öffentlichkeitsbereichen. Die Ansprüche, die an ihre Vorbildung auch aus den eigenen Reihen heraus gestellt wurden, wurden immer ausgedehnter. Die Zeit des Improvisierens war zu Ende.

Es bildete sich im allgemeinen eine fünfjährige gründliche theoretische und praktische Ausbildung heraus, die durch eine Diakonenprüfung in Anwesenheit eines kirchenamtlichen Vertreters ihren Abschluß fand. Entsprechend der späteren Berufstätigkeit war diese wissenschaftliche und praktische Ausbildung sehr vielseitig. Im steigenden Maße wurde auch Unterricht in den klassischen Sprachen, vor allem im Griechischen ermöglicht, um wenigstens das Neue Testament in der Ursprache lesen zu können. In einigen Anstalten wurde mit der Diakonenprüfung eine Religionslehrerprüfung verbunden. Zusatzprüfungen konnten abgelegt werden: Organisten-, Fürsorger-, Krankenpfleger-, Irrenpflegerprüfung auch Verwaltungsprüfungen. Sie setzten eine zusätzliche Sonderausbildung voraus.

So formte sich der neue Berufsstand innerhalb der Inneren Mission und der Kirche. Es stehen ungefähr 50 verschiedene Spezialberufe im Raum der Kirche, der Mission und des Staates dem Diakon zur Verfügung. Weithin haben sich diese Fachaufgaben erst durch die Tätigkeit der Diakonenschaft herausgebildet. Man wird die Diakonenschaft dabei auch heute noch in drei Hauptgruppen zusammenfassen können: in Gemeinde-, in Pflege- und Verwaltungsdiakone. An der ursprünglichen Aufgabe „Evangeliumsverkündigung in Wort und Tat" wurde aber seitens der Diakonenschaft immer betont festgehalten. Damit war einer Vielfalt der Begabungen und Charismen ein fruchtbares Feld der Betätigung freigehalten. Seit 1913 haben sich die Diakone in einer „Deutschen Diakonenschaft" vereinigt, die sich selbst ihren Vorsitzenden aus ihren eigenen Reihen wählen.

Der Central-Ausschuß wirkte mit, daß die soziale und wirtschaftliche Stellung der Diakonen gehoben, Mindestgehälter festgesetzt, die Erleichterung der Eheschließung und eine größere Einheitlichkeit im Besoldungswesen angebahnt wurden.

So wurde diesem neuen Berufsstand innerhalb der deutschen evangelischen Christenheit ein freier Raum geschaffen, daß die deutsche Diakonenschaft nach dem zweiten Weltkrieg um 42 Prozent auf knapp 6000 Diakone (1962) sprunghaft gewachsen ist. Es ist wohl nicht nur der Pfarrermangel, sondern es sind günstige Erfahrungen mit „Spätberufenen", welche den Wunsch in den verschiedenen Landeskirchen entstehen ließen, bewährte Diakone in den Pfarramtsdienst zu übernehmen.

Der Central-Ausschuß für die Innere Mission hat doch wohl diese Entfaltung des Diakonenstandes vorausgeahnt, als er noch vor dem ersten Weltkrieg den Satz prägte: „Die Zukunft der männlichen Diakonie bedeutet die Zukunft der Inneren Mission überhaupt." Die Geschichte der männlichen Diakonie und des Diakonenberufes in seiner Bedeutung für die Kirche in der Neuzeit wartet noch auf eine Bearbeitung[83+++].

Andere Einzelarbeiten entstanden. Der Kampf gegen Schmutz und Schund, gegen Unsittlichkeit und Trunksucht wurde immer wieder von solchen Kreisen wie aus der Wissenschaft, Kunst und Literatur gehemmt, von denen man es nicht erwartete. Gegen die Überfremdung der deutschen Literatur durch Schund und Schmutz arbeitete die Innere Mission eng mit dem evangelischen Buchhandel zusammen, der sich im „Verband evangelischer Buchhändler" 1906 fest zusammengeschlossen hatte und auf eine bedeutsame Geschichte hinweisen konnte[84].

In der Trinkerrettungsarbeit führten Anregungen aus England den Schweizer Pfarrer Rochat 1877 bereits zur Gründung von Vereinen zur Trinkerrettung. 1883 entstand der erste Verein unter dem Namen „Mäßigkeitsverein zum Blauen Kreuz". In Deutschland wirkte für die Verbreitung des Blau-Kreuz-Gedankens neben Pfarrer Rochat und Pfarrer Bovet vor allem Oberstleutnant Kurt von Knobelsdorff. Bald übernahm auch die Innere Mission diese Aufgabe.

Die Mitglieder dieser Vereine suchen ihnen persönlich bekannte Trinker dazu zu bewegen, ihrem Verein beizutreten. Der Trinker verpflichtet sich durch Unterschrift zur strengen Abstinenz, die die Mitglieder des Blauen Kreuzes auch freiwillig auf sich nahmen. Diese Verpflichtung und der Halt an der Glaubensgemeinschaft haben Trinkern oft jenen inneren wirksamen Halt geboten, um die Süchtigkeit zu bezwingen.

Hier in dieser Rettungsarbeit bildeten sich verschiedene Verbände, die zuerst nebeneiander arbeiteten, um dann später mit anderen alkoholgegnerischen Organisationen doch zusammenzurücken. Zu nennen sind der kirchlich-neutrale „Hauptverein vom Blauen Kreuz" in Wuppertal-Barmen, der „Deutsche Bund evangelisch-kirchlicher Blaukreuzverbände" und der „Gnadauer Blaukreuzverband" innerhalb der Gemeinschaftsbewegung. Der Central-Ausschuß für die Innere Mission erwarb sich große Verdienste in der Bemühung um Schutzgesetze für Jugendliche beim Gaststättengesetz. Hier wurden die Fragen mit der Regierung, den Ministerien und den Parlamenten durchgesprochen und durchgekämpft[85].

Der Kampf gegen den schmachvollen Mädchenhandel, der durch wohlorganisierte Banden von Deutschland vor allem nach Südamerika ging und vor dem selbst hohe Zuchthausstrafen die Mädchenhändler nicht abschreckte, wurde schließlich im „Deutschen Nationalkomitee zur Bekämpfung des Mädchenhandels" zusammengefaßt. Als dessen Seele galt Pastor Cuntz, Bremen, der eine internationale Zusammenarbeit erstrebte und die Seemannsmission in den Abwehrdienst hineinnahm. Der Kampf gegen Unsittlichkeit, Prostitution und Trunksucht wurde also weitergeführt und die Rettungsarbeit ausgebaut.

Neue Wege beschritt der Central-Ausschuß, der es endlich erreichte, daß für die weiblichen Gefangenen in größeren Gefängnissen weibliche Gefangenenbetreuerinnen eingestellt wurden. Er errichtete selbst 1891 Ausbildungsstätten für weibliche Aufseherinnen im Strafanstaltsdienst. In diesen Bemühungen um die Gefangenen entstanden über 100 Hilfsvereine für entlassene Gefangene, die bereits 1892 im „Deutschen Schutzverein für entlassene Strafgefangene" zusammengeschlossen wurden.

Die Krüppelfürsorge fand in Pastor Theodor Hoppe (1846 bis 1934), der von Stoecker 1879 in die Leitung des Oberlinhauses in Nowawes, jetzt in Potsdam-Babelsberg berufen wurde, einen Bahnbrecher. Er gab damit einen Anstoß zu einer umfassenden Krüppelfürsorge in ganz Deutschland. Hier entstand nach wenigen Jahren ein Werk, das die Augen der Welt auf sich zog. Nicht nur in Deutschland, in der ganzen Welt bis hin nach Japan fand sein Vorbild Nachahmung. Pastor Hoppe erzog die Krüppel zu lebenstüchtigen, nützlichen Gliedern der menschlichen Gesellschaft und wies damit Wege auf, die im ersten und zweiten Weltkrieg eine ungeahnte Bedeutung erlangen sollten.

Er schuf in Deutschland nach einem schwedischen Vorbild 1906 das Taubstummblindenheim in Nowawes, wo der Dienst unendlicher Liebe und Geduld an einer namenlosen Not diesen Hilflosen die Pforte in ein menschenwürdiges Leben erschließt, die ihnen bisher für immer verschlossen schien[85+].

Auch die Frauenfrage geriet durch die Innere Mission im Raum der evangelischen Kirche wieder in Fluß. Fliedner hatte mit der weiblichen Diakonie den Weg zu einem fruchtbaren Wirken der unverheirateten Frau im Dienst der Gefangenen, der Kranken, der Alten, der Kinder und innerhalb der Kirchgemeinden gebahnt. Inzwischen war eine bürgerliche und eine proletarische Frauenbewegung mit verschiedenen Zielen entstanden. Der bürgerlichen Frauenwelt galt die Kirche weithin als eine gründlich rückständige Welt, die dem Drang der Frau nach verantwortlicher und selbständiger wie gleichberechtigter Mitarbeit im tagtäglichen Leben nur hemmend gegenüberstand. In der proletarischen Frauenbewegung wurde die Kirche nicht belächelt, sie wurde zielbewußt bekämpft.

Männer der Inneren Mission haben die Frage der Frau und des jungen Mädchens in der Kirche kurz vor der Jahrhundertwende wieder energisch angepackt. Pastor Johannes Burckhardt von der Elisabethkirche in Berlin faßte 1890 die Berliner Jungfrauenvereine, die als Frucht der Inneren Missions-Bewegung nach 1848 entstanden waren, in einem Vorständeverband zusammen. Das war das Signal dafür, 1893 einen „Evangelischen Verband für die weibliche Jugend Deutschlands" ins Leben zu rufen. In Berlin-Dahlem entstand das Burckhardthaus. Bald schlossen sich 6500 Vereine mit 185000 Mitgliedern zusammen. Hier wurden die brennenden Fragen der weiblichen Jugend aller Schichten bis hin zur sozialen Hilfe im evangelischen Geist bearbeitet. Burckhardt besaß den Mut, allen Vorurteilen innerhalb der Kirche zum Trotz, seine Mitarbeiterinnen zu leitender Verantwortung heranzubilden. Reisesekretärinnen reisten durch das Land, Konferenzen, Lehr- und Bibelkurse wurden veranstaltet, Freizeiten eingerichtet, Berufsarbeiterinnen ausgebildet. Im Strom der aufbrechenden Jugendbewegung gewann diese christliche, weibliche Jugend ihr eigenes Gesicht und ihr Sendungsbewußtsein. Dazu trat hier bald ein eigenes Jugendschrifttum.

Im Jahre 1899 entstand auch durch führende Männer der Inneren Mission wie Ludwig Weber u. a. ein Zusammenschluß von Frauen, Frauen- und Jugendvereinen aller Volkskreise im „Deutsch-Evangelischen Frauenbund" zur religiös-sittlichen Erneuerung des deutschen Volkes, zur Lösung der Frauenfrage und einer sozialen Reform für die Frauenwelt. Sehr schnell sammelten sich hier gegen 250000 evangelische Frauen in den angeschlossenen Vereinen. Die praktische Arbeit der Ortsvereine setzte in allen Bereichen der Inneren Mission und der kommunalen Wohlfahrtsarbeit ein. Es war ein machtvoller Aufbruch des evangelischen Frauenwillens zur Mitverantwortung im öffentlichen Leben.

Von diesem allgemeinen Aufbruch in der Frauenwelt getragen, vermochte Adolf Stoecker im Jahre 1904 in Berlin mit Gräfin Bertha von der Schulenburg und mit Hilfe des Kapellenvereins einen ersten Lehrgang für Berufsarbeiterinnen der Inneren Mission zu eröffnen. Im wachsenden Groß-Berlin bedurfte man für die Aufgaben der

Fürsorge und der kirchlichen Unterweisung dringend neuer Mitarbeiterinnen, die man hier vorbereitete. Daraus entstand unter der Mitwirkung des Central-Ausschusses im Jahre 1909 die „Frauenschule der Inneren Mission“ in Berlin. Der Deutsch-Evangelische Frauenbund hatte bereits 1905 mit einem „Christlich-Sozialen Frauenseminar“ in Hannover begonnen.

Von der Gräfin Bertha von der Schulenburg, einer schlichten Frau, ging ein starker Einfluß auf die jungen Mädchen aus, die sie verehrten und liebten. Sie ist die erste Frau gewesen, die anläßlich der 75-Jahrfeier des Central-Ausschusses in der Schloßkirche zu Wittenberg den Ehrendoktorhut der Theologie erhielt.

Es bildete sich ein Verband der Berufsarbeiterinnen der Inneren Mission, aus dem der Verband der Evangelischen Wohlfahrtspflegerinnen und die Schwesternschaft der Inneren Mission hervorgingen. Für sie erwarb der Central-Ausschuß in der Mark Brandenburg nahe beim Kloster Chorin für Freizeiten und Lehrgänge eine Heimstätte. In der Klosterruine Chorin wurden Schwesterneinsegnungen gehalten.

Aus den Sozialen Frauenschulen wurden die Wohlfahrtsschulen, oft auch Seminare für soziale Berufe genannt. Hier wurden nicht nur Fürsorgerinnen, sondern auch Fürsorger für die Arbeitsgebiete der Inneren Mission und der behördlichen Fürsorge an Gesundheits-, Jugend- und Wohlfahrtsämtern, an Arbeitsämtern, in der Heimerziehung, Krankenhaus-, Werks- und Erholungsfürsorge, auch für den Dienst der weiblichen Polizei zugerüstet.

Die evangelischen Kindergärtnerinnen, Hortnerinnen und Jugendleiterinnen gründeten erst 1925 ihren Verband[85++].

In diesen Aufbruch evangelischer Frauen zum Dienst in ihrer evangelischen Kirche gehört auch die Gründung des Gesamtverbandes „Evangelische Frauenhilfe“, die als „Frauenhilfe des Evangelisch-Kirchlichen Hilfsvereins“ auf Anregung der Kaiserin Auguste Viktoria 1899 entstand. Hier wurden alle kirchlichen Gemeinde-Frauenvereine, 5000 Einzelvereine mit 600 000 Mitgliedern erfaßt, die ihre Aufgaben im Anschluß an das Pfarramt aufgreifen sollten. Sie suchten die Frauen der Gemeinde zu sammeln und sie in dem Dienst an der Gemeinde zu schulen und das Verständnis für die Kirche und ihre Aufgaben in der Öffentlichkeit zu beleben. Aus dieser Frauenhilfe wuchs ein eigener Schwesternverband heraus. Lehrgänge und Freizeiten wurden eingerichtet, ein Diakonissenmutterhaus zum Dienst an den deutschen evangelischen Auslandsgemeinden entstand.

Die Frage der Jugendbewegung klopfte nur einmal an die Pforten der Inneren Mission, als sich die Vereinigung der „Schülerbibelkreise an höheren Schulen“ 1909 an den Central-Ausschuß für Innere Mission anschloß. Diese aus einem ersten Bibelkreis am Elberfelder Gymnasium im Jahre 1883 hervorgegangene Bibelbewegung an höheren Schulen wuchs in den letzten Jahren vor dem ersten Weltkrieg auf 300 Kreise mit Tausenden von höheren Schülern, die hier erfaßt wurden[85+++].

Stärker in die breite Öffentlichkeit trat die Innere Mission wieder seit der Gründung des „Deutschen evangelischen Volksbundes für öffentliche Mission des Christentums", die 1911 erfolgte. Sie ging auf eine Anregung der von Stoecker ins Leben gerufenen „Kirchlich-Sozialen Konferenz" zurück.

Der neue Volksbund wollte eine Vereinigung sein, „welche die Lebenskräfte des positiven Christentums vor allem auch für das öffentliche Volksleben zur Durchsetzung und Auswirkung bringen will"[86]. Die wenigen Jahre bis zum Ausbruch des ersten Weltkrieges ließen diesen Volksbund nicht recht zur Entfaltung kommen. Aus einem Ausschuß für Schriftenwesen des Central-Ausschusses entstand im Jahre 1910 der „Evangelische Preßverband für Deutschland", der seine Notwendigkeit mit den Worten begründete: „Wir müssen die Möglichkeit haben, auch in der Presse alle Tagesfragen des öffentlichen Lebens im Lichte der christlich-sittlichen Weltanschauung zu beleuchten"[87].

Als Dachorganisation regionaler Preßverbände, die wie der Evangelisch-Soziale Preßverband für die Provinz Sachsen (1891) oder der westfälische (1907) gegründet worden waren, entwickelte er sich unter der Leitung von August Hinderer, einem Württemberger (1877–1945), zu einem publizistischen Zentrum. Hinderer kämpfte nicht um die Gewinnung der Presse für eine entschiedene christliche Gesamteinstellung, was nicht gelingen konnte. Er suchte auch nicht „evangelische" Tageszeitungen aufzuziehen, deren Einfluß nur begrenzt gewesen wäre. Es ging ihm um eine fortschreitende Versittlichung der Zeitungsinhalte, um die Bekämpfung wilder Auswüchse, um einen von der Sache her bestimmten evangelischen Dienst an den Trägern der öffentlichen Meinungsbildung. Der Gang der Entwicklung bestätigte die Richtigkeit dieses Arbeitszieles des Preßverbandes[88].

Daneben entwickelte sich ein ausgedehntes kirchliches Pressewesen in Gestalt christlicher Zeitschriften und Sonntagsblätter. Von großer Bedeutung wurde in diesem Zusammenhang auch der Aufbau evangelischer Büchereien. Schon Wichern hatte auf ihre Notwendigkeit hingewiesen. Hier sollte evangelisches Schrifttum und Erzählergut gepflegt werden und Eingang in die Gemeinden finden. Die erste Zentralorganisation evangelischer Büchereien schuf der „Christliche Zeitschriftenverein" in Berlin im Jahre 1900 im „Zentralverein zur Gründung von Volksbibliotheken". Daraus entwickelte sich drei Jahre später der „Verband evangelischer Büchereien", der vom Central-Ausschuß für die Innere Mission übernommen und später ein Glied des „Evangelischen Preßverbandes für Deutschland“ wurde. Bedeutsam war die Schaffung der eigenen Literaturzeitung, des „Eckart“, die Aufstellung von Musterbibliotheken und die Beratung der bestehenden. Den Abschluß dieser Bestrebungen bildete Jahrzehnte später die Schaffung einer evangelischen Bibliotheksschule in Göttingen, in der die kirchlichen Bibliothekare ihre Ausbildung erhalten.

Die Vielfalt und Fülle der verschiedenen Dienste der Inneren Mission verkörperte sich vor dem Ausbruch des ersten Weltkrieges allein in 37 Fachverbänden, in die sich der Central-Ausschuß untergegliedert hatte. Die verschiedenen Anstalten und Einrichtungen der Inneren Mission, oft ganze Städte und Dörfer der Barmherzigkeit stellten sie dar. Ihre Fürsorge umspannte Alte, Kranke, Sieche, Schwachsinnige, Verkrüppelte, Blinde, Taubstumme, Trinker, gefährdete Jugendliche, Kinder und Waisenkinder, Diakonen- und Diakonissenhäuser, Christliche Hospize, Herbergen zur Heimat, Arbeiterkolonien, Erholungsheime, Zufluchtsstätten für Heimatlose, Seemannsheime, Bibelschulen, Freizeitenheime, Jugendheime, Kindergärten, eine Fülle von Einrichtungen, die nicht aufgezählt werden können. In diesem Dienst standen die vielen Berufsarbeiter der Inneren Mission und die ungezählten freiwilligen Helfer. Hier ist ein großer Strom von Leid und Verlassenheit in stillen und guten Häfen zusammengeströmt und in der Welt des Leides und der Schuld das Zeichen Christi aufgerichtet worden.

7. Kapitel

Innere Mission und Diakonie zwischen zwei Weltkriegen (1914-1945)

1

Die Innere Mission im 1. Weltkrieg

Als der erste Weltkrieg 1914 über die Völker Europas hereinbrach und schließlich die ganze Welt in ihn hineinzog, war an eine Felddiakonie der Inneren Mission wie in den Kriegen von 1864, 1866 und 1870 nicht mehr zu denken.

Der unmittelbare Sanitätsdienst auf den Schlachtfeldern und in den Frontgebieten lag ganz in den Händen des Roten Kreuzes. Die Innere Mission stellte jedoch ihre Häuser und Anstalten als Lazarette und Genesungsheime für Kriegsversehrte zur Verfügung. Allein in Bethel, der Stadt der Barmherzigkeit, wurden während des ersten Weltkrieges insgesamt 39 000 Soldaten gepflegt.

Die Militärseelsorge suchte die Innere Mission durch eine Eingabe des Central-Ausschusses an das Kriegsministerium vom 26. November 1914 zu stärken. Er bat darum, „daß die im Krankenpflegedienst und Waffendienst befindlichen Diakone ..., Missionare ... und älteren Missionszöglinge ... durch Ausübung seelsorgerlicher Verrichtungen neben ihrem eigentlichen Dienst zur Verstärkung der Seelsorge beitragen dürften". So konnten der Heeresseelsorge über 500 freiwillige Helfer aus dem Heer zu Hilfe kommen.

Eine Schriftenmission mit Flugblättern, Bibeln, Bibelteilen und christlichen Schriften konnte an der Front und in der Etappe durchgeführt werden.

Dann aber richtete die Innere Mission ihr Augenmerk vor allem auf die seelischen und sittlichen Zustände in der Heimat. Sie besaß durch ihre jahrzehntelange Sittlichkeits- und Rettungsarbeit einen Einblick in die wahren Verhältnisse des Volkslebens. Sie konnte die Dinge beim richtigen Namen nennen. Die evangelischen Männer-, Frauen- und Jugendkreise hatten es inzwischen gelernt, sich eingehend mit den Fragen der Sittlichkeitsbestrebungen zu beschäftigen.

Man konnte nunmehr gegen die sexuelle Entartung und Gefährdung während des Krieges auftreten und auf eine weitgehende Zustimmung der christlich gebundenen Öffentlichkeit rechnen. In zahllosen Eingaben an die höchsten Militär- und Zivilbehörden beschwor man die verantwortlichen Männer, gegen die Entsittlichung im Volk einzuschreiten. Man verlangte die Aufhebung der Bordelle, die Bekämpfung der Prostitution, die Eindämmung des Alkoholismus in Heer und Heimat. Statistische Unterlagen bewiesen die erschreckende Zunahme der Geschlechtskrankheiten. Ein gesundheitlicher Schutz besonders der Jugendlichen wurde erwartet. Wir wissen freilich, wie wenig damals die verantwortlichen Stellen willens und in der Lage waren, diese Übel wirklich anzufassen. Es ist dabei aber deutlich geworden, wie wenig die Prostitution mit staatlichen Mitteln allein aus der Welt zu schaffen war.

Die Fragen waren aufgebrochen. Man erkannte die auf die verantwortlichen christlichen Kreise zukommenden Probleme, die sich aus der veränderten Stellung der Geschlechter zueinander ergaben. Der zunehmende voreheliche und wechselnde Geschlechtsverkehr, die Bewahrung der Jugend vor gefährlichen Einflüssen, vor Schmutz und Schund, die Fragen der Volksgesundheit, der Abtreibung und Geburtenregelung, einer Sexualpädagogik, mußten eine klare christliche Antwort erfahren. Das Bemühen darum führte, aus Kriegs- und Nachkriegserfahrungen erwachsen, 1922 zur „Arbeitsgemeinschaft für Volksgesundung", die Dr. med. Harmsen im Central-Ausschuß für die Innere Mission ins Leben rief[1].

Das war nur eine Front in den großen volksmissionarischen Bemühungen, die mitten im ersten Weltkrieg begannen. Auf der Novemberkonferenz 1916 des Central-Ausschusses hielt der Rostocker Professor für praktische Theologie Gerhard Hilbert, der spätere Stadtsuperintendent von Leipzig, seinen bahnbrechenden Vortrag über das Thema: „Die besonderen Aufgaben der Inneren Mission bei der allgemeinen Volksmission der Kirche". Hier wurden die religiösen und sittlichen Zustände im Volk mit denen auf den Missionsgebieten verglichen. Er forderte die Innere Mission auf, sich von der einseitigen karitativen Arbeit wieder zur missionarischen Gestaltung aller Dienste durch eine lebendige und evangelistische Wortverkündigung hinzuwenden.

Es begann tatsächlich eine volksmissionarische Aktivität, die in die Einzelgemeinden im Land hinausgetragen wurde und nach dem Krieg eine ungeahnte Bedeutung gewinnen sollte. Jetzt wurden bereits die ersten Erfahrungen gesammelt.

2

Die Zeit der Weimarer Republik (1918—1933)

Wir treten hier in einen geschichtlichen Zeitraum, der uns noch unmittelbar nahe ist und den man als Zeitgeschichte bezeichnet. Wir stehen ihm wirklich sehr nahe, und es gehört gewiß bei dem fehlenden geschichtlichen Abstand „ein ganz seltenes und starkes Ahnungsvermögen, ein Weitblick und Scharfblick dazu, bei solcher Nähe die Dimensionen richtig einzuschätzen, das Wesentliche herauszufinden"[3].

Es wird hier unsere Aufgabe sein, sparsam und zurückhaltend einige Linien aufzuzeigen, die uns wesentlich zu sein scheinen.

Kirche und Innere Mission standen nach der Novemberrevolution plötzlich und wenig vorbereitet vor einem völlig neuen Staat. Die Innere Mission war noch in einer günstigeren Situation als die Kirche. Aus ihren Kreisen waren die Rufer nach einer staatsfreien Volkskirche gekommen. Sie besaß im Unterschied zur bisherigen Staatskirche ihre eigenen Selbstverwaltungsorgane und ihren arbeitsfähigen, an Eigeninitiative gewöhnten Central-Ausschuß.

Sie hat dabei nicht vergessen, was sie in ihrer Entstehungszeit im 19. Jahrhundert und bis zum Zusammenbruch der Monarchie dem alten Staat verdankte. Jahrzehnte hatten Fürsten, Minister und hohe Staatsbeamte das Werk mittelbar oder unmittelbar gefördert. Es gab Konfliktzeiten, doch hatte sich der Staat gehütet, sie durch ausgesprochene Unfreundlichkeit zu verschärfen. Prinzipiell war ihre Arbeit nie in Zweifel gezogen worden.

Der neue, der Weimarer Staat mußte seine Konturen erst gewinnen. Vorerst führten die kirchengegnerischen Stimmen das Wort. Die Absicht einer radikalen „Trennung von Staat und Kirche", einer klaren „Trennung von Schule und Kirche" wurde ausgesprochen. Religion wurde zur Privatsache erklärt. Staatsleistungen für kirchliche Einrichtungen sollten nicht mehr gewährt werden. Weite politische Kreise standen der Kirche mehr als zurückhaltend gegenüber. Innerhalb der sozialdemokratischen Reihen begann eine große Austrittsbewegung, die beträchtlich anschwoll.

Der neue Staat verstand sich selbst als Sozial- und Wohlfahrtsstaat und gründete ein eigenes neues Wohlfahrtsministerium. Aus grundsätzlichen politischen Überlegungen heraus war er zuerst dazu geneigt, die ganze Sozialarbeit an sich zu ziehen und die freie Wohlfahrtspflege empfindlich einzuschränken. Zur Behebung sozialer Notstände enthielt der Reichshaushalt in manchen Rechnungsjahren erstaunlich hohe Summen[4].

Damit war eine Entwicklung zur Reife gebracht worden, die sich im 19. Jahrhundert vorbereitet hatte. Erinnern wir uns doch daran, daß Wichern und seine Mitarbeiter die Diakonie, die sich als eine missionarische Bewegung verstand, auf die freien Opfer und die Dienstleistungen der Christen gründen wollten. Daraus entwickelte sich eine Anstaltsmission. Der unter der Mitwirkung der freien Wohlfahrtsarbeit und der Inneren Mission entstehende Sozialstaat überließ im 19. Jahrhundert weitgehend die Fürsorgeaufgaben den Anstalten und Einrichtungen der freien Liebesarbeit. In der Form von Pflegesätzen und laufenden Zuschüssen übernahm er dafür einen Großteil der regelmäßigen Kosten. Der Staat schonte dabei seine Ausgabenseite beträchtlich. Die freien Werke kamen mit geringeren Unkosten als die staatlichen aus.

Es ergab sich eine durchweg gute Partnerschaft zwischen Anstaltsdiakonie und öffentlicher Fürsorge. Viele der staatlichen Fürsorgebeamten und -beamtinnen hatten ihre Ausbildung in Wohlfahrtsschulen der Inneren Mission empfangen. Zu diesem guten menschlichen Kontakt kam hinzu, daß sich der Staat bis 1918 als christlicher Staat verstand. Der Kirche waren damit Möglichkeiten der Verkündigung und Seelsorge wie auch brüderlicher Hilfe in einem auf diesem Gebiete bisher nicht erreichten Umfang ermöglicht worden. Daß die Anstaltsarbeit von außerkirchlichen politischen Mächten finanziell weitgreifend abhängig wurde, die eine günstige oder ungünstige Pflegesatzpolitik, Belegungspraxis etc. anwenden konnte, nahm man dafür in Kauf. Das war jetzt alles in Frage gestellt.

Es kam dann doch auch im Weimarer Staat zu einer Zusammenarbeit zwischen staatlicher und freier Wohlfahrtspflege. Die Folgen der Hungerblockade, die sich in den Nachkriegsjahren erst richtig zeigten, die bürgerkriegsähnlichen Zustände, die in manchen Teilen der Republik überwunden werden mußten, die sinnlos harten Bedingungen des Friedensvertrages zu Versailles, der Verlust der Sparguthaben in der Inflation, die ersten Anzeichen einer kommenden schweren Arbeitslosigkeit ließen es dem Staat angeraten sein, jede nur mögliche Mitarbeit und Verteilung der Lasten auf viele Schultern zu begrüßen.

Die freien Wohlfahrtsverbände verstanden die Zeichen der Zeit und stimmten ihre Anliegen auf einander ab und organisierten eine Dachorganisation, die „Deutsche Liga der freien Wohlfahrtspflege". Diese Liga verhandelte mit dem Staat, d. h. mit den entsprechenden Ministerialabteilungen und staatlichen Fürsorgeämtern. Die starke Einflußnahme des katholischen Zentrums auf die politische Gestaltung der Weimarer Republik half mit, daß die Wohlfahrtsmittel des Staates nach einem Schlüssel verteilt wurden, der dem Arbeitsumfang der einzelnen Spitzenverbände der freien Wohlfahrtspflege entsprach. Die freien Wohlfahrtsverbände vermochten ihre Position dem Staat gegenüber auch durch die Gründung einer „Hilfskasse gemeinnütziger Wohlfahrtseinrichtungen Deutschlands G. m. b. H." zu festigen. Hier wurden alle Hilfsgelder und Darlehen verwaltet.

Die Atmosphäre sachlichen Zusammenarbeitens mit dem neuen Staat wurde in der Inneren Mission bewußt gepflegt, in manchen kirchlichen Kreisen jedoch abgelehnt. Die weithin eingewurzelte „Dolchstoßlegende" machte unter falschen und verzerrten Vorzeichen den Staat von Weimar zu einem „Verräterstaat"[5]. Das half einen national überhitzten Radikalismus vorzubereiten, der in der Form des Nationalsozialismus später diesen Staat stürzte. Trotz der gedeihlichen Zusammenarbeit von Staat und Wohlfahrtsverbänden war vieles durch dieses Mißtrauen vorbelastet. Doch konnten die beiden großen Grundgesetze für die Wohlfahrtsarbeit noch zustande kommen, ehe dieser Staat immer mehr einer inneren Aushöhlung entgegengetrieben wurde. Das Reichsgesetz für Jugendwohlfahrt von 1922 sprach die Gleichberechtigung der freien Wohlfahrt neben der öffentlich-rechtlichen aus. Die Reichsverordnung über die Fürsorgepflicht von 1924 eröffnete der freien Liebesarbeit viele Möglichkeiten einer christlichen Betreuung der gefährdeten wie der gesunden Jugend.

Es hatte sich hier ein entscheidender Wandel im Fürsorgewesen vollzogen. Die bisherige Armenpflege meinte sich auf die Armen beschränken zu können, die sich vorwiegend aus den untersten Volksschichten zusammensetzten. Jetzt aber hatte sich unter den Folgen des Weltkrieges und der Inflation eine soziale Umschichtung vollzogen. Menschen gerieten in Not und waren auf fremde Hilfe angewiesen, die vorher in auskömmlichen und gesicherten Vermögens- und Einkommensverhältnissen lebten. Aus einer Armenversorgung wurde das verbürgte Recht aller Volksbürger, in Notfällen die Fürsorge des Staates für sich beanspruchen zu können.

So baute sich eine umfassende öffentliche Fürsorge für jeden Hilfsbedürftigen auf. Es kam zur Errichtung von staatlichen und städtischen Jugend- und Wohlfahrtsämtern in allen Ländern.

Die Innere Mission hielt in dieser Entwicklung Schritt. Im Rheinland und in Berlin begann man zuerst mit der Bildung von evangelischen Wohlfahrtsämtern. Es kam zur Bildung von evangelischen Landes- oder Provinzialwohlfahrtsdiensten. Diese evangelischen Jugend- und Wohlfahrtsdienste, die sich wesentlich auf die größeren Städte konzentrierten, leisteten eine sehr sorgfältige und ausgedehnte Fürsorge.

Es gelang noch nicht im ersten Anlauf, in alle Kirchenkreise mit dieser Einrichtung vorzudringen, auch die Anregung, in jeder Gemeinde einen evangelischen Gemeindedienst einzurichten, fiel noch auf einen wenig fruchtbaren Boden. Bei allem oft warmen Interesse in den Gemeinden für die Gesamtarbeit der Inneren Mission, auch in Mittel- und Ostdeutschland, war die Zeit dafür noch nicht reif. Pionierarbeit leistete hier D. Ohl. Ungeachtet dessen konnte die Innere Mission überall auf beträchtliche Leistungen hinweisen. Die Dachorganisation der evangelischen Krankenhäuser, Erholungsheime und Heilstätten der Inneren Mission vereinigte mehr als fünzehnhundert Anstalten mit über einhunderttausend Betten. Kein Wunder, daß die Innere Mission auf Grund ihrer angesammelten Erfahrungen und Leistungen die Gesetzgebung der deutschen Wohlfahrtspflege staatlicher und kommunaler Art in diesen ersten fünf Jahren der Republik entscheidend mitgestaltet hat[6].

So konnten die Kriegsschäden, der Verlust angesammelter Stiftungsgelder und Vermögen in der Inflation überwunden werden. Der Mitarbeiterstab, der weithin überarbeitet und überaltert war, hielt durch, bis sich wieder genügend Nachwuchs meldete. Die Anstalten blieben nicht nur fast vollstänoig erhalten, sie konnten oft ihren Dienst ganz wesentlich erweitern. Die große Opferwilligkeit der Anstaltsgemeinden und ein sich erweiternder Freundeskreis in einer lebendiger gewordenen Volkskirche trugen das Werk. Manche Anstalt der Inneren Mission, deren wirtschaftliche Grundlage durch die Inflation zerstört worden war, hatte angesichts eines drohenden Zusammenbruches „über Bitten und Verstehen" die Durchhilfe erfahren. Innere Mission und Gemeinde rückten näher zusammen.

Innere Mission und verfaßte Kirche fanden sich zueinander, enger als je zuvor. Der Zusammenschluß aller evangelischen Landeskirchen im Deutsch-Evangelischen Kirchenbund im Jahre 1922 erfüllte ein wichtiges Ziel im Programm Wicherns. Der Central-Ausschuß setzte sich als beglaubigte Vertretung der gesamten Inneren Mission der in dem Kirchenbund zusammengeschlossenen Landeskirchen durch. Seine Leistungen wurden einhellig anerkannt, so daß er auf seinen Arbeitsgebieten die Kirche dem Staat, den freien Wohlfahrtsverbänden, der katholischen Caritas, überhaupt der Öffentlichkeit gegenüber zu vertreten hatte.

Seine fünf Kongresse, die der Central-Ausschuß zwischen den Jahren 1919 bis 1933 in Bielefeld (1919), in Breslau (1920), in München (1922), in Dresden (1925) und in Königsberg (1928) abgehalten hat, waren eine Generalschau hervorragender Sachverständiger aus allen Teilen Deutschlands. Neue Aufgaben wurden hier beschlossen. Nicht alles, was dort gesprochen worden ist, ist uns heute verständlich, nachdem sich unmittelbar an die Zeit der Weimarer Republik der Irrweg des Dritten Reiches anschloß. Doch in der Drangsal und Wirrnis jener Jahre ist viel echte Liebe und Verantwortung ans Licht getreten.

Einzelne Gestalten innerhalb der Inneren Mission traten in jenen Jahren besonders hervor. Pfarrer D. Johannes Steinweg organisierte die Arbeit im Central-Ausschuß neu, wie sie sich angesichts der vermehrten Arbeit als notwendig erwies, um eine reibungslose Zusammenarbeit mit den staatlichen und kommunalen Stellen zu gewährleisten[7].

Steinweg gab auch den Anstoß dazu, daß durch Einschaltung Schwedens eine Zusammenarbeit der europäischen Kirchen in der Sache der Inneren Mission zustande kam. Der schwedische Erzbischof Nathan Söderblom wurde für den Plan gewonnen. Im September 1922 kam er nach München zur ersten Kontinentalen Konferenz für Innere Mission und Diakonie. Ein „Kontinentaler Verband für Innere Mission und Diakonie“ wurde ins Leben gerufen, dem Vertreter aus den Ländern Schweden, Holland, Finnland, Österreich, Ungarn, Lettland, Estland, der Schweiz, Polen und der Tschechoslowakei beitraten.

Hier wurde die ganze haßgeschwängerte Atmosphäre der Nachkriegsjahre, die sich gegen Deutschland auswirkte, im Zeichen der Liebe Christi sichtbar durchbrochen und eine Freundschaftsarbeit entstand, die für die Innere Mission in Deutschland eine nicht zu unterschätzende Hilfe und Ermutigung bedeutete. Ein Gabenstrom aus den anderen Ländern setzte ein, der den Ärmsten im besiegten und aus vielen Wunden blutenden Deutschland unmittelbar zugute kam. Ihre Bedeutung für manche schwer um ihren Bestand ringende Anstalt der Inneren Mission ist kaum zu ermessen. Hier haben die außerdeutschen Werke der Inneren Mission in jenen Jahren einen entscheidenden Beitrag auf dem Weg einer ökumenischen Zusammenarbeit des Weltprotestantimus geleistet.

In Deutschland selbst spitzten sich die inneren Gegensätze immer mehr zu. Die politische Radikalisierung nach links und nach rechts machte sich stärker bemerkbar. Kirchenfeindliche Strömungen traten auf. Der Freidenkerverband verstärkte seinen Kampf gegen das Christentum. Die Volksmission, die im ersten Weltkrieg begonnen hatte, wurde ein Gebot der Stunde. Der Leiter der Abteilung Volksmission und des Deutschen evangelischen Verbandes für Volksmission, Pfarrer D. Gerhard Füllkrug (1870–1948), verstand es, einen wachsenden Arbeitskreis um sich zu sammeln, zu dem D. Heinrich Rendtorff, der Gründer der Bibelwochenbewegung, zählte.

Im Jahre 1920 entfaltete Füllkrug auf dem Breslauer Kongreß für Innere Mission das Programm:

„Entweder wird unsere evangelische Kirche eine Missionskirche, oder sie sinkt zum Anhängerwagen im Zuge der katholischen Kirche herab, oder sie wird eine nur widerwillig geduldete, vom Staat aber nicht sonderlich geachtete Kultureinrichtung, ein notwendiges Übel. Entweder wird die Innere Mission jetzt innerste Mission an unserem Volke, oder sie bleibt eine ewig mit Geldmangel kämpfende Summe von Wohlfahrtseinrichtungen und Liebestätigkeit: ein großer Lazarettzug. Entweder entschließen sich jetzt die Gemeinschaften zur entschiedenen Aufnahme und Durchsetzung des Missionsgedankens und gehen mit Kirche und Innerer Mission zusammen, oder sie werden Kirchlein in der Kirche, die schließlich doch ihre Arbeit nur in Judäa suchen und still die anderen breite, volle Heidenstraßen wandern lassen. Zum Vermittlerdienst zwischen Kirche und Gemeinschaft erbietet sich die Innere Mission, weil sie als die freie Tochter der Kirche eine Tätigkeit der gläubigen Gemeinde ist und ohne diese die wahre Kirche gar nicht denkbar ist und weil die Innere Mission gleich der Gemeinschaft frei dasteht und inner-

lich nur an Gottes Wort und Willen, an Jesu Christi neues Gebot der Liebe gebunden ist, aber in ihren Arbeiten und Zielen keine Rücksicht zu nehmen hat auf kirchenpolitische Strömungen und Erwägungen und allerlei andere Bedingungen" [8].

Zunächst suchte man in dieser Volksmission die schlafenden Gemeinden aus ihrer Trägheit aufzuwecken. Sie formierte sich als Gemeindemission. Durch Freizeiten, durch kirchliche und gottesdienstliche Veranstaltungen in Kirchen und Gemeindehäusern suchte man die lebendigen Gemeindeglieder zu tragenden Kreisen dieser Volksmission zu erziehen und zu sammeln. Denn nur dann konnte die zweite Aufgabe der Volksmission, die Evangelisation durchgeführt werden. Hauptamtliche Evangelisten wurden vom Central-Ausschuß angestellt. Es kam zur Zusammenarbeit mit der Evangelisationsbewegung, die man um 1900 so mißtrauisch angesehen und praktisch abgelehnt hatte.

Innerhalb der Volksmission betätigte sich auch die Posaunenmission. In vielen Gebieten war die Innere Mission die eigentliche Trägerin dieses Dienstes. Zu ihren treusten Mitarbeitern und Wegbahnern gehörten die Diakone. Der eigentliche Gründer dieses Werkes ist Pfarrer Eduard Kuhlo gewesen. Sein Sohn, Pfarrer D. Johannes Kuhlo, von Vater Bodelschwingh im Jahre 1893 nach Bethel als Pfarrer an der Zionskirche und Vorsteher des Brüderhauses Nazareth gerufen, setzte die Arbeit fort und baute sie aus. Durch viele Reisen mit seinem erlesenen Sextett und durch seine Erziehungsarbeit an den entstehenden Posaunenchören hat er der Posaunenmission in Deutschland und darüber hinaus die Bahn gebrochen.

Doch erst im Jahre 1933 fanden sich alle deutschen Posaunenchöre in der „Evangelischen Posaunenmission Deutschlands" zusammen. Sie gehört zu den Werken, welche trotz einer besonderen Gefährdung alle Schwierigkeiten des sogenannten „Dritten Reiches" glimpflich überstehen konnten.

Eine vierte Form der Volksmission bildete sich in der apologetischen Arbeit heraus.

Im Jahre 1921 entstand in Berlin durch den Central-Ausschuß unter der Leitung des Pfarrers Dr. Carl Schweitzer eine „Apologetische Centrale". Hier wurden alle geistigen und weltanschaulichen Strömungen, die Arbeit der Sekten genau verfolgt und ein wissenschaftliches Archiv dafür angelegt. Pfarrer und Mitarbeiter der Volksmission wurden hier in Lehrgängen zusammengefaßt.

Professor Reinhold Seeberg, Doktor aller vier Fakultäten, wurde 1923 als Präsident des Central-Ausschusses berufen und gründete ein Institut für Sozialethik und Wissenschaft der Inneren Mission an der Universität Berlin. Damit wurde die apologetische Arbeit erweitert und vertieft.

Die Öffentlichkeitsarbeit wurde im „Evangelischen Preßverband für Deutschland“ erweitert. Die Gestaltung der Sonntagsblätter gewann durch künstlerisch hochwertige Bildbeilagen. Eine Filmarbeit setzte ein. In Zusammenarbeit mit der staatlichen Filmprüfstelle wurde der Kampf gegen Schmutz und Schund aufgenommen. Filme über die Innere Mission wurden gedreht, wie über die Arbeit im Oberlinhaus an Taubstummblinden: „Sprechende Hände“. Ein weites Feld an Arbeit wurde genommen.

Der größte soziale Notstand nach dem verlorenen Krieg zeigte sich jedoch in der Wohnungsnot. Eine Million Reichsdeutscher waren aus abgetrennten Reichsgebieten in die verbliebenen Gebiete eingeströmt. Schon 1919 fehlten schätzungsweise 1 Million Wohnungen. Eine Wohnungsnot entstand, wie sie Deutschland bisher noch nicht gesehen hatte. Die Zwangsbewirtschaftung des Wohnraumes konnte dem Übel nicht beikommen. Die gesundheitlichen und sittlichen Folgen wurden von Sachkennern als verheerend bezeichnet. Tuberkulose und Geschlechtskrankheiten grassierten. Wichern und nach ihm Friedrich von Bodelschwingh hatten die Schaffung gesunder Wohnungen als Grundbedingung für die Erhaltung der Familie erklärt, Bodelschwingh mit seinem Verein „Arbeiterheim“ hatte einen praktischen Weg gezeigt.

Jetzt rührte sich von allen Seiten das Verlangen, auch im Rahmen der Inneren Mission zur Tat zu schreiten. Die soziale Botschaft des Betheler Kirchentages forderte 1924 schnelle und wirksame Abhilfe der von ihr „als unerhört“ bezeichneten Wohnungsnot. Der Deutsche Evangelische Kirchenausschuß beschloß in Eisenach 1925 nach ungeschminkter Darstellung der Verhältnisse, daß er „in der Bekämpfung der Wohnungsnot den Ausgangspunkt aller sozialen Fürsorge“ erblicke[9].

Deshalb gründete der Central-Ausschuß am 20. Mai 1926 die „Deutsche Evangelische Heimstättengesellschaft m. b. H.“, die DEVAHEIM. Gewisse Erfahrungen in finanziellen Großtransaktionen lagen bereits vor. Denn nach der Inflationszeit hatte der Central-Ausschuß dem Bedürfnis der Anstalten der Inneren Mission nach langfristiger Kreditbeschaffung entsprochen und eine eigene Wirtschaftsabteilung aufgebaut.

Sie stellte die vorhandenen Kreditbedürfnisse fest. Es gelang ihr dann durch Fürsprache des Reichsinnenministeriums diese Darlehen zum Ausbau von Diakonissenmutterhäusern, Krankenhäusern, Heil- und Pflegeanstalten, Krüppelheimen, Brüderanstalten und Altersheimen zu vermitteln. 1927 wurde als Kampfmaßnahme gegen die Volksfeuerbestattungsvereine der Freidenker eine „Evangelische Sterbevorsorge“ und eine „Evangelische Versicherungszentrale“ ins Leben gerufen. Die durch Rückversicherung gut gestützte große Versicherungsunternehmung der Inneren Mission konnte 1930 bei einem Bestand von 1 150 000 Versicherten mit einer Versicherungssumme von 352 Millionen Mark eine großzügige Darlehnsgewährung für die Einrichtungen der Inneren Mission und der Kirchgemeinden entfalten. Auch der Central-Ausschuß gewann hier eine unentbehrliche finanzielle Hilfsquelle.

Man besaß jedenfalls im Central-Ausschuß eine gewisse Erfahrung in Finanzierungsfragen, als man zur Gründung der Bausparkasse, der Devaheim schritt. Die Bausparbewegung selbst war in Deutschland eine verhältnismäßig junge Sache. In England und Amerika konnte man schon auf eine lange Entwicklung zurückblicken.

Man betrat Neuland und hätte darum doppelt vorsichtig sein müssen. Die Devaheim arbeitete anfangs nach soliden Grundsätzen. Dann begann das Unglück, als man das junge Unternehmen Anfang Februar 1929 Wilhelm Jeppel anvertraute, der sich als Finanzgenie ausgab. Über seine recht bewegte Vergangenheit hatte man leider keine sorgfältigen Erkundigungen eingezogen. In rascher Folge gründete dieses „geniale Finanzgenie" noch Tochtergesellschaften wie die „Deutsche Heimstättenbank", die „Deutsche Entschuldungs- und Zwecksspar-Aktiengesellschaft" u. a. Damit blendete er die aufsichtsführenden Direktoren des Central-Ausschusses. Schon 1930 hätten die Revisoren die Verluste entdecken müssen.

Doch Jeppel verstand, alles zu verschleiern oder hohe Schweigegelder zu zahlen. Ungeheuerliche Kapitalfehlleitungen und verantwortungslose Spekulationen Jeppels beschleunigten den Ruin. Im August 1931 mußten die von Jeppel geleiteten Gesellschaften den Konkurs anmelden. Jeppel und ein Mitglied des Central-Ausschusses wanderten ins Gefängnis. Man forderte bereits die Auflösung des Central-Ausschusses, der damit nach einer langen Geschichte ein unrühmliches Ende genommen hätte. Man begnügte sich schließlich nach dem Zusammenbruch mit dem Ausscheiden fast sämtlicher Abteilungsdirektoren im Central-Ausschuß, denen man nur Arglosigkeit vorwerfen konnte. Mit einer organisatorischen Notbesetzung mußte der Central-Ausschuß weiterarbeiten. Diese empfindliche Beschränkung lähmte den Central-Ausschuß die kommenden Jahre hindurch empfindlich.

Die Evangelische Versicherungs-Zentrale und die Evangelische Vorsorge standen außerhalb dieses zusammengebrochenen Großkonzerns.

Wie aber würden sich die Sparer verhalten?

Die enttäuschten Sparer, zumeist aus den ärmeren Schichten stammend, machten ihrer herben Enttäuschung in großen Protestversammlungen Luft. Man schonte merkwürdigerweise die Kirche weniger als die Innere Mission. Denn man hatte im Vertrauen auf die Kirche seine Spargroschen der „Devaheim" anvertraut.

Die Kirche und die Innere Mission waren seit 1918 in aller Stille einander nähergerückt. Jetzt wich die Berliner Kirchenleitung einer inneren Mitverantwortung nicht aus. Etwa sechs Millionen waren notwendig, um die Sparer zu befriedigen, welche bis zur Abwicklung des Konkursverfahrens warten wollten.

„Das war die größte finanzielle Leistung, mit der die verfaßte Kirche der Inneren Mission seit ihrer Gründung unter die Arme gegriffen hat. Sie wäre einer besseren Zweckbestimmung wert gewesen. Immerhin: es war hier an einem weithin sichtbaren Zeichen klar geworden, daß die Evangelische Kirche Deutschlands die Innere Mission als ihre eigene Sache empfand“ [10].

Damit war ein entscheidender Schritt in der Zusammenarbeit und schicksalhaften Verbundenheit zwischen Kirche und Innerer Mission in aller Stille geschehen, der seine ersten Früchte in der Kampfzeit zwischen 1933 und 1945 trug. Innere Mission und Kirche wurden durch die geschichtlichen Ereignisse, die über das deutsche Volk kamen, in einer festen und für einander unentbehrlichen Zusammenarbeit zusammengeführt.

3

Kampfzeiten zwischen 1933 und 1945

Die Innere Mission stand nach der sogenannten „Machtübernahme“ einem neuen Staat gegenüber, dessen „Führer“ zuerst die Zusammenarbeit mit beiden großen christlichen Konfessionen für unentbehrlich erklärte. Wogegen die Innere Mission Seite an Seite mit den Kirchen gekämpft hatte: Verwahrlosung der Jugend, Fluch der Arbeitslosigkeit, Verelendung der Massen, Zusammenbruch des Lebenswillen in vielen Schichten – alles schien jetzt beseitigt zu werden. Ein Massenrausch bis tief hinein in die Reihen des Kirchenvolkes und der Mitarbeiterkreise der Inneren Mission trat ein. Doch schon im Sommer 1933 entbrannte der Kampf des Nationalsozialismus gegen die Kirche. Die Fronten wurden klar und klarer [11].

Der Einbruch der Deutschen Christen in die Innere Mission konnte nicht verhindert werden [11+]. Die große „Gleichschaltung“ setzte ein. Das Ziel des Nationalsozialismus stand fest. Die freie Wohlfahrtsarbeit sollte allmählich ausgeschaltet werden. Die im Jahre 1932 gegründete nationalsozialistische Volkswohlfahrt trat mit einem Totalitätsanspruch auf. 1933/34 wurde das nationalsozialistische Winterhilfswerk eingesetzt, welches die bisher von den freien Wohlfahrtsverbänden gemeinsam durchgeführte „Winterhilfe“ ablöste. In einer lauten Propaganda wurde sie als ein völlig neues Werk dargestellt. Dabei hatte die bisherige Winterhilfe in jedem Winter Millionenbeträge für Essenausgabe, Kleidung und Heizung für die notleidende Bevölkerung aufgebracht. Ein neues Sammlungsgesetz von 1934 erklärte alle öffentlichen Sammlungen für genehmigungspflichtig. Mit Hilfe dieses Gesetzes wurde innerhalb von drei Jahren die Innere Mission von allen öffentlichen Sammlungsmöglichkeiten weggedrängt. Nur noch die Opfertage der Inneren Mission innerhalb der Gottesdienste in Kirchenräumen waren möglich, welche dann doch die Geldmittel erbrachten, die nötig waren. Kirche und Innere Mission waren hier aufs engste verbunden.

Die Diakonissen des Kaiserswerther Verbandes, des Zehlendorfer Verbandes der evangelischen Diakonieschwestern, des Deutschen Gemeinschaftsdiakonieverbandes in Marburg und anderer evangelischer und freikirchlicher Schwesternschaften wurden schon im Juni 1933 der Reichsfachschaft deutscher Schwestern und Pflegerinnen eingegliedert, um sie „gleichzuschalten". Da sich die Diakonissen aber nicht gleichschalten ließen, versuchte man sie durch NS-Schwestern zu ersetzen, deren Zahl aber nicht über 8000 stieg, denen allein etwa 70000 evangelische Schwestern gegenüberstanden.

Im Zuge einer angeblichen „Entkonfessionalisierung des öffentlichen Lebens" nahm man der Inneren Mission praktisch alle Ausbildungsstätten aus der Hand, die Kindergärtnerinnenseminare und die Kindergärten, wie alle Schulgattungen anderer Art.

Die Apologetische Centrale unter der Leitung des damaligen Berliner Privatdozenten Lic. Künneth, der im Jahre 1935 das Gegenbuch gegen Rosenbergs „Mythus" unter dem Titel „Antwort auf den Mythus" geschrieben hatte, wurde unter schwerer Bedrängung des Leiters 1937 aufgelöst und die Arbeit verboten.

Die Innere Mission mit ihren Einrichtungen stand dem nationalsozialistischen Weltanschauungsstaat im Wege. Noch ließ sie sich nicht so schnell beiseiteschieben. Auf ihre Anstalten mit einer Bettenzahl von 212000 allein in der geschlossenen Fürsorge konnte man nicht verzichten. Ersatzkräfte, um sie zu übernehmen, standen dem Nationalsozialismus nicht zur Verfügung. Nur vereinzelte Anstalten und Einrichtungen entzog man ihr durch Gewaltakte und verwandelte sie in andersgeartete NS-Anstalten. Andere Heime kaufte man zwangsweise der Inneren Mission ab. Doch man scheute das helle Licht der Öffentlichkeit. Man bevorzugte den versteckten Kampf.

Die Innere Mission war angesichts der Größe ihrer Einrichtungen auf vielfältige Weise mit den öffentlichen Fürsorgeämtern verzahnt. Als man immer deutlicher auf staatlicher Seite merkte, daß bei allem äußerlich erzwungenen Mitgehen sich Kirche und Innere Mission innerlich nicht umschalten ließen, wurde von 1938 an immer offener und brutaler ihre Ausschaltung erstrebt. Sie scheiterte schließich aus vielen Gründen, nicht zuletzt an der Maßlosigkeit der nationalsozialistischen Führung in allen großen politischen Fragen, die schließlich in die Katastrophe des zweiten Weltkrieges führte. Sie bekam keine Hand frei zu dieser Zerstörung.

Ihre Kirchenaustrittspropaganda vermochte kaum sechs Prozent aus der Kirche herauszuführen. Ihre Schulungsarbeit erreichte nicht mehr das ganze Volk. Ein wachsender innerer Widerstand setzte dem neuen Staat seine Grenzen. Der Kirchenkampf schuf eine Lage, die der Staat nicht mehr völlig überblicken konnte. In diesem Zusammenhang versteifte sich auch ein innerer Widerstand in den Reihen der Mitarbeiter der Inneren Mission.

Dazu kamen die Eifersüchteleien und Kompetenzstreitigkeiten, die innerhalb eines totalitären Systems zwischen den Parteistellen an der Tagesordnung sind. Der Nationalsozialismus versuchte die Diakonissenhäuser über die Schwesternschaft zu erobern. Dazu sollte der „Reichsbund der Schwestern" dienen. Dann probierte man es über das nationalsozialistische „Deutsche Frauenwerk". Schließlich spannte man den „Reichsärzteführer" dazu ein. In dieser Verworrenheit verbanden sich in aller Stille die Schwestern von sich aus zur „Diakoniegemeinschaft" unter der Oberin, Schwester Auguste Mohrmann. Als am 15. November 1934 die Diakoniegemeinschaft sich in die „Reichsarbeitsgemeinschaft der Berufe im sozialen und ärztlichen Dienst" doch noch eingliedern mußte, geschah es im neuen nationalsozialistischem Rahmen, aber ganz offensichtlich im Geist der evangelischen Schwesternschaft und das Lied der Mutter Eva „ancilla domini" erklang dabei als das Zeugnis innerer evangelischer Verpflichtung. Im Mittelpunkt stand die Ansprache des „Führers" der Kaiserswerther Mutterhausdiakonie, Pastor Graf Lüttichau.

So trat schon früh angesichts des Doppelgesichtes des Nationalsozialismus mit seinen vorgetäuschten christlichen und immer neu vorbrechenden antichristlichen Zügen ein diplomatisches Manöverieren, ein Ausweichen und Hinhalten, ein Verbergen der Opposition in Erscheinung.

Die Innere Mission, die in den Central-Ausschuß „gleichgeschaltete" Persönlichkeiten aufnehmen mußte, verband sich mit der Äußeren Mission im Herbst 1934, während der Kirchenkampf auf einen Höhepunkt angelangt war, zur „Arbeitsgemeinschaft der missionarischen und diakonischen Verbände und Werke der Deutschen Evangelischen Kirche". Ein Bruderrat übernahm die Verantwortung, der aus Pastor Fritz von Bodelschwingh, Pastor Graf Lüttichau und dem Berliner Missionsdirektor Siegfried Knak bestand. Die vom Reichsbischof eingesetzten zwei Vertrauensmänner im Central-Ausschuß für Innere Mission „wußten so viel vom Wesen der Inneren Mission, daß es ihnen gelang, manche Angriffe von Parteidienststellen auf die Innere Mission abzulenken oder abzuwehren". Die einzelnen Abteilungen im Central-Ausschuß konnten unangefochten weiterarbeiten[12].

An die Spitze des Central-Ausschusses trat 1934 als Präsident Pastor Constantin Frick, der Leiter des Bremer Diakonissenmutterhauses, der mit Bodelschwingh, Lüttichau und Pastor Braune, dem Leiter der Bodelschwingh'schen Anstalt Hoffnungstal bei Berlin als Vizepräsidenten einen klaren Weg einschlug, der ihnen das Vertrauen des Kirchenvolkes innerhalb der Deutschen Evangelischen Kirche eintrug, soweit es auf die Stimme des Evangeliums und nicht des „Führers" hörte. Man bekannte sich innerhalb der Arbeitsgemeinschaft und des Central-Ausschusses zu den Beschlüssen der Bekenntnissynode von Barmen. Doch hielt man sich im Kirchenkampf in stiller Reserve. Nur so konnte man der Verantwortung gegenüber den Pfleglingen in den Anstalten gerecht werden und sie vor Repressalien schützen.

Es waren Zeichen, die aufgerichtet wurden, als man 1938 August Winnig und Rudolf Alexander Schröder in den Central-Ausschuß berief.

Es gelang noch dem Generalsuperintendenten Zöllner als Vorsitzenden des Reichskirchenausschusses, während dessen kurzer Tätigkeit, im April 1936 die Innere Mission zu einem unveräußerlichen Werk der Kirche selbst zu erklären. Der Central-Ausschuß mit seinen Untergliederungen und angeschlossenen Werken wurde durch einen Gesetzeserlaß des Reichskirchenausschusses in der verfaßten Kirche rechtlich verankert. *„Das oberste Organ der Selbstverwaltung der Inneren Mission ist der Central-Ausschuß für Innere Mission der Deutschen Evangelischen Kirche. Er arbeitet in enger Verbindung mit der Leitung der Deutschen Evangelischen Kirche und ist von ihr beauftragt, die Belange der Inneren Mission in der Öffentlichkeit, insbesondere auch bei den Staats- und Parteistellen zu vertreten"* [13].

So wogte der Kampf zwischen der Inneren Mission, die ihre Arbeit verteidigte, und dem nationalsozialistischen Staat, der sie verkümmern lassen wollte, hin und her.

Mit einer solchen zähen Widerstandskraft innerhalb der beiden großen Konfessionen hatte dieser Staat nicht gerechnet. Den letzten großen Schlag, zu dem der nationalsozialistische Staat im zweiten Weltkrieg ausholte, war die fast völlige Lahmlegung der christlichen Presse. Von den 14-15 Millionen Beziehern evangelischer Presseerzeugnisse, von den wissenschaftlichen Zeitschriften bis zum Gemeindeboten, blieben nur wenige Hunderttausend übrig, denen es noch möglich war, irgendein bescheidenes christliches Blatt zu beziehen. Man hatte das Verbot mit „Erfordernissen der Kriegswirtschaft" zu tarnen gesucht.

An einer Stelle allein konnte die Innere Mission während des Krieges dem nationalsozialistischen Staat Einhalt gebieten und eine Schranke errichten, die er nicht mehr zu überschreiten wagte.

Der Rassenwahn des Nationalsozialismus hatte schon 1934 den Central-Ausschuß für die Innere Mission bewogen, einen ständigen Ausschuß für Fragen der Rassenhygiene und Rassenpflege zu berufen. Die Innere Mission erklärte damals die Sterilisation bei gewissen Gruppen von Krankheiten nicht für verwerflich. Doch konnte der Berliner Kongreß mit eindrücklichen Zahlen antreten. Durch die Asylierung der Belasteten in den Anstalten der Inneren Mission war schon Jahre hindurch ein wirksamer Beitrag zur Verhütung erbkranken Nachwuchses gelungen. Innerhalb von 10 Jahren waren im Durchschnitt jährlich auf 10000 Pfleglinge nur zwei Schwängerungen vorgekommen. Es war der christlichen Seelsorge gelungen, die Betroffenen freiwillig zum Verzicht auf Nachwuchs zu bewegen.

Hitler genügten diese einwandfreien Tatsachen nicht. „Im Blutrausch des Kriegsbeginns" am 1. September 1939 gab er einen persönlichen „stillen Erlaß" heraus. Einer namentlich zu bestimmenden Anzahl von Ärzten wurde die Vollmacht erteilt, daß den nach menschlichem Ermessen unheilbaren Kranken nach Untersuchung ihres Krankheitszustandes der „Gnadentod" gewährt werden sollte. Zwischen Herbst 1939 und Herbst 1941 sind auf Grund dieses geheimen Führerbefehles schätzungsweise achtzigtausend Menschen vergast oder weggespritzt worden. Eine Tarnorganisation sollte die Geheimhaltung dieses Mordunternehmens, zu der sich verblendete Ärzte und Ärztinnen bereit fanden, garantieren.

Diese Aktion blieb nicht verborgen. Im Laufe des Sommers 1940 verbreiteten sich die Gerüchte über das Morden in den staatlichen Anstalten, in die man hin und her auch aus christlichen Anstalten plötzlich die Kranken brachte, wo sie in kurzer Zeit verstarben, und aus „sanitären Gründen" die Einäscherung der Leichen erfolgte, ehe man die Angehörigen benachrichtigte. In den Anstalten, aus denen man die Kranken herausgriff, lag die Gewitterschwüle der Todesangst auf vielen Gemütern der Kranken. Sie ergriff Tausende von Pfleglingen in den Anstalten des Reiches.

Als sich im Herbst 1940 nach einer süddeutschen Aktion die Spuren der „Euthanasie" auch in Westfalen zeigten, wußte sich der Leiter der Betheler Anstalten Fritz von Bodelschwingh zum entschlossenen Widerstand gerufen.

„Wohl niemals zuvor in der Kirchengeschichte haben wir es erleben dürfen, daß zwei aufeinanderfolgende Generationen – Vater und Sohn – der Kirche Jesu Christi Werke von einer Bedeutung geschenkt haben, die beispielgebend nicht nur für den unmittelbaren Raum, in dem sie lebten und für die Zeit, die sie gebar, geworden sind, sondern die über ihre Zeit hinaus bleibenden Wert behalten werden, solange die sichtbare Kirche unter den Menschen sein wird"[14].

Fritz von Bodelschwingh war der ebenbürtige Nachfolger seines Vaters. Am 14. August 1877 geboren, übernahm er im Jahre 1910 das Betheler Erbe seines Vaters. Durch ihn, den der „Reichsbischof" Ludwig Müller, der Vertrauensmann Hitlers, von seinem Amt als Reichsbischof verdrängt hatte, ist der Name Bodelschwingh noch tiefer in das geschichtliche Bewußtsein des deutschen Volkes eingeprägt worden.

Als dieser unwahrscheinlich begabte Leiter von Bethel erkannte, daß der geheime Führerbefehl auch seine Anstalt nicht verschonen würde, rüstete er sich darauf durch ein umfassendes Studium der einschlägigen Fragen. Seine Kranken in Bethel lebten zum größten Teil noch in einer glücklichen Unwissenheit.

Bodelschwingh suchte bei diesem Widerstand nicht den Weg in die Öffentlichkeit. Er wollte an die Männer herankommen, die für diese Aktion die Verantwortung trugen. Es gelang ihm schließlich durch Vermittlung eines christlichen Arztes, Professor Dr. Göring, an den Reichsmarschall Göring am 6. Januar 1941 einen Brief zu leiten, der die Dinge ungeschminkt beim Namen nannte. Das Antwortschreiben wich aus, die Angaben Bodelschwinghs wären ungenau oder unrichtig. Doch wurde dem Leibarzt Hitlers, Dr. Brandt, die Anweisung erteilt, sich persönlich mit Pastor von Bodelschwingh ins Benehmen zu setzen. Als Dr. Brandt in Bethel erschien, war hier bereits die Ärztekommission in Tätigkeit, welche die Auswahl der zu tötenden Kranken vorzunehmen hatte. Bodelschwingh gelang es in mehreren Unterredungen mit Dr. Brandt und verschiedenen Reichsleitern, den Abbruch dieser „planwirtschaftlichen Maßnahmen“ zu erreichen.

„In diesem Eingreifen sehen viele einen sie beängstigenden Zug hemmungsloser Brutalität. Den gleichen Eindruck bekommen die Völker rings um uns her. Immer ist die Weltgeschichte zugleich das Weltgericht. Darum fürchte ich, daß viele deutsche Mütter die Rechnung dieser auf unser Volk gelegten Schuld mit dem Blute ihrer Söhne werden bezahlen müssen“ [15].

So schrieb Fritz von Bodelschwingh in einem Brief vom August 1941 u. a. an Dr. med. Brandt, der zuerst nur die Aktion in Bethel abbrechen ließ.

Auch andere Männer haben diesen Kampf unterstützt, der evangelische Bischof D. Wurm in Stuttgart, der katholische Bischof Graf Galen in Münster und ungezählte Brüder und Schwestern, Ärzte und Pastoren in den verschiedenen Heil- und Pflegeanstalten. Mit oft verzweifelten Mitteln, mit gefälschten Listen, mit Totenscheinen, die für Lebende ausgestellt wurden, durch Umgehung oder Verzögerung der Verschickungsbefehle kämpfte man in den Anstalten um die Bedrohten. Pastor Braune, der Leiter der Hoffnungstaler Anstalten bei Berlin, mußte für seine eingehende Denkschrift gegen die „Aktion Gnadentod“ mehrere Monate Gestapohaft auf sich nehmen. Professor Sauerbruch unterstützte diesen Widerstand, indem er Verbindungen mit dem Justizminister herstellte. Doch Bodelschwinghs Kampf war einzigartig. Was sonst niemanden gelungen war, das Gespräch unter vier Augen mit dem Verantwortlichen, das Ringen um dessen Seele, war ihm ermöglicht worden. Noch in seinem Schlußwort im Nürnberger Prozeß vor seiner Hinrichtung stand dies dem Leibarzt Hitlers, Dr. med. Brandt, vor Augen. Der einzige Mann, der ihm in den Weg getreten wäre, sei Pastor von Bodelschwingh gewesen. Stundenlang habe er mit ihm gerungen und als das Gespräch beendet war, habe er gesagt: „Das war der schwerste Kampf meines Lebens“[16].

So sind durch diese Bemühungen dreißigtausend Kranke vor dem „Gnadentod“ Hitlers gerettet und die Einstellung der Gesamtaktion erkämpft worden.

Als die Katastrophe des Krieges ins eigene Land hereinbrach und es selbst zum Kriegsschauplatz gemacht wurde, haben vor allem die Anstalten im Rhein- und Ruhrgebiet unter den Schrecken des Luftkrieges leiden müssen. Am 29. Januar 1945 trafen etwa 25 000 Brandbomben das Anstaltsgelände von Bethel und etwa 1000 Kranke verloren an einem Tag ihre Unterkunft. Aus einem Haus hatten die Schwestern auf ihrem Rücken die Alten heruntergetragen.

Das ist nur ein Beispiel, was unter den Schlägen des Bombenkrieges gelitten worden ist. In den unbeschädigten Häusern und Anstalten mußte alles enger zusammenrücken und bald auch Platz für den Strom der Flüchtlinge aus dem Osten bereitstellen. Der Gesamtschaden der Inneren Mission an Vermögenswerten ist auf 400 Millionen Reichsmark geschätzt worden.

Schließlich war in den Flammen und Schrecken des letzten Kriegsjahres jede Anstalt auf sich selbst gestellt. Die Verbindungen zueinander rissen ab. Vom Osten her zogen in den endlosen Reihen der Flüchtlinge, die Insassen der dortigen Anstalten der Inneren Mission mit ihren Pflegern und Pflegerinnen, mit den Diakonissen westwärts. Bei der Kaiserswerther Hundertjahrfeier 1933 sprach man von siebzigtausend Schwestern in den evangelischen Verbänden Deutschlands. Aus dem Zusammenbruch sollen sich etwa fünfzigtausend gerettet haben. Von ihnen haben elftausend im Osten ihre Heimat eingebüßt. Zweiundzwanzig Diakonissenmutterhäuser mußten wie auch verschiedene Brüderhäuser auf die Wanderschaft gehen.

Viele Diakonissen haben sich beim Zusammenbruch nicht dem Flüchtlingsstrom eingereiht. Sie sind bei den Restgemeinden oder ihren Pfleglingen geblieben. Sie haben mit den Militärbehörden verhandelt, haben die Gottesdienste übernommen und haben bis zu ihrem Tod oder bis zur Restaussiedlung auf ihrem Posten ausgeharrt.

Von den Diakonissenhäusern war das Mitauer Diakonissenhaus nach Bromberg verlegt worden. Dort ist es mit dem Pastor, der Oberin und allen Schwestern umgekommen[17].

8. Kapitel

Die Innere Mission nach dem zweiten Weltkrieg

1
Eine aus den Fugen geratene Welt

Alliierte Truppen marschieren am 21. Oktober 1944 in Aachen ein. Unaufhaltsam vollzieht sich der Zusammenbruch des Dritten Reiches im Westen und Osten[1]. Es geht schnell bergab. Am 3. April 1945 besetzen die Amerikaner Bad Oeynhausen. Drei Wochen später, als Westfalen völlig frei ist, ergreift Präses D. Karl Koch die Initiative zur Neuordnung der Provinzialkirche, die keinen Aufschub duldet, auch wo es im Blick auf die Innere Mission notwendig erscheint. Überall, wo die Alliierten im Westen und Osten ins Reichsgebiet einmarschieren, geschieht das gleiche in den einzelnen Landeskirchen[2].

Daß Deutschland im Frühjahr 1945 so schnell von den westlichen und östlichen Armeen überrollt wurde, ersparte Millionen deutscher Soldaten einen aussichtslosen Endkampf, wie ihn Hitler forderte. Sie wurden zum Teil schnell entlassen. Millionen wanderten jedoch für Jahre als Kriegsgefangene in die ehemaligen Feindländer[3].

„40 Millionen Menschen in Europa, darunter mehr als 7 Millionen Deutsche, waren gefallen, verendet an Straßenrändern, ermordet auf der Flucht[4]." Massennöte in einem Ausmaß, für das geschichtliche Parallelen fehlen, breiten sich aus. Jeder zweite Deutsche sucht seine Angehörigen. In Ruinenstädten hausen Tausende in Kellern, in Notwohnungen, in Baracken, in Gartenhäuschen, in Bunkern mit ihren schlechten Entlüftungsmöglichkeiten. Mütter und Kinder sind evakuiert worden. Man hat sie vom Rheinland und Ruhrgebiet in den Kleinstädten und Dörfern Mittel- und Ostdeutschlands verteilt. Alles ist überbelegt.

Nun rücken die endlosen Kolonnen der Flüchtlinge aus den Ostgebieten an, schweigend, mit leerem Gesicht, mühsam sich vorwärtsbewegende Gestalten. Die von Panzern im Osten überrollt worden waren, die unterwegs starben, wurden an den Straßenrändern vergraben. Hunderttausende kamen um. Die sich retten konnten, wurden, soweit sie nicht östlich der Elbe stecken blieben, in Massenlagern einquartiert. In Schleswig-Holstein wurden 1,8 Millionen von ihnen unter der gleichen Anzahl von Einheimischen zusammengepreßt[5]. In Niedersachsen und im Bayerischen Wald entstanden Lager um Lager. Das wurden die großen Notgebiete.

Zu schnell folgten andere Millionen, als von den Polen die Lande östlich der Oder-Neiße zwangsgeräumt wurden. Noch im Winter 1945/46 wurden die Deutschen bei grimmigster Kälte von einer Stunde auf die andere aus ihren Häusern herausgejagt. Die Bitte des Alliierten Kontrollrates, nicht mehr als 200 000 in einem Monat abwandern zu lassen und im Winter, der damals besonders hart war, die Ausweisung zu verlangsamen, wurde überhört[6]. Es war, als ob eine Lawine losgetreten war. Drei Millionen Deutsche, vielleicht noch mehr, wurden aus der Tschechoslowakei, aus Ungarn, weniger aus Rumänien ausgewiesen. In diesen Ländern festgehalten wurden Hunderttausende.

Man hat etwa 10 Millionen Deutsche gezählt, die in den Westzonen für Jahre in Notquartieren, in Baracken, in Massenlagern zusammengepfercht hausen mußten[7].

Die Ausgebombten drängten, aller Warnungen ungeachtet, in die Ruinenstädte zurück. Millionen verschleppter Ausländer, darunter hat man zwei Millionen russische und polnische Frauen und Mädchen gezählt, die in Deutschland als Zwangsarbeiter in der Landwirtschaft und in Rüstungsbetrieben arbeiten mußten, waren frei. Doch Hunderttausende unter ihnen wagten sich nicht mehr in ihre Heimat zurück, unter ihnen zahllose, die arbeitsunfähig geworden waren. Sie blieben in den Lagern. Gruppen von Plünderern zogen durchs Land[9].

Die deutschen Kriegsgefangenenlager wurden ordnungsgemäß geräumt und die Rücktransporte in die Heimatländer vollzogen sich reibungslos. Dafür sorgte der Alliierte Kontrollrat.

Die ersten Transporte von entlassenen deutschen Soldaten rollten an. Sie wurden auf großen Bahnhöfen, die noch funktionsfähig waren, einfach abgeladen. In abgerissenen Uniformen, oft von Hungerödemen gezeichnet, standen sie dann hilflos da. Man zählte über 100 000 Kriegsversehrte, die sich aus den Bombentrichtern und Granatlöchern retten konnten. Es fehlte für die Amputierten an Prothesen[10].

Zerstörte Städte, Wohnungsnot, Flüchtlingselend. Der Hunger meldete sich. Jedenfalls wurde man keinen Tag mehr wirklich satt. Es gab noch unverwüstete, vom Krieg verschonte Landschaften. Die einen hatten alles oder viel gerettet, die anderen standen bettelarm da. Das waren Spannungsmomente genug, die in sich Zündstoff bargen. Was hier einmal Gegenwart war, ist für viele Menschen heute nur noch eine blasse, nebelhafte, eine weit zurückliegende Vergangenheit. Man sollte sie doch nicht vergessen!

Vor fast unlöslichen Aufgaben standen zuerst die Besatzungsmächte, die Restdeutschland in vier Besatzungszonen zerteilt hatten. Sie waren es, die sich zuerst einem drohenden Chaos entgegenstemmen konnten. Das geschah nicht unvorbereitet. Bereits im Winter 1941/42 suchte man in den späteren Siegerländern fachkundiges Personal, im Osten wie im Westen, um es auf die kommenden Aufgaben vorzubereiten, die sie im besiegten Deutschland erwarten würden. Die deutsche „Verwaltungsmaschine“ sollte dabei eingeplant werden. Listen von „unbelasteten“, von

„anständigen“ Deutschen, selbst von deutschen Pastoren und Priestern, wurden zusammengestellt, um auf sie eventuell zurückgreifen zu können[11].

Vieles blieb noch im Fluß. Die weiteren Zielvorstellungen, wie sie mit den Deutschen verfahren sollten, waren unter den Besatzungsmächten noch ungeklärt. Katastrophen jedoch wollten sie im besetzten Land verhindern. Das gebot schon die Sorgfaltspflicht gegenüber den eigenen Truppen im Land. Jedenfalls haben sie die vor allem unter den Flüchtlingsmassen grassierenden Ruhr- und Typhusepidemien energisch bekämpft und konnten sie überall eingrenzen. Auch eigentliche Hungersnöte, wenn es überhaupt nichts mehr zu essen gibt, wurden abgewehrt. Allerdings bewegten sich die unter den Alliierten abgesprochenen Lebensmittelzuteilungen, nach Kalorien berechnet, bei allen Variationen in den einzelnen Zonen, vorerst an den untersten Grenzen. Viele Kinder und alte Leute fielen dabei einer Unterernährung zum Opfer. Von 15 Millionen deutscher Kinder waren in den ersten beiden Nachkriegsjahren 12 Millionen als unterernährt gemeldet, darunter 7,5 Millionen aus Flüchtlingsfamilien.

Und dann die heimatlosen Kinder! Das Signal, sich dieser anhangslosen Kinder anzunehmen, ging von Berlin aus. Das Britische Rote Kreuz ergriff in den letzten Tagen des Jahres 1945 die Initiative. Über 1000 solcher verlassener Kinder wurden aus den Trümmern Berlins gesammelt und deren Übernahme durch die Wohlfahrtsverbände in Westfalen in die Wege geleitet. Das Britische Rote Kreuz führte die Transporte durch und half bei der Errichtung einer Quarantänestation in Bad Salzuflen. Auch andere britische Verbände wie z. B. die Salvation Army arbeiteten mit. Der Heilsarmeeoffizier Major Preece reiste sogar einem Eisenbahntransport mit deutschen Kindern aus dänischen Sammellagern nach, als dieser in der französischen Zone „verschwand“. Er hatte Erfolg. „Anhangslose deutsche Kinder waren damals in mehr als einem Land gefragt.“

Schließlich entstand eine Arbeitsgemeinschaft Kinderzusammenführung, später verbunden mit einer Arbeitsgemeinschaft Familienzusammenführung. Es mußten die Ostblockländer dazu bewegt werden, deutsche Kinder freizugeben. Die Transporte mußten geklärt werden. Vieles ging aus politischen Gründen lange nicht. Dann wieder gab es ein Jahr, in dem gegen 100 000 Kinder in den Westzonen eintrafen, manchmal täglich 500 Kinder. Das alles mußte bewältigt werden[12].

„Das ist nie hinreichend in das deutsche Bewußtsein getreten. Ohne die Autorität der drei Militärregierungen in Deutschland, so problematisch sie in vielem war, wäre das drohende Chaos schwerlich bezwungen worden. Auch wenn die große Masse in ihrem Elend revolutionären Parolen gegenüber apathisch geblieben wäre, das große Elend birgt in sich die Gefahr der Desorganisation, des Chaos. Und wenn den Verführten und bitter

Enttäuschten auch nach anderem als Rache zumute war: eine Nacht der langen Messer wäre zumindest gebietsweise nicht auszuschließen gewesen. Wer zog nicht in jenen Monaten alles durch die deutschen Lande! Es waren nicht nur die deutschen Vertriebenen, es waren nicht nur die auf der Suche nach ihren zersprengten Familien Umherziehenden, es waren nicht nur die ohne Dach und Bleibe Dahintreibenden; es waren auch die ‚Fremdvölkischen', die lange ausgebeuteten Fremdarbeiter und die Ausländer in den deutschen KZ's, die zwischen Heimweh, Rachsucht und Beutegier schwankend, manchem Dorf zur Gefahr wurden. Nein, die Militärregierungen, ob gut oder schlecht, waren in jener Stunde der deutschen Geschichte die Barrieren gegen das Chaos. Und schließlich auch gegen den Hungertod. Denn was wir auch taten, tun konnten, um die Selbsthilfe der Deutschen weit über Befehl und Vorschrift hinaus zu entbinden — es hätte nie gereicht, um unser ganzes Volk auch nur halbwegs durchzubringen[13]."

Der Bezugspartner, an den sich die Militärregierungen halten wollten, war, bei Einhaltung des Fraternisierungsverbotes, der noch vorhandene deutsche Verwaltungsapparat, soweit sie ihn schon akzeptieren konnten und eine Auswechslung aller belasteten Beamten garantiert worden war. Wozu bedurften sie noch der großen Kirchenkörper, obwohl sie als einzige Institution nicht in den Strudel des Zusammenbruches hineingezogen waren? Ihre ganze Organisation von den kirchenleitenden Behörden über die Mittelbehörden bis in die einzelnen Pfarrämter wurden oder waren schon von radikalen Parteigängern der „Nazi" gereinigt[14].

Und hatten die Kirchen nicht vollauf zu tun, die eigenen Trümmer an zerbombten Gotteshäusern, Pfarrhäusern und Gemeindehäusern wegzuräumen und verstörte Gemeinden, die auseinandergelaufen waren, wieder zusammenzubringen? Der Augenschein eines jeden Tages zeigte, wieviel hier wieder in Ordnung zu bringen war.

Für die Kirchen war kein Versammlungsverbot erlassen, das sonst streng beobachtet werden mußte. Die Gotteshäuser, die Pfarr- und Gemeindehäuser wurden von keinem Soldaten betreten. Auch für die russischen Soldaten bestand ein strenges Verbot. Niemand wurde am Besuch der Gottesdienste gehindert. Das galt alles auch unbeschränkt für die Ostzone. Die Trennung von Staat und Kirche wurde dort freilich Wirklichkeit. Das geschah seitens der russischen Besatzungsmacht nicht in unfreundlicher Weise. Sie vollzog sich nach und nach[15].

Gemeinsam war in allen vier Zonen die Durchführung der vier „D": die Demilitarisierung, die Demontagen, die Denazifizierung und die Demokratisierung. Unübersehbar war dabei von Anbeginn die Unterschiedlichkeit des westlichen und des östlichen Demokratisierungsverständnisses. Die russische Militärregierung betonte die Vorläufigkeit aller Zonengrenzen, andererseits versuchte sie die „grüne Grenze" dicht zu machen, baute auch die eigene Rechtsposition langsam — elastisch vorgehend aber erfolgreich — in der Ostzone aus. Die Teilung Deutschlands war Wirklichkeit geworden als eine Folge des zweiten Weltkrieges und zum Schutz der jeweils angrenzenden Nachbarvölker, die sich in der Folgezeit nicht wieder einem solchen Unheil aussetzen mochten. An dieser von Deutschland selbstverschuldeten Tatsache läßt sich nichts abschwächen. Die Schuld liegt bei Deutschland selbst[16].

Innere Mission und Caritas waren im Krieg stark in Mitleidenschaft gezogen worden. Das nationalsozialistische Regime hatte sie eingeengt, jedoch nicht lähmen können. Nun waren diese Lasten abgefallen. Die Mitarbeiter der Inneren Mission waren, bis auf kleine und zusammenschmelzende Minderheiten an fanatischen Parteigängern des Regimes, die schnell ausgeschaltet worden waren, eine innerlich geschlossene Schar, die durchgehalten hatte. An eine Einschränkung der Arbeit dachte man nicht[17].

Überall, in den Anstalten, bei der halboffenen und offenen Arbeit wurde begonnen, die Trümmer aus dem Wege zu räumen. Abgesehen von allen Kriegsverlusten standen noch etwa 36 000 vollamtliche Mitarbeiter zur Verfügung, darunter allein 28 000 Schwestern aus den Diakonissenhäusern wie vom Evangelischen Diakonieverein. Sie mußten in die Lücken treten, die bisher von der Staatswohlfahrt ausgefüllt waren. Von ihr war am Kriegsende kaum etwas übriggeblieben und die Wohlfahrtsämter hatten ihre Arbeit eingestellt[18]. Hier konnte ein Dienst nur stellvertretend geschehen.

Man ließ die Innere Mission ungestört weiterarbeiten. Das gilt auch für die Ostzone. Aufbaumittel zur Instandsetzung zerstörter Heime und angeschlagener Krankenhausbereiche konnten nicht aufgetrieben werden. Es gelang auch nicht, sämtliche vor 1945 enteignete Heime zurück zu erhalten, so verschieden auch die Rechtslage war[19]. Die Hilfssendungen aus dem neutralen Ausland, aus Skandinavien oder aus der Schweiz konnten verhältnismäßig schnell in die mit Flüchtlingen überbelegten Notgebiete in Mecklenburg und im Oderbruch geleitet werden. Es bleibt ein Wunder, daß es „damals zwar gegen große Schwierigkeiten, aber immerhin gelang, die von unseren Gemeinden gesammelten Gaben zusammen zu bringen und nach Mittel- und Ostdeutschland in die Hauptelendsgebiete zu schaffen. Es war eben doch alles noch in Fluß. Und es waren auch in den noch keinesfalls auf Fraternisierung gestimmten Militärregierungen verständige Männer zu treffen“[20].

Immer unentbehrlicher wurden die freiwilligen Mitarbeiter für die Innere Mission, sei es beim Aufräumen der Trümmer, bei Instandsetzungsarbeiten oder was immer sich ergab. Es meldeten sich sofort aus allen Schichten, von Generalen und Oberregierungsräten durch alle Berufe hindurch, Männer und Frauen an. Vor allem in kirchlich geprägten Landschaften wie z. B. in Bayern, etwa in München, wo auch in der Nazizeit das Kruzifix in den Schulstuben auch der Gymnasien wie in Krankenhäusern hängen blieb, was andernorts längst unmöglich geworden war, standen sie sofort bereit. Das gilt für Württemberg, im Rheinland und Westfalen wie in Hannover, in allen von der Erweckung geprägten Gebieten, auch in Franken. In den schweren Kriegszeiten daheim und an den Fronten hatte man eine Solidarität gelernt und erfahren, die sich nun weiter bewährte.

Für diese auch innerlich gerüsteten ehrenamtlichen Helfer, die sich oft selbst noch ganz kümmerlich durchschlagen mußten, aber darüber Barmherzigkeit lernten, galt als Arbeitsanweisung: „Du wirst leiden unter deiner Hilflosigkeit. Nur die allerärgste Not wirst du hier und dort etwas lindern können, aber du wirst als Bote der Liebe Freude erfahren, wenn du zugleich Brot vom Himmel austeilst[21]."

Ungebrochen waren die alten Traditionen einer Dienstgemeinschaft aller, die als Berufsarbeiter bei der Stange geblieben waren. Weithin und nicht zum Schaden der Arbeit pietistisch geprägt, hatten sie unter dem vergangenen Regime den Kampf des Glaubens zu führen verstanden, ohne zu weichen. Ohne billig idealisieren zu wollen, für sie galten noch ungebrochen die alten Tugenden der Disziplin, der Einordnung, der Entbehrungsfähigkeit, Selbstlosigkeit und Zurückstellung des Materiellen, wie sie es bei denen, die ihnen vorausgegangen waren, eindrucksvoll verkörpert fanden. Das Bewußtsein der Zusammengehörigkeit und Hilfsbereitschaft zu festigen, war das Anliegen des Central-Ausschusses für Innere Mission. Die seit 1848 bestehende ehrwürdige Zentralorganisation ist es im Dritten Reich gewesen, die vielen einzelnen Werken der Inneren Mission im Krieg ratend und helfend zur Seite stand[22]. Das war nicht vergeblich. Gewisse Prinzipien waren selbstverständlich. Die Berufsarbeiter dienten einem freien Werk zumeist in der Form eingetragener Vereine. Jeder Dirigismus, von welcher Behördenseite er an sie herantrat, wurde abgelehnt. Man arbeitete in und mit der Kirche, aber nicht unter der Kirche. Synodale Verwaltung von Liebeswerken hatte bisher immer zur Stagnation geführt. Der Beweis war hundert-, ja tausendfach erbracht, daß die Innere Mission, alle freien Werke der Kirche effektvoller, sparsamer zu wirtschaften verstanden als Behörden. Die Mitarbeiter wußten um den kreativen Freiraum auch in begrenzten Arbeitsräumen. Nüchternheit und Risikobereitschaft wurden geschätzt.

Die Männer und Frauen der ersten Stunde stellten sich zum Teil aus KZ und Zuchthäusern ein, weil sie wider das System gestanden hatten. Schon vor dem Zusammenbruch, den sie unweigerlich auf das eigene Volk zukommen sahen, hatten sie sich Gedanken um einen Neuanfang gemacht, so wenig diese sich zu konkreten Plänen verdichtet hatten. Wo sie in die Arbeit traten, waren sie weithin prägend, Charismatiker, die man bekanntlich nicht auf Vorrat ausbilden kann. Mit ihnen hat Gott „Berge zum Weg gemacht“[23]. Wollten wir sie hier einzeln nennen, könnte das nur lückenhaft erfolgen und wir blieben ungerecht und undankbar gegenüber vielen Namenlosen unter ihnen. Vergessen sind sie nicht. Sie unternahmen Vorstöße in unbekanntes und unerprobtes Land und dachten schon voraus[24].

Nur wenn der Blick über diese Welt hinausreicht, versteht man die Welt. Die Gestalt der Diakonie ist nur wie die Morgenröte eines auf uns zukommenden Gottestages, vorletzte und vorläufige Wirklichkeit, ein Provisorium. Diakonie ist Herberge des Heilandes, dem sie entgegenwandert, und in dieser Erwartung erfüllt sie ihre Sendung, tritt sie unter die Leidenden, unter die kaputten Menschen, unter die Kranken und an die Sterbebetten. Diese weite Perspektive, die nicht irdische Paradiesesträume träumt, diese eschatologische Dimension befreit, gibt die Platzanweisung von Christus her, fordert jedoch auch Denkleistung, Tüchtigkeit und Hingabe im Namen ihres Herrn[25].

Friedrich von Bodelschwingh formulierte: „Medizin kann man überall nehmen; Bethels Ziel reicht weiter, es reicht in die Ewigkeit.“

„Dabei dachte er nicht an Vertröstung der lebenslang Leidenden auf ein Jenseits, sondern daran, daß der Mensch aus Leib, Seele und Geist besteht, dazu seine Menschenexistenz erst findet, wenn er seine Beziehungen zum Mitmenschen und seine Zugehörigkeit zu Gott entdeckt und lebt. Zurechthelfen zum Leben in diesem umfassenden Sinn, darum geht es.“ Keinen stempeln seine Nöte, wo sie auch liegen, zum hoffnungslosen Fall[26].

2

Die Aufbaugeneration

Vermag man so ungeschützt von ihr zu reden? Die Aufbaugeneration ist inzwischen mit viel Verdacht belegt worden. Sie hätte zu viel zu tun gehabt, daß sie scheinbar blind „in die Vollen“ ging und das Nachdenken aus Zeitmangel späteren Generationen überließ. Sie habe also um des nackten Überlebens willen so hart anpacken müssen. Unversehens sei es so — im Rückblick auf die ersten zwölf Jahre nach dem Zusammenbruch — zu einer Ökonomisierung der Gesellschaft gekommen. Ein rein materialistisch eingestelltes Arbeitsethos habe den Wohlstandsbürger erzeugt[27].

War es nicht eine Generation, so möchten wir zurückfragen, die aus einem langen Krieg kam? „Wie viele hatten längst schon gelernt, sich durchzuschlagen. Ohne alle Worte waren wir gewillt, nicht aufzugeben, uns gegen den Strom des Elends zu behaupten, eine trockene Stelle in ihm zu finden, und nicht nur unsere Nächsten, sondern wen auch immer auf diese rettende Stelle zu ziehen[28].“

Was trennte in dieser Grundhaltung die Männer und Frauen in der Diakonie von ihnen? Die Gottesdienste waren gut besucht, man hörte auf die Kirche. Es wurde viel geholfen. Also dumpf materialistisch war diese Aufbaugeneration durchaus nicht. Fleiß, Disziplin, Erfolg, Anständigkeit, Wohlstand, Ansehen waren Tugenden. Jedoch auch Liebe, Solidarität, Bescheidenheit, Selbsthilfe, die andere nicht auszunützen begehrte, wurden groß geschrieben. Ohne Erfolg läßt sich keine Rechnung bezahlen. Es kann immer nur gewarnt werden vor scheinbar endgültigen Diagnosen, die nicht bloß historisch schief sind, sondern auch die Wahrnehmung der Gegenwart verstellen — und sei es durch falsche Begriffe.

Welche Beobachtungen überwiegen im Bild der Nachkriegsgeneration? Es war ein allgemeines Aufatmen nach dem Zusammenbruch. Endlich schwiegen die Waffen. Nur keinen Krieg mehr, keine Waffen, kein deutsches Militär, ohne Bomben leben[29]. Die Bergpredigt wurde von solchen mit neuen Augen gelesen, bei denen man es nicht vermutete[30]. Eine ganze politische Bewegung wurde dadurch bereits 1945 mit vorgeprägt. Frei, herausgerettet aus einem Klima der Angst! Frei atmen können, lesen und sich orientieren zu können, ohne gegängelt zu werden mit vorgesetzten Parolen. Mit welchem Heißhunger bemühte man sich in einem oft gespenstig düsteren Alltag um das Schöne, um Theater, Kunst, um das Musische. Das Leben in den Trümmern der Städte belastete auf die Dauer selbst die Kinder, die in ihren Mauerresten spielten. Gewiß, das Nächstliegende mußte angepackt werden, Brot für den nächsten Tag, ein Dach über dem Kopf, Schuhe für die Kinder, Heizung für den kommenden Winter. Die Winter von 1945/46 und von 1946/47 waren so grausam kalt!

Es ging um das psychische und physische Überleben. Viele verkrafteten das nicht. Unschönes machte sich bemerkbar. Zu sehr war man bisher mit Scheinidealen gefüttert worden. Grenzenlos ernüchtert schlug die Haltung oft in einen harten Egoismus um. Rette sich, wer kann! Bei den geringsten Anlässen reagierte man mit ungesteuerten Gefühlsausbrüchen. Schwarzmärkte machten sich breit. Ehe die Währungsreform kam, wickelte man den Tausch mit einer Zigarettenwährung ab[31].

Wie vieles wurde aus nackter Not zusammengestohlen, Kohlenzüge auf den Rangiergleisen geplündert. Mit dem deutschen Geld vor dem Währungsschnitt gab es praktisch kaum etwas zu kaufen. Die Waggons mit Hilfsgütern des „Evangelischen Hilfswerkes" mußten unter Bewachung an ihren Bestimmungsort gebracht werden. In den Städten fehlte es an sicheren Lagerräumen dafür. Sie mußten ängstlich Tag und Nacht verteidigt werden. Die wackeren Schweizer Kraftfahrer, die in jenen unsicheren Zeiten ihre wertvollen Ladungen (z. B. von dem Christlichen Nothilfe-Parcours, Basel) bis an die polnische Grenze in der russischen Zone zu bringen hatten, haben manchen Strauß mit den „Autobahnspringern" zu bestehen gehabt, Banden, die an Steilaufstiegen der Autobahn auf die Anhänger der bergauf kriechenden Lastwagen aufsprangen, um ihre Beute den im Straßengraben wartenden Komplizen zuzuwerfen. Mit Schraubenschlüsseln und Wagenhebern wurden die Attacken abgewehrt. Mit Begleitpapieren der Sowjetbotschaft in Bern vollzog sich dieser Spendentransport in die russische Zone und die Verteilung an die Bevölkerung lange Zeit dann doch völlig ungehindert und reibungslos[32].

Als nach dem Zusammenbruch die Innere Mission wie auch die Caritas mit allen ihren Kräften begannen, gegen das Elend anzugehen, ist dies für Ungezählte zu einem Signal der Hoffnung geworden. Wir verweisen auf ein für sich sprechendes Beispiel: „Menschen, die in den Jahren 1945 oder 1946 aus Krieg oder Gefangenschaft oder als Flüchtlinge, Ausgebombte oder Vertriebene erstmals nach Bethel kamen, berichten übereinstimmend, daß ihr erster Eindruck war, in eine ‚heile Welt' gekommen zu sein, als hätte die Bethelgemeinde kaum etwas vom eigentlichen Krieg gemerkt ... Die wilden Wellen hatten auch Bethel erreicht, doch sie haben es nicht verschlungen. ... Die Verwaltungs- und Wirtschaftsstruktur der Anstalten war soweit intakt, daß trotz der Raumnot der Centralausschuß für Innere Mission für die westlichen Besatzungszonen, das Landeskirchenamt der Evangelischen Kirche von Westfalen und der Evangelische Preßverband Westfalen auf dem Anstaltsgelände Unterschlupf finden konnten.

Durch die, als Flüchtlingsaufnahmestätte und Flüchtlingskinderheim, freigemachte Sarepta-Schule konnten über 25 000 Flüchtlinge und Vertriebene aufgenommen und weitergeleitet sowie der erste Suchdienst organisiert werden. Doch solche Aktivitäten geschehen auch anderwärts[33]."

Lobetal im Großraum von Ostberlin darf nicht übersehen werden. Im Grauen des Zusammenbruchs mußte die Lobetaler Großfamilie unter Pfarrer Paul Gerhard Braune zerstörte Häuser, Gärten und Felder beklagen. Und doch blieb Lobetal vor und nach 1945 das rettende Ziel Tausender und Abertausender. „Durch einen glühenden Glauben an die tägliche Zuwendung des göttlichen Herrn war immer wieder das Nötigste zum Unterhalt für alle, dann doch jedenfalls von einem Tag zum anderen vorhanden[34]." So sah es weithin in den großen Anstaltsgemeinden in Restdeutschland aus. Sie lebten von der Hand in den Mund und konnten Tausenden helfen.

Langsam setzte wieder der Bahnverkehr auf den Hauptstrecken ein. Die seit 1938 ausgeschaltete Bahnhofsmission durfte wieder arbeiten. Die früheren Helfer und Helferinnen waren schnell wieder zur Stelle. Bald spannte sich ein Netz von solchen Bahnhofsmissionen über alle Zonen. „Da zahlreiche Bahnhofsgebäude, die den Bahnhofsmissionen sonst Raum boten, zerstört waren, spielte sich alles unter oft primitiven Verhältnissen ab in alten Baracken, Bahnhofskellern und sonstigen Behelfsunterkünften. Unter den Bahnhöfen und Bahnhofsmissionen aller Groß- und Mittelstädte ragte besonders Hannover heraus, als einer der wenigen Übergänge in die Ostzone und vor allem nach Berlin. Die weiten Kellerräume des Bahnhofs glichen Tat und Nacht einem Heerlager erbarmungswürdiger Menschen[35]."

„In den Westzonen sind allein im Jahre 1946 über zwei Millionen Flüchtlinge aus dem Osten von ihnen betreut worden. Dieser Flüchtlingsstrom wurde abgelöst durch die Heimkehrer. So sind in den ersten Jahren nach 1945 etwa 600 000 Heimkehrer aus Rußland, die man hauptsächlich krankheitshalber und nicht mehr leistungsfähig abgeschoben hatte, über unsere Bahnhöfe gegangen[36]."

Viele Aufgaben stürmten auf die Stadtmission in den verwüsteten Städten ein. Sie kam kaum dazu, die eigenen Wirkungsstätten wieder herzustellen, die im Inferno der Bombenangriffe zu ganzen oder halben Ruinen geworden waren. Zu viel Elend drängte sich vor. 2 500 000 Wohnungen waren in den Städten zerstört worden, 1 500 000 halb zerstört. In den Resten drängte sich eine ansteigende Zahl von Vertriebenen und Flüchtlingen zusammen.

Vieles war fast abenteuerlich, was Stadtmissionen bewerkstelligen mußten bzw. konnten. So gelang es der Münchner Stadtmission z. B., das weite Areal und den Gebäudekomplex der Herzogsägmühle, einst als Nichtseßhaften-Sammelstelle und -Arbeitsmöglichkeit gedacht, von der amerikanischen Besatzungsmacht freizubekommen. Schon hatte ein Wettrennen von fünf anderen Wohlfahrtsverbänden danach eingesetzt. Die Stadtmission gewann einen Vorsprung um einen Tag vor anderweitiger Besetzung[37]. Doch nun fuhren sofort die amerikanischen Lastkraftwagen zu den Gefangenenlagern und sammelten innerhalb von zehn Tagen 1 400 Amputierte, um sie dort abzuladen. Einer unter ihnen, es waren vor allem Beinamputierte, ein Fachmann, verstand es, Behelfsprothesen aus Papiermasse und Wasserglas zu fertigen, die bis zu zwei Jahren gebrauchsfähig waren. Es hat Tausende von Beinamputierte in ganz Bayern alarmiert[38].

Und dann die Kriegsblinden!

In Hannover sammelte die Innere Mission mit beachtlichem Erfolg Edelmetall, Gold und Silber für die Kieferverletzten und für die Prothesen, die immer wieder erneuert werden mußten[39]. So lief ein Selbsthilfewerk an.

Was wurde in den Städten gehungert! Auch die Hamsterfahrten auf das Land in überfüllten Zügen, wo man selbst auf den Trittbrettern mitfuhr, brachten nicht genügend ein. Kaum ein Drittel von dem, was man noch in Kriegszeiten für den „Normalverbraucher" zur Verfügung stellen konnte, war austeilbar. Genaue Untersuchungen über den Ernährungsstand der damaligen Zeiten liegen vor[40].

Ungezählte Industrie- und Handelsbetriebe im Umkreis der Städte lagen in Trümmern, andere wurden demontiert. Viele, die noch verschont blieben, konnten aus Rohstoffmangel nicht arbeiten. Trümmerfrauen klaubten bei geringem Stundenlohn mit bloßen Händen noch brauchbare Ziegelsteine aus dem Schutt.

Nun fuhr man, ob von der Inneren Mission oder der Caritas organisiert, meist mit den wenig leistungsfähigen Holzgas-Lastwagen, auf das flache Land und bettelte sich vor allem Kartoffeln zusammen, Tag für Tag. Das geschah schon im Mai 1945, mit Zustimmung der Militärregierungen. Hunderte von Zentnern Kartoffeln konnten nun in den Städten über die Pfarrgemeinden oder direkt in Heime, Flüchtlingslager, Kriegsgefangenen- und Internierungslager, in Krankenhäuser verteilt werden. Man richtete Volksküchen ein und Kinderspeisungen. Aber auch das war oft nur wie ein Tropfen auf einen heißen Stein. Doch es geschah etwas[41]!

Wer zwei Röcke habe, gebe einen. In den Kirchengemeinden bat man die im Krieg heil davon gekommenen Gemeindeglieder, nicht festzuhalten, was sie nicht unbedingt selbst brauchten. Ein Erntedankfestopfer für die Notleidenden wurde in allen Landeskirchen 1945 eingesammelt. Zum Weihnachtsfest 1945 geschah es wieder. Man hatte nicht umsonst gebeten. Man sammelte Röcke und Hosen für die Soldaten, die nur ihren Entlassungsschein erhielten, wenn sie in Zivil vortraten. In Köln bat man Familien, deren Männer noch nicht heimgekehrt waren, Anzüge, die noch in den Schränken hingen, Kriegsversehrten zu borgen. Sie standen auf dem Bahnhofsgelände in zerfetzten Sachen herum[42]. So unendlich groß war die Not. Wer helfen wollte, räumte die Schränke aus. Schritt für Schritt konnte das schreiendste Elend zurückgedrängt werden. Die besten Erfolge zeigten sich dort, wo die wieder erstehenden städtischen Sozial- und Wohlfahrtsämter Hand in Hand mit den Trägern der Liebeswerke zusammenarbeiteten.

Es ist aus den Kirchengemeinden viel gespendet worden. Auf das ganze Restdeutschland gesehen, sind in jenen ersten Jahren vor dem Währungsschnitt Millionenbeträge an Geldspenden eingekommen, weit mehr als je vor 1945. Sie stiegen sprunghaft in die Höhe[42].

An Geld fehlte es in diesen ersten schlimmen Jahren also nicht. Es konnten vielerorts leerstehende Häuser, aufgelassene Munitionslager und nicht mehr belegte Gefangenenlager gemietet werden, ohne Schulden zu machen. Sie wurden für heimatlose Jugend und Kinder, für alte Leute, als Erholungsheime und Umschulungsstätten nach und nach eingerichtet. Immer wieder fanden sich neue Möglichkeiten, taten sich verschlossene Türen auf. Man mußte auch Lehrgeld zahlen. Zu sprunghaft vollzog sich manches bei der Ausweitung der Arbeit.

Doch „inmitten einer zerbrochenen Welt, an Gräbern ohne Zahl, unter Menschen, die alles verloren haben, Heim und Habe, Glauben und Hoffnung" zeigte sich viel Retterwillen, erfinderische Liebe neben viel Versagen und Verzagen.

3

Der Central-Ausschuß für Innere Mission arbeitet wieder

Darauf war überall auf dem weitausgedehnten Felde der Inneren Mission gewartet worden. Man konnte ohne die Arbeit des Central-Ausschusses für Innere Mission“ nicht vorwärts kommen, benötigte Wegweisung und fachkundiges Raten und Helfen, wie auch vor 1945. Verhältnismäßig schnell nach dem Zusammenbruch war er wieder zur Stelle. Auf einer ersten Sitzung am 23. August 1945 in Bethel konstituierte er sich neu und bildete zwei Zentralen, eine als Central-Ausschuß-West in schusses für Innere Mission nicht vorwärts kommen, benötigte Wegwei- Bethel mit Pastor Friedrich Münchmeyer als Direktor, die andere als Central-Ausschuß-Ost mit dem Sitz im alten Verwaltungsgebäude in Berlin-Dahlem, das unzerstört geblieben war und in Kirchenrat D. Dr. Theodor Wenzel den Direktor erhielt[44]. Die Landes- und Fachverbände der Inneren Mission fanden sich wieder zusammen.

Die Spitzenverbände der Wohlfahrtspflege: Innere Mission zusammen mit dem Hilfswerk, Caritas, Rotes Kreuz, Arbeiterwohlfahrt, Paritätischer Wohlfahrtsverband, die jüdische Wohlfahrtsorganisation bildeten erneut eine lose Arbeitsgemeinschaft, um möglichst einheitlich handeln zu können[45]. Das Verhältnis zu den sich schnell bildenden Regierungsstellen der einzelnen Bundesländer war neu zu ordnen. Besonders beschwerlich blieb es auf Jahre hinaus, daß es zunächst keine einheitliche Stelle gab, an die man sich halten konnte. Die Militärregierungen handelten oft recht selbstherrlich, ohne sich immer gegenseitig abzustimmen. Doch war es schließlich dem Central-Ausschuß-West gemeinsam mit der Caritas gelungen, selbst mit der schwierigen französischen Militärregierung in Baden ins Gespräch zu kommen und zu bleiben[46].

Gegenüber den wiederentstehenden deutschen Behördeninstanzen war wieder die gleiche entschiedene Sprache nötig, die man vor 1945 sprechen mußte. „Wir können dem Staat nicht konzedieren, daß er selbst mit wirklichem Erfolg Wohlfahrtspflege treiben kann. In Konsequenz dessen haben wir den Länderregierungen gesagt, daß wir es grundsätzlich ablehnen, mitzumachen mit dieser Fortsetzung von Nazimethoden des Sammelns für die öffentliche Hand. Alle vier Wochen sammelt irgend eine staatliche, Provinzial-, kreisstädtische oder Landesstelle für irgend einen humanitären Zweck. Der Staat hat die Aufgabe, sich zu finanzieren durch Steuern und Abgaben und hat der Freien Wohlfahrtspflege allein das Recht einzuräumen, an die freiwillige Opferbereitschaft der Menschen zu appellieren. Wir haben also, wenn wir uns an den Staat wenden, durchaus das Recht, von der einen Stelle das zu fordern, was wir brauchen, um unseren Dienst tun zu können.“

„Was für hintergründige machtpolitische Erwägungen sind hier noch in der neuen Demokratie vorhanden, wenn sie uns zumuten und der Caritas, wöchentlich mehr auszugeben als zu vereinnahmen, weil sie den ihnen aufgetragenen Dienst an den Armen, Kranken und Elenden eben nicht aufgeben können[47]."

Wie zäh mußte die Innere Mission bis 1953 um die Befreiung von Steuerarten ringen, die ihr das Dritte Reich bösartig aufgelastet hatte, um sie finanziell zu ruinieren[48]!

Das galt auch für das Nein gegen das Kontrollratsgesetz Nr. 22. Wir stellen hier nicht die Frage nach seiner Vorgeschichte. Aber bereits 1946 mußte sich der Central-Ausschuß-West gegen das Kontrollratsgesetz Nr. 22 zur Wehr setzen. In einem seltsamen Anachronismus, ja Antagonismus sollte der Inneren Mission für die Tausende ihrer Mitarbeiter in den Anstalten die Einführung von Betriebsräten zugemutet werden. Einhellig hieß es: „Eine Mitwirkung der Gewerkschaften kommt nicht in Frage." Man war ja bereits dabei, die bisherige patriarchalische Führung in den Werken der Inneren Mission innerhalb der bestehenden Dienstgemeinschaft aller Mitarbeiter zu variieren und die Gehaltsfragen und die Altersversicherung durchgreifend zu verbessern[49]. Das Nein zu Personalvertretung mit emanzipatorischer Qualität war eindeutig!

„Zum Teil bittere Erfahrungen aus der Vergangenheit ließen uns aufmerken auf die immer wieder an uns herandrängenden säkularisierenden Tendenzen und lassen uns bedacht sein auf eine Abschirmung unserer Arbeit gegen solche Tendenzen. Wir haben immer klar daran festzuhalten, daß unsere Arbeit sich ihres Verkündigungscharakters bewußt bleibt. Dabei stehen wir erneut vor der alten Frage, ob wir an dem Wichernschen Wort festhalten wollen: Kein innerer oder äußerer Notstand, dessen Behebung nicht Aufgabe der christlich rettenden Liebe sein kann, ist der Inneren Mission fremd, oder ob wir angesichts der Beschränkung unserer Kräfte uns auf bestimmte Aufgabengebiete beschränken sollen[50]."

Das stand aber im Grunde nicht mehr zur Debatte, denn inzwischen, mit all den Aktivitäten der Inneren Mission verwoben, war das Hilfswerk der Evangelischen Kirche in Deutschland vorgeprescht, um den Massennöten, die sich immer schärfer herausstellten, gemeinsam zu begegnen. Waren doch die Todesfälle an Tuberkulose von 42 000 im Jahr 1939 auf 200 000 im Jahre 1947 angestiegen und erhöhten sich in den beiden nachfolgenden Jahren auf rund eine Million. Die Zahl der Geschlechtskranken — angesichts auch der Überbevölkerung in den Westzonen — stieg noch steiler als die der Tuberkulosen. Davon entfiel ein Drittel auf Jugend unter 20 Jahren[51]. Hier mußten alle rettenden Kräfte zusammenstehen. Und es geschah auch.

9. Kapitel

Das Hilfswerk der Evangelischen Kirche in Deutschland von 1945 bis 1957

1

Die Vorgeschichte vor dem Zusammenbruch Deutschlands

Es haben sich alle beteiligten und unbeteiligten Völker im zweiten Weltkrieg Gedanken gemacht, wie Deutschland nach dem Krieg aussehen werde. Die beiden Nationen, die sich in Mitteleuropa ihre Neutralität bewahrten, die Schweiz und Schweden, wußten sich mitverantwortlich für das weitere Schicksal eines zerschlagenen Deutschlands. Eine neutrale und humane Hilfe war im Gespräch. Es war für diese zur Hilfe bereiten Kreise in beiden Ländern nicht leicht, „die psychologische Schwelle des vom Krieg erzeugten Hasses" bei ihrer Bevölkerung zu überwinden. Das zwang in der Schweiz zur besonderen Behutsamkeit. Über die Pläne der Alliierten waren sie gut informiert[1].

Auch in Genf, in der ökumenischen Zentrale, war an eine von den protestantischen Kirchen getragene freiwillige Hilfe für Deutschland gedacht. Es wurde vorgeplant. Wann die frühesten Pläne zur Gründung eines Hilfswerkes erörtert worden sind, ist für uns nicht ganz sicher festzustellen. Doch immer taucht, was auch in Genf besprochen worden ist, der Name von Dr. Hans Schönfeld auf, der seit 1931 der wissenschaftliche Studienleiter der Forschungsabteilung des vorläufigen Ökumenischen Rates mit Sitz in Genf war. Eugen Gerstenmaier schreibt: „Von Hans Schönfeld kam mir zum erstenmal noch mitten im Krieg und zwischen den Ruinenfeldern Berlins die Kunde von der Planung eines großen ökumenischen Hilfswerkes, in das nicht nur die Opfer des Angreifers, sondern auch die Deutschen einbezogen werden sollten." Das muß vor dem 20. Juli 1944 gewesen sein[2].

Hier wurden die lutherischen Kirchen in den USA besonders aktiv, die in der ökumenischen Zentrale durch den Lutherischen Weltbund vertreten waren. Durch viele persönliche Fäden waren sie mit den deutschen lutherisch geprägten Landeskirchen verbunden. Es zeigte sich, daß diese alten Beziehungen weder durch Hitler noch durch den Krieg, noch durch den vorauszusehenden Zusammenbruch zerstört werden konnten[3].

Auch in Deutschland wurde vorgedacht und vorgeplant. Hier trat der Konsistorialrat im Kirchlichen Außenamt, der schwäbische Theologe Dr. theol. Eugen Gerstenmaier in den Vordergrund. Er holte sich freilich bei dem Präsidenten des Central-Ausschusses für Innere Mission, den er sich als Mitwisser wünschte, eine glatte Absage. Dieser lehnte jedes Gespräch über dieses Thema als hochverräterisch ab. Es beinhaltete doch, daß der Krieg für Deutschland verloren wäre. Gerstenmaier wußte damals auch kein anderes führendes Mitglied innerhalb der Werke der Inneren Mission, mit dem er dann noch hätte sprechen können[4].

Doch mit dem Landesbischof von Württemberg D. Wurm, mit dem späteren Bischof von Berlin-Brandenburg D. Dr. Otto Dibelius und dem bayerischen Landesbischof D. Meiser wußte Gerstenmaier sich einig, daß ein Hilfswerk gemeinsam mit den Brüdern in der Ökumene vorzubereiten wäre.

Es gab noch einen Kreis, in dem man sich mit der Frage auseinandersetzte, was aus Deutschland nach dem Krieg einmal werden sollte. Es war eine Gruppe von Männern, die sich in der Widerstandsbewegung zusammenfanden. Sie „waren sich über zwei Dinge klar, nämlich, daß der Niederlage eine allgemeine Not in unserem Volk folgen werde, für die es keinerlei Vergleiche oder Maßstäbe geben konnte. Die Niederlage war gewiß, es handelte sich auch nicht darum, die Niederlage als solche herbeizuführen, wohl aber darum, dafür Sorge zu tragen, daß die Niederlage uns nicht völlig überraschte, daß wir ihr nicht hilflos gegenüberstünden. ... Das gleiche Problem war auch in der Politik erkannt worden. Es braucht nur an den Kreisauer Kreis um den Grafen Moltke, an Namen wie Goerdeler, Hassell neben den militärisch treibenden Kräften der Widerstandsbewegung erinnert zu werden“[5].

Eugen Gerstenmaier gehörte dieser Verschwörergruppe an. Wurm, Dibelius und Meiser wußten durch ihn um die Attentatspläne gegen Hitler. Gerstenmaier wanderte nach dem 20. Juli 1944 ins Zuchthaus. Dort plante er gemeinsam mit seinem Freund, dem Gefängnispfarrer Harald Poelchau weiter. Am Ende des Krieges saß er im Zuchthaus von Bayreuth. Doch blieb Landesbischof D. Wurm in Stuttgart auch nach dem 20. Juli 1944 nicht untätig. Der Plan eines Hilfswerkes wurde weiter verfolgt. Von Dr. Schönfeld stammt ein Protokoll aus den Februartagen 1945 über das „Selbsthilfewerk der Deutschen Evangelischen Kirche“. Dieses Zeitdokument, das in seiner Aussagekraft für sich spricht, lassen wir im vollen Wortlaut im Anschluß an die Anmerkungen zu diesem Kapitel folgen[6].

Nach dem Zusammenbruch ergab sich alles überraschend schnell, als sei es vorgeplant gewesen, was jedoch nicht der Fall war. Gerstenmaier sah vor dem Verwaltungsgebäude des Zuchthauses einen Wagen mit dem Kennzeichen des Internationalen Komitees vom Roten Kreuz stehen. Und kaum hatte er die tschechische Wache nach dem Besitzer des Wagens gefragt, trat ein lebhafter Mann auf ihn zu. Als ihm Gerstenmaier das „Konzept des Hilfswerkes in Umrissen“ darstellte, wurde er im Wagen nach Genf gebracht. Alle Grenzschwierigkeiten konnte die Autorität des Roten Kreuzes beseitigen[7].

In der Genfer ökumenischen Zentrale gab es zwischen Willem A. Visser't Hooft und Gerstenmaier zuerst Verständigungsschwierigkeiten. Auch Karl Barth äußerte sich über Gerstenmaier anfangs in der Öffentlichkeit kritisch. Dessen „so gar nicht glatte Individualität" kam zuerst nicht so recht an. Doch das hielt nicht lange vor[8].

Erfolgreicher verlief sein Besuch bei Allen Dulles, der als Chef des amerikanischen Geheimdienstes mit dem Titel eines Gesandten in der amerikanischen Botschaft in Bern saß. „Hundertfach hat sich in Europa und in Amerika bewahrheitet, daß — weil Gerstenmaier zum 20. Juli gehörte — sich so viele Türen im Ausland öffneten. Keine kirchliche Fürsprache, keine caritative Legitimation hätte das bewirken können[9]!"

„Allen Dulles, nicht zu verwechseln mit seinem Bruder John Foster, wie auch der Hohe Kommissar Amerikas, John J. McCloy, haben es gewagt, es noch einmal mit Deutschland zu versuchen[10]." Seitdem Gerstenmaier Allen Dulles zum ersten Mal getroffen hatte, wurde er von diesem immer wieder „diskret", ohne selbst hervorzutreten, unterstützt, wenn es Not tat. „Daß nur mit alliierter Hilfe, bei dem fast völligen Zusammenbruch aller Verkehrsverbindungen, im besiegten Deutschland die erforderlichen Passierscheine für Transporte sowohl von Menschen wie von Sachgütern zu erlangen waren, lag auf der Hand[11]."

Durch die Vermittlung von Allen Dulles erhielt Gerstenmaier aufs erste nach seiner Rückkehr nach Deutschland wochenlang einen sogenannten „Commandcar" mit Fahrer, Treibstoff, Marschverpflegung und Passierscheinen, sowie einen amerikanischen Begleitoffizier, einen Lutheraner, mit dem er sich sofort verstand, zur Verfügung gestellt.

In der Folgezeit haben die verschiedensten amerikanischen wie britischen Militärbehörden Transportmittel aus den alliierten Heeresbeständen eingesetzt, wenn sie für Hilfsgüter gebraucht wurden. So hat die amerikanische Armee mit schweren Sattelschleppern nicht nur die ersten Vatikanspenden über die Alpen nach Deutschland gebracht, sondern später auch die großen Spenden aus den USA von Bremen mit ihren Militärversorgungstransporten sicher mitgenommen, was vor allem für Berlin lebensnotwendig war. Das gleiche taten die englischen Transportfahrzeuge von Hamburg und Lübeck aus und stellten britische Militärpolizei zum Schutz vor Plünderungen dazu ab[12].

„Der USA-Regierung ist es zu danken, daß überhaupt Schiffsraum und die nötigen Frachtgelder in Dollars zur Verfügung standen, um die großen Sendungen aus Übersee heranzuführen." Amerika trug auch die Hauptlast für den Abtransport der Auswanderungsfähigen unter den „DP's", den „Displaced Persons", wie auch die Sorge für die Nichtauswanderungsfähigen unter ihnen. Die amerikanischen Steuerzahler übernahmen, wie man es Gerstenmaier deutlich sagte, die Lasten dafür!

An großartigen, spontanen Hilfen hat es eigentlich nie gefehlt. Amerikanische Armeefahrzeuge haben z. B. in den ersten Julitagen 1945 Tausende von Flüchtlingen von der tschechoslowakischen Grenze nach Nürnberg gerettet. Schon im Januar hatte sie der grauenvolle Krieg aus der Heimat in Schlesien und anderswo vertrieben. Auf dem langen Fluchtweg, zuletzt durch feindliches Land, hatten sie die allerletzten Reste ihrer Habe verloren: Pferde und Wagen, Kleider und Mäntel, Sparkassenbücher und Wertgegenstände, Gesangbücher, ja auch heranwachsende Söhne und Töchter hatte man ihnen genommen. Bettelarm, mit nichts in den Händen, aber doch mit dem starken Willen zum Leben und mit einem herzlichen Gottvertrauen kamen sie aus tschechischen Zuchthäusern, aus Konzentrationslagern, aus Zwangsarbeit und von den Straßen des fremden Landes nach Nürnberg. Sie lagen nun im Stadtpark — viele Frauen, sehr viele Alte, sehr, sehr viele Kinder. Diese 13 000 Vertriebenen nahm die Stadtverwaltung in Massenquartieren auf. Der evangelische Mütterdienst organisierte große Lebensmittelspenden in den ländlichen Dekanaten. Die 13 000 Ausgehungerten konnten gerettet werden. Für die 7 000 evangelischen Glieder unter ihnen — eine Lagergemeinde entstand — mußten bis in den Winter hinein die Gottesdienste im Freien gehalten werden. Man erlebte das „Wunder des täglichen Brotes". Man dankte den Amerikanern[13]!

2

Die Gründung des „Hilfswerkes der Evangelischen Kirche in Deutschland"

Zu einem gemeinsamen Hilfswerk beider großen Kirchen ist es nicht gekommen, so sehr es Gerstenmaier zuerst gehofft hatte. Der von ihm unternommene Versuch mußte scheitern. Die Zeit war dafür noch nicht reif, das Verhältnis zwischen beiden Konfessionen noch nicht entkrampft. Lief doch auch schon unter der Führung des Vatikans ein katholisches Hilfswerk an. In Deutschland stand dafür ein eingespielter Apparat im „Deutschen Caritas-Verband" zur Verfügung[14].

Am 1. August 1945 rief Landesbischof D. Wurm im sogenannten „Stuttgarter Manifest der christlichen Liebe" erstmals zu einem Hilfswerk der gesamten Evangelischen Kirche in Deutschland auf, dem sich ein knappes Jahr später auch sämtliche evangelischen Freikirchen anschlossen[15].

Auf der evangelischen Kirchenkonferenz von Treysa vom 27. bis 31. August 1945, auf der sich die „Evangelische Kirche in Deutschland" konstituierte, waren auch offizielle Vertreter der Ökumene aus Genf, u. a. Karl Barth anwesend. Dr. Schönfeld referierte über das geplante Hilfswerk. Und wie zerstritten auch dort vieles aussah, die Geister aufeinander prallten, das „Hilfswerk der Evangelischen Kirche in Deutschland" wurde gegründet. Einstimmig wurde der neue Ratsvorsitzende, Landesbischof Wurm, als Präsident und Gerstenmaier als Leiter dieses Hilfswerks gewählt. Ein „Wiederaufbauausschuß" mit Wurm an der Spitze wurde als legislatives Führungsorgan zusammengestellt[16].

Das „Stuttgarter Schuldbekenntnis" vom 18. und 19. Oktober 1945, so hart es umstritten war und blieb und die heftigen Diskussionen darüber nicht mehr verstummen wollten, hat doch für die damals anwesenden offiziellen Vertreter der Ökumene die Tore weit geöffnet. Es wirkte befreiend und verband sie alle in einer neu geschenkten unsentimentalen Brüderlichkeit[17]. So reiste sehr bald danach eine offizielle Gruppe ökumenischer Beobachter nach Süddeutschland, um sich hier über die Notlage zu orientieren[18]. Diesem ersten Besuch sollten in den folgenden Jahren zahllose andere durch Vertreter der verschiedenen Spenderkirchen folgen.

In Gerstenmaier trat eine dynamische und ideenreiche Persönlichkeit hervor. Er wußte sich gerufen, das Vermächtnis des deutschen Widerstandes vom 20. Juli 1944 im Blick auf das ganze deutsche Volk in seiner tiefsten Erniedrigung zu erfüllen. „Mit stupender Energie und kräftigen Ellbogen hat er sich durchgesetzt. Millionen in Deutschland verdanken ihm ihre Aufrichtung aus tiefer Mutlosigkeit, ihre Gesundheit, wenn nicht ihr Leben. Vier Jahre, ehe es eine Bundesregierung gab, war Gerstenmaier ein Sprecher Deutschlands, als solcher wurde er auch von dem US-Präsidenten Truman empfangen[19]."

Gerstenmaier ist es gelungen, dem Hilfswerk seinen eigenen Stempel unverlierbar aufzuprägen. Im Grunde vollzog er aber nur das, was in der Geschichte der Diakonie endlich zum Durchbruch kommen sollte. Gewiß kann man dabei nicht von der Situation, wie sie sich in den ersten Nachkriegsjahren ergab, absehen.

In einem rasanten Aufstieg vollzog sich der Aufbau des Hilfswerkes. Kaum sind nach dem offiziellen Anfang des Hilfswerkes am 1. Oktober 1945 die schlimmsten Wintermonate überstanden, ruft Gerstenmaier den Weltbürger und Patrioten Klaus Mehnert, der draußen geblieben war, aber nie Emigrant wurde, zur Mitarbeit auf. Fast jubelnd konnte er Mehnert zum Empfang sagen: „Das Hilfswerk ist eine der größten internationalen Hilfsorganisationen, die es je gegeben hat, und es ist gesamtdeutsch, zudem mit engen Verbindungen zum Ausland, nicht zuletzt nach Amerika[20]."

Entsprechend holte sich Gerstenmaier seine Mitarbeiter heran. „Sie kamen, wie ich bald merkte, von überall her: Junge Truppenoffiziere, die der Gefangenschaft entkommen waren, Insassen deutscher KZ's, Pfarrer, Kaufleute, Diplomaten — eine ‚gemischte Kompanie', eine ‚männlich kämpfende, brüderliche Gemeinschaft', wie Gerstenmaier sagte." Ein „Glücksfall" war auch die Gewinnung von Paul Collmer. Es war, wie man im Central-Ausschuß für Innere Mission feststellte, eine rein männliche Gesellschaft im Unterschied zu der Mitarbeiterschar der Inneren Mission, in der das Frauenelement mit 80 % vorherrschte[21].

Gerstenmaier wußte mit seinen welterfahrenen Mitarbeitern, die er als erste Mannschaft zusammengerufen hat, wie die Welt über Deutschland dachte. Es war und blieb jedoch ihr Vaterland, und wenn sie im trüben Strom deutscher Not Dämme aufwerfen wollten, so dachten sie zugleich immer daran, alle Möglichkeiten, die sich im Ausland ergaben, auch als eine Vorarbeit für einen Neueintritt der eigenen Nation in die Gemeinschaft der Völker anzusehen.

In einem wußten sich die Männer des Hilfswerkes von vornherein mit der Bekennenden Kirche, wie sie in Treysa streitbar auftrat, einig, vor allem auch mit Niemöller, dem neuen Leiter des Kirchlichen Außenamtes: Die Kirche ist grundlegend von der Basis der Gemeinden aus zu erneuern[22].

„Otto Dibelius, der weitblickende Bischof von Berlin, hatte in Treysa gemeint, es sei nicht sicher, daß aus dem Unternehmen etwas werde. Die Schwierigkeiten seien doch enorm, und ich mute dem traditionellen deutschen Kirchentum am Ende doch zuviel zu. Indessen hatten wir noch ohne die durchgebaute Organisation und gegen, in der Tat große Schwierigkeiten aller Art, nach etwa sechs Monaten dreißig Millionen Reichsmark gesammelt, tausendsechshundert Tonnen Kleidungsstücke und an die zwanzigtausend Tonnen Lebensmittel zusammengebracht. Zweidrittel gingen davon in die Ostzone. Dort stauten sich die Flüchtlingsströme, und dort zog die Besatzungsmacht an sich, was sie konnte. Im Lauf der Jahre wurden diese Zahlen weit überboten, aber der Anfang war ermutigend und widerlegte die Zweifel unseres Berliner Bischofs[23]."

Was in Treysa beschlossen worden war, wurde in die Wirklichkeit umgesetzt. Zuerst erfolgte der Ausbau der Hilfswerkorganisation. In allen Landeskirchen wurden gleichgeordnete Hauptbüros mit entsprechenden Hilfswerkstellen errichtet. Im Stuttgarter Zentralbüro trat der Wiederaufbauausschuß, den man bald in Hilfswerkausschuß umtaufte, zusammen. Hilfskomitees waren für die aus dem Osten vertriebenen Flüchtlingskirchen gegründet und dem Hilfswerk angegliedert worden, für die man hoffte, daß sie sich nach Aufhebung des allgemeinen Koalitionsverbots zu neuen Verbänden zusammenfinden könnten[24]. Als das zustande gekommen war, schritt Gerstenmaier mit seinen Freunden zur Bildung von Studiengruppen, um erst einmal „als Grundlage für die Arbeit des Hilfswerkes und seiner dokumentarischen Berichte über die Lage in Deutschland" für die amerikanischen Spenderkirchen, die ja gezielt helfen wollten, soziologische, ökonomische und politische Untersuchungen anzustellen. Es folgten dann andere, auf einer Geschäftsführersitzung des Hilfswerkes Mitte März 1948 in Stuttgart beschlossene Tagungen mit Soziologen, Politikern und Publizisten, um im gemeinsamen Ringen eine Klärung brennender Tagesfragen zu versuchen. 1948 war in Deutschland, auf die Westzonen gesehen, ein Jahr der Tagungen und Gesprächskreise überhaupt, ohne Überschwang, noch unter drückenden Notständen. Manche von diesen engsten Mitarbeitern Gerstenmaiers sind dann in der entstehenden Bundesrepublik in führende Ämter im Staat, in der Diplomatie, in der Wirtschaft, auch in der Bundeswehr, zurückgekehrt[25].

In diesem Zusammenhang steht auch eine andere Entscheidung, die nicht im Haupteinsatzbereich des Hilfswerks, dem caritativen, gefallen ist: das eigene Volk auf seine Zukunft zu richten. Wieder „am Rande der Politik" erfolgte durch Gerstenmaier und seine Freunde, voran Paul Collmer, der Beschluß, eine eigene Zeitschrift „Christ und Welt" zu gründen. Es gab Anlaufschwierigkeiten, auch mit der amerikanischen Militärregierung, doch dieses neue Blatt, für deutsche Verhältnisse ein neuer Typ, errang schnell den zweiten Platz unter den auflagenstärksten Wochenzeitungen[26].

Man wird alles Bemühen Gerstenmaiers, den Kirchen hier voranzuhelfen, in einem größeren geschichtlichen Zusammenhang zu sehen haben. Er sprach mit seinen Mitarbeitern von „Wichern II". Von 1849 an, dem Gründungsjahr des Central-Ausschusses für Innere Mission, hatte diese Arbeitsgemeinschaft immer neue sozialpolitische Vorstöße unternommen. Erfolge haben nicht gefehlt. Manches ist ganz oder teilweise in die Sozialgesetzgebung des alten Kaiserreiches und der Weimarer Republik eingebracht worden. Auch nach 1945 blieb der Central-Ausschuß für Innere Mission dieser Aufgabe treu. Er hat hier Unschätzbares geleistet an Vorschlägen, auch an nötigem Einspruch. Auf dieser Linie blieb auch das Hilfswerk. Nur die Kirchen mußten zuerst immer wieder gedrängt werden, diese sozialpolitischen Aufgaben selbstverantwortlich zu treiben. Es blieb nicht erfolglos. Die Erfahrungen im Kirchenkampf zwischen 1939 und 1945 mit dämonischen Kräften waren noch gegenwärtig[27].

Gerstenmaier, „Theologe mit politischer Leidenschaft", so sah ihn Klaus Mehnert, wollte zugleich nicht zulassen, daß Ost- und Westdeutschland auseinanderwachsen. Die Zerrissenheit der vier Zonen durfte nicht ewig dauern. Vor allem der Ostzone fühlte er sich verbunden. Nicht nur lagen dort die historischen Gedenkstätten der Reformation Luthers. Es war zugleich eine, von Minderheiten abgesehen, evangelische Bevölkerung, die dort lebte. Das Hilfswerk war und blieb auch für die nächsten Jahre eine der wichtigsten Klammern in einem Mit- und Füreinander. Durchschnittlich sind bis 1957 gegen 40 % aller gesammelten Hilfsgüter der Ostzone zugeführt worden.

Die Arbeit mit der russisch besetzten Zone war für das Hilfswerk schwierig, aber nicht unmöglich. Eine der bewegendsten Stunden im Zentralbüro in Stuttgart kam, als die ersten Berichte über die Greuel in den letzten Kriegsmonaten beim Siegeszug der Roten Armee von Heinrich Grüber, dem Hilfswerkbevollmächtigten für Berlin, eintrafen. Auch Nachrichten über die Zustände bei der Vertreibung der Deutschen östlich der Oder-Neiße wurden dabei nicht ausgespart. Das war alles so grauenhaft. Einiges wurde in den Mitteilungsblättern der Hilfswerkstellen weitergegeben. „Unbeschönigt, unstilisiert, wahrheitsgemäß, waren sie von so erschütternder Drastik und Tragik, daß die Bauern z. B. in den Hundsrückdörfern im Nu ganze Kartoffelzüge zusammenbrachten, die wir nach Berlin schickten[28]."

Was hier anklingt, läßt sich durch die ganze zwölfjährige Geschichte des Hilfswerkes verfolgen, und es ist wohl kaum eine Zufälligkeit, daß das Diakonische Werk der Evangelischen Kirchen in der DDR einen Doppelnamen bis in die Gegenwart fortgeführt hat. Es nennt sich, um den ökumenischen Charakter allen Dienens zum Ausdruck bringen zu können: „Innere Mission und Hilfswerk"[29].

3

Ökumenische Hilfe aus 30 Ländern

Die ersten 20 000 Dollar ökumenischer Hilfe stellte bereits im Sommer 1945 Dr. Sylvester C. Michelfelder, der ständige Vertreter der lutherischen Kirchen in Amerika beim Weltrat der Kirchen in Genf, dem Leiter des Hilfswerks zur Verfügung[30]. Noch hemmte das strikte Verbot der Regierungen der Siegerstaaten, caritative Hilfe nach Deutschland zu geben[31]. Doch wurde es durch die Hilfsbereitschaft zahlreicher Vertreter der Besatzungsmächte stillschweigend unterlaufen. Eine schnelle Hilfe wurde dem Hilfswerk ebenfalls im Sommer 1945 durch die Schweiz und Schweden sowie Norwegen, zuteil. Dann folgte ab Sommer 1946 die große Hilfe aus Amerika, die an Umfang an die erste Stelle rückte.

Es blieb den Verantwortlichen ein stetes Wunder vor ihren Augen, wie schnell diese große Hilfe kam! 80 % aller Hilfsgüter, die verteilt werden konnten, stammten aus den Kirchen der Schweiz, Schwedens, Norwegens, dann Dänemarks; selbst das von der deutschen Verwaltung im Krieg schwer bedrückte Holland steuerte Hilfsgüter bei. England fehlte nicht. In Amerika waren es vor allem die lutherischen Kirchen, die im Gabenstrom voranstanden. Auch die Republik Irland spendete. Dann folgen Deutschstämmige in der lutherischen Kirche Brasiliens, Südafrikas, ja

Australiens. Sie wurden die Jahre hindurch nicht müde, mit dem zu helfen, was das Hilfswerk erbat: Lebensmittel, Kleider und Schuhe, Rohstoffe zur Veredelung in deutschen Fabriken, um Arbeit zu schaffen, um ihren Wert bis aufs Zehnfache zu steigern, dann Geldmittel, zuletzt auch, wie im Marshallplan, zinslosen Kredit zum kirchlichen Wiederaufbau, auf dessen Rückzahlung später verzichtet wurde. In den Veröffentlichungen des Hilfswerkes ist das alles, aufgeschlüsselt in langen Listen, sorgfältig festgehalten worden und kann dort bis in die Einzelheiten hinein nachgelesen werden[32].

Immer bestimmter wurden die Anfragen, wo geholfen werden kann und was vor allem dringend erwünscht ist. Man erkundigte sich genau nach den Empfängern und suchte in steigender Zahl direkte Verbindungen mit den Adressaten. Oft lagen in den Kleiderspenden kleine Zettel mit warmen Grüßen brüderlicher Verbundenheit mit den Notleidenden. Die größte Opferfreudigkeit in den Spenderländern war durchweg in den wenig bemittelten Kreisen zu finden. Sie gaben nicht aus dem Überfluß.

Die ausländischen Spender wollten oft Einzelschicksale kennenlernen. Das Zentralbüro des Hilfswerkes konnte ungezählte Verbindungen von Mensch zu Mensch vermitteln. Die Berichterstattung ins Ausland nahm einen immer größeren Umfang an. Wort- und Bildberichte, Filme gingen Jahr für Jahr, englisch und deutsch verfaßt, von Stuttgart ins Ausland. Nicht nur Gerstenmaier wurde in die ehemaligen Feindländer eingeladen. In Amerika konnte Gerstenmaier über das Radio zu Abertausenden sprechen. Diese Rede wurde von vielen Rundfunkgesellschaften übernommen. Auch Niemöller sprach in Amerika unmittelbar zu Millionen[33].

Erstmalig im November 1945 wurden deutsche Teilnehmer als gleichberechtigte Partner an der ersten Sitzung des Exekutiv-Komitees des Ökumenischen Rates und anschließend des ökumenischen Wiederaufbau-Ausschusses in Genf zugelassen. So geschah es dann auch auf der ersten Vollversammlung des Ökumenischen Rates der Kirchen im August 1948 in Amsterdam. Hier wurde die „Wiederaufbau-Abteilung“ zu einer „Abteilung für zwischenkirchliche Hilfe und Flüchtlingsdienst“ erweitert.

Der in Amsterdam gebildete „Ökumenische Rat“ anerkannte schließlich das Hilfswerk der EKiD als den für Deutschland zuständigen nationalen Zweig dieser Hilfsorganisation. Das Hilfswerk der EKiD habe nunmehr eine geordnete Spendenzuweisung in Deutschland zu gewährleisten. Das setzte bei jedem Antrag auf Hilfe in Genf die offizielle Zustimmung des Stuttgarter Zentralbüros voraus. Alles wirkte ineinander. Schon im Juli 1947 war die Tagung des Lutherischen Weltbundes in Lund vorausgegangen. Diese Weltkonferenz stimmte einer von Gerstenmaier vorgeschlagenen Resolution einstimmig zu, das den lutherischen Kirchenleitungen in aller Welt ihren Regierungen nahelegen sollte,

„unverzügliche Maßnahmen zu ergreifen, die geeignet sind, den Heimatvertriebenen ohne Rücksicht auf ihre Herkunft, ihre Sprache, ihre Nationalität und ihren Status auch von staatlicher Seite her wirksame Hilfe zu gewähren.“

Die eigentliche Wende ereignete sich im Februar 1949 auf der ersten großen internationalen Flüchtlingskonferenz des Weltrates der Kirchen in Hamburg, an der 71 Delegierte des In- und Auslandes, darunter 49 Vertreter von Hilfsorganisationen aus aller Welt teilnahmen. Mit Nachdruck wiesen sie nicht nur die Weltchristenheit, sondern alle am Schicksal Europas interessierten Länder auf eine beschleunigte Inangriffnahme praktischer Hilfsmaßnahmen für die Millionen deutscher Flüchtlinge hin.

Das Hauptthema war erkannt: Die weltweite kirchliche Verantwortung, die sich auf alle Flüchtlinge zu erstrecken habe. Damit waren die deutschen Vertriebenen den verschleppten Ausländern (DP's) gleichgestellt. Man war sich aber auch darüber im klaren, daß das Flüchtlingsproblem weder von der Kirche in Deutschland noch mit Hilfe der Kirchen der Welt zu lösen sei! Die wesentliche Hilfe könne nur vom Einsatz politischer Macht und dem wirtschaftlichen Aufschwung der darniederliegenden Weltwirtschaft erwartet werden. Für die deutsche Flüchtlingshilfe war das ein Fortschritt auf der ganzen Linie.

So eng wurde die Zusammenarbeit, daß dankbar festgestellt werden konnte: „Die Mitglieder des Weltrates sind bei uns schon wie zu Haus. Kirchenmänner aus der ganzen Welt kommen zu uns“ (d. h. nach Stuttgart).

„Im Blick auf die Verbindungen mit der Ökumene ist gesagt worden: Die deutsche Christenheit ist nach 1945 vielfältig und schnell wieder in die ökumenischen Beziehungen hineingenommen worden. Es wird kaum jemand in der Lage sein, diese Tatsache umfassend in ihren Einzelheiten zu würdigen.“

Hier bereitete sich zugleich etwas Neues in der Geschichte der deutschen Kirchen vor, das Verlangen, einmal mithelfen zu können in der großen Weltgemeinschaft ökumenischer Hilfsbereitschaft mit eigenem Geben, wo man jetzt noch der Nehmende war. 1951 wurde der Anfang gemacht[34].

Die ausländischen Spenderkirchen, die nur zu genau wußten, daß Hunderttausende im Dritten Reich aus den Kirchen ausgetreten waren und die Jugend antikirchlich und antichristlich beeinflußt worden war, setzten den kirchlichen Wiederaufbau in Deutschland an die Spitze ihrer Wünsche, ganz abgesehen davon, daß viele Kirchen, Pfarrhäuser und kirchliche Stätten in Schutt und Asche gesunken waren. Es fehlte doch an allem, an Bibeln, Gesangbüchern, an Religionsbüchern, an christlicher Literatur und was sonst noch Not tat. Die Militärregierungen hatten eine Umerziehung des deutschen Volkes auf ihr Programm gesetzt. Den Spenderkirchen ging es um eine christliche Neubestimmung eines in seinem Glaubensleben tief verunsicherten und verwirrten Volkes.

Es blieben hier Grenzen im gegenseitigen Verstehen zwischen den Spenderkirchen und dem Hilfswerk, das sich zuerst berufen wußte, aller leiblichen Not entgegenzusteuern. Man sah sie, die Flüchtlinge, die ohne Hab und Gut dastanden, die in Massenlagern, in leeren Kasernen, in Baracken hausten. Ein Sonderauftrag erwuchs dem Hilfswerk in der Fürsorge von Invaliden und Heimkehrern, Kriegsgefangenen und Internierten, unter die sich viele nach dem Osten verschleppte Frauen und Mädchen, man sprach von Zehntausenden, mischten. Hier entstanden, weil die staatliche Hilfe teils erschwert, teils sogar ganz weggefallen war, akute Notlagen. „So setzte das Hilfswerk mit einer Großaktion in Frankfurt a. d. Oder ein, als dort die ersten Heimkehrer aus dem Osten im trostlosen Zustand eintrafen. Menschen, die jahrelang das Schlimmste durchgemacht hatten, starben nun massenweise, als sie endlich deutschen Boden erreichten. In Groß-Sachsenheim eröffnete das Hilfswerk ein eigenes Durchgangslager für schon entlassene Heimkehrer, die dort ärztlich behandelt wurden und Berufsberatung erhielten. Alle Insassen waren Heimatlose und wußten nichts vom Schicksal ihrer Angehörigen. Die Heimkehrerhilfe fand dann ihre Fortsetzung in den Hilfswerkstellen bei den örtlichen Gemeinden."

Auch dem „Evangelischen Hilfswerk für Internierte und Kriegsgefangene", das am 4. Oktober 1939 im Kirchlichen Außenamt in Berlin durch Bischof D. Dr. Heckel gegründet worden war, fiel neue Arbeit zu. Organisatorisch verselbständigt und in Zusammenarbeit mit dem Hilfswerk der EKiD wie im Auftrag des Rates der EKiD wirkte es ab Mitte April 1945 in Erlangen und ab 1951 in München.

Tausenden und Abertausenden bleibt dieser Dienst aus dem zweiten Weltkrieg unvergeßlich. Anfänglich kümmerte man sich um 53 000 deutsche Internierte im Ausland. Dann betreute man die Kriegsgefangenenlager mit deutschen Soldaten drüben und mit amerikanischen und britischen Soldaten hier im Inland. Man ruhte nicht, bis sich nicht überall missionarisch gerichtete zivile Lagergemeinden gebildet hatten, die man mit vielem, nicht nur mit christlicher Literatur versorgte.

So war dieses Werk, das auch mit den Angehörigen im Inland einen Briefwechsel führte, der jährlich nicht unter 1 Million lag, Ungezählten vertraut, die sich weiter an Bischof Heckel wandten. Gefangene und Heimkehrer nannten Heckel den „Vater der Kriegsgefangenen". Im Jahrbuch des Hilfswerkes der EKiD vom Jahre 1953 finden wir im Bildteil Bischof Heckel im Heimkehrerlager mitten unter ihnen. So haben beide Hilfswerke einen hingebenden Dienst getan, auch vom Ökumenischen Rat in Genf auf mannigfache Weise unterstützt[35].

Die Jahresberichte von 1947 bis 1956 gewähren einen ebenso anschaulichen wie umfassenden Einblick, zu welcher Zeit man sie in die Hand nimmt, der durch eine kaum vorstellbare Menge an Leistungen und Hilfestellungen in den Jahren der großen deutschen Not jeden fesselt.

Eine gewisse Cäsur bedeutete das Jahr 1948 mit seinem Währungsschnitt im Osten und Westen 1 : 10. Inzwischen waren bereits über 500 000 Tonnen hochwertiger Lebensmittel aus eingegangenen Spenden verteilt, 180 Millionen Reichsmark im Inland gesammelt worden. Ausländische Rohstoffspenden von mehreren Millionen Kilo, es wurde damals nach Kilo gerechnet, konnten zu Fertigwaren in Deutschland veredelt werden. Sonderprojekte im Wert von knapp 2 Millionen Dollar und über 1 Million Schweizer Franken wurden durchgeführt.

Erstaunlich bleibt die Leistung eines vom Hilfswerk eingespielten eigenen Verkehrsnetzes. Hier konnten bei einer durchschnittlichen Laufzeit von 36 Tagen ab Hafen Bremen eineinhalb Millionen Liebespakete aus dem Ausland in alle Zonen sicher zu den Empfängern geleitet werden[36].

Im Rückblick auf diese Jahre vor 1948 sind noch andere Angaben nicht zu übersehen. Nüchterne Zahlen, aber was steht dahinter an Einsatz und Liebe: 3 Millionen Kinder konnten wochenlang gespeist werden, 10 000 Jugendlager mit rund 500 000 Teilnehmern wurden mit Zusatznahrung versorgt, 14 000 Studenten gespeist, mit 1 500 hauptamtlichen Helfern wurde Flüchtlingsfürsorge getrieben, 2 000 Familien angesiedelt, 20 000 heimatlose Opfer des Krieges wurden jährlich umgeschult und beschäftigt. Fast 3 000 Heime und Anstalten der Inneren Mission wurden unterstützt. Unter die Sonderdienste fiel der Gesundheitsdienst des Hilfswerks. „Als der Insulinvorrat der Krankenhäuser praktisch erschöpft war und Tausende von Zuckerkranken unmittelbar vor dem Tode standen, traf auf einen dringenden Appell des Hilfswerks postwendend eine große Insulinspende als Geschenk der Lutheran World Convention ein. Die Kirchen und Kirchenverbände Amerikas haben unermüdlich Medikamente geschickt, die in Deutschland nicht zu haben waren, darunter z. B. Penicillin in ausreichenden Mengen, einmal z. B. 7050 Einheiten u. a. Die amerikanische Armeeverwaltung gab wertvolle Arzneispenden[37]."

Zum kirchlichen Aufbau kann man die Einzelseelsorge an schätzungsweise 10 Millionen Männern, Frauen und Kindern rechnen, denen irgendeine Hilfe gewährt wurde, und die getröstet werden konnten. Kinderspeisungen in den Kirchengemeinden, die Erstellung von Versammlungsräumen sind zu nennen. Das Ausland spendete 38 Kirchenbaracken. 47 „Bartning-Notkirchen" konnten in den zerbombten Städten von Stralsund bis Stuttgart in jenem frühen Programm des Hilfswerks errichtet werden. Mehrere Millionen an Bibeln und Neuen Testamenten wie christlicher Literatur, darunter auch 2 500 000 Herrnhuter Losungen, sind als Auslandsspenden verteilt worden. Durch ausländische Papier- und Rohstoffspenden konnten zusätzlich mehrere Millionen Bibeln in Deutschland hergestellt werden. 1950 wurden noch 3 Millionen Bibeln und Neue Testamente vor allem für die Flüchtlinge erwartet. 1 350 000 Religionslehrbücher — vor allem für die Ostzone — wurden zusätzlich gewünscht.

Dort fehlte zuerst praktisch alles, ob Fahrräder, Fahrradketten, Schläuche und Mäntel, ob Altarkerzen und was es sonst noch nicht gab. Pfarrer und Gemeindeschwestern erhielten Dienstkleidung. 1 500 Talare, 500 schwarze Anzüge für Flüchtlingspfarrer wurden aus Sachspenden hergestellt. Aus einer Baumwollspende Schweizer Diakonissenhäuser konnten 6 400 Diakonissen eingekleidet werden. 20 000 Fahrraddecken und Schläuche wurden verteilt.

Diese ganzen Aktionen wurden durch knapp 100 hauptamtliche Kräfte in Stuttgart und gegen 90 000 freiwillige Helfer und Helferinnen geleistet. Vorübergehend waren auch 2 000 Fürsorgerinnen in den Flüchtlingslagern vom Hilfswerk eingesetzt[38].

4

Das Wirtschaftswunder und die Diakonie

Nach der Währungsreform 1948 hatte man wieder festen Boden unter den Füßen, aber man war bettelarm geworden. Wieder half das Hilfswerk, Haussammlungen wurden durchgeführt, Opferwochen organisiert. Es war kein Grund, angesichts dieses Gabenstromes aus den Gemeinden zu verzagen. Etwas anderes war viel bedrohlicher. Das „deutsche Wunder" eines raschen wirtschaftlichen Aufstiegs, der Marshallhilfe-Plan, der einen bisher unbekannten Warenstrom in die Bundesrepublik fließen ließ, irritierte die ausländischen Spenderkirchen. Hier wurde alles aufgeboten, um kein falsches Bild entstehen zu lassen. Das Hilfswerk besaß mit seiner Presseabteilung einen eingespielten Apparat.

Daß ein harter, mühseliger Alltag den Flüchtlingsmassen auch hinter den glänzenden Fassaden eines Wirtschaftswunders weiterhin nicht erspart blieb, wurde den ausländischen Bruderkirchen bald wieder deutlich. Über 6 Millionen Wohnungen fehlten! 1948 setzte eine Flucht ins Ausland ein. Innerhalb der drei nächsten Jahre verließen über 3 Millionen Deutsche die Heimat. Die Auswandererbüros der Inneren Mission in den Hafenstädten hatten übervoll mit Hilfestellungen im Beratungsdienst zu tun. Die Seemannsmission wurde dringlich[39].

Die alten Massenlager, kaum geräumt, füllten sich bald wieder durch Menschen, die die Ostzone verließen. Es kamen nach und nach Millionen.

Man muß das alles immer wieder durch Zahlenmaterial verdeutlichen. Im Jahre 1950, zwei Jahre nach der Währungsreform, zählte man in der Bundesrepublik knapp 2 Millionen Arbeitslose. Ein Arbeitslosen-Hilfswerk in Hamburg-Bergedorf teilte gegen Vorzeigen eines entsprechenden Ausweises Brot und Margarine verbilligt aus. 1951 saßen noch über 350 000 Altvertriebene seit 1945/46 in Massenlagern[40]. 1953 waren im Frühjahr in Schleswig-Holstein noch 96 000 in Lagern und arbeitslos! 30 000 vegetierten in Notunterkünften. Man zählte 25 000 heimatvertriebene Landwirte unter ihnen. Fünf Personen kamen auf 10 qm Wohnraum. Nicht besser lagen die Verhältnisse im Bayerischen Wald mit den dort hausenden Flüchtlingen, wo Industrieansiedlungen ebenfalls fehlten[41].

Das Wirtschaftswunder schien an vielen vorbeizugehen. Die Verzweiflung der seit 1945 wartenden bäuerlichen Gruppen unter den Flüchtlingen führte zu einer „Treckbewegung", einfach die Massenlager zu verlassen auf der Suche nach Ansiedlungsmöglichkeiten, da sich die staatlich geplanten Umsiedlungsmaßnahmen dahinschleppten. Das Hilfswerk schaltete sich als ehrlicher Makler zwischen Staat und Treckorganisationen ein. Nun kam vieles in Fluß. Das Lastenausgleichsgesetz wurde endlich 1953 Wirklichkeit, vom Hilfswerk in vielen Vorstößen und Vorüberlegungen mit vorwärts gebracht.

In dieser Situation, die so ausweglos aussah, setzte der Siedlungsdienst des Hilfswerks ein. Eine Signalwirkung, ein Zeichen der Hoffnung, hatte bereits die Aufnahme des großen Projektes Espelkamp gebildet. Hier liefen die Vorbereitungen seit dem Jahr 1949 für die Ansiedlung von Zehntausenden in einer neuen Stadt. In seiner Vorgeschichte ist eines britischen Offiziers nicht zu vergessen, von dem die erste Anregung und Hilfestellung bei einer Militärbehörde ausging. Auf dem Gelände der ehemaligen Munitionslager mit seinen Hütten entstand tatsächlich eine moderne gewerbliche Großsiedlung, durchsetzt von Anstalten sozialer Fürsorge. Tausende von Flüchtlingsfamilien konnten aus den Massenlagern hierhin umsiedeln. Ähnliches geschah auch in anderen, den Militärregierungen unterstehenden ehemaligen Militärlagern, bei denen die Sprengung vorgesehen war. Industrieansiedlung verband sich mit der Eingliederung seßhaft gemachter Flüchtlinge, die zugleich Arbeit fanden. Für einige Tausende im Anfang waren Hoffnungslichter aufgeleuchtet[42].

Dieser sich schnelll ausdehnende Siedlungsdienst, in dem das Hilfswerk oft vorauseilte, führte auch in den verschiedenen Landeskirchen zu kirchlichen Siedlungsgenossenschaften, in denen sich Eigenleistung mit kirchlichem Kredit verbanden. Millionenobjekte realisierten sich in stetem Auftrieb.

Für viele Flüchtlinge bahnte sich bereits 1951 ihre endgültige und erfolgreiche Ansiedlung an durch „die Einsicht und Tatkraft der Verjagten und Verdrängten selbst, ihre Fähigkeit, sich der Resignation und Apathie zu entringen und nicht erst auf den Staat zu warten, bis er ein gemachtes Bett bereitstelle. Von Improvisation zu Improvisation rangen sie sich durch, mühsam und beharrlich. Wir konnten ihnen nicht viel geben, aber was der allmählich wieder zu Stand und Wesen kommende Staat ihnen zu bieten hatte, schlug schließlich doch zu Buch ...

Der Lastenausgleich ‚nach vorn', wie wir sagten, war in Verbindung mit anderen Sozialgesetzen, wie z. B. zum Wohnungsbau und der geglückten Währungs- und Wirtschaftsreform Ludwig Erhards eine der Grundlagen für den geglückten Weg aus der deutschen Trümmerlandschaft[43]."

Allerdings gab es nicht nur äußere Erfolge, sondern auch innere Schwierigkeiten. Es war doch manches bereits bei der Gründung des Hilfswerks im August 1945 in Treysa nicht so gelaufen, wie es sich Gerstenmaier erhofft hatte. Wohl war „Herr Konsistorialrat Dr. theol. Eugen Gerstenmaier mit der Leitung und Vertretung des Hilfswerks im In- und Ausland" beauftragt worden. Anwesend in Treysa war aber auch Fritz von Bodelschwingh, der für den kurz zuvor in Bethel wieder zusammengetretenen Central-Ausschuß für Innere Mission dessen Interessen wahrnahm. Mit einer Anerkennung des Hilfswerks in der Form eines Diakonischen Amtes der EKiD und gleichrangig in der Verfassung verankert wie die Kirchenkanzlei und das Kirchliche Außenamt, konnte sich der Central-Ausschuß für Innere Mission nicht abfinden. Gegen dieses Ansinnen eines verfassungsmäßigen Einbaus der Diakonie in die verfaßte Kirche stemmte sich der Central-Ausschuß aus grundsätzlichen Beweggründen von Anfang an.

Später vertrat D. Otto Ohl, der Direktor des rheinländischen, des größten Landesverbandes der Inneren Mission, auf den Synoden der EKiD im Namen des Central-Ausschusses die gleiche Position. Anderweitige Beschlüsse der Synoden hätten ihnen das Veto der Inneren Mission eingetragen.

So wich man auf allen nachfolgenden Tagungen des Rates wie der Synoden der EKiD einer endgültigen Einordnung des Hilfswerks im Rahmen der EKiD aus und schob schließlich alles auf die 1951 in Hamburg vorgesehene Synode ab[44]. Nur darin war man sich einig, dem Hilfswerk lediglich eine nachkriegsbedingte und zeitlich begrenzte Aufgabe einzuräumen.

Gerstenmaier opponierte dagegen in einigen Schriftsätzen, so an den Vorsitzenden des Rates der EKiD, Bischof D. Dr. Dibelius, am 4. Dezember 1950. Das Antwortschreiben von Dibelius liegt uns nicht vor. Gerstenmaier klagt u. a. darüber, daß das Hilfswerk von den Organen der Kirche dem Veto der Inneren Mission preisgegeben worden sei. Er stemme sich gewiß nicht gegen eine Fusion. Dies bleibe ihm jedoch eine drittrangige Frage in einer Zeit, die so schwer an den Nachkriegsnöten litte, in der es so viel ungestillten Jammer gebe. Das Hilfswerk sei dringend nötig mit all seinen Aktionen und werde von den Brüderkirchen in der Welt so unterstützt, daß es ihm unbegreiflich erscheine, daß „es dahinsiechen und unrühmlich sterben solle". Warum versuche man ständig, „die Leitung des Hilfswerks zu lähmen"[45]?

Etwas anderes spielte mit hinein. Gerstenmaier, der sich auf der Tagung des Europarates in Straßburg im Anschluß an eine Rede von Churchill für eine Europaarmee mit deutscher Beteiligung ausgesprochen hatte, vertrat ungescheut diesen Standpunkt auf dem ersten deutschen Kirchentag, der 1950 in Essen stattfand. Dort plädierte er vor einer befremdet zuhörenden, aber regungslos verharrenden Versammlung für eine gewisse Aufrüstung Deutschlands[46]. Nichts aber erregte in jener Zeit die kirchliche Öffentlichkeit so stark wie die Frage nach einer Wiederbewaffnung nach Ausbruch des Koreakrieges. Dieses gleiche Thema beschäftigte die Synode der EKiD in Hamburg im nachfolgenden Jahr 1951[47].

Es war nicht von der Hand zu weisen, daß Gerstenmaier in die Schußlinie politischer und theologischer Verketzerungen geriet. Man beschloß in Hamburg, Gerstenmaiers Verantwortung innerhalb des Hilfswerks auf die Leitung des Zentralbüros in Stuttgart zu beschränken. Er konnte also nicht mehr Schriftstücke als „Leiter des Hilfswerks" unterzeichnen. Auch sollten sämtliche kommerziellen Unternehmen, die dem Hilfswerk zugeordnet waren, aus ihm ausscheiden. Dagegen wurde der föderative Charakter des Hilfswerks herausgestrichen und die Bildung eines Diakonischen Rates vorgeschrieben. Dessen vornehmste Aufgabe sollte die Zusammenführung der beiden Spitzengremien, des Central-Ausschusses für Innere Mission und des Hilfswerkausschusses, bilden. Daß man erst nach mühevollen sechs Jahren zum Ziel gelangen würde, war damals nicht vorauszusehen.

Für Gerstenmaier bot das den Anlaß, vom Hilfswerk Abschied zu nehmen. Erst Jahrzehnte später, als das Diakonische Werk der EKD als eingetragener Verein und in keiner anderen Rechtsform seine Bewährungsprobe eindrucksvoll und überzeugend bestanden hatte, sah Gerstenmaier alles in einem versöhnlichen Licht und konnte darüber schreiben:

„Die neue kirchengesetzliche Ordnung und Sicherung des Hilfswerks, angelegt auf das von uns angestrebte Diakonische Amt der Evangelischen Kirche, bot mir Anlaß, mich aus dem Werk zu verabschieden, an das ich manches Jahr mein Herz gehängt hatte. Mein politisches Mandat nahm mich inzwischen mehr in Anspruch, als ich 1949 vorausgesehen hatte. Es hatte mich auch in innen- und noch mehr in außenpolitische Kämpfe verwickelt, die für das Hilfswerk nicht gut waren. Bald nach meiner Straßburger Rede zur Wiederbewaffnung war Bischof Dibelius von den Russen in Karlshorst eröffnet worden, ich sei für sie untragbar geworden."

Schließlich drohten die Russen, das Hilfswerk in der Ostzone zu verbieten! „Dibelius war bereit, es darauf ankommen zu lassen. Ich sagte ihm jedoch, daß ich nach der Verabschiedung des Hilfswerkgesetzes ohnehin zurücktreten würde. Hilfswerkleitung und politisches Mandat zusammen überfordern nicht nur mich, sondern belasten auch meine Mitarbeiter[48]."

Man blieb auf dem einmal eingeschlagenen Weg in Richtung auf ein Zusammengehen mit der Inneren Mission, um einmal zu einem Werk vereinigt zu werden. Dafür sorgte schon die Wahl des Nachfolgers von Gerstenmaier. Sie fiel auf einen der Mitarbeiter der ersten Stunde, auf Dr. theol. habil. Herbert Krimm, der später als Professor das „Diakoniewissenschaftliche Institut der Universität Heidelberg" übernahm. Ihm folgte 1956 als nächster und letzter kommissarischer Leiter der spätere Kirchenrat D. Christian Berg, auch einer der Streiter aus den Anfangsjahren[49].

Es gab nach 1951 noch Hunderttausende, vor allem kinderreiche Familien und vereinsamte alte Menschen, die an allem Mangel litten. Man lebte allgemein noch recht bescheiden und anspruchslos. 1955 gab man zwei alte Töpfe für einen neuen. In den Anstalten der Inneren Mission, die voll belegt waren, fehlten besonders hochwertige Lebensmittel, doch auch Bettwäsche und vieles andere. Es gelang den unermüdlichen Bitten und bewegten Vorstellungen des Hilfswerks, nach einem Tiefpunkt in der Zeit des Währungsschnittes, noch unter Gerstenmaier, die Liebesgaben aus dem Ausland wieder zu steigern. Die von 1952 zusätzlich anlaufende Zuweisung von amerikanischen Lebensmittelüberschüssen durch die Spenderverbände erwies sich als besonders hilfreich. Die Gesamtgaben steigerten sich auf das Vierfache dessen, was vor 1948/49 nach Deutschland gekommen war; eine unerwartete Höhe[50].

1952 tagte die Vollversammlung des Lutherischen Weltbundes in Hannover. Vieles in dieser Stadt lag noch in Trümmern und konnte noch nicht wieder aufgebaut werden. So fand auch der Eröffnungsgottesdienst in einer Kirchenruine statt. Es wurde ein „Deutscher Hauptausschuß des Lutherischen Weltdienstes" gegründet, der sein Hauptbüro im Haus des Hilfswerks in Stuttgart eröffnete. Man arbeitete Hand in Hand. Daß sich der Lutherische Weltdienst vor allem auf das kirchliche Aufbauwerk konzentrierte, war nicht zu übersehen[51].

Wirtschaftlich gesehen ging alles in schnellen Schritten in der Bundesrepublik vorwärts. Man durfte sich nur nicht von den glänzenden Schaufenstern in den Geschäftsstraßen der Großstädte blenden lassen, hinter denen ärmliche Gassen lagen. Bei allen eigenen ungelösten Problemen war ein Bewußtsein auch für die Not außerhalb der eigenen Gemeinden im Wachsen begriffen. So ging eine wenn auch durchaus bescheidene Geldspende aus Beiträgen der deutschen Landeskirchen zur „Ökumenischen Flüchtlingshilfe", die über das Hilfswerk geleitet wurde. Es sollte ein erster deutscher Dank sein für das „Brot aus der Welt"[52].

Als zu Beginn des Jahres 1953 durch eine Sturmflut Hunderttausende von Menschen in Holland, Belgien und England in Not gerieten, Tausende auch in den Tod gerissen wurden, und man 400 000 Obdachlose zählte, setzte in den evangelischen Kirchengemeinden in Deutschland spontan eine Hilfsbereitschaft ein. Sach- und Geldspenden, Nothäuser und Möbel u. a. wurden für die in Holland Geschädigten gesammelt. Im Jahre 1956 kamen die ökumenischen Gaben der evangelischen Kirchen Deutschlands über das Hilfswerk den Opfern des Krieges in Korea, des Erdbebens in Griechenland, den Obdachlosen in der Türkei, in Syrien, in Pakistan, den Flüchtlingen in Hongkong, Jordanien, Ägypten, vor allem aber den ungarischen Flüchtlingen zugute. Allein die Ungarnhilfe erbrachte über 5,3 Millionen DM (damaliger Kaufkraft!) an Geldspenden und Sachspenden[53].

Für die DDR liefen die umfangreichen Hilfsmaßnahmen seitens des Lutherischen Weltdienstes über die bewährte Berliner Stelle des Zentralbüros des Hilfswerks. Doch plötzlich wurde 1950 die globale Einfuhr von Liebesgaben in die DDR und die regelmäßige Verteilung an Notleidende in den Gemeinden — die Kinderspeisung vor allem — von der Regierung gestoppt. Die umfangreichen Bestände des Hauptverteilungslagers in Magdeburg verfielen der Beschlagnahmung, wurden aber dann nach mühseligen Verhandlungen unter bestimmten Auflagen freigegeben. Die DDR könne ihre Bevölkerung angesichts des erreichten Lebensstandardes selbst versorgen, hieß es. Doch die Patenschaften zwischen Gemeinden im Westen und Osten wie auch die Bruderhilfe evangelischer Pfarrer für die Amtsbrüder im Osten blieben ungestört. Es bewahrheitete sich, daß eine intelligente Liebe und ein entsprechendes Verhandlungsgeschick, das die beiderseitigen Anliegen versachlicht, immer wieder Möglichkeiten und Wege zu Hilfeleistungen spezieller Art findet.

So konnte der Hilfswerkausschuß für das Kirchenjahr 1952/53 erstmalig eine „Stadt des kirchlichen Wiederaufbaus" bestimmen: Dresden. Es reihten sich an Frankfurt/Oder, Magdeburg, Rostock, Dessau, Neubrandenburg, Nordhausen-Halberstadt, 1964/65 erneut Dresden, dann Weimar u. a. Der Wiederaufbau von Kirchen, Pfarrhäusern, Gemeindepflegestationen, Kindergärten, Räumen für Religionsunterricht, von teilzerstörten evangelischen Krankenhäusern, von Alten- und Behindertenheimen wurde dadurch erleichtert.

„All diese fürsorglichen Bemühungen dank des Mittragens unserer Brüderkirchen in der ganzen Welt und in der Bundesrepublik waren Ansporn für die diakonischen Kräfte in den Kirchen der DDR, eigene Anstrengungen in dieser Richtung zu machen; so spielte sowohl in der Kinderfürsorge wie in der Altenhilfe und in der Mütterbetreuung die eigene Initiative eine erhebliche Rolle. Die Kräfte sind weiter am Werk, um diesen Dienst auch in der Zukunft zu tun." So stand es im Kirchlichen Jahrbuch 1957[54].

Auf diesem Weg vorwärtsschreitend ist die Innere Mission in der DDR schließlich vom Staat als eine „eigenständige Größe in ihrem Tätigkeitsbereich" anerkannt worden. In aller Form wurde ihr dabei „eine gesellschaftliche Bedeutung" zugesprochen. Diese Anerkennung geschah in Würdigung ihrer „nicht ersetzbaren Einsatzbereitschaft für Schwerbehinderte, für die Schwächsten unter den Schwachen, für Pflegefälle, für Alte". Ihre Ausbildungsstätten für Diakone und Schwestern, auch ihre Diakonissenhäuser vermögen ungestört zu arbeiten. Die Evangelischen Krankenhäuser werden in ihren Leistungen respektiert. Finanzielle Erleichterungen wurden ihnen, wo sie Not taten, nicht verweigert, wie z. B. im Jahre 1969. Eine beachtliche Reihe von Buchveröffentlichungen über die Arbeit von „Innerer Mission und Hilfswerk der Evangelischen Kirchen in der DDR" sind laufend erschienen[55].

In den letzten Jahren vor der Fusion zwischen Hilfswerk und Central-Ausschuß für Innere Mission ging man immer mehr aufeinander zu. Einen entscheidenden Anteil daran hat dabei D. Ohl als Vizepräsident des Central-Ausschusses geleistet. So beginnt seit 1953/54 eine Zusammenführung der beiderseitigen Spitzengremien zu gemeinsamen Besprechungen und Sitzungen. Vieles war und blieb schwierig. „Wahrscheinlich wäre die Fusion von Innerer Mission und Hilfswerk nicht geglückt", wenn nicht Ludwig Geißel „gemeinsam mit Paul Collmer, Wolfgang Güldenpfennig und Wilhelm Schmidt und im ständigen Austausch mit Otto Ohl und Friedrich Münchmeyer, dem geschäftsführenden Direktor des Central-Ausschusses unter der Ägide von Bischof Volkmar Herntrich am Ball geblieben wären, von vielen anderen hilfreich begleitet". Hier kommt ebenso der Inneren Mission in Bayern, die stets betont von „unserem Hilfswerk" gesprochen hat, und dem Oberkirchenrat Otto Riedel in München, der seit 1957 in der Endphase die letzten Klippen überwinden half, eine nicht unwichtige Schlüsselrolle zu[56].

Zu Beginn des Jahres 1955 gelang es, die beiden Publikationsorgane des Central-Ausschusses und des Hilfswerks in einer gemeinsamen Zeitschrift „Das diakonische Werk" zusammenzulegen.

Es gab genügend gemeinsame Probleme zu bewältigen. Die Kostendeckungsfrage bei den evangelischen Krankenhäusern wurde angesichts der immer höheren Ansprüche durch die Fortschritte der ärztlichen Kunst zu einem leidigen Dauerproblem, das sich durch alle späteren Jahre hindurchschleppte. Eine eminente Wachsamkeit war vonnöten, um nicht in den Sog kurzschlüssiger staatlicher Fehlentscheidungen hineingezogen zu werden. Sie lagen immer wieder auf dem Tisch, fürwahr ein dauernder Kampf um einen gerechten Ausgleich! Wo früher eine Diakonisse arbeitete, traten jetzt zwei hochqualifizierte Fachkräfte für Sonderbereiche hinzu. Ein Personalmangel kündigte sich an, der durch die Überalterung der Diakonissen bedrohlich wurde. Es mangelte bald an geeignetem Anstaltspersonal, das zeitlich fester eingebunden war. Die halboffene und die offene Arbeit nahm einen immer größeren Umfang an. Hier fehlten weniger Kräfte bei der dort möglichen geregelten Arbeitszeit, die jedenfalls nicht in die Nachtstunden hineingeht.

Kritische Stimmen beklagen bereits 1951 eine Entwicklung, daß unter den Mitarbeitern der Inneren Mission kaum ein Drittel sich über eine konventionelle Bindung an die Kirche hinaus von Gott persönlich gefordert und gerufen weiß[57].

Es fehlte nicht an Gegensteuerung. Anläßlich der 100-Jahr-Feier der von Wilhelm Löhe gegründeten Diakonissenanstalt Neuendettelsau, die auf das Jahr 1954 fiel, rief der damalige Rektor, der spätere Landesbischof D. Hermann Dietzfelbinger zum „Diakonischen Jahr" auf. Jungen Menschen sollten für ein Jahr „Soziale Dienste als eine Chance für die Diakonie der Gemeinde" angeboten werden. In den Einrichtungen der Diakonie, in den Heimen für Behinderte und Alte, in den Krankenhäusern usw. könnte das Helfen „geweckt, gelernt und eingeübt" werden. Das sollte zurückwirken auf die Gemeinden, wenn die Helfer dorthin zurückkehrten. Eine Brücke könnte geschlagen werden zwischen Anstaltsdiakonie und der Gemeinde.

Diese Einrichtung hat in der Folgezeit manche Wandlungen erfahren. Die Motive der Helfer änderten sich. Sie wurde weithin zu einem Übergang in einen sozialen Beruf, den sie erst erproben wollten[58].

Schon vorher war eine zentrale Sozialausbildungsstätte der EKiD in der 1949 in Friedewald (Westerwald) vom Hilfswerk, vom Central-Ausschuß für Innere Mission und dem Männerwerk der EKiD gegründeten Evangelischen Sozialakademie entstanden. Ihre Grundlage bildete eine am Evangelium ausgerichtete Sozialethik[59]. Die hier ausgebildeten Fachkräfte erwiesen sich als hochqualifiziert. Sie wußten um ihren verantwortungsvollen Beruf. Sie waren bei der Ausweitung der diakonischen Dienste willkommen. Nicht erst seit 1945 gab es Mitarbeiter der Inneren Mission aus unterschiedlichen Berufen wie Ärzte, Krankenschwestern, Krankenpfleger, Krankengymnastiker, Heimerziehungspfleger, Kindergärtnerinnen. Auch neue spezialisierte Fachkräfte waren nicht mehr zu entbehren wie Logopäden, Therapeuten, Alten- und Familienpfleger, Lehrkräfte der verschiedenen Ausbildungszweige, Psychologen, Psychagogen, Sozialarbeiter. Theologen standen immer in verantwortlichen Diensten. Auch Handwerker, beispielsweise Schlosser oder Schreiner, Wirtschafterinnen und Köche, Putzhilfen, Schreib- und Verwaltungskräfte, Finanzfachleute und eine Vielzahl von Hilfskräften wurden unentbehrlich.

Ein neuer Dienst entstand 1956 in der Telefonseelsorge, die einen damals nicht geahnten Aufschwung in internationaler Weite nahm. Sie signalisierte die neuen seelischen Nöte durch Isolierung und Vereinsamung nicht nur alter Menschen im Sozial- und Wohlfahrtsstaat[60].

Die eigentliche Nachkriegsgeneration tritt allmählich zurück. Vielen Zeitgenossen geht es — dem Zeitgeist folgend — um eine rationale Wohlstandssicherung. Sie bestimmt zunehmend die Berufswahl. Man ist stark am eigenen Fortkommen interessiert. Der Sinn für die Erfordernisse des Ganzen verblaßt. „Nie wieder arm, nie wieder Hunger, nie wieder Niederlage." Doch man arbeitet unverdrossen. Für 80 % der Bevölkerung bleibt die tägliche Arbeit im Beruf das Rückgrat des Lebens.

Ein rasanter Wandel setzt im täglichen Leben ein. Am 25. Dezember 1952 begann das tägliche Fernsehen. Am 2. Juni 1953 sahen Millionen die Krönung Elisabeths II. von England am Bildschirm. Jetzt konnten bereits 25 % der westdeutschen Bevölkerung einen Jahresurlaub im Ausland verbringen. Doch schon zählte man 1953 auf den Straßen 10 936 Verkehrstote, so viele Tote, wie der Polenfeldzug 1939 gefordert hatte!

Als ob es in diese Landschaft gehörte, setzt 1954 ein starker Rückgang an Theologiestudenten und ein Pfarrermangel ein. Die Tendenz zur 5-Tage-Woche zeichnet sich bereits ab. Westdeutschland befindet sich auf dem Weg zu einer hochindustrialisierten und sozialdurchorganisierten Freizeit- und Verbrauchergesellschaft[61].

10. Kapitel

Das Diakonische Werk der Evangelischen Kirche in Deutschland zwischen 1957 und 1982 und seine ökumenischen Dienste

1

Die Zusammenführung der beiden großen Liebeswerke

Nicht ohne Bedacht sind die Jahre zwischen 1945 und 1957 ausführlicher zu Wort gekommen. Sie waren ungewöhnlich. Manches ist in ihnen sichtbar geworden, was auch später „ein Pfahl im Fleisch“ blieb.

Am Beginn der folgenden Entwicklung steht die Zusammenlegung der Geschäftsstelle des Central-Ausschusses für Innere Mission in Bethel mit dem Zentralbüro des Hilfswerks in Stuttgart im Jahre 1957. Die Abstimmung über diese Maßnahme erfolgte zunächst im Hauptausschuß des CA und in dem Hilfswerkausschuß. Danach erst folgte die Behandlung dieses Gegenstandes auf einer Synode der EKD, bei der andere Sorgen im Mittelpunkt standen, mußte sie doch eines Einspruchs der DDR wegen von Halle nach Berlin-Spandau verlegt werden. Dort rangierte der Militärseelsorgevertrag nach der Einführung der allgemeinen Wehrpflicht in der Bundesrepublik als Thema voran. Am 8. März 1957 erfolgte bei einer zweiten Abstimmung ein volles Ja — ohne Gegenstimmen oder Enthaltungen — zu dem Beschluß der beiden Spitzengremien. In einem kirchengesetzlichen Akt anerkannte die Synode der EKD die Vereinbarung, die zunächst probeweise vorgesehen war.

Es bedeutete für den Central-Ausschuß einen Abschied von einer über hundertjährigen eigenen Geschichte, für das Hilfswerk von einer zwölfjährigen Geschichte, die ebenfalls in die Annalen der Zeit eingeschrieben ist. Zwei bisher selbständig entscheidende und handelnde Werke, jede mit ihrem eigenen Lebensstil, wollten nun versuchen, miteinander zu arbeiten. Es war eine behutsame Lösung, gewiß schwer erkämpft bis fast zum letzten Augenblick[1].

Zum hauptamtlichen Präsidenten des gemeinsamen Werkes wurde der bisherige geschäftsführende Direktor des Central-Ausschusses für Innere Mission D. Friedrich Münchmeyer in Bethel gewählt. Man hätte keine geeignetere Persönlichkeit finden können! Uneingeschränkt erkannte er die Verdienste des Hilfswerks an: Es habe wesentliche Beiträge zur Realisierung der Ökumene geleistet. Sie seien auch in seinem sozialpolitischen Engagement und in der Aktivierung des diakonischen Einsatzes der Kirchengemeinden zu finden. Es habe „diese drei Gebiete zu Ehren gebracht“[2].

Sechs Jahre stand D. Münchmeyer als Präsident dem „Diakonischen Werk der Inneren Mission und des Hilfswerkes der Evangelischen Kirche in Deutschland" vor. Ihm war es gegeben, beide Werke so zusammenzuführen, daß der Gedanke eines zeitlich begrenzten Provisoriums wesenlos wurde. Gesundheitliche Gründe zwangen ihn zum Rücktritt von dem geliebten Amt[3].

Die Wahl eines Nachfolgers fiel auf den Rektor des Neuendettelsauer Diakonissenwerkes, auf Pfarrer Dr. theol. Theodor Schober, der am 3. April 1963 gewählt wurde und am 1. Oktober 1963 sein Amt antrat. Das gemeinsame Wirken unter diesem neuen Präsidenten stand von Beginn an unter einer dreifachen Losung: Diakonie als Dimension der Kirche, Bereitschaft zu neuen Aufgaben, Konsolidierung und Profilierung des Diakonischen Werkes. Ein weites Programm, das man schrittweise mit immer neuem Leben erfüllte[4]!

Am 6. Juni 1975, man hatte sich mit Bedacht bald 20 Jahre Zeit gelassen, erhielt der Verbund als nunmehr „Diakonisches Werk der Evangelischen Kirche in Deutschland e. V." seine endgültige Ordnung. Das Hilfswerk wurde aufgelöst. Was bereits 1957 beschlossen war, blieb grundlegend. Die Rechtsform wurde jetzt als ein „eingetragener Verein" festgeschrieben. Jede Offenheit und Beweglichkeit sollte nach allen Richtungen erhalten bleiben, und das nicht nur wie in der Vergangenheit den Bruderkirchen in der DDR gegenüber, sondern auch als Partner der evangelischen Freikirchen wie der anderen Wohlfahrtsverbände, jedoch ausdrücklich als ein integraler Bestandteil der Kirche Jesu Christi.

Das spiegelt sich in den entscheidenden Gremien des Werkes, in der „Diakonischen Konferenz" wie dem „Diakonischen Rat" wider. In ihnen verhandeln und beschließen Vertreter der EKD, aus den Reihen der Synodalen wie des Rates, mit Vertretern aller Freikirchen, aller gliedkirchlichen diakonischen Werke und der Fachverbände gemeinsam. Teilnehmer sind als nicht stimmberechtigt je ein Vertreter des Kirchlichen Außenamtes, der Kirchenkanzlei und des Evangelischen Missionswerkes in Hamburg sowie der Präsident des Diakonischen Werkes und leitende Mitarbeiter. Der „Diakonische Rat", dem die Leitung des Werkes obliegt, ist in der Zusammensetzung seiner 18 Mitglieder der „Diakonischen Konferenz" entsprechend gebildet[5].

Die Hauptgeschäftsstelle des Diakonischen Werkes befindet sich in Stuttgart. Nachdem jahrelang sehr gründlich darüber nachgedacht worden ist, wurde nicht zufällig bei einer Untergliederung der Arbeit in sieben Fachgebiete das Fachgebiet Theologie an die erste Stelle gerückt. Ihm wurde das „Fachgebiet Volksmission und Evangelisation" angegliedert. Für beide Fachgebiete wurden zwei Direktorenstellen geschaffen.

An die zweite Stelle rückte das „Fachgebiet für Ökumene" mit einem „Ausschuß für ökumenische Diakonie". Dann folgte das Fachgebiet „Sozialpolitik". Dem Wohlfahrtsstaat mußte man mit seinen gesetzgeberischen Vorhaben, den guten und den durch Ideologieverhaftung bedenklichen, auf den Fersen bleiben, damit der „soziale Rechtsstaat" nicht in einer falschen Richtung ausufere. Es hat sich wie auch vor 1957 gezeigt, wie nötig dieses Fachgebiet war und blieb. Hier wurde die Schützenhilfe gewährt, die auch für die anderen Fachgebiete unentbehrlich blieb wie „Fürsorge", „Gesundheitswesen" und „Nothilfe". Die an letzter Stelle angeführten Fachgebiete „Recht und Wirtschaft", unterstützt durch einen Rechts- und Wirtschaftsausschuß sowie den Haushaltsausschuß der Diakonischen Konferenz, sollen vor allem den einzelnen Diakonischen Werken in der Bundesrepublik zu Hilfe stehen[6].

Bereits Eugen Gerstenmaier hatte einmal davon gesprochen, daß die theologische und volksmissionarische Seite der Diakonie unter den drängenden Alltagsarbeiten zu sehr zurückgetreten sei. Das wurde nachgeholt. Nach dem eindeutigen Willen der Diakonischen Konferenz sollten nunmehr beide in einem Fachgebiet zusammengelegten Aufgabengebiete für theologische Grundfragen wie Diakonie und Volksmission entsprechend besetzt werden. Man fand ihre Direktoren in Pfarrer Dr. theol. Hans-Christoph von Hase und Pfarrer Dr. theol. Heinrich-Hermann Ulrich. Sie haben entscheidenden Anteil daran, daß die missionarische Dimension in der Zusammenschau von Diakonie und Evangeliumsverkündung für die nächsten 25 Jahre eines der großen und schweren Themen des Diakonischen Werkes blieben[7].

Die Volksmission fand in den nächsten zehn Jahren bereits 770 hauptamtliche Mitarbeiter, hinter denen etwa 120 000 freiwillige Helfer standen. Damit ist die Volksmission eine der großen Laienbewegungen geworden[8]. Auch das „Experiment Telefonseelsorge" setzte sich erfolgreich durch, dem in den nachfolgenden 20 Jahren 75 hauptamtliche und 2 231 freiwillige Mitarbeiter dienten[9]. Seit dem 1. Januar 1982 hat sich dem Diakonischen Werk auf Bundesebene die Briefseelsorge angegliedert. Unter der Initiative von Professor Dr. theol. Werner Jentsch und als Nacharbeit zum „Erwachsenenkatechismus" gedacht, unterstützt von der Bayerischen Landeskirche und der Evangelischen Buchhilfe, findet sie einen wachsenden Zuspruch[10].

Ein besonderes Arbeitsfeld fand die Verbindung von Volksmission und Diakonie in der Stadtmission. Dort wird sie jahrein, jahraus in der täglichen Praxis geübt. Wenn auch die einzelnen Stadtmissionen je nach ihrer Geschichte stärker diakonisch-fürsorglich oder missionarisch ausgerichtet waren, konnten sie doch in der „Arbeitsgemeinschaft Evangelischer

Stadtmissionen" gemeinsam einen diakonisch-missionarischen „Rahmenplan für den stadtmissionarischen Dienst" erarbeiten.

Sie wissen sich besonders gefordert. „Die Heraufkunft einer urbanen Zivilisation und der Zusammenbruch der traditionellen Religion sind die beiden bestimmenden Kennzeichen unserer Zeit und zwei eng miteinander verknüpfte Bewegungen ... Die Art, wie Menschen miteinander leben, beeinflußt im höchsten Maß die Art, wie sie die Sinnfrage des Lebens beantworten und umgekehrt." (Harvey Cox). Die enthumanisierenden Züge zeigen sich insbesondere in den neuen Trabantenstädten, die tief in die Landschaft hinauswuchern, ohne von Kirchtürmen als Orientierungsmarken geprägt zu sein.

„Solange es Städte auf dieser Erde gibt, sind sie Zentren menschlicher Sehnsucht nach Selbstverwirklichung, nach Geborgenheit, nach sozialer und kultureller Lebensbewältigung gewesen. Zugleich waren diese Städte Orte der Verdichtung menschlichen Scheiterns, der Verlorenheit, des Verfalls und der Verzweiflung[11]."

In der Stadtmission vereinigen sich am elementarsten zwei Linien des Diakonischen Werkes. Zuerst ergibt sich bei der Kompliziertheit und Vielschichtigkeit des menschlichen Ballungsgebietes Großstadt wie selbstverständlich eine Zusammenarbeit der Stadtmission mit kirchlichen und staatlichen Stellen wie mit anderen Organisationen, mit kirchlichen Beratungsstellen der verschiedensten Prägungen. Zudem haben die Stadtmissionen oft mit den in ihren Missionsgemeinden zusammenkommenden Freundeskreisen Urzellen für die Bildung neuer Kirchengemeinden in Diasporagebieten, in ursprünglich katholisch geprägten Großstädten dargestellt.

Ganz deutlich ist dies in München zu beobachten gewesen. Hier ergab sich ein Ineinander überparochialer und missionarischer Aufgaben für einen ganzen Kirchenkreis, der die hauptamtlichen Mitarbeiter, auch teilbeschäftigte Kräfte, auf über 800 anwachsen ließ. Doch in dieser Großstadt ergab sich auch eine Gegenentwicklung in dem Experiment „Soziale Gemeinde" in der Trabantenstadt Haselbergl. Sie bildete sich hier unter 7 000 Evangelischen, zumeist in Sozialwohnungen Angesiedelten aus der DDR, bei denen man kaum kirchliche Bindungen voraussetzen konnte. Manche bisher von übergemeindlichen Werken der Kirche ausgeübten Tätigkeitsbereiche konnten hier mit Hilfe einer großen Schar freiwilliger Mitarbeiter unter dem Prodekan Otto Steiner als „Allroundman" und einem Team hauptamtlicher Kräfte wieder auf die Ortsgemeinde zurückprojiziert werden: alles ausgerichtet auf die Mitte des gemeindlichen Lebens hin, Gott gemeinsam zu hören, zu dienen und zu loben in der Koordination einer Fülle von Ämtern[12]. Ungeahnte Perspektiven und Möglichkeiten auf dem Feld der Großstädte in einem Miteinander von Diakonie und Mission!

2

Die Mitarbeiter in der Diakonie — ein Zahlenwerk?

War die Innere Mission in ihrer Anfangszeit stark vom Pietismus geprägt gewesen, so das Hilfswerk von einem mehr „weltlichen Flair". Die Mitarbeiterfrage ist seit dem Jahr 1957 einer der übernommenen Krisenpunkte in der Diakonie geblieben. Die Zahl der in ihrer Motivierung zum diakonischen Dienst innerlich sicheren Mitarbeiterschar aus den Diakonenanstalten und Diakonissenwerken nahm langsam ab, damit sank auch ihr Einfluß auf die innere Ausrichtung mancher Arbeitsgebiete, die sie nicht mehr besetzen konnten[13].

Es wurde aus verschiedensten Gründen über Mitarbeitermangel stets lebhaft geklagt, und doch wuchs die Gesamtzahl an Mitarbeitern von 86 000 Vollbeschäftigten im Jahre 1957 kontinuierlich jedes Jahr um ungefähr 2 500 neue Kräfte: Im Jahre 1963 zählte man 108 000. Doch dann setzte eine kontinuierliche Steigerung ein, um im Jahre 1981 bis auf einen Gesamtbestand von 240 000 Mitarbeitern zu gelangen. In Prozentzahlen aufgerechnet ergab sich von 1977 mit einem Bestand von 210 000 Beschäftigten auf 1978 eine Steigerung um 2,4 %, 1978 um erneut 2,38 %, 1979 um 3,72 %, 1980 um 3,13 %, 1981 um 4,34 %. Die Mitarbeiterzunahme hat sich seit 1979 gegenüber dem jeweiligen Vorjahr überproportional entwickelt[14].

Man war in diesem Zeitraum, ohne diesen Vorgang zu verallgemeinern, in manchen Arbeitszweigen dazu übergegangen, stillschweigend bei der Besetzung offener oder neu eingerichteter Stellen auf die Frage nach der kirchlichen bzw. glaubensmäßigen Position zu verzichten. Daß eine Uniformierung in der Mitarbeiterfrage grundsätzlich unmöglich und nicht wünschbar ist, steht auf einem anderen Blatt[15]. Auch hier geriet man in den Sog des Sozialstaates mit seiner immer mehr alle Daseinsbezirke umspannenden Fürsorge. Die Diakonie entwickelte sich in diesen säkularen Dienstbereich hinein. Es gab kein Aufhalten.

1957 hatte man gemeint, aus einer Epoche stürmischen Aufbaus in einen Zeitraum des Bewahrens und Behaltens eingetreten zu sein. Noch bot sich bis in die Mitte der sechziger Jahre ein stabiles Bild bei den sonntäglichen Gottesdiensten, an denen 11 % der evangelischen Jugend nach einer Umfrage regelmäßig teilnahmen, um dann bis 1982 auf 2 % der Sechzehn- bis Neunundzwanzigjährigen zu fallen.

Die gesellschaftlichen Belange drängten sich in der öffentlichen Meinung vor. Gebieterisch wurde ein neuer Gesichtspunkt geltend gemacht: Diakonie ist Dienst am Menschen — unter Zurücktreten christlicher Belange. Das Interesse verlagerte sich auf den Menschen in Absehung des Religiösen. Was der Mensch an sich sei, war das neue Thema. Eine

Fülle von Sozialschulen, von Sozialhochschulen der evangelischen Landeskirchen, die jetzt entstanden, folgten diesem Trend. Gemeinsame Planungen und Ausrichtungen vom Evangelium aus kamen nicht recht vorwärts, so sehr man vom Diakonischen Werk her darauf drängte. Eine atemberaubende Entwicklung innerhalb der 25 Jahre seit 1957 vollzog sich[16].

Das Ergebnis ließ nicht auf sich warten. An den verschiedenen evangelischen Ausbildungsstätten wurde im Zuge dieser Zeit eine oft verwirrende Vielzahl von Forschungsergebnissen, Lehrmeinungen und Methoden einer Arbeit am Menschen produziert. Eine Zusammenarbeit zwischen diesen verschiedenen Vertretern bestimmter Lehrmeinungen an diakonischen Arbeitsstätten komplizierte sich. Es mußte viel Kraft und Zeit durch Diskutieren verbraucht werden, ehe man gemeinsam handeln konnte. Humanwissenschaftliche und theologische Sicht fielen oft auseinander, weil die theologische Besinnung zu kurz geriet[17].

Die Zeit eines ungestümen Wachstums im wirtschaftlichen Bereich ist gewissenhaft dazu verwendet worden, die sozialen Einrichtungen sachlich und personell gut auszustatten. Unübersehbar vollzog sich jedoch dabei eine Entwicklung in verschiedenen Anstaltsgemeinden zu Großbetrieben, wie z. B. in Stetten im Remstal, einer der größten Heil- und Pflegeanstalten in der Bundesrepublik mit über 1000 körperlich und geistig Behinderten bei 450 Pflege- und Ausbildungskräften. Auch das Diakoniewerk Neuendettelsau ist mit einer Bilanzsumme von 231 Millionen DM (1981) in die Kategorie eines „Großbetriebes" hineingewachsen. Dabei entfielen 53 % des Jahresumsatzes auf Personalausgaben für 3 517 Mitarbeiter(innen). Die Orthopädischen Anstalten des Diakonischen Werkes in Wetter-Volmarstein, einer kirchlichen Stiftung, eine der größten Einrichtungen in der Behindertenhilfe, beschäftigen nahezu 1 000 Mitarbeiter. Nicht anders verhält es sich bei den Betheler Anstalten mit dem kirchlichen Recht einer eigenen Anstaltsgemeinde mit 30 Pfarrern, einer Tochter der Kirche von Westfalen.

Wir mußten uns hier auf wenige Beispiele beschränken. Daß sich dem Diakonischen Werk angesichts dieser Entwicklung immer dringender die Frage nach einer Diakonischen Akademie aufgedrängt hat, die nach einer längeren Anlauf- und Bedenkzeit sich 1971 in unmittelbarer Verbindung mit der Hauptgeschäftsstelle realisieren ließ, war verständlich: Hier sollen die Fragestellungen der diakonischen Arbeit in ihrem oft rasanten Wechsel in einer vom Chaos bedrohten Welt zur Sprache gelangen. Andererseits will diese Akademie eine Möglichkeit der Begegnung und der gegenseitigen Anregung für Mitarbeiter aus allen diakonischen Diensten in den verschiedenen Landes- und Fachverbänden bieten, um so in eine große diakonische Bruderschaft hineinzuwachsen[18].

Not bereitete in der Zeit der Studentenrevolution ihr nachwirkender Einfluß auf die in evangelischen Schulen lernende und lebende Schülerwelt und auf die Ersatzdienstleistenden, die seit 1960 in einer weithin guten und sehr guten Arbeitsleistung in der Diakonie mitarbeiten, aber auch oft sehr kritisch argumentieren[19].

Wir können dem hier nicht weiter nachgehen. Das Diakonische Werk hat in seinen maßgebenden Persönlichkeiten, unterstützt von der Diakonischen Konferenz und dem Diakonischen Rat, diesen Herausforderungen standgehalten und immer festgehalten, daß auch die Diakonie keinen wichtigeren Dienst als die Verkündigung des Evangeliums in Tat und Zeugnis zu treiben hat.

Die Diakonie steht nicht für sich. Schwächezustände in Theologie und Kirche, Zeichen einer Unsicherheit unter Theologen wirken auch in ihrem Raum sich aus, wenn gesellschaftliche Belange vorrangig werden, so daß Theologen scheinbar genauer wissen, wie das bessere Leben, die gerechteren Strukturen, die internationale Friedenpolitik auszusehen haben als der Gemeindeaufbau aus den Kräften des Evangeliums. Dazu kann die Diakonie nicht schweigen[20]. Angesichts einer Lebenseinstellung, in der das Vorläufige zum Endgültigen gemacht wird, in der Lebensstandard oder soziale Sicherung beispielsweise als unbedingte Werte gelten, hat die Diakonie mit der Kirche zusammen an ihrem Teil bei der Verkündigung der „eschatologischen Dimension des Evangeliums", konkret an jedem Sterbebett und nicht nur hier, mitzuhelfen, daß nicht „Dinge zu Gott werden".

Sie wird auch die Bitte an verschiedene Landeskirchen immer wieder zu richten haben, den jungen Theologen in einem diakonischen Praktikum dazu zu verhelfen, Leid, Versagen wie die Begegnung mit kaputten Menschen in Konfrontation zu ihrem theologischen Rüstzeug zu setzen und eine Erweiterung ihrer Daseinserfahrung zu akzeptieren[21].

Dabei bleibt es bei dem täglichen Dank für die Fülle an Mitarbeitern, auch dort wo sie sich nur als wissenschaftlich ausgerichtete Fachleute humanisierend, pädagogisierend, psychologisierend, soziologisierend und keinen Schritt darüber hinaus betätigen wollen. Ihnen in einem echten Dialog brüderlich zu begegnen — nirgends ist vielleicht eine verfehlte Berufswahl so gefahrdrohend wie im diakonischen Bereich — bleibt stete Aufgabe der Diakonie. Die Fülle der Untersuchungen nicht zuletzt in den bisher erschienenen „Handbüchern für Zeugnis und Dienst der Kirche" mit dem Untertitel „Gemeinde in diakonischer und missionarischer Verantwortung" sucht dem Rechnung zu tragen und diese Frage stetig wach zu halten[22].

3

Diakonie ohne Illusionen

Dem Inhumanen in einer Massengesellschaft entgegenzutreten und mitzuhelfen am Zustandekommen ausgewogener Sozialgesetze ist ein unermüdlich praktizierter Grundsatz des Diakonischen Werkes geblieben. Hier hat neben anderen der Vizepräsident des Diakonischen Werkes D. Dr. Paul Collmer entscheidende Untersuchungen vorgelegt, wie z. B. die Arbeiten „Zur Bestimmung der Sozialhilfe und der Diakonie" oder „Der Sozialstaat — eine kritische Bestandsaufnahme unserer sozial-ökonomischen Situation"[23].

Nach ihm tat es sein Nachfolger als Vizepräsident des Diakonischen Werkes Ludwig Geißel, ein ehemaliger junger Offizier, der 1947 in das Hilfswerk der EKiD eintrat, sich als ein Organisationsgenie erwies und hier ebenfalls Entscheidendes formulierte: „Menschen, Zeit, Geld, Gelegenheiten — das sind alles lauter Gaben Gottes, mit denen die Diakonie haushalten muß und für die sie Verantwortung trägt. Das schließt die Risikobereitschaft ein, auch dort zu helfen, wo die Ergebnisse von vornherein fraglich sind. Rückschläge oder Erfolge, Dank oder Kritik müssen angenommen werden."

„Wir müssen aus dem vernebelten Alimentations- und übermäßigen Subventionierungsdenken wieder heraus, das den Geldgeber Staat nur dazu verführt, immer mehr obrigkeitliche Macht auszuüben[24]."

Hier hat die Entscheidung des Bundesverfassungsgerichts vom 25. 3. 1980 eine Bedeutung für die gesamte Kirche erhalten. Es hat dem staatlichen Gesetzgeber bestimmte Grenzen gegenüber der Kirche gesetzt, die er einzuhalten hat, wenn er eine Angelegenheit zur öffentlichen Aufgabe erklärt und wenn er meint, eigene Reformvorstellungen mit Gesetzeszwang durchsetzen zu müssen. Das Verhältnis von Staat und Kirche ist so auf eine Ebene gehoben worden, die nicht von Zwang und Unterordnung des einen unter den anderen, sondern von gegenseitiger Achtung und vom abstimmenden Gespräch gekennzeichnet ist. Damit nimmt diese Entscheidung die Diakonie in die Pflicht, von der verfassungsrechtlich eingeräumten Regelungsautonomie einen angemessenen Gebrauch zu machen, so daß sie nicht zum Selbstzweck wird[25]. Damit ist auch für den einzelnen Staatsbürger die Wahlfreiheit gegeben, in säkularen oder christlichen Einrichtungen Hilfe und Geborgenheit zu suchen.

Innerhalb der Grenzen seines Haushaltsvolumens verpflichtet es den Staat, der Diakonie ausgewogen und im gerechten Maßstab finanziell beizustehen und den Freiheitsraum der Diakonie zu respektieren. Denn der soziale Rechtsstaat erhebt seine Steuern von Christen und Nichtchristen und ist beiden verpflichtet[26].

Als die Rezession ihre Schatten vorauswarf, erkannte man im Diakonischen Werk: „Es ist damit zu rechnen, daß in den nächsten Jahren eine Durchforstung der Sozialleistungen erfolgt. Soweit dabei ein gewisser Wildwuchs, der sich beim raschen Aufbau der sozialen Sicherung gebildet, beschnitten wird, ist dagegen nichts einzuwenden[27]."

Wenn der Staat Zuschüsse drosselt und auch die angespannten Kirchenhaushalte nur bedingt einspringen können, so sind neue Prioritäten notwendig. Es können nicht mehr alle Problemfelder abgedeckt werden. Veränderungen von Schwerpunkten und Methoden in der Sozialarbeit beginnen sich abzuzeichnen.

Die freigewachsenen sozialen Dienste haben manche Felder der Not bestellt. Wir verzichten darauf, sie alle zu nennen. Genannt werden soll der Johanniterorden. Er ist als Fachverband dem Diakonischen Werk angeschlossen. Mit seiner Johanniter-Unfallhilfe, seiner Johanniter-Schwesternschaft, seiner Johanniter-Hilfsgemeinschaft ist er in die 20 europäischen Genossenschaften dieses evangelischen Ordens eingegliedert. Nach den schweren Einbußen an Krankenhäusern und Besitzungen im Osten im zweiten Weltkrieg erlangte er in Westdeutschland und darüber hinaus wieder eine wachsende Bedeutung[28].

Professor Arnold Dannenmann, ein evangelischer Pfarrer, schuf im Jahre 1946 „Das Christliche Jugenddorfwerk Deutschlands", das größte freie Unternehmen für christliche Erziehung und Ausbildung in der Bundesrepublik. Männer der Inneren Mission, des Hilfswerks und der Christlichen Vereine Junger Männer waren Mitbegründer. Dannenmann leitet das Werk jetzt als sein Präsident. Inzwischen gibt es 112 christliche Jugenddörfer der verschiedensten Strukturen, in denen jährlich fast 80 000 junge Menschen ihr Leben meistern lernen. Hier heißt es: „Niemand darf verloren gehen. Die uns in Jesus Christus bezeugte Liebe Gottes fordert unseren ganzen Einsatz." Mit ca. 3 500 hauptamtlichen Mitarbeitern vollzieht sich diese Arbeit. Eine „Pädagogik aus Glauben an Christus" ist richtunggebend und wird durchgehalten. Man ist dabei frei genug, Religionslehrer wieder zu entpflichten, die sich hier nicht voll einsetzen[29]. Sozialpädagogische Institute und Jugenddorf-Christophorus-Schulen, die zum Abitur und gleichzeitig zu einer Facharbeiterprüfung führen, ergänzt durch das Seminar „Bibel und Glauben", sind angeschlossen. Hinzu kommen noch zwei Entwicklungsjugenddörfer, das Jugenddorf Antsirabé in Madagaskar und das Jugenddorf Kankan in Guinea[30].

Die ökumenische Ausrichtung findet sich gleichfalls in den in neuer Zeit entstandenen diakonischen Lebensgemeinschaften evangelischer Bruder- und Schwesternschaften. Sie unterscheiden sich in Bruder- und Schwesternschaften gemeinsamen Lebens, in Bruder- und Schwesternschaften ohne endgültige Lösung aus Familie und Beruf und in neue Gestaltungen der Diakonie. Die bekanntesten sind die Communauté Taizé, die Communauté de Grandchamp, die Ökumenische Marienschwesternschaft, die Christusbruderschaft in Selbitz und die Jesusbruderschaft in Gnadenthal. Sie fühlen sich verantwortlich gegenüber der ganzen Welt in Diakonie und Zeugnis[31].

Die Sozialforscher registrieren den sich anbahnenden Wandel bereits seit Jahren: Der Preis der Entfremdung, der für ein ungewöhnlich dauerhaftes Wirtschaftswachstum zu zahlen war, schien anfangs nicht der Rede wert. Die selbstgeschaffene Isolation, das Leben in sozialer Anonymität wurde eher als ein Zuwachs von Freiheit erlebt. Diese Freiheit entlarvte sich jedoch für viele als Leere. Die Suche nach Geborgenheit im sozialen Kontakt gehört doch zu den Grundbedürfnissen des Menschen. Ein so vitales Interesse läßt sich nicht dauerhaft unterdrücken. Wir befinden uns jetzt wohl in der Phase der Reaktion. Man versucht, die mit dem Gefühl der Leere verbundene Vereinsamung zu überwinden, indem man sich nach neuen Begegnungen hin öffnet, Wärme sucht in unmittelbarem persönlichem Kontakt. Nachbarschaftstreffen werden organisiert. Eine Bereitschaft, sich gegenseitig zu helfen, nimmt zu. Solidarität und Nächstenliebe werden groß geschrieben. Sie sind keine Schlagwörter mehr. Das Wort Mitmenschlichkeit wird kaum noch in den Mund genommen.

Diese innere Wendung gelingt nicht jedem. Es gibt auch andere Reaktionen auf die innere Leere. Man sucht ihr durch Drogengenuß, durch Alkohol und Medikamente zu entfliehen. Im Jahre 1981 zählte man 1,9 Millionen Süchtige in der Bundesrepublik[32].

Die Diakonie hat — nach einem Zahlenmaterial von 1975 — 40 000 Suchtgefährdeten durch 360 Selbsthilfegruppen, in denen über 2 000 Helfer ehrenamtlich tätig sind, Hilfe geleistet. 32 000 sind durch ambulante Beratungsstellen, 10 000 durch Fachkliniken und Übergangsheime gegangen. „Wirksames diakonisches Handeln fordert die Kopplung von fachlicher Hilfe und personaler Zuwendung in Behandlungsketten, in den Selbsthilfe- und Gemeindegruppen bis hin in die Gestaltung von Freizeit und Erholungsangeboten, wo Patienten und Laien neben dem Fachmann stehen[33]."

Nachdenklich stimmt in diesem Zusammenhang die weltweite Bewegung der „Anonymen Alkoholiker", die vor 35 Jahren in Amerika von zwei Männern ausging, die beide hoffnungslose Säufer waren, von einem Arzt und einem Börsenmann. Sie fingen jedoch an, ehrlich über ihre Sucht zu reden, zuerst miteinander und dann mit anderen Alkoholikern.

So begann es mit den „Anonymen Alkoholikern". Inzwischen gibt es sie in vielen Ländern der Erde. Zu ihnen fühlen sich Ungezählte hingezogen. Sie wurden bei ihnen „trocken". Zahlreiche Gruppen haben sich in der Bundesrepublik gebildet. Mehrere Gruppen arbeiten erfolgreich in Justizvollzugsanstalten. Die Ehrenamtlichen in den Kontaktstellen sind ausnahmslos „trockene Alkoholiker". Diese Selbsthilfegruppen stehen Menschen bei, die aus gleichen Schicksalserfahrungen zu ihnen kommen und alles Elend dort von Herzen vor anderen aussprechen können. Es wird ihnen zugehört, und sie erfahren keine Abwertung. Wenn sie rückfällig werden, sprechen ihnen andere Mut zu. Viele entrinnen so schließlich den Zwängen ihrer Sucht[34].

In die gleiche Stoßrichtung mit missionarisch-evangelistisch-seelsorgerlicher Akzentuierung in diese graue Masse der Alkoholiker ist seit 90 Jahren die internationale Bewegung des „Blauen Kreuzes" vorgegangen. Mit ihren 181 000 Mitgliedern in 18 Zentralverbänden, in der Bundesrepublik mit 7 000 Mitgliedern bzw. ehrenamtlichen Helfern als Begleitpersonen und 135 Hauptamtlichen, haben sie Begegnungsgruppen z. T. in Vereinsform gebildet. Den ganzen Fragenkomplex der Alkoholnot halten sie durch ihre weitgespannte Öffentlichkeitsarbeit unter dem Grundthema „Alkoholismus — Hilfe ist möglich" präsent[35].

In diesem Zusammenhang ist noch eine andere christliche Selbsthilfegruppe zu nennen: Das 1890 gegründete „Weiße Kreuz", das keine Gruppen organisiert, versucht in der Öffentlichkeit bewußt zu machen, was christliche Ehe und christliche Haltung zur Geschlechtsfrage bedeuten, hilfreich vor allem für Heranwachsende im Chaos der Debatte und der schnell wechselnden Modemeinungen.

Um einem Bewußtseinswandel zuzuarbeiten, hat der Diakonische Rat zusammen mit der Diakonischen Konferenz unter der Leitung von Bischof D. Helmut Claß zur rechten Zeit Schwerpunktprogramme entwickelt, darunter 1975 „Hilfe für Behinderte", 1976 und 1978/79 „Hilfe für das Alter" u. a. Vieles ist hier noch im Werden. Doch sind inzwischen z. B. in vielen Städten in den Altersheimen Seniorenbeiräte entstanden.

Die Behinderten zeigen sich jetzt ungescheuter in der Öffentlichkeit. Es sind fast die gleichen Gedankengänge, wie die der Inneren Mission, wenn sie jetzt davon sprechen, daß sie ihr Risiko selbst tragen lernen wollen. Sie suchen mehr ambulante Hilfe, weniger Therapie, dafür mehr Menschlichkeit im Alltag. Sie begehren auf gegen eine totale und entmündigende Versorgung, gegen eine Abhängigkeit von Spezialdiensten. Gemeindenahe Hilfe in der vertrauten Umgebung bedeutet für sie mehr als vieles, was von gemeinnützigen Organisationen geboten wird. Keinesfalls wollen sie undankbar sein, und das alles bedeutet keine Kampfansage gegenüber Kirche und Innerer Mission. Es sind vielmehr weithin im Ja und Nein die gleichen Fragen und Antworten, die in „Diakonie 74 — Jahrbuch des Diakonischen Werkes — Innere Mission und Hilfswerk — zur Diakonie im Sozialstaat" vorgelegt werden. So eine Stimme der Jugend: Es möge nur alles finanzierbarer und humaner in der Sozialpolitik werden, die sich aus der Abhängigkeit vom Wirtschaftswachstum herauslösen soll. Denn sie mache von Fremdleistungen abhängig, fördere den Egoismus und lasse die Hilfsbereitschaft verkümmern.

Nach einer Langzeitanalyse des Instituts für Demoskopie in Allensbach begehrt die Jugend auf gegen mehr Sozialschutz, der ihr immer weniger individuellen Spielraum beläßt. Dabei wachsen die Aktivitäten der Frauen, deren Einfluß auf die Gestaltung eigenverantwortlicher Daseinssicherung zunimmt. Das scheint alles mit einer „Diakonie ohne Illusionen" zusammenzuklingen: magere Jahre einer Zukunft lehren uns nicht das Fürchten. Man rückt enger zusammen um so mehr, je weniger Überfluß herrscht. Das amerikanische Wohlfahrtssystem hat nicht nur dort, sondern in fast allen modernen Staaten des Westens, die es übernommen haben, seine Kehrseiten gezeigt. Innerhalb des Diakonischen Werkes hat das Nachdenken seit Jahren eingesetzt. Hellwache Jugend folgt nach, ohne daß wir hier Prognosen stellen wollen.

4

Im Zeichen der ökumenischen Diakonie

Es ist ein erstaunliches Zeichen weltweiter Brüderhilfe gewesen, daß der Schritt zur Einstellung der ökumenischen Hilfsprogramme von der Inneren Mission und dem Hilfswerk und nicht von den Spenderkirchen erfolgte. Noch 1959/1960 haben diese 8 197 666 kg Gaben nach Deutschland gesandt. Das Jahr 1959 brachte den Wendepunkt.

Im Blick auf die veränderte wirtschaftliche Lage im Bundesgebiet wurde zugunsten notleidender anderer Länder in der Welt auf weitere Spenden aus dem Ausland verzichtet. Das wurde in einem feierlichen Akt verkündet. Damit endete auch das sogenannte „Surplus-Programm", in dessen Rahmen noch 1959 amerikanische landwirtschaftliche Überprodukte im Werte von über 800 Millionen DM an Bedürftige, vor allem kinderreiche Familien in der Bundesrepublik verteilt werden konnten. Eine Rohbaumwollspende von 3 331 000 kg ergab in Deutschland noch eine Million kg gewebten Stoffes, der, zu Wäsche- und Bettzeug verarbeitet, Anstalten der Inneren Mission, die hier noch knapp daran waren, zugeteilt werden konnte. Ein letzter Transport von 40 gespendeten Kühen aus Amerika erfolgte im Rahmen des „Heifer-Projekts" für vertriebene Bauern. Innerhalb von 10 Jahren konnten 4 313 Hochleistungskühe vergeben werden[36].

Der auf die Verteilung dieser Spenden eingespielte Stab aus dem Hilfswerk wurde in der Hauptgeschäftsstelle des Diakonischen Werkes für ein neues ökumenisches Hilfswerk eingespannt.

Zum Weihnachtsfest 1959 wurde innerhalb aller deutschen Landeskirchen und evangelischen Freikirchen zu einem Opfer „Brot für die Welt“ aufgerufen. Sie waren alle verantwortlich für die Einsammlung des Opfers in ihren Bereichen. Der Betrag von 20 Millionen DM, der in Kollekten gesammelt worden ist, stellte das größte Sammelergebnis dar, das je in der EKD zusammengekommen war. Die Kirchen in der DDR sammelten getrennt und brachten 4,8 Millionen DM auf. Die Erträge steigerten sich in den nachfolgenden Jahren in der Bundesrepublik auf 72 Millionen DM im Jahre 1981. Eine Meinungsumfrage von 1981 ergab trotz der Rezession eine positive Beurteilung für die Entwicklungshilfe — „Brot für die Welt“ einbezogen — von 67 %, die eher dafür, 20 %, die eher dagegen waren und 14 %, die keine Angaben machten[37].

Ein gemeinsamer Verteilungsausschuß wurde gegründet. Der Ökumenische Rat der Kirchen und der Lutherische Weltbund konnten eine ganze Reihe geprüfter Hilfsvorschläge vermitteln. Das Diakonische Werk mit seiner Hauptgeschäftsstelle in Stuttgart übernahm mit seinen institutionellen Möglichkeiten die gesamte Verteilung und Abwicklung der Aktion „Brot für die Welt“. Die unter Präsident Professor Dr. Dr. Schober konsequent verwirklichte Zielaufgabe, eine Fülle hochqualifizierter Mitarbeiter innerhalb der komplexen Gestalt der Diakonie, die bis 1982 auf mehr als 240 000 Kräfte anstieg, auf bestimmte Bereiche und Problemstellungen anzusetzen, war einer Elitebildung förderlich[38]. Sie kam dem Diakonischen Werk bei den hier gestellten ökumenischen Aufträgen unmittelbar zugute.

Zwei Männer nahmen eine entscheidende Schlüsselstellung ein, man kann sie als die Väter dieser Aktion „Brot für die Welt“ ansehen: Kirchenrat D. Christian Berg, der glühende Prediger der Bruderliebe, und der spätere Vizepräsident des Diakonischen Werkes Ludwig Geißel, beides Mitarbeiter des Hilfswerks der ersten Stunden[39]. Von Anfang an waren sie hier die Berufenen.

Was sich hier auswirkte, war ganz primär eine Antwort dankbarer Freude auf die Erfahrung brüderlicher, weltweiter Liebe durch die im Ökumenischen Rat seit Amsterdam 1948 festverbundenen Kirchen. Das „Brot aus der Welt“ hat viele Deutsche nicht nur vor dem Verhungern bewahrt, sondern war Hilfe zur Selbsthilfe und hat verlorengegangenen Lebensmut zurückgegeben. Nun sollte das „Brot für die Welt“ Menschen in der „Dritten Welt“ zugute kommen, denen es schlechter ging als den Nachkriegsdeutschen.

Man hat von Anfang darauf gesehen, keine staatlichen Zuschüsse zur Weiterleitung in diese Aktion „Brot für die Welt“ aufzunehmen. Es hätte die Einheit der Aktion der evangelischen Christenheit in Ost und West bedroht. Es sollte ein wirkliches Opfer aus den Gemeinden bleiben[40]. „Die Aktion ‚Brot für die Welt‘ hat Hintergründe und Tiefendimensionen, die sie von den üblichen Spendenkampagnen scharf unterscheiden. Es ist damit nicht getan, daß wir zahlen. Unsere Hilfsbereitschaft wird sich darin bewähren müssen, daß wir zum Umdenken vieler wirtschaftlicher, sozialer und auch politischer Vorstellungen bereit sind[41]."

Vor 1960 liegen dann auch die Anfänge einer Katastrophenhilfe, die dem Diakonischen Werk anvertraut wurde. Dem diakonischen Auftrag gemäß wußte es sich innerhalb der internationalen und nationalen Hilfsorganisationen zur Mithilfe verpflichtet, jeweils — wie bei „Brot für die Welt" — in Absprache mit den Partnern: mit Kirchen, mit Regierungen und internationalen Organisationen[42]. Seit 1962, nach dem Aufbau einer systematischen Katastrophenhilfe, konnte in etwa 300 Katastrophenfällen in Asien, Afrika, Südamerika und Europa, auf den Zeitraum bis 1978 gesehen, ohne Unterschied von Rassen und Religionen geholfen werden[43]. Das Diakonische Werk hat im Zeitraum von 1962—1974 Spenden in Höhe von 134 Millionen weitergeben können[44]. Hineingewoben in die Hilfsaktionen ist von Beginn an der Lutherische Weltdienst gewesen, der wie die Katastrophenhilfe in Ludwig Geißel einen engagierten Mitarbeiter fand[45]. Die „Ökumenischen Flüchtlingsprogramme" der Nachkriegszeit haben unter den Spendernationen schließlich eine umgekehrte Reihenfolge erfahren. Jetzt stand Deutschland voran, dann Schweden und schließlich Amerika. Unter die ökumenischen Notprogramme gehört die Aktion „Kirchen helfen Kirchen".

Als nächster Schritt erfolgte die Gründung der „Evangelischen Zentralstelle für Entwicklungshilfe". Die Bundesregierung unter Konrad Adenauer hatte 1962 der EKD Bundesmittel für Entwicklungsmaßnahmen zur Verfügung gestellt. Da die Aktion „Brot für die Welt" bei ihrer Ablehnung, staatliche Gelder anzunehmen, blieb, hatte die Zentralstelle diese Gelder zu verwalten. So kam es auf einen Appell der Synode der EKD von Spandau hin im Jahre 1968 zur Gründung des „Kirchlichen Entwicklungsdienstes". Jetzt flossen die staatlichen Zuwendungen, die bisher den anderen Hilfsprogrammen des Lutherischen Weltdienstes wie der Ökumenischen Flüchtlingshilfe zugeteilt worden waren, dieser Neugründung zu. Die Landeskirchen beschlossen, zunächst 2 % der kirchlichen Haushaltmittel für die „Überwindung der Armut, des Hungers und der Not in der Welt und ihrer Ursachen" durch diesen Kirchlichen Entwicklungsdienst zur Verfügung zu stellen. Auch bei dieser Aktion wollte man von vornherein, wie einst beim Hilfswerk der EKiD zwischen 1945—1957, im Rahmen der ökumenischen Gemeinschaft partnerschaftlich handeln. Das galt auch für die Aktion „Brot für die Welt" und die anderen von der EKD mitgetragenen Hilfsorganisationen[46].

Die Stärke der ökumenischen Diakonie von Beginn an war und ist, daß über 80 % der Projektträger in Übersee Kirchen oder ökumenische Gruppierungen geblieben sind. Das galt ebenso 1981, als die Polenhilfe einsetzte. So konnte man immer an den Ort der Not vordringen. Dreiviertel aller Mittel in der Evangelischen Zentralstelle für Entwicklungshilfe sind durch die folgenden Jahre von der Kirche selbst aufgebracht worden, viermal soviel als sie durch staatliche Zuschüsse erhalten hat. Allerdings mußte in der Aufgabenbeschreibung der ökumenischen Diakonie manches korrigiert werden, so auf der Synode der EKD 1973 in Bremen. Dem haben wir hier jedoch nicht nachzugehen[47].

Inzwischen hatte sich — in engem zeitlichen und inhaltlichen Zusammenhang mit der Aktion „Brot für die Welt" — bereits im Jahre 1960 als eine personelle Entwicklungshilfe eine Arbeitsgemeinschaft evangelischer Kirchen zur Vermittlung von Fachleuten nach Übersee gebildet. Man hat diese „Dienste in Übersee" nicht, wie „Brot für die Welt", innerhalb der Verwaltung des Diakonischen Werkes aufgebaut. Man gründete einen eingetragenen Verein, ähnlich wie es beim Diakonischen Werk mit dessen Hauptgeschäftsstelle und Gesamtorganisation geschehen war, der nun als Fachverband dem Diakonischen Werk angehört. Jeder Verdacht sollte vermieden werden, daß durch die vermittelten Personen eine Kontrolle über die sachgemäße Verwendung der zur Verfügung gestellten Projekte ausgeübt würde.

Bis zur Gegenwart wurden nur auf ausdrücklichen Wunsch überseeischer Partner die von ihnen erbetenen Fachkräfte ausgesandt. Die Entscheidung über ihre Aufgabenstellung blieb eindeutig bei den Partnern draußen. Es gab keine lebenslangen Berufungen. Seit der Gründung dieser Arbeitsgemeinschaft sind weit über 1000 zumeist verheiratete Fachkräfte nach Übersee gegangen.

Man muß immer wieder hinzulernen. Korrigiert wurde der aus der Erfahrung der Nachkriegszeit in der Heimat gespeiste entwicklungspolitische Optimismus der Gründerjahre von „Brot für die Welt" und aller anderen Dienste. Die Wiederaufbauarbeit in Übersee gestaltete sich schwieriger als der Wiederaufbau in Deutschland. Geld und Fachpersonal reichten nicht aus. Doch Zeichen sind gesetzt worden. Die Länder der Dritten Welt wissen darum, was hier geschehen ist und weiter getan wird. So überwiegen doch die positiven Resultate, da man immer neu zu lernen bereit ist, wie und wo der Einsatz geleistet werden soll[48]. Theodor Schober, der Präsident des Diakonischen Werkes, hat hierzu Wesentliches gesagt.

Die „Katastrophenhilfe", auch der Alltag in den Kindergärten half zu einem unmittelbareren Verstehen des Islam in seiner Vielschichtigkeit. Die Grenzen der abendländischen Christenheit wurden transparenter den orthodoxen Kirchen in der Welt gegenüber. Hier ist die ökumenische Diakonie oft wegbahnend vorangeschritten. „Der Dialog der Liebe geht oftmals dem Dialog der Lehre voraus[49]."

Vor allem hat sich in der Nachkriegszeit das Miteinander von Diakonie und Caritas erfreulich entwickelt. So fällt es gar nicht mehr auf, daß Monat für Monat die beiden Kirchen und ihre diakonischen Werke jeweils ein gemeinsames Entwicklungsprogramm aller Gemeinden für Kollekten anbieten und daß in den großen Zeitungen immer wieder „Brot für die Welt“ und „Misereor“ gemeinsam inserieren, wobei die Inserate kostenlos gedruckt werden.

Nicht wegzudenken ist die Gemeinsamkeit der evangelischen Landeskirchen und der evangelischen Freikirchen in der „Diakonischen Arbeitsgemeinschaft evangelischer Kirchen in Deutschland“. Eine Vielzahl ganz lebendiger und unmittelbarer Kontakte hat sich mit Kirchen der Dritten Welt und in den sozialistischen Ländern ergeben. Im „Internationalen Verband für Innere Mission und Diakonie“ haben sich alle diese Werke im Westen und im Osten Europas zusammengeschlossen. Die regelmäßigen Fachtagungen werden abwechselnd in westeuropäischen und in sozialistischen Ländern abgehalten[50].

Wir halten hier ein. Wir versuchten, der „Diakonie der Bewegung“ nachzugehen[51]. Eins bleibt in allen Unsicherheiten der Zeiten als ein Ertrag der Jahre nach dem zweiten Weltkrieg: Das Band zwischen den christlichen Kirchen überall in der Welt ist in Diakonie und Zeugnis in einer vom Chaos bedrohten Menschheit fester geworden. Wo wir auch stehen und dienen, wir tun es innerhalb der einen Christenheit auf Erden.

ANHANG

ANMERKUNGEN

1. Kapitel

1 Gerhard Uhlhorn, Die christliche Liebestätigkeit, Neukirchen 1959, S. 7 ff. (abgekürzt: Uhlhorn) — W. Schneemelcher, Der diakonische Dienst in der alten Kirche, in: Herbert Krimm, Das diakonische Amt der Kirche (Sammelband), Stuttgart 1953, S. 64 ff. (abgekürzt: Schneemelcher).

2 Hendrik Bolkestein, Wohltätigkeit und Armenpflege im vorchristlichen Altertum, Utrecht 1939 — Wilhelm Liese, Geschichte der Caritas, 2 Bände, Freiburg 1922 — Franz Meffert, Caritas und Krankenwesen bis zum Ausgang des Mittelalters, Freiburg 1927 — Adolf von Harnack, Die Mission und Ausbreitung des Christentums, 2 Bände, 4. Auflage, Leipzig 1924.

3 Vgl. die Qumran-Texte: M. Burrow, Die Schriftrollen vom Toten Meer, (1957) 1958 — H. Kosmola, Hebräer-Essener-Christen, Leiden 1959 — RGG[3], Bd. 5, Spalte 740 ff. — Otto Betz, Offenbarung und Schriftforschung in der Qumransekte, Tübingen 1960.

4 W. Brandt, Bethel, Der Dienst Jesu, in: Krimm, Das diakonische Amt der Kirche, S. 16 ff.

5 Theologisches Wörterbuch zum Neuen Testament, 2. Band, Stuttgart 1935, S. 81 ff.

6 Adolf Kalsbach, Die altkirchliche Einrichtung der Diakonissen bis zu ihrem Erlöschen, Freiburg 1926 — Leopold Zscharnack, Der Dienst der Frau in den ersten Jahrhunderten der christlichen Kirche, Göttingen 1902.

7 Schneemelcher S. 73.

8 Michael Rostovtzeff, Gesellschaft und Wirtschaft im römischen Kaiserreich, übersetzt von L. Wickert, 2 Bände, Leipzig o. J. (1930).

9 Herbert Krimm, Das Diakonat in der frühkatholischen Kirche, in: Herbert Krimm, Das diakonische Amt der Kirche, S. 102 ff. — Herbert Krimm (Herausgeber), Quellen zur Geschichte der Diakonie, 1. Altertum und Mittelalter, Stuttgart o. J. (1960) (abgekürzt: Krimm, Quellen).

10 Paul August Leder, Die Diakonen der Bischöfe und Presbyter und ihre urchristlichen Vorläufer, Stuttgart 1905 — Joh. Nep. Seidl, Der Diakonat in der katholischen Kirche, Regensburg 1884.

11 Die griechisch-orthodoxe Kirche kannte die Diakonisse als Hausleiterin für Alten- und Krankenspitäler bis ins 12. Jahrhundert. In ihren Klöstern werden bis heute „Diakonissen" geweiht, für die es eine besondere Weihe bzw. Ordination gibt. Sie gehören als eine „besondere Klasse" zum Klerus. Vgl. Evangelos Theodorou, Das Diakonissenamt in der griechisch-orthodoxen Kirche, in: Die Innere Mission, 1960, S. 372 ff.

12 Krimm, Quellen, S. 50.

13 S. o. S. 61.

13* S. o. S. 55.

13** S. o. S. 67 ff.

14 Franz Overbeck, Über das Verhältnis der Alten Kirche zur Sklaverei im römischen Reiche, in: Studien zur Geschichte der Alten Kirche I, 1875; W. L. Westermann, The Slave Systems of Greek and Roman Antiquity, Philadelphia 1955. Die Alte Kirche hat in ihrem praktischen Verhalten auf die Freilassung der christlichen Sklaven gedrängt, aber die Institution der Sklaverei theoretisch nicht angegriffen, noch gegen sie polemisiert. Zu einem allgemeinen Prinzip der Freilassung ist die Kirche auch nicht unter Konstantin gelangt.

15 Fr. Woess, Das Asylwesen Ägyptens in der Ptolemäerzeit und die spätere Entwicklung, München 1923.

15* Uhlhorn, S. 193 ff.

16 Schneemelcher S. 86 ff. — A. Vööbus, Einiges über die karitative Tätigkeit des syrischen Mönchtums. Ein Beitrag zur Geschichte der Liebestätigkeit im Orient, Pinneberg 1947 — Krimm, Quellen S. 80 ff.

17 G. Ostrogorsky, Geschichte des byzantinischen Staates, (1940) 1952.

18 Krimm, Quellen, S. 67, 75 ff., 78 ff.

19 Joh. Leipoldt, Schenute von Atripe und die Entstehung des national-ägyptischen Christentums, Leipzig 1903 — Hans Lietzmann, Geschichte der Alten Kirche, 4. Band, Berlin 1944, S. 116 ff.

20 Schneemelcher S. 89 ff.

21 Gregorovius, Geschichte der Stadt Rom im Mittelalter, 5. Aufl., 1903, II, S. 55 ff. — Santo Mazzarino, Das Ende der antiken Welt, aus dem Italienischen von Fritz Jaffé, München 1860.

22 Albert Hauck, Kirchengeschichte Deutschlands, I, Berlin 1952, S. 337 ff. — F. Kaphahn, Zwischen Antike und Mittelalter, 1947 — K. Kramezt — E. K. Winter, St. Severin, Der Heilige zwischen Ost und West, I, II, 1958/59.

23 C. Fr. Arnold, Caesarius von Arles und die gallische Kirche seiner Zeit, 1894 — H. von Schubert, Geschichte der christlichen Kirche im Frühmittelalter, 1921.

24 W. Stuhlfath, Gregor der Große, 1913 — E. Caspar, Meister der Politik, I, 1923, S. 325 ff. — vgl. Anm. 21: Gregorovius.

25 Schneemelcher S. 95.

26 Fritz Curschmann, Hungersnöte im Mittelalter, 1900 — Wilhelm Maurer, Die christliche Diakonie im Mittelalter, in: Krimm, Das diakonische Amt der Kirche, S. 125 ff. (abgekürzt: Maurer).

27 Krimm, Quellen S. 111.

28 S. o. S. 110.

29 Maurer S. 129.

30 Für alle Zeiten vorbildlich erweist sich bei den Regeln Benedikts nicht allein die Behandlung der Gehorsamsfrage, die in der Diakonissenverpflichtung wiederkehrt und auf sie einen gewissen Einfluß gehabt hat. Wichtiger erscheint der in allen Bestimmungen der Regula durchgehaltene Grundsatz des Maßhaltens. Benedikt konnte Maß halten. Hierin liegt eines seiner Geheimnisse. „In allem halte man Maß.“ „Sein Prinzip kannte keine Verherrlichung der Schwierigkeit. Rekordähnliche Spitzenleistungen schätzte Benedikt so wenig wie behäbige Gemütlichkeit. Alles Überstiegene ist aus seinen Mauern ebenso verbannt wie jegliche Erschlaffung.“ Der Bruder wird nicht bis zur Erschöpfung an die Arbeit gefesselt. Die ausgesprochen humanen Züge der Regula stellen ein Gleichgewicht von „ora et labora“ dar.
Vgl. Walter Nigg, Vom Geheimnis der Mönche, 1953, S. 173 ff.

31 Carl Bücher, Die Frauenfrage im Mittelalter, 1910 — H. Grundmann, Religiöse Bewegungen im Mittelalter, 1935.

32 Th. Steinbüchel, Mensch und Gott in Frömmigkeit und Ethos der deutschen Mystik. 1952 — O. Englebert, Franziskus von Assisi, Paris 1947 (deutsch 1952) — Hanns Lilje, Der Auftrag der Barmherzigkeit in der gegenwärtigen Welt, Hamburg 1939, S. 15: Franziskus als leuchtendes Vorbild einer tätigen Liebe, der programmatisch die Armut erwählte und dadurch ein Jahrhundert im Gewissen schreckte. Die Freude am Schenken, die bei ihm aufbricht und in der hl. Elisabeth von Thüringen wieder aufleuchtet, hat die Zeitgenossen tief aufgewühlt.

33 Maurer S. 142 ff. (mit Literaturhinweisen).

34 Krimm, Quellen S. 133, 146.

34a S. o. S. 135.

35 S. o. S. 149 — Maurer S. 149.

36 Maurer S. 148.

37 Robert Stupperich, Bruderdienst und Nächstenhilfe in der deutschen Reformation, in: Herbert Krimm, Das diakonische Amt der Kirche, S. 56 ff. (abgekürzt: Stupperich).

38 Martin Luther, Von der Freiheit eines Christenmenschen, 1520, W. A. 7, 20—38.

39 W. A. 17, 2, 46, zitiert nach Stupperich.

40 S. o. 12, 694.

41 Stupperich S. 168.

42 Stupperich S. 178 (mit Literaturangaben).

43 E. Beyreuther, Ökumenische Diakonie im deutschen Protestantismus bis zu Beginn des 19. Jahrhunderts, S. 31, in: Christian Berg, Ökumenische Diakonie, 1959.

44 S. o. S. 40.

45 H. Erbe, Die Hugenotten in Deutschland, 1937 (mit Literaturangaben).

46 Franz Lau, Die Geschichte der Waldenser von den Anfängen bis zur Gegenwart, in: Die evangelische Diaspora, 26. Jg., H. 4, S. 232 ff.

47 W. Bernoulli, Von der reformierten Diakonie der Reformationszeit, in: Herbert Krimm, Das diakonische Amt der Kirche, S. 193 ff.

48 S. o. S. 225.

48* Zu den ehrenamtlichen Diakonissen bei den Mennoniten in der Krankenpflege: H. Penner, Weltweite Bruderschaft, 1955 — Herbert Krimm, Das diakonische Amt der Kirche im ökumenischen Bereich, Stuttgart 1960, S. 100 ff.: J. C. van Dongen, Die Diakonie in der reformierten Kirche der Niederlande (abgekürzt: Dongen).

49 Dongen S. 100 ff.

50 S. o. S. 106.

51 Theodor Schober, Schatzhäuser der Kirche, 1961, S. 100.

2. Kapitel

1 Vgl. Klaus Deppermann, Der Hallesche Pietismus und der preußische Staat unter Friedrich III. (I.), Göttingen 1961, S. 6 ff. — Dieser Prozeß des Bauernlegens begann nach dem 30jährigen Krieg. Zu seiner Voraussetzung gehörte der empfindliche Rückgang der ländlichen Bevölkerung, die durch Pestepidemien oft bis auf ein Drittel des vorherigen Bestandes absank. Zahlreiche Dörfer verschwanden damals und nur noch alte Flurkarten bezeugen ihr früheres Vorhandensein. Dem Adel müssen hier gewisse Verdienste zugestanden werden. Er wagte es, die großen Wüsteneien wieder unter den Pflug zu nehmen. Die verarmten Bauern konnten sich an ihn anlehnen. Der Prozeß des Bauernlegens vollzog sich sehr langsam und reichte bis ins 19. Jahrhundert. Er hat schließlich unheilvoll gewirkt, weil er ein ländliches Proletariat schuf, das religiös und kirchlich gleichgültig wurde, und als der sozialrevolutionäre Funke im 19. Jahrhundert auch in die Landarbeiterschaft übersprang, einen Prozeß der Kirchenfremdheit bzw. Kirchenfeindschaft unter den Landarbeitern und deren in die Industriestädte abwandernden Kindern stark förderte.

1* Schon das Mittelalter kannte im Gotteshaus eine gewisse Sitzordnung und räumte dem hohen Klerus besondere Plätze ein. Ehrenplätze für den Magistrat und die Patrizier kannte man zu allen Zeiten. Daß sich Patrizier Betstübchen einrichten ließen, in denen sie bequem sitzen und auch „schlummern" konnten, findet man im ausgehenden Reformationsjahrhundert. Aber einen kränkenden und beleidigenden Charakter nahm diese „Betstuben-Bewegung" erst nach dem 30jährigen Krieg an. In dem gleichen Maße, wie die Gotteshäuser wieder Begräbnisstätten der Begüterten wurden, beschnitt das Aufstellen der Grabmonumente auch noch oft empfindlich den Platz für das „arme" Volk im Gotteshaus.

1** Die verschiedenen Wurzeln für die kirchen- und sozialkritische Stimmung bzw. für den aufkommenden Atheismus können hier nicht aufgewiesen werden. Es soll nur auf die Tatsachen an sich hingewiesen werden, daß die durch die Religionskriege entstandene Enttäuschung am „Christentum" sich nach verschiedenen Seiten hin äußerte. Die Kirchen- und Sozialkritik des späten Mittelalters hat hier unterirdisch auch mit nachgewirkt.

2 Emanuel Hirsch, Geschichte der neueren evangelischen Theologie, Gütersloh 1951, S. 91 ff. — E. Beyreuther, Geschichte des Pietismus, Stuttgart 1978, S. 61—122.

3 S. o. S. 152 ff.

4 E. Beyreuther, August Hermann Francke und die Anfänge der ökumenischen Bewegung, Hamburg 1957, S. 35.

5 S. o. S. 38 — Heinz Renkewitz, Der diakonische Gedanke im Zeitalter des Pietismus, in: Krimm, Das diakonische Amt der Kirche, S. 258 ff. (abgekürzt: Renkewitz) — Auf die Darstellung diakonischer Motive bei den Separatisten verzichten wir, da sie sporadisch auftraten und keine Nachwirkungen aufweisen, die verfolgt werden müßten.

6 Vgl. Anm. 1, S. 58 ff.

7 W. Grün, Speners soziale Leistungen und Gedanken, 1935 (Diss. Frankfurt).

8 Uhlhorn S. 653 ff. — Renkewitz S. 258 ff.

9 Vgl. Anm. 1, S. 99 (mit Literatur- und Quellenangaben).

10 August Hermann Francke, Segensvolle Fußstapfen des noch lebenden und waltenden liebreichen und getreuen Gottes, zur Beschämung des Unglaubens und Stärkung des Glaubens . . . 1709, Kapitel 1, S. 7.

11 C. Hinrichs, Friedrich Wilhelm I., 1941, S. 559 ff.

12 Vgl. Anmerkung 10, S. 81 ff.

13 E. Beyreuther, August Hermann Francke, 1956, S. 173 ff. — Vgl. Anm. 1, S. 91 ff.

14 S. o. Beyreuther, Francke, S. 174 ff.

15 Vgl. Anmerkung 4.

16 Vgl. Anmerkung 1 und Anmerkung 11.

17 Zu den vorstehenden Ausführungen vgl. E. Beyreuther, August Hermann Francke in: Neue Deutsche Biographie, München 1962.

18 Uhlhorn S. 701 ff.

19 S. o. S. 668 ff.

20 Vgl. Anmerkung 13, S. 238.

21 E. Beyreuther, Der junge Zinzendorf, 1957 — Derselbe, Zinzendorf und die sich allhier beisammen finden (Bd. II der Zinzendorf-Biographie), 1959 — Derselbe, Zinzendorf und die Christenheit (Bd. III der Zinzendorf-Biographie) 1961: vgl. Register im 3. Bande — Renkewitz S. 282 ff.

22 E. Beyreuther, Studien zur Theologie Zinzendorfs, Neukirchen 1962 (Bruderschaft und neue Schau der Gemeinde).

23 Hellmuth Erbe, Bethlehem, Pen., Eine kommunistische Herrnhuter Kolonie des 18. Jahrhunderts, 1929, S. 39, Anmerkung 173.

24 S. o. S. 95.

25 Vgl. Anmerkung 21 — Register.

25* Zinzendorf hat den Frauen und Mädchen einen bestimmten Wirkungskreis durch die Überweisung der Seelsorge an den Gliedern der weiblichen Chöre, ihrer Gesunden und Kranken, zugewiesen. Es war noch kein prinzipieller Ruf an die Kirche, den Frauen einen Platz im kirchlichen Tätigkeitsbereich einzuräumen. Aber das Vorbild hat tief gewirkt. Dem Vorbild der in den Chören vereinigten Schwesternschaften ist es mit zu danken, daß später die Diakonissenhäuser „Anstalten zur Gemeinschaft" geworden sind. Auf Fliedner, Löhe u. a. Diakonissenväter hat Zinzendorfs Brüdergemeine mit ihrer Gestaltung des Gemeinschaftslebens großen Einfluß gehabt.

25** Johann Heinrich Pestalozzi (1746—1827) fand erst nach der literarischen Darstellung seines Lebensprogrammes im Jahre 1780 (Abendstunde eines Einsiedlers) und seiner Dorfgeschichte „Lienhard und Gertrud" (4 Teile, 1781—87) weit über die Schweiz hinaus Beachtung. Doch erst nach einer Zwischenperiode, die bis 1798 reichte, flammte seine Hingabe an die Erziehungsaufgaben hilflosen Waisenkindern gegenüber wieder auf. Nach seinem in Yverdon aus Schule, Pensionsanstalt, Seminar, auch Armenanstalt (Clindy) bestehendes Erziehungsinstitut pilgerten viele pädagogisch Interessierte aus ganz Europa. Pestalozzis Sendung beginnt erst nach 1780, als die Aufklärungsgesellschaft bereits ihre humanitären Ziele ausformte, auf die er stark einzuwirken begann. Wir können darum Pestalozzi bei der Darstellung der humanitären Arbeit der Aufklärungsgesellschaft, deren humanitäre Aktivität aus verschiedenen Wurzeln aufbricht, nur am Rande dieser Anmerkung erwähnen. Literatur zu Pestalozzi: vgl. RGG[3], V, Sp. 241.

26 Uhlhorn S. 678.

27 S. o. S. 681 ff.

28 S. o. S. 698.

3. Kapitel

1 E. Beyreuther, Die Erweckungsbewegung, in: „Die Kirche in ihrer Geschichte". Ein Handbuch, herausgegeben von Kurt Dietrich Schmidt und Ernst Wolf, Göttingen, (1963), 1977[2].

2 Erich Schick, Vorboten und Bahnbrecher, Grundzüge der evangelischen Missionsgeschichte bis zu den Anfängen der Basler Mission, Basel 1943, S. 83 ff.

3 Franz Schnabel, Deutsche Geschichte im 19. Jahrhundert, IV. Band: Die religiösen Kräfte, Freiburg 1955 (abgekürzt: Schnabel), S. 400.

3* Vgl. M. Simon, Ev. Kirchengeschichte Bayerns, 1952 II, S. 536 ff. — E. Schick, Vorboten und Bahnbrecher, 1943 — Literatur zur Geschichte der Bibelgesellschaften, vgl. RGG III, 1. Bd., Sp. 1157 ff.

4 Alfons Rosenberg, Der Christ und die Erde, Olten 1953, S. 100 u. a.

5 Wilhelm Heinsius, J. Fr. Oberlin und das Steintal, 1955 — P. Krauß, Gustav Werner, Werk und Persönlichkeit, Stuttgart 1959.

6 J. F. Oberlins vollständige Lebensgeschichte und gesammelte Schriften herausgegeben von Dr. Hilpert, E. Stöber u. a., zusammengestellt und übertragen von W. Burckhardt, 4 Teile, 1843. — E. Beyreuther, Realismus und Erfahrung des Glaubens. Zum hundertfünfzigsten Todestag von Johann Friedrich Oberlin am 1. Juni 1976, in: derselbe, Frömmigkeit und Theologie, Hildesheim 1980, S. 265—280.

7 Martin Gerhardt, Johann Hinrich Wichern, Ein Lebensbild, II. Band, Hamburg 1928, S. 245.

8 Zitiert nach Friedrich Hauß, Väter der Christenheit, II. Band, 1957, S. 130.

9 Vgl. Anmerkung 4, S. 103 ff.

10 S. o.

11 Vgl. Anmerkung 8, S. 113.

[12] Schnabel S. 404. Zweifellos gehören in diesen Zusammenhang auch Gestalten wie Baron von Kottwitz, Johann Evangelista Goßner u. a. Dazu: Hs. Brandenburg, Rufer Gottes in der Großstadt, 1951, als gute Einführung. Zu Goßner vgl. Martin Gerhardt, Ein Jahrhundert Innere Mission, I, II, 1948, in Band I, S. 120 ff. — Hermann Schauer, Frauen entdecken ihren Auftrag. Weibliche Diakonie im Wandel eines Jahrhunderts, Göttingen 1960, S. 107 ff. — H. Dalton, J. Goßner, (1873) 1898[2] — H. Lokies, J. Goßner, (1936) 1956[2] — W. Holsten, J. Ev. Goßner, 1949 (mit Literaturangaben).

[13] Johannes Kober, Chr. Friedrich Spittlers Leben, Basel, 1887 — Karl Ruth, Die Pädagogik der süddeutschen Rettungshausbewegung, Chr. H. Zeller und der schwäbische Pietismus, 1927. — H. Erbacher: Die Innere Mission in Baden, 1960.

[14] Schnabel, S. 410 und oben Anmerkung 13.

[15] Schnabel S. 407 ff. — Chr. H. Zeller, Lehren der Erfahrung für christliche Armenschullehrer, 1827 — H. Thiersch, Chr. H. Zellers Leben, 2 Bände 1876 ff.

[16] Martin Hennig, Quellenbuch zur Geschichte der Inneren Mission, Hamburg 1912, S. 138 ff.

[17] Schnabel S. 404 ff. — Martin Gerhardt, Wichern, I. Band, S. 255 — J. H. Wichern, J. Falk und sein Institut in Weimar (Ges. Schriften VI, 1908, 1-59) — T. Reis, J. Falk als Erzieher verwahrloster Jugend, 1931 (mit Literaturangaben).

[18] Gerhardt, Wichern, I. Bd., S. 253 ff. (siehe Register). Eine Biographie über den Grafen steht noch aus.

[19] Gerhard Noske, Heutige Diakonie der ev. Kirche, 1956, S. 19.

4. Kapitel

[1] Uhlhorn S. 637 ff. Bei ihm anschauliche Schilderung der weiblichen katholischen Liebesarbeit.

[2] Schnabel S. 420 ff.

[3] E. Beyreuther, Der Verein als Lebensform der Kirche, in: Die Innere Mission, 1960, Heft 8/9.

[4] H. Beckmann, Ev. Frauen in bahnbrechender Liebesarbeit, 1927 — J. Whitney, Elisabeth Fry, deutsch 1939 — H. Ziegler, E. Fry (Gotteszeugen 24), 1956.

[5] R. Remé, A. Sieveking, eine Vorkämpferin der christl. Frauenbewegung, 1911 — E. Haupt, A. Sieveking, 1933 — I. Larsen, Zwischen Erweckung und Rationalismus, 1959, S. 115 ff.

[6] S. o.

[7] G. Fliedner, Theodor Fliedner, Sein Leben und Wirken, I-III, 1908—1912 — M. Gerhardt, Th. Fliedner, ein Lebensbild, 2 Bände, 1933/37 — Anna Sticker, Die Entstehung der neuzeitlichen Krankenpflege, Quellen aus der ersten Hälfte des 19. Jahrhunderts, Stuttgart 1961 — Anna Sticker, Theodor Fliedner, Neukirchen 1959 (abgekürzt Sticker I) — Anna Sticker, Friederike Fliedner und die Anfänge der Frauendiakonie, Neukirchen 1961 (abgekürzt Sticker II) — Hermann Schauer, Frauen entdecken ihren Auftrag, Göttingen 1960 (Die erste Darstellung der weiblichen Diakonie im Wandel eines Jahrhunderts — ohne Anmerkungen) = (abgekürzt Schauer) — Viel Material liegt in den einzelnen Darstellungen zur Geschichte der verschiedenen Mutterhäuser vor, das wir hier nicht verwenden konnten. Wir weisen darauf ausdrücklich hin. Die Darstellung von Schauer wird dadurch wesentlich ergänzt, z. T. auch korri-

giert. Vgl. etwa Hans Lauerer, Die Diakonissenanstalt Neuendettelsau 1854 bis 1954, Neuendettelsau 1954 — Das gilt auch bei dem Diakonenwerk, wo manche Einzeldarstellungen der Bruderhäuser, ihrer Entstehung und Geschichte vorliegen.

8 Sticker II, S. 47 ff.

9 Sticker II — H. Simon, Robert Owen, sein Leben und seine Bedeutung für die Gegenwart, (1905) 1925[2].

10 Sticker II, S. 63 ff.

11 Sticker II, S. 95 ff.

12 S. o. S. 202—206, 209, 213 u. a.

13 S. o. S. 172.

14 S. o. S. 318 u. a.

15 S. o. S. 162—64.

16 Belege s. o. S. 186.

17 Uhlhorn S. 734.

18 Sticker I, S. 58.

19 Sticker I, S. 78 ff.

20 S. o. S. 74.

21 Schauer S. 43 — Sticker II, S. 84 ff.

22 Uhlhorn S. 729, 735 u. a. — Schauer S. 56, 74 u. a.

23 Schauer S. 79 u. a.

24 Florence Nightingale, Notes on Nursing, 1858 (deutsch 1861) — E. F. Dodd, Nightingale, London 1958 — Rudolf Erckmann, Florence Nightingale, Elsa Brandström, in: Via humana, Wohltäter der Menschheit, München 1959, S. 129 ff.

25 Zum Verhältnis zwischen Fliedner und Wichern vgl. Gerhardt, Wichern II, S. 34, 37; Wichern III, S. 183, 191, 348, 394, auch 164, 93, 231, 254, auch noch II, S. 150, 383 u. a.

26 Schauer S. 62 ff.

27 Martin Gerhardt, Ein Jahrhundert Innere Mission, Die Geschichte des Central-Ausschusses für die Innere Mission der Deutschen Evangelischen Kirche, 2 Teile, Gütersloh 1948 (abgekürzt: CA I, CA II), hier CA II, S. 163.

28 Schauer S. 71 ff.

29 S. o. S. 87 ff.

30 Sticker I, S. 85 ff.

31 K. Ganzert (Herausgeber) Wilhelm Löhe, Gesammelte Werke, 7 Bände, 1951 ff. — H. Kressel, Wilhelm Löhe als Prediger, 1929 — Ders., W. Löhe als Liturg und Liturgiker, 1952 — Ders. W. Löhe als Katechet und Seelsorger, 1955 — S. Hebart, W. Löhes Lehre von der Kirche, ihrem Amt und Regiment, 1939 — Wilhelm Engelmann, Unser Werk, Ein ABC der Inneren Mission, 1948, S. 161 ff. (abgekürzt: ABC).

32 Schauer S. 84.

33 Theodor Schober, Schatzhäuser der Kirche, Der Diakonissendienst in der Gestaltung durch die Lutheraner Wilhelm Löhe, Hermann Bezzel, Hans Lauerer, Neuendettelsau 1961 (abgekürzt: Schober) S. 17.

34 Schober S. 30 ff.

35 S. o. S. 25.

36 S. o. S. 24.

37 S. o. S. 24.

38 S. o. S. 83.

39 S. o. S. 31.

40 Schauer S. 104, 107 ff.

41 S. o. S. 110, 147.

42 S. o. S. 102.

[43] Erich Beyreuther, Eva von Tiele-Winckler, in: Via humana, 1958, S. 231 ff. — Walter Thieme, Mutter Eva, Werk und Leben von Eva von Tiele-Winckler, Kassel 1955 — Margot Witte, Das große Wagnis, Erinnerungen an Eva von Tiele-Winckler, Berlin 1957[2].

[44] Schauer S. 126.

[44*] Vgl. „Wohlfahrtsschulen" in: Evangelisches Kirchenlexikon, 1959, Spalte 1837 ff.

[45] Hanna Schomerus, Diakonie im Aufbruch, Drei Lebensbilder aus den Anfängen des Ev. Diakonievereins und seiner Schwesternschaft, Berlin 1961, S. 9 ff. — Schauer, S. 134 ff. Schauer arbeitet die Bedeutung von Professor Zimmer und seines Werkes gut heraus. — Friedrich Zimmer, Der Evangelische Diakonieverein, (1895) 1918; Das erste Jahrzehnt des Ev. Diakonievereins, (1904) 1911[3] (bearbeitet von Großmann); Die Töchterheime der Mathilde Zimmerstiftung, 1909; Ein Frauendienstjahr in der Krankenpflege, 1910.

[46] Zur Gründung der Gemeinschafts-Diakonissenhäuser vgl. Hans von Sauberzweig, Er der Meister, wir die Brüder, Geschichte der Gnadauer Gemeinschaftsbewegung, 1959, S. 470 ff. — Fritz Mund, Theophil Krawielitzki, Ein Zeuge aus der neueren Erweckungs- und Diakoniegeschichte, 1954. (Der moderne „Ordensgeneral auf evangelischem Boden", neben Fliedner, Löhe und Bodelschwingh ein Führer innerhalb der Erweckung und Diakonie, dessen Schwesternschaft bald 4 000 Schwestern in verschiedenen Mutterhäusern umfaßt (1962).

[47] S. o.: Krawielitzkis Auftrag innerhalb der Diakonissengeschichte im Lichte seiner Schwestern-Berufsordnung, S. 100 ff.

[48] Schauer S. 137 ff. — Hans von Sauberzweig, Er der Meister, wir die Brüder, Geschichte der Gnadauer Gemeinschaftsbewegung, 1959, S. 470 ff.

[49] Schober S. 76.

[50] S. o. S. 109.

[51] Schauer S. 122 — ABC, S. 232 ff.

[51*] Th. Schober, Die heutige Berechtigung der Lebens- und Dienstformen in der Mutterhausdiakonie, 1959.

5. Kapitel

[1] Eugen Gerstenmaier, Wichern II, Das Verhältnis von Diakonie und Sozialpolitik, in: Herbert Krimm, Das diakonische Amt der Kirche, S. 498 ff. — Helmuth Schreiner, Wichern, Löhe und Stoecker, in: Krimm, das diakonische Amt der Kirche, S. 317 ff. (abgekürzt: Schreiner) — Karl Kupisch. Das Jahrhundert des Sozialismus und die Kirche, Berlin 1958 (abgekürzt: Kupisch I) — Ders., Vom Pietismus zum Kommunismus, Berlin 1953 (abgekürzt: Kupisch II) — Hanns Lilje, Der Auftrag der Barmherzigkeit in der gegenwärtigen Welt, Hamburg 1959 (abgekürzt: Lilje) — Martin Gerhardt, Joh. Hinrich Wichern, 3 Bde., 1927 ff. — Karl Janssen, J. H. Wichern, Ausgewählte Schriften, 2 Bände, 1956 Gütersloh (abgekürzt: Janssen I, II) — Käthe Jaffke, J. H. Wichern, Quellen, 1960.

[2] Janssen I, Einführung.

[3] Lilje S. 5 ff.

[4] S. o. S. 7 — Eberhard Schmid, Zuchthäuser und Gefängnisse, Kl. Vandenhoeck-Reihe 101.

[5] M. Gerhardt, Jugendtagebücher: Der junge Wichern, 1925 — Peter Meinhold, Johann Hinrich Wichern, Sämtliche Werke, Band 4/I und II, Berlin, 1958 und 1959 (abgekürzt: Meinhold, 4/I, 4/II).

[5*] I. Larsen, Zwischen Erweckung und Rationalismus, 1959.

6 H. E. Frh. von Kottwitz, Über Armenwesen, 1810 — Ders., Aus meinem Glaubensbekenntnis, o. J. — J. I. Jacobi, Erinnerungen an Kottwitz, 1882 — A. Schultze, E. v. Kottwitz, 1903 — E. F. Klein, Baron von Kottwitz, o. J. — W. Wendland, Studien zur Erweckungsbewegung in Berlin (Jahrbuch f. Brandenburgische Kirchengeschichte, 19, 1924, S. 5—77) — W. Philipps, Ein Wohltäter im alten Berlin, 1957.

7 Kupisch II, S. 11 ff.

8 Janssen II, S. 9 ff. — Schnabel S. 439 ff. — Meinhold 4/I.

9 Meinhold 4/II.

10 Schnabel S. 430 ff. — Karl Krummel, Das Problem der Rettung bei J. H. Wichern, 1949.

11 Janssen II, S. 9 ff.

12 S. o.

13 S. o.

14 Kupisch I, S. 48 u. a.

15 Kupisch II, S. 11 ff.

16 Schnabel S. 435 — Richard Grunow, Wichern, Ruf und Antwort, 1958, S. 125 ff. — Joh. Kühne, Vom Aufbruch echter Liebe, Tübingen 1949 (Zum Gedächtnis an die Gründung des Central-Ausschusses für die Innere Mission der Deutschen Evangelischen Kirche) (abgekürzt: Kühne), S. 17.

16* Martin Gerhardt, Johann Hinrich Wichern, III. Band, 1931, S. 83 ff., S. 89, Anmerkung

16** S. o. S. 91.

16*** Vgl. Johannes Steinweg, Innere Mission und Gemeindedienst in meinem Leben, Berlin 1959, S. 11—15.

17 Kühne S. 17, auch Anmerkung 83 c zu Kapitel VI.

18 S. o. S. 18.

18* S. o.

18** Gustav Rautenberg, Wichern und die schlesischen Rettungshäuser, 1957.

19 Schnabel S. 437 — Kupisch I, S. 51 — Grunow, Wichern, S. 129 ff.

20 Grunow, Wichern, S. 130.

21 Janssen I, S. 43 ff.

22 S. o.

23 Rolf Kramer, Nation und Theologie bei J. H. Wichern, Hamburg 1959 (abgekürzt: Kramer) S. 188.

24 S. o. S. 189 — Es ist zu beachten, daß Wicherns Sohn nach dem Tod seines Vaters mit dem Rotstift tätig gewesen ist, um „staatsfeindliche“ Äußerungen aus dessen Manuskripten auszumerzen. In den späteren Ausgaben von Wichern-Schriften haben wir nicht immer nur die „Urfassung“ vorliegen. Die von Peter Meinhold herausgebrachte Ausgabe: Johann Hinrich Wichern, Sämtliche Werke (ab 1958) geht erstmalig auf die Urschriften zurück.

25 Otto Dibelius, Der Eintritt der Kirche in die diakonische Verantwortung, in: Diakonie zwischen Kirche und Welt, herausgegeben von Christine Bourbeck und H.-D. Wendland, Hamburg 1958, S. 12.

26 Janssen I, S. 39 — M. Gerhardt, Wichern, Band II.

27 Wichern schrieb und sprach von einer „i n n e r e n M i s s i o n“, also von einer inneren Missionsbewegung innerhalb der Volkskirche. Nach Wicherns Tod gewann das Institutionelle, das reine Anstaltsdenken ein Übergewicht. Es ist dann nicht rein zufällig, daß man noch vor der Jahrhundertwende begann, von der „Inneren Mission“ zu sprechen und zu schreiben. — (Wir haben uns hier der heute einheitlichen Schreibweise von „Innerer Mission“ bedient.)

27* Janssen I, S. 25 ff.
Man wird heute schwerlich noch so betont von einem „romantisch-idealisti-

schen Einschlag" bei Wichern sprechen, der „als schwere Hypothek die Geschichte der Inneren Mission" in Verbindung mit einem Fortschrittsoptimismus belastet hat, nachdem Janssen die Grundzüge seiner Theologie scharf herausgearbeitet und damit auch die Arbeit von Kramer wesentlich ergänzt bzw. korrigiert hat. Es ist „die Eigenart des Theologen und Pädagogen Wichern, immer ganz in seiner großartigen Gesamtkonzeption zu leben und doch gleichzeitig jede noch so gering scheinende Einzelheit in diese Konzeption einzuordnen" (Karl Janssen in einer Besprechung der Quellenausgabe von Meinhold). Man wird auch nicht mehr so unbedingt von einem schwärmerisch-romantischen Reich-Gottes-Ideal bei Wichern sprechen können, an dessen Stelle dann eine nüchterne, den Wirklichkeiten von Kirche und Staat gerechter werdende Beurteilung getreten sei. Die Sachlage ist komplizierter. Patriotismus und Sorge für das ganze deutsche Volk, das noch nicht im Rahmen einer pluralistischen Gesellschaft gesehen werden konnte, spielen bei Wichern eine bedeutende Rolle wie bei jeder bedeutenden Persönlichkeit jenes Jahrhunderts, wie z. B. auch bei Friedrich von Bodelschwingh, Adolf Stoecker, Friedrich Naumann u. a.

28 CA I, S. 9 ff.

29 J. H. Wichern, Die innere Mission der deutschen evangelischen Kirche, Eine Denkschrift an die deutsche Nation, neue Ausgabe von 1948 — Erich Beyreuther, J. H. Wichern, in: Via humana, 1958, S. 82 ff.

30 Kupisch I, S. 59 u. a.

30* S. o. S. 59.

31 S. o.

32 S. o. S. 51.

33 Janssen I, S. 44, 52 u. a. — Schreiner S. 337. — E. Beyreuther, Religionsfeindschaft und Säkularisation. Umstrittene Perspektiven des jungen Wichern — Ders., Traditio und Renovatio. Kritik der Kritik am jüngeren Wichern, beides in: E. Beyreuther, Frömmigkeit und Theologie, Hildesheim 1980, S. 281—304 — Dazu auch E. Beyreuther, Wicherns Kommunismuskritik, in: Theodor Schober (Hrsg.), Gesellschaft als Wirkungsfeld der Diakonie. Welt, Kirche, Staat, Stuttgart 1981, S. 55—62 — Daselbst auch: P. Meinhold, Die Verbindlichkeit des Wichernschen Ansatzes, S. 19—36 — F. W. Kantzenbach, Die Rechtfertigungslehre als Grundlage der diakonischen Konzeption J. H. Wicherns, S. 69 bis 73 — A. Funke, Wichern—Löhe—Bodelschwingh, S. 74—78 — K. Janssen, Innere Mission und Reich Gottes bei Wichern, S. 82—86 — H.-G. Schütz, Wicherns Kritik an der Kirche und kirchlichen Gruppierungen, S. 91—96.

34 Janssen I, S. 44 ff.

35 Kupisch II, S. 57 ff.

36 E. Thier, Die Krisis des dialektischen Materialismus, in: Evangelischer Glaube und soziale Verantwortung, Berlin 1959, S. 21 ff.

37 S. o.

38 Janssen I, S. 46.

39 Zitiert nach Janssen I, S. 46.

40 Janssen I, S. 56.

40* S. o. Anmerkung 36, S. 21 ff.

41 Karl Janssen, Theorie und Praxis der Diakonie im Wandel der Zeiten, in: Aufgabe der gesellschaftlichen Diakonie, Stuttgart 1960, herausgegeben von Klaus von Bismarck, S. 22 ff.

42 Zitiert nach Janssen I, S. 51.

43 S. o.

44 Schreiner, S. 336.

45 Kupisch I, S. 45 ff.

[46] Kupisch I, S. 55 — Kühne S. 26 ff. — Grunow, Wichern, S. 141 ff. — Kupisch II, S. 100 ff.

[47] CA I, S. 137 ff., 138—141, 146, 147 ff.

[48] S. o.

[49] Kühne S. 30 — Schnabel S. 436 — M. Simon, Die Ev.-Luth. Kirche in Bayern im 19. und 20. Jahrhundert, 1961, S. 63 ff.

[50] Schnabel S. 440 — CA I, S. 175 ff.

[51] CA I, S. 183 ff. — Kupisch II, S. 37 ff. Man wird auf der anderen Seite bei den Wuppertalern, bei denen sich altreformierter (auch lutherischer) Kaufmannsgeist und Pietismus oft seltsam mischten, nicht übersehen dürfen, wie mildtätig sie auch in den Jahren um 1830 waren, und was sie für ihre „Hausarmen" getan haben. Man wird auch nicht vergessen dürfen, daß die Wuppertaler zuerst das Bezirks-Fürsorgehelfersystem in den Gemeinden entwickelten, das auch der kommunale Fürsorgedienst übernahm. Licht und Schatten prallten in Wuppertal aufeinander. In der Arbeit der Inneren Mission zu Wicherns Zeiten und später stand das Wuppertal hinter anderen religiös und kirchlich lebendigen Landschaften nicht zurück.

[52] Schnabel S. 440.

[53] Kühne S. 30 — Schnabel S. 436 — CA I, S. 153.

[54] Schnabel S. 436 u. a.

[55] Gerhard Noske, Wicherns Plan einer kirchlichen Diakonie, 1952 (abgekürzt: Noske), S. 12 ff.

[56] Noske S. 58 ff.

[57] CA I, S. 176 — Noske S. 58 ff.

[58] S. o. Anmerkung 25, S. 13 ff.

[59] Paul Jostock, Wilhelm Emanuel von Ketteler, in: Via humana, 1958, S. 89 ff. — Th. Brauer, Ketteler, der deutsche Bischof und Sozialreformer, 1927 — L. Neuefeind, Bischof Ketteler und die soziale Frage seiner Zeit, 1927 — P. Jostock, Bischof Ketteler als sozialer Erwecker (Kirche in der Welt, 5, 1952, S. 221—226). Wir verwenden in den folgenden Ausführungen das Wort „Proletariat", um die ganze elementare Not des deutschen Arbeiterstandes zum Ausdruck zu bringen und nicht diese Situation abzuschwächen.

[60] Noske S. 78 ff.

[61] E. Beyreuther, Wichern, in: Via humana, S. 68 ff.

[62] CA I, S. 295 ff. — Kupisch II, S. 103 ff. — Kühne S. 33 ff. — Kupisch I, S. 56 ff.

[63] CA I, S. 299 ff. — R. Elvers, V. Aimé Huber, 2 Bände, 1872—74 — K. Munding, V. A. Hubers ausgewählte Schriften, 1894 — E. Thier, Die Kirche und die soziale Frage, 1950 — L. Paulsen, V. A. Huber als Sozialpolitiker, 1956.

[64] Zitiert nach CA I, S. 296.

[65] CA I, S. 301 ff.

[66] S. o. S. 305 ff.

[67] S. o. Anmerkung 41, S. 22 — auch Anmerkung 1: Gerstenmaier, S. 499.

6. Kapitel

[1] CA II, S. 5 ff.

[1*] CA II, S. 7, 8, 12 — Hanns Lilje, Der Auftrag der Barmherzigkeit in der gegenwärtigen Welt, Hamburg 1959, S. 8, 9.

[2] S. o.

[2*] H. Stephan, Hs. Leube, Handbuch für Kirchengeschichte, 4. Band, 1931 II, S. 292 ff.

[3] CA II, S. 17 ff.
[4] S. o.
[5] Walther von Loewenich, Die Geschichte der Kirche, 1948, S. 377 ff.
[6] Kupisch I, S. 86 ff. — CA II, S. 60 ff.
[7] S. o.
[8] Kupisch I, S. 89 ff. — Kühne S. 36 — CA II, S. 63 ff.
[9] Erich Freudenstein, Vom Wesen und Werden der Inneren Mission, 1948 (abgekürzt: Freudenstein) S. 50 ff.
[10] CA II, S. 64 — Kühne S. 35.
[11] CA II, S. 71 ff.
[12] S. o.
[13] Theo Pirker, Ein Gespenst geht um, in: Die letzten hundert Jahre, München 1961 (abgekürzt: 100 Jahre), S. 271.
[14] Hermann Klemm, Elias Schrenk, Der Weg eines Evangelisten, 1961 (abgekürzt: Klemm) vgl. Register: Schrenk und die Innere Mission.
[15] Klemm, S. 333 ff., auch 299 ff.
[16] Klemm, S. 407, 386 ff., 421 bzw. 388 — CA II, S. 148 ff.
[17] Klemm, S. 390.
[18] S. o. S. 407 ff. bzw. 390 ff.
[19] S. o. S. 421.
[20] S. o. S. 422.
[21] S. o. S. 411.
[22] CA II, S. 133 ff. — Ferdinand Schröder, Der Mensch zwischen Heimat und Fremde, Das Verhältnis von Staat und Kirche zum wandernden Menschen in der europäischen Geschichte, Stuttgart 1960 (abgekürzt: Schröder) S. 118 ff. bzw. 123 ff.
[23] CA II, S. 164 ff.
[24] Schröder S. 135.
[25] S. o. S. 134 bzw. 137.
[26] S. o. S. 134 u. a.
[27] S. o. S. 128.
[28] Alfred Adam, Friedrich von Bodelschwingh 1831—1910, in: Via humana, München 1958, S. 195.
[29] S. o. S. 199.
[30] Georg Merz, Priesterlicher Dienst im kirchlichen Handeln, 1952, S. 84, 78. (abgekürzt: Merz).
[31] S. o.
[32] Vgl. Anmerkung 28, S. 200.
[33] Martin Gerhardt, Friedrich von Bodelschwingh, 1. Band: Werden und Reifen, 1950 — Ders., 2. Band: Das Werk / Erste Hälfte, 1952 — Ders. und Alfred Adam, 2. Band: Das Werk / Zweite Hälfte, 1958 (abgekürzt: Gerhardt I—III) — Gerhardt I, S. 191.
[34] Gerhardt, II, S. 191 ff.
[35] Gerhardt, I, S. 412 ff. — G. von Bodelschwingh, Friedrich von Bodelschwingh, o. J., S. 144.
[36] Merz S. 85.
[37] S. o. S. 82 ff.
[38] S. o. S. 90.
[39] S. o. S. 86 ff. — Gerhardt, II, S. 571 ff.
[40] Gerhardt, II, S. 278 ff. und II, S. 532 ff.
[41] S. o. II, S. 281 ff.
[42] S. o. II, S. 555.
[43] S. o. II, S. 560 ff.
[44] S. o. S. 563.

45 S. o. II, S. 578 — CA II, S. 81 ff.
46 Gerhardt II, S. 580 u. a.
46* S. o. II, S. 417 ff.
46** S. o. II, S. 440 ff., 473 ff.
47 S. o. II, S. 597 — ABC S. 51.
48 Gerhardt II, S. 703.
49 Gerhardt III, S. 225.
50 Hs. Brandenburg, Adolf Stoecker, 1958, S. 89 (abgekürzt: Brandenburg) — Adolf Stoecker, Christlich-Sozial (1885) 1890[2]: 12 Jahre Hofprediger, 1895[6], 35 Jahrgänge Predigten; Leben Jesu in täglichen Andachten, 1909[2] — Dietrich von Oertzen, A. Stoecker, Lebensbild und Zeitgeschichte, 2 Bände, 1919 — Friedrich Naumann, Gestalten und Gestalter, 1919, S. 106 ff. — Reinhold Seeberg, Reden und Aufsätze von A. Stoecker, 1913 — Paul Le Seur, A. Stoecker, 1928 — W. Frank, Hofprediger A. Stoecker und die christlich-soziale Bewegung, 1928 — Ernst Bunke, Adolf Stoecker, 1938 (abgekürzt: Bunke) — Karl Kupisch, Adolf Stoecker, Aufgabe - Leistung - Vermächtnis, in: Evangelischer Glaube und soziale Verantwortung, 1957.
51 Bunke, S. 10 ff.
52 Zitiert nach Brandenburg S. 19.
52* S. o. S. 24.
53 Schreiner, S. 339 ff.
54 Heinrich Hermelink, Das Christentum in der Menschheitsgeschichte von der französischen Revolution bis zur Gegenwart, III. Band, 1955 (abgekürzt: Hermelink III), S. 10 ff.
55 S. o. S. 14 ff.
56 Zitiert nach Brandenburg S. 67 — Bunke S. 81 ff.
Es ist durchaus nicht so, daß das Staatskirchentum an sich bereits ein Übel sei. Nicht das Staatskirchentum als solches hat das Kirchentum unbeweglich gemacht. Es gibt lebendige Staatskirchen in Europa, in denen es die Gemeinden und die Geistlichen als befreiend empfinden, daß der Staat die Pastoren und Gemeinden von den äußeren Verwaltungsdingen, die eine Staatsverwaltung immer besser erledigt, entlastet, so daß sie zu ihrer eigentlichen Sache kommen.
57 Zitiert nach Brandenburg S. 68.
58 Hermelink III, S. 168.
58* Erich Schnepel, Briefe aus dem Berliner Osten, 1. Bd. 1935, 2. Bd. 1950. E. Schnepel bestätigt diese Erfahrungen aus späteren Berichten nach 1920.
59 Hermelink III, S. 169.
60 Brandenburg S. 80 — Hans von Sauberzweig, Er der Meister, wir die Brüder, 1959, S. 479 ff. — Karl Kupisch, Der Deutsche CVJM, 1958, S. 22 ff.
61 Gerhardt III, S. 218 — CA II, S. 66 f.
62 Gerhardt III, S. 219.
63 S. o.
64 Kupisch II, vgl. Anmerkung 50, S. 69 ff. — Kupisch II, S. 153 ff.
65 Zitiert nach Bunke, S. 36 ff.
66 Hermelink III, S. 298 — Gerhardt III, S. 226.
67 Hermelink III, S. 299 ff.
68 S. o. S. 300.
69 Gerhardt III, S. 232.
70 CA II, S. 83 ff. — Gerhardt III, S. 246 — Hermelink III, S. 303.
71 Gerhardt III, S. 265 ff.
72 Gerhardt III, S. 270 — CA II, S. 106.
72* Bunke S. 62.
73 Zitiert nach Brandenburg S. 63.

74 H. Schreiner, Macht und Dienst: Adolf Stoeckers Kampf um die Freiheit der Kirche, 1951 — Schreiner S. 349 (in Krimm, Das diakonische Amt der Kirche).

75 Zitiert nach Brandenburg S. 90.

76 Franz Schnabel, Die Absage an das 19. Jahrhundert, in: 100 Jahre, S. 191 — CA II, S. 109 ff. — Kühne S. 36 ff. — Freudenstein S. 54 ff.

77 Joh. Rathje, Die Welt des freien Protestantismus, 1952 (siehe Register) — Hermelink III, S. 320 ff. — CA II, S. 115 ff.

77* Die Spannung zwischen einer revolutionären Klassenkampfpartei und einer durch die Gewerkschaften unterstützten Interessenpartei innerhalb der SPD war besonders in den süddeutschen Landesparteien unter ihrem Wortführer G. von Vollmar offenbar geworden. In Süddeutschland wuchs die sozialdemokratische Arbeiterschaft in den Kommunen und Einzelstaaten wie in den Selbstverwaltungsorganen der Versicherungen in den Staat hinein und erwarb sich konkrete Erfahrungen, Einflußbereiche und Machtpositionen. In den revisionistischen Gruppen beobachtete man sehr genau, daß manche der „wissenschaftlichen" Thesen bei Karl Marx durch die anders laufende wirtschaftliche Entwicklung widerlegt wurden.
Im Gegensatz dazu hielt die oberste Parteispitze starr am radikalen marxistischen Doktrinarismus fest und wartete fast tatenlos auf einen sich nach der Lehre von Marx vollziehenden Zusammenbruch der kapitalistischen Gesellschaft und vertraute nach der „Verelendungstheorie" auf einen ständig ansteigenden Wählerzustrom aus der immer größer werdenden Zahl der Verelendeten. „So erstarrte die Politik der Sozialdemokratie im Reich in einem doktrinären Immobilismus, der allenfalls noch eine isolierte parlamentarische Agitation zuließ, es aber versäumte, einen der wirklichen Stärke der Bewegung angemessenen Einfluß auf die Politik des Reiches auszuüben." Vgl. RGG[3], Bd. VI, Sp. 154 ff.

78 Herbert Hupka, Friedrich Naumann, S. 341 ff., in: 100 Jahre — Theodor Heuss, Friedrich Naumann und die deutsche Demokratie, 1960 — Ders., Friedrich Naumann, Das Werk, die Zeit (1937) 1950[2] — Ausgewählte Schriften von Fr. Naumann, ausgewählt von H. Vogt, 1949 — M. Wenck, Geschichte der Nationalsozialen, 1905 — G. Bäumer, Lebensweg durch eine Zeitenwende, 1933 — E. Thier, Die Kirche und die soziale Frage. Von Wichern bis F. Naumann, 1950 — R. Nürnberger, Imperialismus, Sozialismus und Christentum bei F. Naumann (Hist. Zeitschrift 170, 1950, 525—548).

79 Hupka S. 351.

79* Fr. Naumann gab der jungen evangelischen Arbeitervereins-Bewegung in ganz Deutschland einen lebhaften Auftrieb während seiner Frankfurter Tätigkeit als Vereinsgeistlicher der Inneren Mission. Seine Leidenschaft lag im Unterschied zu Adolf Stoecker nicht im Kirchlich-Missionarischen, sondern im Sozialpolitischen als solchem.

80 Hupka S. 343 — Über Siegmund-Schultze: H. Maus, Fr. Siegmund-Schultze (Ökumenische Profile II/4), 1952 — J. Rathje, Die Welt des freien Protestantismus, 1952 (siehe Register) — CA II, S. 117, 245.

80* Hermelink III, S. 285 ff. — RGG[3], Bd. VI, Sp. 202 „Sozialreform" — Zur Geschichte der katholischen Caritas: J. A. Fischer, Die kath. Caritas in der Neuzeit, in: Krimm, Das diakonische Amt der Kirche, S. 388 ff.

81 CA II, S. 118 ff.

82 ABC S. 43 ff.

83 CA II, S. 139 — Joh. Steinweg, Innere Mission und Gemeindedienst in meinem Leben, 1959, S. 40 ff.

83* W. Thun, Werden und Wachsen der Deutschen Evangelischen Seemannsmission, 1959.

83** Schnabel S. 200, in: 100 Jahre — CA II, S. 121 ff.

83*** CA II, S. 25 ff., S. 197 ff. — Steinweg s. o. Anmerkung 83, S. 11 ff.
Vgl. dazu Anmerkung 7 in Kapitel IV — Ernst Schering, Diakonie in einer veränderten Welt. Gestaltwandel der Diakonie. Männliche Diakonie im Wandel der Zeiten, Bielefeld 1958, S. 63 u. a. — Eine Geschichte der männlichen Diakonie ist dringend erwünscht. Die Geschichte der Inneren Mission spiegelt sich in der Geschichte des Diakonenstandes in all seinen Entwicklungsstufen wider. Diese Geschichte der Inneren Mission ist ja weithin eine Geschichte von Charismatikern, unter den „Theologen" wie unter den männlichen Diakonen und den weiblichen Mitarbeiterinnen, Diakonissen u. a. (Diakonieschwestern etc.).
Die Entstehungsgeschichte der Brüderhäuser innerhalb der Deutschen Gemeinschaftsbewegung: St. Chrischona, Johanneum, Bahnauer Predigerschule, Brüderhaus Tabor in Marburg (Lahn), Neukirchen Kr. Moers, Liebenzell, vgl. Hans von Sauberzweig, Er der Meister, wir die Brüder, Geschichte der Gnadauer Gemeinschaftsbewegung, 1959, S. 466—473.

84 CA II, S. 162, 164, 170, 186 — Hermelink III, S. 644 — Der Evangelische Buchhandel, 1961, herausgegeben von der Vereinigung Ev. Buchhändler, Stuttgart.

85 CA II, S. 166 — Ernst Bunke, Curt von Knobelsdorff, 1958.

85* ABC S. 122 — CA II, S. 160 ff. — Th. Hoppe, Das Oberlinhaus, 1930 — R. Kleinau, 75 Jahre Oberlinhaus, 1940.

85** RGG² „Frauenbewegung" Sp. 742 ff. — RGG³ „Frauenbewegung", Sp. 188 ff. — CA II, S. 188 ff. — Hermelink III, S. 643 — CA II, S. 283 ff. — Ev. Kirchenlexikon, 1959, Sp. 1837 ff. — Joh. Steinweg, Innere Mission und Gemeindedienst in meinem Leben, 1959, S. 85 ff. — Christine Bourbeck, 50 Jahre Wohlfahrtsschule der Inneren Mission, in: Die Innere Mission, Jahrgang 1954, S. 332 ff.
Die eigentlichen Anfänge der „Frauenschule der Inneren Mission" bzw. der Wohlfahrtsschule der Inneren Mission liegen im Jahre 1904. Diese erste evangelische Wohlfahrtsschule Deutschlands mit ihrem Sitz im Johannesstift in Berlin-Spandau hat demgemäß am 3. Oktober 1954 ein 50jähriges Bestehen gefeiert. — CA II, S. 193 nennt den 13. Oktober 1909 als Eröffnungstag und meint damit offensichtlich die offizielle Übernahme der Wohlfahrtsschule, die bereits durch den „Kapellenverein" und den „Verein Wohlfahrt der weiblichen Jugend" eingerichtet worden war, durch den CA.

85*** CA II, S. 132 ff. — Hermelink III, S. 633 ff.

86 CA II, S. 217.

87 S. o. S. 183 ff.

88 RGG³ „Presse" Sp. 550.

89 Wilh. Brandt, Bethel, Die Geschichte der Inneren Mission im 19. Jahrhundert, in: Amtsblatt der Ev. Kirche in Deutschland, 2. Jahrgang, 1948, S. 60.
Über die Präsidenten des CA vgl. Ca II (Register) — Kühne S. 47 (Friedrich Albert Spiecker (1854—1936) als überragende Präsidenten-Persönlichkeit).

7. Kapitel

1 CA II, S. 204 ff. — RGG³ Bd. 3, Sp. 93 ff. — Freudenstein S. 72 ff. — Kühne S. 48 ff. — Karl Kupisch, Der Deutsche CVJM, 1958, S. 46, S. 84 ff.

2 Freudenstein S. 69 ff.

3 Franz Schnabel, Die Absage an das 19. Jahrhundert, S. 205, in: 100 Jahre.

[4] Kühne S. 49 ff. — CA II, S. 224 ff. — Die Weimarer Republik fußte auf einem Kompromiß zwischen der Arbeiterschaft und dem Bürgertum, und nur in dieser Gemeinsamkeit mit den bürgerlichen Parteien der Mitte (Zentrum und Deutsche Demokratische Partei) konnte die Sozialdemokratie die Weimarer Verfassung schaffen. Das historische Verdienst, die revolutionäre SPD im November 1918, wenn auch unlustig, an die Spitze der Revolution zu stellen, kommt dem nachmaligen ersten Reichspräsidenten Ebert zu. Er lehnte das parteipolitische Ideal einer „Diktatur des Proletariats" ab und rang mit der Generalität und dem Bürgertum zusammen alle linksradikalen Spartakusaufstände nieder. So wurde die SPD zur eigentlich staatstragenden Partei, die aber unter dem zunehmenden Druck der KPD, die ihr die Wählermassen abspenstig zu machen suchte, sich immer stärker von der Republik distanzierte. Denn die bürgerlichen Parteien versteiften sich unter dem Einfluß nationalistischer und überhitzter Parolen gegenüber der SPD in einer zunehmenden Distanzierung. „In der Endphase der Republik zwischen Rotfront und NSDAP eingeklemmt", verlor die SPD alle Manövrierfähigkeit und mußte dann praktisch hilflos alle Entmachtung und ihre Auflösung 1933 hinnehmen. Vgl. RGG^3, Bd. VI „Sozialdemokratie".

[4*] In der Weimarer Republik lag die soziale Gesetzgebung weitgehend in der Hand „sozialistischer Katholiken", unter denen die Leistung des Reichsarbeitsministers H. Braun (1868—1939) internationale Anerkennung fand.

[5] Die evangelische Kirche, vor allem in Mittel- und Norddeutschland, verharrte nach 1918 weitgehend in einer unfruchtbaren, monarchischen, nationalen bis nationalistischen und bürgerlichen Tradition. Dafür sind der Bußaufruf des Ev. Oberkirchenrates in Berlin nach der Revolution 1918 mit seinem Dank- und Treuebekenntnis zu den Hohenzollern und die Verlautbarung der preußischen Generalsuperintendenten nach der Unterzeichnung des Versailler Vertrages und einer naiven wie kritiklosen Bejahung der Dolchstoßlegende sprechende Belege. Im Kirchlichen Jahrbuch von 1919 konnte J. Schneider S. 307 ff., bes. S. 319 schreiben: „Die deutsche Armee, noch immer stark, ist von der Zivilbevölkerung von hinten erdolcht worden. Das Verhalten der Matrosen der deutschen Flotte kann man nur verachten. Sie zogen es vor, zu rebellieren und dem Feinde die Schiffe auszuliefern, statt dem Tod zu trotzen. Sie waren es, die Paris retteten." Wenn hier auch ein Zitat aus der Daily News zitiert wird, so geschieht es mit voller Zustimmung.

[5*] Wichtige sozialpolitische Gesetze waren vorausgegangen bzw. folgten: Während des Weltkrieges das Nachtbackverbot, der 7-Uhr-Ladenschluß, die Herabsetzung des Rentenalters auf 65 Jahre (1916) und während der Weimarer Republik im November 1918 die ausdrückliche Anerkennung der Autorität der Gewerkschaften durch die Arbeitgeber, der Acht-Stunden-Arbeitstag, die Unabdingbarkeit der Tarifverträge, das Betriebsrätegesetz (1920), Reichsknappschaftsgesetz (1923), Arbeitslosenvermittlungs- und Arbeitslosenversicherungsgesetz (RAVAVG) (1927), Familienhilfe der Krankenkassen (1930). Im Kirchlichen Jahrbuch wurden die ersten sozialen Bestrebungen gehässig kommentiert und als Egoismus der Minderwertigen in Reinkultur erklärt. Das Gesetz über den Achtstundentag galt ihm „als wahnwitzigster der volkswirtschaftlichen Irrtümer und geradezu als Lehrmeister der Trägheit". Die kirchliche Distanz zu der Arbeiterschaft und das gegenseitige Mißtrauen blieben, obwohl der Einfluß der Revisionisten innerhalb der SPD diese von einer revolutionären zu einer evolutionären Partei umformte. Man verharrte dort abseits von allem Christlichen und Kirchlichen. Erst unter dem gemeinsamen Druck durch die totalitären Gewalten erfolgte eine gewisse Annäherung. Die SPD beobachtete den Kampf der Bekennenden Kirche, einen neuen Willen zur

sozialen Verantwortlichkeit nicht nur mit den Methoden der Seelsorge, der Wohltätigkeit und eines väterlich mahnenden Patriarchalismus, sondern einen Verantwortlichkeitswillen, der die Aufgaben des täglichen Zusammenlebens frei von aller staatlichen Bevormundung zu lösen suchte. Nach dem zweiten Weltkrieg ergaben die einsetzenden ökumenischen Beziehungen der Evangelischen Kirche in Deutschland mit dem angelsächsischen Christentum, das den Gegensatz zwischen Kirche und sozialistischen Bestrebungen nicht kannte, neue Offenheit zwischen Kirche und SPD.

Das Grundsatzprogramm der SPD von 1959 entdogmatisierte die marxistischen Gedankengänge und stellte fest, daß der Sozialismus keinen Religionsersatz bedeutet. Nicht einfach taktische Gesichtspunkte, sondern ehrliches Verstehenwollen und echte Selbstbesinnung auf beiden Seiten waren hier bestimmend.

So hat sich ein geschichtlicher Prozeß vollzogen, der die Geschichte der Inneren Mission und Diakonie in der Neuzeit tief bestimmte. Begann das Verhältnis zwischen Sozialismus und Kirche in Deutschland mit offener Feindschaft, die ihren Höhepunkt in den großen Austrittsbewegungen und der Entkirchlichung weitgehender Kreise der Arbeiterschaft fand, so ist jetzt der Wille zu einem gegenseitigen Verstehenwollen vorherrschend, „ohne jedoch mit der Last der Vergangenheit ganz fertig zu werden". „Das neue Verhältnis ist nicht ungefährdet und keineswegs endgültig stabilisiert." Vgl. RGG[3], Bd. VI, Sp. 157 ff. Ein ernsthaft weltanschaulich-christliches Gespräch zwischen Kirche und Arbeitertum, das sich weithin vom kirchlichen Leben fernhält und ihm gegenüber Mühe hat, es zu verstehen, steht also noch als eine der großen Aufgaben vor der Inneren Mission und der Kirche. Weite Gruppen innerhalb der Arbeiterschaft, die bisher im weltanschaulichen Marxismus, im historischen Materialismus ihre innere Heimat besaßen, sind weltanschaulich heimatlos geworden.

6 CA II, S. 224 ff. — Zur Wohlfahrtsarbeit: Ev. Kirchenlexikon, 1959, „Fürsorge" — Joh. Steinweg, Die Innere Mission der evangelischen Kirche. Eine Einführung in ihr Wesen und ihre Arbeit, 1928, S. 82 ff. — Derselbe, Innere Mission und Gemeindedienst in meinem Leben, S. 87 ff. — Festschrift Ohl: „Werk und Weg", 1954. — Gerhard Noske, Heutige Diakonie der evangelischen Kirche, 1956, S. 9 ff.

7 Kühne S. 53 — Johannes Steinweg, Innere Mission und Gemeindedienst in meinem Leben, 1959, S. 110 ff. u. a.

7* Steinweg S. 155 ff.

8 Zitiert nach Kühne S. 50.

8* Kühne S. 51 ff. — CA II, S. 267 ff.

9 CA II, S. 330 ff.

10 Otto Dibelius, Der Eintritt der Kirche in die diakonische Verantwortung, S. 15, in: Diakonie zwischen Kirche und Welt, Hamburg 1958. — Steinweg S. 122 ff.

11 Kühne S. 57 ff. — Freudenstein S. 82 ff.

11* Es hat ganze Personengruppen und Anstalten innerhalb der Inneren Mission gegeben, die dem Nationalsozialismus gegenüber blind blieben und sich erst spät und zögernd distanzierten. Es gab auch dort warnende Stimmen. Es lag wohl am mangelnden geistlichen Unterscheidungsvermögen, oft an einem gefährlichen Desinteressement am Politischen oder soziologisch gesehen am kleinbürgerlichen Milieu, oft auch an einem ungereinigten Nationalismus. Man wird hier jedoch sehr behutsam urteilen müssen und nicht außer Acht lassen dürfen, daß die dem Nationalsozialismus einmal verhaftet gewesenen Personenkreise innerhalb der Inneren Mission, soweit sie diese Zeit überlebten, aufrichtig ihre Schuld bekannt und bereut haben, von Einzelfällen abgesehen, die es vorzogen, sich auszuschweigen.

12 Schauer S. 171, 173 ff.

13 Freudenstein S. 186.

14 ABC S. 51 ff. — Freudenstein S. 99 — Kühne S. 59 — Schauer S. 178 — Walter Trittelvitz, Friedrich von Bodelschwingh, der Sohn, 1877—1946, 1950, S. 41 — Gerhard Jasper, Begegnungen mit Bodelschwingh, 1958, S. 25 ff. — Th. Wurm, Erinnerungen aus meinem Leben, 1953[2] — Eine alles vorhandene Material zusammenfassende wissenschaftliche Darstellung fehlt noch.

15 Trittelvitz, S. 41 — vgl. Anmerkung 14.

16 Jasper S. 37 — Trittelvitz S. 44.

17 Schauer S. 181 — Die Gesamtkriegsverluste unter den Mitarbeitern der Inneren Mission, auch der Diakonenschaft, sind wohl nicht veröffentlicht worden.

8. Kapitel

1 Dieter Franck, Jahre unseres Lebens 1945—1949, 1980 S. 8 ff. — Marion Gräfin Dönhoff, Von Gestern nach Übermorgen, Zur Geschichte der Bundesrepublik Deutschland, 1981 — Hans-Peter Schwarz, Die Ära Adenauers 1949—1957, 1981 (Standardwerk mit Literaturangaben) (abgekürzt: Schwarz).

2 Vgl. Anmerkung 11 in Kapitel VII. — Kirche im Aufbau, Aus 20 Jahren westfälischer Kirche, 1969, S. 135.

3 Franck S. 18.

4 S. o. S. 32 ff. mit Quellennachweis. — Joh. Schröder, Reinhard Westen, in: Handbücher für Zeugnis und Dienst der Kirche, Band V, 1982, S. 468 (abgekürzt: Handbücher).

5 S. o. Handbücher V S. 468 ff. — Joh. Degen, Diakonie und Restauration, Kritik am sozialen Protestantismus in der BRD, 1975, S. 55 (abgekürzt: Degen). — Kirchlicher Suchdienst: Herbert Krimm (Hrsg.), Zur Geschichte der Diakonie Band III, 1966, S. 227 ff. — Karl Silex, Das Hilfswerk der EKiD 1945 bis 1949 in: Kirchliches Jahrbuch für die Evangelische Kirche in Deutschland 1945 bis 1948, dort S. 410 (abgekürzt: K. Jb.) Wie wenig ausgewogen die Flüchtlinge verteilt wurden: Zu der katholischen Diözese Rottenburg kamen zu 900 000 Katholiken 600 000 Heimatvertriebene, die es zu integrieren galt.

6 Krimm III S. 183 ff., auch S. 225, 219 (Bitte um eine Atempause) — K. Jb. 1952, Rückblick auf 1946/47 — Jahrbuch des Hilfswerks 1945—1950, S. 50 f. (abgekürzt: Jb. Hw.) — Zum Protest des Vorläufigen Ausschusses des Rates der Kirchen gegen die unmenschliche Ausweisung vgl. Krimm III S. 222 f.

7 Franck S. 29.

8 Handbücher V S. 397 (Das Leben in ausgebombten Städten z. B. Bremen). — 1897—1972, 75 Jahre Deutscher Caritasverband (Redaktion Alfons Fischer) S. 101: 2,5 Millionen total zerstörte und 1,5 Millionen teilzerstörte Häuser für die Zuflucht suchenden 12 Millionen Vertriebenen und Flüchtlinge (abgekürzt: Caritas).

9 Krimm III S. 221 ff. — Caritas S. 105 — Hermann Maurer, Dienst an Displaced Persons in Jb. Hw. 1953 S. 216 — K. Jb. 1957 S. 218.

10 Krimm III S. 227 ff.

11 Armin Boyens, Die Kirchenpolitik der amerikanischen Besatzungsmacht in Deutschland von 1944 bis 1946 (mit Literaturangaben) S. 7 ff. in: Kirchen in der Nachkriegszeit (Arbeiten zur kirchlichen Zeitgeschichte Reihe B: Darstellungen Band 8, 1979) — Henric L. Wuermeling, Die weiße Liste, Umbruch der politischen Kultur in Deutschland, 1981 — C. F. Latour/T. Vogelsang, Okkupation und Wiederaufbau, Die Tätigkeit der Militärregierung in der amerikanischen Besatzungszone Deutschlands 1944—1947 (Studien zur Zeit-

geschichte) o. J. — Manfred Heinemann (Hrsg.) Umerziehung und Wiederaufbau, Die Bildungspolitik der Besatzungsmächte in Deutschland und Österreich, 1970.

12 Vgl. Heinrich-Johannes Diehl, Mitstreiter der ersten Stunde, in Handbücher V S. 475 (abgekürzt: Mitstreiter) — ferner K. Jb. 1945—1948 S. 403 ff. — Die Innere Mission wie das Hilfswerk haben später zahllose Kinderspeisungen und Kindererholungsaktionen durch Kinderverschickung durchgeführt.

13 Eugen Gerstenmaier, Der Weg aus den Ruinen, in Handbücher V, S. 59.

14 Boyens S. 46 ff. — Dönhoff S. 40 — Hanns Lilje, Memorabilia, Schwerpunkte eines Lebens, 1973, S. 175 — Knut Jürgensen, Die Stunde der Kirche, Die Ev.-Lutherische Kirche von Schleswig-Holstein, 1976, S. 168 ff., 177 ff. — Peter Steinbach, Nationalsozialistische Gewaltverbrechen, Die Diskussion in der deutschen Öffentlichkeit nach 1945, 1981, S. 31 ff.

15 Jürgensen s. o. S. 388 (Anmerkung 77).

16 Franck S. 7 (Vorwort von Theodor Eschenburg).

17 K. Jb. 1952 S. 379, 383 u. ö. (Verfasser Bodo Heyne) unter dem Thema: Die Innere Mission 1933—1952, Überblick und Ausblick.

18 S. o. S. 386 ff.

19 Manfred Stolpe, Herausforderung zu Zeugnis und Dienst evangelischer Kirchen in der Deutschen Demokratischen Republik, in Handbücher V S. 90 ff.

20 Gerstenmaier: Handbücher V S. 60 (Der Weg aus den Ruinen).

21 Volkmar Herntrich, Alle eure Sorge, Vier Jahre Hilfswerk der Evangelischen Kirchen in Hamburg, 1950, S. 14 f.

22 Jahrbuch der Inneren Mission und des Hilfswerks der EKiD 1973, S. 291 f. (abgekürzt: Jb. D.) — Martin Gerhard, Ein Jahrhundert Innere Mission. Die Geschichte des Central-Ausschusses für die Innere Mission der Deutschen Evangelischen Kirche 3. Teil: Hüter und Mehrer des Erbes, 1948, S. 349 ff.

23 Helga Mantels, Frauen in der Diakonie, in Handbücher IV S. 188 ff. — Theodor Schober, Diakonie als handelnde Kirche, 1976, S. 130 ff. (Frauen — Verantwortung nur auf der unteren Ebene?).

24 S. o. Schober S. 134 (Wichernplakette für eine Schar großartiger Frauen).

25 Theodor Schober in Jb. D. 1964, S. 17.

26 Alex Funke, Das Heil der Kranken ist oberstes Gesetz, in: Hans Wulf (Hrsg.) Ärzte Bethels berichten, 1976, S. 9.

27 Martin Greschat, Kirche und Öffentlichkeit in der deutschen Nachkriegszeit (1945—1949) S. 122, in: Kirchen in der Nachkriegszeit, 1979 — Klaus Mehnert, Ein Deutscher in der Welt, Erinnerungen 1906—1981, 1981, S. 311 (abgekürzt: Mehnert) — Rolf Lahr, Zeuge von Fall und Aufstieg, Private Briefe 1934 bis 1974, mit einem Vorwort von Marion Gräfin Dönhoff, o. J. — Claus Hinrich Casdorff (Hrsg.), Weihnachten 1945, Ein Buch der Erinnerungen, o. J.

28 Gerstenmaier, Der Weg aus den Ruinen S. 55.

29 Franck S. 106 ff. — Dönhoff S. 41 ff.

30 Demosthenes Savramis, Das Christliche in der SPD, 1976, S. 55 ff.

31 Mehnert S. 310 ff.

32 K. Jb. 1945—1948 S. 402 — Caritas S. 105.

33 Wilhelm Meinzer, Johannes Kunze, in Handbücher V S. 409.

34 Kurt Scharf, Paul Gerhard Braune, in Handbücher V S. 351 — Krimm III S. 161 ff. (Braune in vorderster Front gegen die Euthanasie).

35 Claus von Aderkas, Bodo Heyne, in Handbücher V S. 392 ff. — Freda Niemann, Armgard von Alvensleben, in Handbücher V S. 331 ff.

36 Caritas S. 103.

37 Jahresbericht des Vereins für Innere Mission in München 1951 S. 3 — Walter Götzger, In der Herzogsägmühle bei den Nichtseßhaften, Jb. D. 1958/59 S. 74.

38 S. o. Jahresbericht 1945—1970 S. 11 f.

39 Evangelisches Hilfswerk Hannover, Aus unserer Arbeit bis zur Geldreform Juni 1948, zum Thema 118 000 Schwerversehrte des Krieges und der Arbeit, S. 99, datiert vom 11. 10. 1948 (als Manuskript gedruckt).

40 Christian Berg, Die Lebensverhältnisse in Deutschland 1947, Eine Studie des Hilfswerks der EKiD, 1947.

41 Jahresbericht des Vereins für Innere Mission in München 1945—1970 — Hans Lindel, Alles hat seine Zeit. Das tägliche Leben eines Pfarrers zwischen 1930 bis 1950, 1981.

42 Krimm III S. 183 — Merkblatt Nr. 4 Z: Das Hilfswerk der EKiD, Der Leiter, Weihnachtsopfer 1945 (gez. Dr. Poelchau, Generalsekretär) (als Manuskript gedruckt). — Kreuz an Rhein und Ruhr, Ein Bericht im Namen Jesu, Hilfswerk der EKiD, Hauptbüro Rheinland, 1948, S. 55.

43 Krimm III S. 255 ff.

44 Zur sozialpolitischen Verantwortung des Central-Ausschusses vor 1945, in: Die Innere Mission 1948, Heft 9/10 S. 89 — Martin Fischer, Theodor Wenzel, Handbücher V S. 456 ff. — CA III S. 349 ff. — Hans von Arnim, Theodor Wenzel, ein Leben christlicher Liebe in der Wende unserer Zeit, o. J. — Helmut Talazko, Neubeginn des Central-Ausschusses für die Innere Mission der EKiD nach dem Kriege, in Handbücher III, S. 111 ff.

45 Karl-Heinz Thiel, Zusammenarbeit der Spitzenverbände der freien Wohlfahrtspflege in der Bundesarbeitsgemeinschaft der freien Wohlfahrtspflege e. V., in Handbücher III S. 259 ff.

46 Caritas S. 102.

47 Wilhelm Meinzer, Johannes Kunze, in Handbücher V S. 404. — Krimm III S. 276 f. — Joh. Kunze, Zur sozialpolitischen Verantwortung des CA vor 1945 in „Der Auftrag der Inneren Mission nach 1945“, in Die Innere Mission 1948 S. 89 — Ein Dauerproblem: vgl. Friedrich Münchmeyer in Berichten über die Arbeit des CA, in: Die Innere Mission 1950, Heft 1; 1953 Heft 11; 1954 Heft 3 S. 71; auch Heft 10 S. 257 — Zur Verweigerung kostendeckender Pflegesätze Jb. D. 1967 S. 129: Staatssozialismus Bismarckscher Prägung, der unserem Verwaltungsdenken durch die Staatsformen hindurch erhalten geblieben ist, um immer wieder chronisch zu werden, und das in eindeutigem Widerspruch zur Sozialstaatsverpflichtung der Verfassung. Das bedeutet keine Anti-Staats-Neurose, die eine dem Staat zukommende Planungskompetenz bestreiten will. Es tauchen hier früh auch weltanschauliche Gegensätze aus der Weimarer Republik wieder auf. — Th. Schober, Diakonie als handelnde Kirche, 1976 S. 154 (abgekürzt: Schober, Aufsätze).

48 Krimm III S. 281 — Die Innere Mission 1955, Heft 1 — Zur Steuerpolitik; Friedrich Münchmeyer, Die Innere Mission 1950 Heft 1 S. 6 ff.

49 Gespräche mit den Gewerkschaften: Münchmeyer, Die Innere Mission 1950, Heft 1 S. 7 ff.; 1955, Heft 1 S. 13 — Zur Analyse der Gewerkschaftsbewegung nach 1945 vgl. Schwarz S. 407 ff. (Anmerkung 1) — Helmut Seifert, Bericht des Rechts- und Wirtschaftsausschusses, in Diakonie ohne Illusionen-Dokumente von der Diakonischen Konferenz 13.—15. Oktober 1950 in Berlin, 1980, S. 87 (Rechtsform der Diakonie) — Zur Ablösung patriarchaler Leitung der Anstalten K. Jb. 1952 S. 406 — Rudolf Weeber, Haushalten mit anvertrauten Mitarbeitern, ein Grundzug kirchlicher Personalpolitik, in Handbücher V S. 254 ff. — Wolfgang Schweitzer, Wir fragen nach Friedrich v. Bodelschwingh dem Vater, in: Bethel, Heft 24, 1981, S. 26 ff. — R. Th. Scheffer, Die kirchliche Betriebsvertretung, in: Die Innere Mission 1950, Heft 1 S. 17 ff.

50 Otto Ohl, Der Arbeitsauftrag der Inneren Mission nach 1945, in: Die Innere Mission 1948, Heft 9/10 S. 77 ff. (Zum säkularen Typ).

51 Krimm III S. 273 ff. (Zur Suchtbekämpfung), S. 201 ff. (gegen Abtreibung) S. 261, S. 264 (§ 218) — Die Innere Mission 1951, Heft 1.

9. Kapitel

1 Zur Schweizer Europahilfe: Krimm III S. 186 ff. — Degen, S. 29 f. — Armin Boyens, Kirchenkampf und Ökumene 1939—1945; Darstellung und Dokumentation unter besonderer Berücksichtigung der Quellen des Ökumenischen Rates der Kirchen, 1973 S. 358 f. (abgekürzt: Boyens II) — Eugen Gerstenmaier, Streit und Friede hat seine Zeit. Ein Lebensbericht, 1981 S. 251 (abgekürzt: Gerstenmaier, Leben); dort zu Schweden und zur Gräfin Lily Hamilton S. 254 f. — Landesbischof D. Wurm und der Vertrauenskreis, die im Februar 1944 in Stuttgart zusammengekommen waren, wußten durch Dr. Schönfeld, Genf, der an dieser Sitzung teilnehmen konnte, über die Vorbereitungen in Schweden und in der Schweiz, siehe Boyens II S. 358 ff. — Zusammenstellung der Reisen während des Krieges von Dr. Schönfeld, siehe Boyens II S. 328. — Norwegen schaltete sich rasch bei den Hilfsmaßnahmen für Deutschland ein. Nach der Schweiz lag Norwegen an zweiter Stelle aller europäischen Staaten, die an der Deutschlandhilfe beteiligt waren. Vgl. Handbücher V S. 5 f.

2 Zu Hans Schönfeld: Eugen Gerstenmaier, In memoriam D. Dr. Hans Schönfeld, in: Ökumenische Rundschau 1951, Heft 11 S. 134; derselbe, Hans Schönfeld 1900—1954, in: Weltkirchenlexikon 1960 Spalte 300; derselbe, Zum Gedenken an Hans Schönfeld, in: Reden und Aufsätze Band II, 1962 S. 421 ff.; derselbe, Leben S. 242 — Theodor Schober, Paul Collmer, in: Handbücher V S. 361 (Schönfeld, eine lodernde Fackel) — Lilje, Memorabilia S. 211 f. — Boyens II vgl. Register — Willem A. Visser't Hooft, Die Welt war meine Gemeinde, Autobiographie, 1972 vgl. Register (abgekürzt: Visser't Hooft) — Eberhard Bethge, Dietrich Bonhoeffer. Eine Biographie, 1967 vgl. Register — A. Lindt (Hrsg.), George Bell—Alphons Koechlin. Briefwechsel 1933 bis 1954, 1969 vgl. Register — Eberhard Busch, Karl Ebert — Lebenslauf — Nach seinen Briefen und autographischen Texten, 1975 S. 339, 341, 420. — Zu den Wiederaufbauplänen in Genf: Boyens II S. 249 u. ö.; derselbe, Die Kirche nach dem Dritten Reich S. 40 ff. — Visser't Hooft siehe Register.

3 Vgl. Anmerkung 18 (s. u.).

4 Gerstenmaier, Leben S. 242 (Er hätte mit Otto Ohl und Hermann Kunst sprechen müssen). Zur Vereinbarung mit Bischof D. Wurm vgl. Boyens II S. 238 f. Die Vorbesprechungen mit Schönfelder gehen nach der Verhaftung von Gerstenmaier weiter.

5 Gerstenmaier, Leben S. 149—223 — Ulrich von Hassell, Vom andern Deutschland. Tagebücher, 1946. — Wie eng Bischof D. Wurm und sein Vorbereitungskreis im Jahre 1944 mit den Männern und Frauen der Widerstandsbewegung verbunden war, vgl. Boyens II S. 358 ff. Dazu Anmerkung 1 oben.

6 Gerstenmaier, Leben S. 229. — Boyens II S. 358 ff. (s. u. Wortlaut des Textes).

7 Gerstenmaier, Leben S. 232 ff. — Boyens II S. 266 nennt den Namen des Genfers, der bereits Gerstenmaier kannte. Visser't Hooft befand sich bis zum 2. Juli 1945 in Amerika und nicht in Genf.

8 Zu Gerstenmaier und Karl Barth vgl. Gerstenmaier, Leben S. 339 f. — Der Gegensatz zwischen beiden datiert seit 1937. Vgl. Boyens, Kirchenkampf und Ökumene 1933—1939, 1969 S. 137 f. Auch Boyens II S. 266 ff. Karl Barth war 1945 in der Vorbereitung des Schweizer Hilfswerks für Deutschland bereits aktiv. Gerstenmaier und Visser't Hooft kannten sich seit Juli 1939 vgl. Boyens II S. 84. Visser't Hooft zögerte noch im November 1945, Gerstenmaier zu empfangen. Das Mißtrauen gegenüber Bischof D. Theodor Heckel hatte sich auch auf Gerstenmaier, dessen Stellvertreter im Kirchlichen Außenamt bis zum 20. Juli 1944, übertragen. Doch begegneten sich Visser't Hooft und Gerstenmaier später ohne Vorbehalte, nachdem sich die beiderseitigen Mißverständnisse geklärt hatten.

9 Gerstenmaier, Leben S. 238 ff.

10 S. o.

11 S. o. S. 240 f.

12 Caritas S. 105 u. ö. — Heinrich Johannes Diehl, Mitstreiter S. 477 ff. (Die Bedeutung Bremens beim Aufbau eines Transportsystems). Zur Mennonitenhilfe vgl. Degen S. 30.

13 Zehn Jahre Hilfswerk in Bayern, 1955 S. 13 ff. — Gudrun Diestel, Antonie Nopitsch, in: Handbücher V S. 427 ff.

14 Gerstenmaier, Leben S. 244 ff. — Boyens II S. 358 ff. — Caritas S. 201.

15 K. Jb. 1945—1948 S. 392 f. — Christian Berg, Das Koordinationsbüro der Freikirchen in Stuttgart bis 1957, in K. Jb. 1957 S. 211 ff. — Günter Hitzemann, Landeskirchen und Freikirchen in haushalterischer Verbundenheit, in: Handbücher V S. 97 ff.

16 Diese Kirchenführerkonferenz hat zwei positive Ergebnisse gezeigt, so unterschiedlich ihre nachträgliche Beurteilung ausgefallen ist, die auch bei Gerstenmaier eine gewisse gereizte Stimmung — gewiß nicht bar sachlicher Argumente — verrät.
Zuerst: Die Evangelische Kirche in Deutschland ist an die Stelle der mit dem Dritten Reich ruhmlos untergegangenen Reichskirche und ihrem Reichskirchenregiment getreten. Sie hat ihre Dienststellen, die Kirchenkanzlei und das Kirchliche Außenamt, personell neu besetzt. Daß Bischof D. Heckel, der zur Konferenz nicht hinzugezogen worden war, obwohl das Kirchliche Außenamt rechtlich und faktisch vom Reichskirchenregiment abgeblockt war, in seinem bisherigen Amt als Leiter dieses Amtes nicht bestätigt worden ist, war kaum zu vermeiden. Damals sind sich alle, nicht als ein Werturteil sondern als ein Sachurteil, selbst Gerstenmaier, der unentwegt für Heckel eingetreten ist, über die Notwendigkeit einer Neubesetzung einig gewesen. Eine alle Aspekte jener Konferenz in Treysa aufnehmende Darstellung wird wohl erst einer nächsten Generation möglich sein.
Sodann konnte Dr. Schönfeld am ersten Sitzungstag ein Sachreferat über den Stand der ökumenischen Bewegung und der Genfer Stelle in der Vollversammlung halten. Am zweiten Sitzungstag wurde nach der auf ihr erfolgten Absetzung Heckels, ohne die nach den vorliegenden Unterlagen wahrscheinlich nichts gelaufen wäre, in der Vollversammlung das Hilfswerk nachträglich akzeptiert und rechtlich in der EKiD verankert. Die beiden Referate von Dr. Schönfeld, erst an zweiter Stelle rangierte Dr. Gerstenmaier, hatten die Notwendigkeit eines bereits angelaufenen Hilfswerkes angesichts der grenzenlosen Verwirrung und Not des deutschen Volkes eindringlich gemacht, und der bereits gedruckte und vordatierte Aufruf zum Hilfswerk in Flugblattform konnte offenbar widerspruchslos an die Mitglieder der Kirchenführerkonferenz ausgegeben werden. Eine bisher nicht ausgewertete Quelle über die Tagung liegt vor im Bericht des britischen Beobachters Col. Sedgwick über die Kirchenführerkonferenz in Treysa 1945. Sie findet sich bei Jürgensen, Die Stunde der Kirche, S. 277—284. Ferner Boyens I und II, der alle zugänglichen Quellen auch in Genf verwenden konnte und die erschienene Literatur aufweist, und Gerstenmaier, Leben S. 245 ff. und S. 72 ff. wie dessen Aufsatz „Das Kirchliche Außenamt im Reiche Hitlers", in: Kirche im Spannungsfeld der Politik. Festschrift für H. Kunst zum 70. Geburtstag, 1977, S. 307—318; ebenfalls Boyens' Aufsatz in der Zeitschrift für Kirchengeschichte 1971 S. 29 ff. „Treysa 1945 — Die evangelische Kirche nach dem Zusammenbruch des Dritten Reiches"; diese vermitteln den besten Einblick in die anstehenden, auch ungelösten Probleme dieser Kirchenführerkonferenz. Vielleicht betonen sie zu wenig die positiven Momente und die kirchengeschichtliche Nachwirkung in diesem Sinne. Vgl. auch Krimm III S. 187—196 (Dokumente).

17 Gerstenmaier übergeht, so weit wir sehen können, die Stuttgarter Schulderklärung. Wir verweisen hier auf die Untersuchung von Boyens, Das Stuttgarter Schuldbekenntnis vom 19. Oktober 1945 — Entstehung und Bedeutung, in Vierteljahrsschrift für Zeitgeschichte 1971, S. 574 ff. Wie stark es angefochten worden ist, zeigen u. a. Jürgensen für Schleswig-Holstein, s. o. S. 288 ff. und Lilje, Memorabilia S. 165 ff.
Instruktiv ist der Bericht über die nach der Stuttgarter Konferenz vom Kirchenpräsident der Schweizer Kirchen D. Alphons Koechlin mit dem Generalsekretär Visser't Hooft unternommene Reise durch Süddeutschland mit seinen Trümmerfeldern. Vgl. George Bell—Alphons Koechlin, Briefwechsel, dort S. 425—440.

18 Den beiden ersten offiziellen Delegiertengruppen aus der Schweiz nach Treysa und nach Stuttgart im August und Oktober 1945 folgten zahllose andere z. B. in die Notstandsgebiete im Bayerischen Wald. Viele dieser Deputierten schalteten sich erfolgreich bei Vermittlungen zu den Militärregierungen ein, so z. B. Pfarrer Stuart W. Hermann, der bis 1941 Gesandtschaftsprediger bei der amerikanischen Botschaft in Berlin war. Er schrieb ein Buch, das von Wilhelm Goßmann ins Deutsche übersetzt wurde: „Eure Seelen wollen wir — Kirche im Untergrund", 1946. Es kam englisch bereits 1942 in New York heraus. Hermann wirkte vor allem nach 1945 in Bayern als Vermittler bei der dortigen Militärregierung erfolgreich. Lilje, Memorabilia S. 211 — Boyens II, S. 239 f., S. 267 f. — Vgl. Anm. 17 (s. o.)

19 Christian Berg, Eugen Gerstenmaier. Der Gründer und Leiter des Hilfswerks der Evangelischen Kirchen in Deutschland, in: Bruno Heck (Hrsg.) Widerstand—Kirche—Staat. Eugen Gerstenmaier zum 70. Geburtstag, 1976, S. 39. — Otto Riedel, Erinnerungen an die Fusion von Innerer Mission und Hilfswerk, in Handbücher IV S. 244 zitiert den amerikanischen Pastor Dr. Dietrich: „Gerstenmaier hat Ungeheures geleistet. Er war der richtige Mann. Er hat ein klares Bild gehabt, aber auch die Energie zur Tat. Wir hatten n u r in Deutschland das wertvolle Vis-à-vis einer Person, nicht nur ein Büro." — Mehnert S. 308 — derselbe, Am Rande der Politik, in Hermann Kunst (Hrsg.), Für Freiheit und Recht. Eugen Gerstenmaier zum 60. Geburtstag, 1966 S. 19 f.

20 Mehnert, S. 308.

21 S. o. S. 308 — Ludwig Geißel, Aus den Anfängen des Hilfswerks, in: Handbücher IV S. 236 ff. — Theodor Schober, Paul Collmer, in: Handbücher V S. 358 — Ernst Wilms, Paul Collmer, ebenda S. 353 ff. — Mehnert, Am Rande der Politik S. 133 ff.

22 Konform damit geht Bischof D. Wurm, der im Februar 1945 das geplante Hilfswerk vor allem mit den Laien, die sich im Kirchenkampf in Bekenntnisgemeinden bewährt haben, ins Werk setzen will. Vgl. Boyens II S. 360.

23 Gerstenmaier wie Bischof D. Wurm haben sich zu viel erhofft. Der Ton ist gedämpfter im Jb. Hw. 1956/57 bei Gerhard Brennecke S. 89 ff.: „Erwarten wir nicht zu viel von unseren Gemeinden, die doch nur zu einem sehr kleinen Teil die Funktion der dienenden Gemeinde bei sich in diesen letzten Jahren entwickelt haben" (S. 94). — Jb. D. 1980/81 S. 100: „Die großstädtische Ortsgemeinde ist meist viel zu sehr mit sich selbst beschäftigt."

24 Gerstenmaier, Der Weg aus den Ruinen, in Handbücher V S. 58 — Krimm III S. 225 ff. — Gerstenmaier, Leben S. 255 f. — K. Jb. 1957 S. 214 ff. — K. Jb. 1950 S. 292.

25 Mehnert, Am Rande der Politik S. 139 — Die Lebensverhältnisse in Deutschland 1947. Eine Studie des Hilfswerks der EKiD, 1947 — Degen S. 32 ff. — Das Hilfswerk. Idee und Gestalt, Jb. Hw. 1950 S. 11 ff.

26 Gerstenmaier, Leben S. 280 ff. — Mehnert S. 282 ff., 330 ff. u. ö. — Lilje, Memorabilia S. 95 ff. — Ulrich Frank-Planitz, Die Zeit, die wir beschrieben haben

— Zur Geschichte der Wochenzeitschrift „Christ und Welt" vgl. Widerstand—Kirche—Staat. Eugen Gerstenmaier zum 70. Geburtstag, 1976 S. 146 ff.

27 Theodor Wenzel, Die diakonisch-missionarische Aufgabe der Kirche (Sonderdruck) — Gerstenmaier, Leben S. 246 ff. — Krimm, Wichern II, in: Das diakonische Amt der Kirche, 1965[2] S. 467 ff. — Gerstenmaier, Leben S. 285 f. (Wichern II und die Synode von Bethel) — Kritik am Wohlfahrtsstaat bei übereilt beschlossener Sozialgesetzgebung, in: Jb. Hw. 1953 S. 179 ff. — Rudolf von Thadden, Dietrich Bonhoeffer und der deutsche Nachkriegsprotestantismus, in: Kirchen in der Nachkriegszeit, dort S. 136: „Der Drang zur Öffentlichkeitsarbeit und -wirkung war so stark, daß die Sorge für die Basis vernachlässigt wurde". Thadden fragt, ob dazu die Kraft der Kirchen ausreicht und ob die starke Betonung gesellschaftlicher Positionen geradezu als eine Kompensation einer inneren Schwäche anzusehen sei.

28 Gerstenmaier, Leben S. 250 — Christian Berg, Heinrich Grüber, in: Handbücher V S. 373 ff. — Dokumente und Berichte des Hilfswerks unter der Vorbemerkung „Streng vertraulich! Vor Veröffentlichung, auch auszugsweise, ist die Genehmigung der zuständigen Militärregierung einzuholen!" Es liegen uns vor die Berichte und Dokumente Folge 1 und 2 vom August und September 1945. Es sind Berichte voller Grauen aus Berlin und den Ostprovinzen. — Th. Wenzel, Die Innere Mission Ostdeutschlands in den sechs Jahren nach dem zweiten Weltkrieg, 1951.

29 Gerhard Bosinki (Hrsg.), Zur Antwort bereit. Missionarisch-diakonische Arbeit der Evangelischen Landes- und Freikirchen in der DDR, 1977 (Standardwerk) — Herbert Berger (Hrsg.) Neue Bilder aus der Evangelischen Diakonie, 1967.

30 Jb. Hw. 1945—1950 S. 17 — Degen S. 20 — Krimm III S. 188 (Grußwort an die Kirchen in Deutschland von D. Sylvester C. Michelfelder, Vertreter der Amerikanischen Sektion des Lutherischen Weltbundes beim Ökumenischen Rat der Kirchen, Genf, 17. Juli 1945). Bei den vielen persönlichen Beziehungen der lutherischen Kirchen Nordamerikas zu den deutschen lutherischen Kirchen lief nicht alles an Hilfeleistungen über das Genfer Büro.

31 Lilje, Memorabilia S. 33 ff.

32 Vgl. Jb. Hw. 1957/58 S. 73 f. — Christian Berg: „Die unmittelbare Nachkriegshilfe der Vereinigten Staaten für das besiegte deutsche Volk war in ihrem Wesen eine buchstäblich humanitäre, auf den Menschen in Not gerichtete Hilfe. Die christlichen und humanitären Organisationen des nordamerikanischen Kontinents haben mit ihrem Aktivwerden tatsächlich eine Explosion der Nächstenliebe ausgelöst, die in Ausmaß und Wirkung eine Art Liebeswunder als Gegenstück und Vorläufer des deutschen Wirtschaftswunders verkörperte." Zitiert nach K. Jb. 1957 S. 65 f. — Edward Mesweney O. P., Amerikanische Wohlfahrtshilfe für Deutschland 1945—1950, 1950 — Hans-Josef Wollasch, Humanitäre Auslandshilfe für Deutschland nach dem 2. Weltkrieg, 1976.

33 Bodo Heyne, Internationale und ökumenische Beziehungen in der Inneren Mission, in: Die Innere Mission 1950 S. 19: „Je enger die Beziehungen sind, desto weniger haben sie organisatorischen Charakter." — Gerstenmaier, Leben S. 267 ff. — Bericht Niemöllers von seiner amerikanischen Reise; vgl. Wilhelm Stählin, Vita Vitae, Lebenserinnerungen, 1968, S. 505 f.

34 Gerstenmaier, Leben S. 277—289 u. ö. — Krimm III 230 ff. — Stählin s. o. S. 533 u. ö. — Degen S. 28 ff., 55, 59 f. — Lilje, Memorabilia S. 113, 147 u. ö. — Zur Studentenhilfe K. Jb. 1945—1948 S. 411 f.

35 Gerstenmaier, Leben S. 256 (Zum Suchdienst und Rechtsschutz für Internierte und Kriegsgefangene) — Gerstenmaier S. 245 zu Bischof D. Heckels Aktivitäten. Es bleiben hier Fragen offen. — Theodor Heckels Dank an Gerstenmaier

in Harald Poelchau, Dank und Verpflichtung, 10 Jahre Hilfswerk der EKiD, 1956, S. 116 f. — Heckels Hilfswerk ist nie in Frage gestellt worden. Schönfeld war noch im Februar 1945 in Berlin und hielt mit ihm die Verbindung aufrecht. Kritisch gegenüber Heckel blieben Visser't Hooft, Koechlin und die Bekennende Kirche. Vgl. Boyens I und Boyens II, der dazu alles greifbare Material bietet — Oskar Wagner, Theodor Heckel, in: Handbücher V S. 381 (über dessen Tätigkeit für die Kriegsgefangenen bis 1945). Zur Großaktion in Frankfurt a. d. Oder K. Jb. 1945—1948 S. 150 — Zur Diskussion über die Rangordnung zwischen kirchlicher Aufbauhilfe und Sozialhilfe vgl. die Diskussion im K. Jb. 1945—1948. Der Weltrat der Kirchen versuchte dem kirchlichen Wiederaufbau eine Vorrangstellung einzuräumen.

36 S. o. Anmerkung 34.

37 Krimm III S. 186 — K. Jb. 1945—1948 S. 409 ff.

38 Lilje, Memorabilia S. 63 — Einzelheiten bei Degen S. 31 ff. — Der Personalstand beim Hilfswerk änderte sich oft. Es gab Schwierigkeiten, weil im Zentralbüro Stuttgart oft von einer Besprechung zur anderen mit Hilfswerksbüros in den Landeskirchen die Referenten als Gesprächspartner wechselten.

39 Zum Problem der Auswanderer und der Auswandererhilfe: Paul-Otto Ehmke, Auswandererberatung, in: Handbücher I S. 258 ff. — Krimm III S. 189 f. u. ö.

40 Krimm, Die Heimatlosen, Versuch einer Zwischenbilanz nach 7 Jahren kirchlicher Diakonie für Flüchtlinge und Vertriebene, in Karl Janssen (Hrsg.), Dienst unter dem Wort, Festgabe für Professor D. Dr. H. Schreiner zum 60. Geburtstag, 1943, S. 179 ff.

41 Jb. Hw. 1945—1950 S. 52 f. — Jürgensen, Die Stunde der Kirche S. 129 ff. — Degen S. 55 ff. — Jb. Hw. 1952 S. 110 f. — Krimm III S. 252 ff. — Zur Treckbewegung, in der sich 35 000 Flüchtlinge zusammengeschlossen hatten, um auf eigene Verantwortung in andere Bundesländer umzusiedeln, vgl. K. Jb. 1957 S. 214 f. — Vor allem Joh. Schröder, Reinhard Wester, in: Handbücher V S. 468 (Wester als Flüchtlingsbischof im Armenhaus der Bundesrepublik).

42 Krimm III S. 197 — Zur Vorgeschichte von Espelkamp vgl. Diehl, Mitstreiter S. 480 — Krimm III S. 218 ff. — K. Jb. 1957 S. 219 f. — Jb. Hw. 1949—1953 — Gerstenmaier, Leben S. 257 ff. — Degen S. 59 ff.

43 Gerstenmaier, Leben S. 257 u. ö. — Schwarz S. 166 ff.

44 Degen S. 77 ff. — Lilje, Memorabilia S. 39 ff. — Friedrich Münchmeyer, „Otto Ohl", in: Handbücher V S. 434 ff. — Gerstenmaier, Leben S. 331 f. — Krimm III S. 251 ff.; S. 287 f. (Kirchengesetz zur Ordnung des Hilfswerkes der EKiD v. 5. 4. 1951).

45 Krimm III S. 244 ff., S. 96 ff.

46 Gerstenmaier, Leben S. 321 f. — Mehnert S. 376 — Jb. Hw. 1956/57.

47 Gerstenmaier, Leben S. 289 f. — Degen S. 78 f. — K. Jb. 1957 S. 210 f. — Johanna Vogel, Kirche und Wiederbewaffnung, 1978 S. 131 ff. — Lilje, Memorabilia S. 189 ff. — Anselm Doering-Manteuffel, Katholizismus und Wiederbewaffnung. Die Haltung der deutschen Katholiken gegenüber der Wehrfrage 1948—1955, 1980 — Krimm III S. 287 f.

48 Gerstenmaier, Leben S. 290 ff. — Christian Berg, K. Jb. 1957 S. 211 ff. — Mehnert, Am Rande der Politik S. 146 — Gerstenmaier in Harald Poelchau, Dank und Verpflichtung, S. 16 zu Fusionsbestrebungen zwischen Hilfswerk und Innerer Mission: „Jede Reglementierung oder Unterwerfung unter verwaltungsmäßige oder kirchenpolitische Erwägungen und Instanzen ist ... eine Gefahr ... desto mehr wird man die fleißigen und behutsamen Bemühungen unterstützen ..., die Leitungsorgane der Inneren Mission und des Hilfswerks so miteinander zu verbinden, daß sie nicht nur nominell, sondern auch sachlich als das einheitlich geordnete diakonische Werk der Evangelischen Kirche Deutschlands ... in Erscheinung treten können ... in allen Stufen in Verbindung mit der

Kirche ... Alle Hilfswerke haben die Aufgabe, sich so schnell wie möglich überflüssig zu machen."

49 Gerstenmaier, Leben S. 253 zu Herbert Krimm und Christian Berg — Christian Berg, Helfende Kirche, Handreichung Nr. 8 Juni 1948.

50 K. Jb. 1957 S. 223 ff.

51 S. o. S. 235 f.

52 Jb. Hw. 1955 S. 9 ff. — K. Jb. 1957 S. 240 ff.

53 Jb. Hw. 1953 S. 25; 1956/57 S. 45 u. ö. — Jb. D. 1965 — Dönhoff. Von Gestern nach Übermorgen. S. 101 ff. — Edelgard Orth, Grunderfahrungen diakonischer Katastrophenhilfe, in: Handbücher V S. 142 f.

54 K. Jb. 1957 S. 224—235 (Fürsorge für die DDR), S. 236 (Ökumenische Hilfe für die DDR) — Krimm III S. 215 f. (Patenschaften).

55 Manfred Stolpe, Herausforderungen an Zeugnis und Dienst der evangelischen Kirche in der DDR, in: Handbücher V S. 90 ff. — Ernst Petzold, Aus der Arbeit des Diakonischen Werkes—Innere Mission und Hilfswerk—der Evangelischen Kirchen in der DDR, in Diakonie 5, Mai 1981 S. 111 ff. — Hans Wallmann, Kirchlich-diakonischer Wiederaufbau in der DDR, in: Handbücher V S. 190 ff. — vgl. auch Jb. D. 1965—1969.

56 Otto Riedel, Erinnerungen an Fusion von Innerer Mission und Hilfswerk, in: Handbücher IV S. 242 ff.

57 Jb. Hw. S. 197 f. — Die Innere Mission 1954 S. 101 f.

58 Hermann Dietzfelbinger, Diakonie als Dimension der Kirche, in: Handbücher I S. 112 ff. — Heinz Miederer, Freiwillige soziale Dienste, eine Chance für die Gemeinde, daselbst S. 119 — Krimm III S. 312 ff. — Hermann Dietzfelbinger, Das Wagnis der Diakonie, 1954.

59 Zur Diakonischen Akademie: Albrecht Müller-Schöll, Aus- und Fortbildung im Bereich der Diakonie, in: Handbücher I S. 122 ff. — Lothar Wiedemann, Zur Grundfrage der Arbeit der Evangelischen Sozialakademie, in: Paul Collmer u. a. (Hrsg.) Kirche im Spannungsfeld der Politik, 1977 S. 143 ff. — A. Müller-Schöll, Über die Arbeit der Diakonischen Akademie, in: Diakonie ohne Illusionen, 1980 S. 25 — K. Jb. 1952 S. 431 f.

60 Jb. D. 1959/60 S. 45 ff. (Geschichte der Telefon-Seelsorge) — Jb. D. 1963 S. 117 ff. (Europäische Erfahrungen mit der Telefon-Seelsorge) — Jb. D. 1960 S. 100 f. (1. Europäischer Kongreß für Telefon-Seelsorge) — Otto Kehr, Ein offenes Ohr für den Mitmenschen, Telefon-Seelsorge, in: Handbücher I S. 69 ff.

61 Jb. D. 1953 S. 385 — Jb. Hw. 1965 S. 135 f. — Schwarz, Der Geist der fünfziger Jahre, S. 375—464. (S. 392: „In der modernen Industriegesellschaft war die Kirche nur noch eine Organisation unter anderen. Religion wurde nach einem letzten Aufflackern ihres universellen Geltungsanspruches in den ersten Nachkriegsjahren sowie in den Anfängen der Adenauer-Ära unbestritten zur Privatsache.")

Zu S. 219:

Strictly confidential Februar 1945

Das Selbsthilfewerk der Deutschen Evangelischen Kirche

Angesichts der besonderen Zuspitzung der gesamten politischen und militärischen Lage und angesichts der Möglichkeit einer plötzlichen Lahmlegung der bisherigen Staatsbehörden und Körperschaften wurde bereits im Februar 1944 beschlossen, daß die Leitung der Deutschen Evangelischen Kirche unter Bischof Dr. Wurm jeweils mit Unterstützung der zentralen verantwortlichen Gruppen in den verschiedenen Landschaften oder Provinzen die Verantwortung für die Versorgung mit

Nahrungsmitteln sowie für die geistige Betreuung übernehmen sollte, soweit keine anderen Instanzen dafür vorhanden sind. Durch eine systematische Vorbereitung und spätere Durchführung dieser Aufgaben sollten in einer Reihe von Landesgebieten das schlimmste Chaos und die schlimmsten Erscheinungen einer Hungersnot abgewehrt werden.

Bei der Inangriffnahme dieser Aufgaben sollte die Leitung der Deutschen Evangelischen Kirche mit führenden Vertretern und Kreisen der Katholischen Kirche in Deutschland in den verschiedenen Gebieten Hand in Hand gehen, da nur bei einer entsprechenden Arbeitsteilung die großen Nöte und Schwierigkeiten bewältigt werden können. In der Deutschen Evangelischen Kirche wurden unter der Gesamtleitung von Bischof Dr. Wurm (vergleiche das besondere Memorandum über seine Tätigkeit) zwei zentrale Arbeitsausschüsse für diese Aufgaben eingesetzt.

1. Der zentrale Arbeitsausschuß für die *Übernahme bzw. die Dirigierung wesentlicher Zweige des Ernährungs- und Versorgungsapparates* steht unter der Leitung von Dr. Friedrich von Bodelschwingh, Bethel. Dieser hat besondere Erfahrungen in der Organisation großzügiger christlicher Hilfswerke und ist dafür auch in den Kirchen anderer Länder bekannt. (Seine christliche Haltung hat er in dem entschlossenen Kampf gegen nationalsozialistische Ideologien und besonders gegen die Euthanasie bewiesen.)

Zum Sekretär dieses zentralen Arbeitsausschusses wurde Pfarrer Grüber, Berlin, bestellt, der durch sein mutiges und außerordentlich schwieriges Hilfswerk für die nichtarischen Christen in den letzten zehn Jahren besondere Erfahrungen gesammelt hat und auch in den Kirchen anderer Länder ein besonderes Ansehen genießt. Im Zusammenhang mit dieser Tätigkeit und einem zweijährigen Aufenthalt im Konzentrationslager hat er das volle Vertrauen in weiten Bevölkerungskreisen bis hin zu den Arbeitern, selbst in radikal links gerichteten Kreisen, gewonnen.

Ihnen stehen Männer zur Seite, die in der praktischen Kirchenführung wie in der Auseinandersetzung mit den nationalsozialistischen Behörden und Parteistellen sich bewährt haben, und ebenso Mitarbeiter, die langjährige Beziehungen zu den Kirchen anderer Länder besitzen und bewiesen haben, daß sie in wirksamer Weise mit diesen zusammenarbeiten können. Ferner stehen ihnen auch hervorragende christliche Laien aus Industrie und Landwirtschaft sowie aus Handwerk und Arbeiterschaft zur Verfügung, deren Sachkenntnis bei der Durchführung der schwierigen Aufgaben besonders wichtig sein wird.

2. Ein weiterer zentraler Arbeitsausschuß für die *geistige Betreuung und den evangelisatorischen Einsatz* in den Gemeinden und in den breiten Bevölkerungsschichten ist ebenfalls im Frühjahr 1944 berufen worden, um die entsprechenden Maßnahmen rechtzeitig vorbereiten zu können. Dabei geht es einmal darum, weitesten Bevölkerungskreisen in den tiefen seelischen Erschütterungen zur Seite zu stehen, um mit dem Einsatz aller verfügbaren Kräfte den gefahrdrohenden Entwicklungen und Folgen eines ungeheuren religiösen und geistigen Vakuums begegnen zu können, die nach Abschluß der Kriegshandlungen in ihrer ganzen Schärfe offenbar werden dürften. Zugleich wurden dabei die besonderen Möglichkeiten ins Auge gefaßt, die sich im Zusammenhang mit diesen Erschütterungen für einen weitgespannten evangelisatorischen Einsatz der Kirche eröffnen. Für diese gesamte Arbeit können die hier eingesetzten christlichen Kräfte anknüpfen an die geistige Orientierung und Erziehungsarbeit, die durch die *gesamte* Kriegszeit hindurch in Predigt und Seelsorge, in kirchlichem Unterricht und christlichem Handeln in vielen Gemeinden durch ganz Deutschland hindurch geleistet wurde (vergleiche dazu auch die entsprechenden Unterlagen).

Die Leitung dieses Arbeitsausschusses wurde Herrn Dr. Otto Dibelius, Berlin, anvertraut, der sich als einer der mutigen Kirchenführer im Kampf der Kirche gegenüber den nationalsozialistischen Übergriffen bewährt hat und durch seine eigene literarische und evangelisatorische Arbeit besonders dazu befähigt ist. Zugleich genießt er auch das Vertrauen führender Persönlichkeiten von Kirchen in anderen Ländern, die den christlichen verantwortlichen Kreisen in der Deutschen Evangelischen Kirche gerade in dieser Arbeit besonders zur Seite stehen wollen.

Dem Arbeitsausschuß gehören gleichzeitig führende christliche Mitarbeiter an, die in dem Einsatz für die Seelsorge und die evangelisatorische Tätigkeit wie auch in dem Kampf um eine bewußt christliche Haltung im totalitären Staat besonders hervorgetreten sind. Ebenso gehören dazu Männer, die sich führend mit der erzieherischen Aufgabe der Kirche befassen und den Einsatz der christlichen Gemeinden und der Kirchen für eine Beteiligung an der Neuordnung des Erziehungswesens vorbereiten. Außerdem gehören Mitarbeiter dazu, die besonders befähigt sind, an der Schaffung einer christlich orientierten öffentlichen Meinungsbildung mitzuwirken.

Dieser Arbeitsausschuß befaßt sich auch mit den Vorbereitungen für eine möglichst großzügige Beschaffung von Bibeln, Neuen Testamenten und Bibelteilen sowie Gesangbüchern und Katechismusschriften, ferner auch geeigneter Literatur für die missionarische Wirksamkeit der Kirche, für die theologische Arbeit sowie für den Wiederaufbau einer bewußt christlich orientierten Literatur.

3. Diese beiden *zentralen Arbeitsausschüsse können sich in ihrer Arbeit auf besondere zentrale Arbeitsgruppen in den Landschaften oder Provinzen stützen.* Diese setzen sich aus Pfarrern und Laien zusammen, die sich im Kampf der christlichen Gemeinde in Deutschland bewährt haben und in der Lage sind, führend die schweren Aufgaben in die Hand zu nehmen, und selbst das Vertrauen der wichtigsten Bevölkerungskreise der betr. Landschaften genießen. Diese zentralen Arbeitsgruppen bereiten die Mitarbeit der Einzelgemeinden in den Städten und Dörfern der verschiedenen Provinzen vor. Auf diese Weise können annähernd alle Gebiete und alle Schichten der Bevölkerung von der Ernährungsversorgung erfaßt werden. Ebenso kann sich der missionarische Einsatz der Kirche auf alle Landesgebiete erstrecken.

Die vielen Verhaftungen und zum Teil auch Hinrichtungen, die im Anschluß an die Ereignisse vom 20. Juli 1944 durchgeführt wurden, haben in einer Reihe von einzelnen Fällen erhebliche Schwierigkeiten für den weiteren Ausbau dieser Gesamtarbeit mit sich gebracht. Jedoch blieben die leitenden Männer der beiden zentralen Arbeitsausschüsse dank des solidarischen Stillschweigens der Verhafteten ungefährdet, und damit konnte auch die Arbeit in ihrer Gesamtheit weitergehen. In den einzelnen Provinzen sind allerdings eine Reihe von führenden christlichen Laien in Industrie und Landwirtschaft, in der Verwaltung und im Erziehungswesen durch Hinrichtungen oder Verhaftungen vorerst ausgeschaltet worden, und es ist nicht sicher, ob und inwieweit es in vielen Fällen gelungen ist, geeignete Ersatzmänner in den zentralen Arbeitsgruppen der Landschaften zu finden. Auch haben die Auswirkungen des Luftkrieges viele vorher aufgebaute Möglichkeiten der Ernährungsversorgung und Vorratsbildung für die Zeit nach dem Zusammenbruch des nationalsozialistischen Systems zerschlagen, so daß die Schwierigkeiten auf diesem Gebiet erheblich größer geworden sind.

4. Eine Bewältigung der großen Aufgaben, die sich auf diesen beiden Hauptarbeitsgebieten stellen, konnte überhaupt nur deshalb ins Auge gefaßt werden, weil die Kirchen in höherem Maße als je zuvor auf die *Mitwirkung einer christlichen Laienschaft* rechnen können.

Die christlichen Laien sind in dem Kampf der christlichen Gemeinden zu besten Arbeitsgemeinschaften zusammengewachsen und haben sich im Laufe der beiden letzten Jahre vielfach in der umfassenden Betreuung der Evakuierten bewährt; dieser Einsatz war gewissermaßen auch eine besondere Probe dafür, wie die kommenden Aufgaben angepackt und erfüllt werden können.

5. Als *Zentren der praktischen Wirksamkeit* werden u. a. die Arbeitszentralen der Inneren und Äußeren Mission, die Diakonissenhäuser und Diakonenanstalten,

die kirchlichen Arbeits- und Jugendheime benutzt werden, die z. T. von den Kirchen sofort wieder übernommen werden müssen, soweit sie inzwischen für andere Zwecke benutzt wurden. In einer Reihe von Fällen würde gerade auch das enge Zusammenwirken mit Vertretern der Arbeiterschaft bei der Übernahme der Arbeitszentren der bisherigen nationalsozialistischen Volkswohlfahrt in Frage kommen.

6. Grundsätzlich gehen die Leitung der Deutschen Evangelischen Kirche wie auch die führenden Männer der Katholischen Kirche davon aus, daß die dringlichsten Nöte soweit irgend möglich unter dem Gesichtspunkt einer *Selbsthilfe* in Angriff genommen werden sollen. Dieses Selbsthilfewerk würde *jedem Volksangehörigen* völlig unabhängig von dessen landschaftlicher oder konfessioneller Zugehörigkeit oder anderer begrenzender Einschränkungen zugute kommen. Ebenso soll die Hilfe *jedem Ausländer* zuteil werden, der als Kriegsgefangener oder Internierter oder als Arbeiter im Reichsgebiet lebt und tätig ist, soweit nicht von anderer Seite die Fürsorge dafür übernommen wird (Im Zusammenhang mit der letzteren Aufgabe wird auch der Einsatz der deutschen kirchlichen Vertreter für den geistlichen und seelsorgerlichen Dienst an den Kriegsgefangenen wie auch an den ausländischen Arbeitern sich noch einmal bewähren).

7. Angesichts der Größe der Nöte und Schwierigkeiten wird die Leitung der Deutschen Evangelischen Kirche dankbar die *brüderliche Hilfe anderer Kirchen* annehmen, die ihr bei deren Bewältigung zur Seite stehen wollen.

Dabei kann es sich um Bereitstellung von Lebensmitteln und finanziellen Mitteln, um die Beschaffung von Bibeln, Neuen Testamenten usw. und um die Unterstützung des Neudrucks christlicher und theologischer Literatur handeln.

Ferner kommt auch die Entsendung von geeigneten Mitarbeitern in Frage, die für das praktische Fürsorgewerk wie für den missionarischen Einsatz, für die theologische Ausbildung und geistige Durchdringung der Gesamtsituation befähigt und bereit sind, mitzuhelfen.

Entscheidend könnte es ferner sein, daß führende Kirchenmänner aus anderen Kirchen bei den verantwortlichen Regierungsstellen vorstellig werden, um die Arbeit der Leitung der Deutschen Evangelischen Kirche wie auch ihrer zentralen Arbeitsausschüsse und der zentralen Arbeitsgruppen in den einzelnen Landschaften zu erleichtern.

8. Die Leitung der Deutschen Evangelischen Kirche gibt der Hoffnung Ausdruck, daß die Kirchen Schwedens und der Schweiz im Rahmen der von ihrer Seite vorgesehenen Hilfswerke wie zugleich durch ihre vermittelnde Wirksamkeit der Deutschen Evangelischen Kirche brüderlich zur Seite stehen. Ferner würde es von großer Bedeutung sein, wenn die von diesen Kirchen betrauten führenden Männer sich mit der Leitung der Deutschen Evangelischen Kirche oder den von ihr bevollmächtigten Mitarbeitern in Verbindung setzen würden, um geeignete Verbindungsleute festzustellen, die der Leitung der großen nationalen Hilfswerke Schwedens und der Schweiz bei ihrem Hilfswerk zur Verfügung stehen können.

10. Kapitel

[1] Die organisatorische Aufgabe der Vereinigung: vgl. Jb. D. 1957/58 S. 51 ff. — Wolfgang Güldenpfennig, Aus der Theologie folgende Besonderheiten der Ordnungen des Diakonischen Werkes, in: Handbücher VI S. 243 ff. — Johannes Michael Wischnath, Kirche in Aktion. Das Hilfswerk der EKD 1945 bis 1957 und sein Verhältnis zu Kirche und Innere Mission, Dissertation, 1982 — Krimm III S. 287 ff. — Lilje, Memorabilia S. 39 — Jb. D. 1957 S. 137 ff. (Bericht über den Zusammenschluß) — Krimm III S. 287 ff. (Kirchengesetz zum

Zusammenschluß von Innerer Mission und Hilfswerk) — Jb. D. 1978/79 S. 152 (Satzung vom 6. 6. 1975) — Friedrich Münchmeyer, Ein neuer Abschnitt, in: Die Innere Mission, April 1957 S. 97 ff. — Jb. Hw. 1956/57 S. 71 ff.

2 Die Wahl Münchmeyers: vgl. Jb. D. 1957/58 S. 82 ff. — Zur Würdigung Münchmeyers vgl. sein Referat vor der 6. Diakonischen Konferenz: „Die Verantwortung der Diakonie im Wohlfahrtsstaat. Nicht Verstaatlichung des Menschen, sondern Vermenschlichung des Staates." (Als Manuskript vorliegend) — Rückblick auf Münchmeyers Wirken als Präsident des Diakonischen Werkes der Inneren Mission und Hilfswerk der EKiD anläßlich seines Rücktritts 1963: vgl. D. Otto Ohl, Zum Wechsel des Präsidenten, in: Jb. D. 1964, S. 115 ff.

3 Widmung des Handbuches IV „In großer Dankbarkeit D. Friedrich Münchmeyer" — Biographisches: Blätter für Innere Mission in Bayern 10./11. Jahrg. 1957/58 — Von Bethel nach Stuttgart, in: Berliner Sonntagsblatt 17. März 1957.

4 Krimm III S. 306 f. — Theodor Schober zum 60. Geburtstag, in: Handbücher I, Helmut Claß S. I—VII (1978).

5 Krimm III S. 293 ff. — Jb. D. 1957/58 S. 53 ff. — Johannes Schröder, Arbeit und Bedeutung der Diakonischen Konferenz, in: Handbücher III S. 119 ff.

6 Zu den Fachgebieten: Jb. D. 1957/58 S. 52, S. 55, S. 69 ff. o. ö.

7 Jb. D. 1969 S. 26 f. — Jb. D. 1972 S. 97 ff. — Zu Dr. Hans Christoph von Hase vgl. das ihm zum 75. Geburtstag gewidmete Handbücher VI (1982) — Zu Dr. Heinrich-Hermann Ulrich vgl. das ihm zum 65. Geburtstag gewidmete Handbücher II (1979).

8 Heinrich-Hermann Ulrich, Der Ruf zum Glauben, Volksmission heute, in: Handbücher I S. 232 ff. — Hans Ochsenbein, Der Internationale Verband für Innere Mission und Diakonie, in: Handbücher I S. 252 ff. — Vgl. die Berichte über Volksmission in den verschiedenen Jahrbüchern der Diakonie besonders Jb. D. 1974 S. 114 f. (Statistik), ebenso Jb. D. 1976 S. 326 ff.

9 Theodor Schober in Diakonie 6, Nov./Dez. 1976, S. 329, auch in Diakonie ohne Illusionen, 1980, S. 19 — s. Anmerkung 60, Kapitel IX.

10 Werner Jentsch, Schreiben befreit. Einführung in die Briefseelsorge, 1981 — derselbe, Der Seelsorger, Beratung—Bezeugung—Befreiung, 1982.

11 Otto Kehr, Stadtmission. Die kleine und die arme Gestalt der Kirche in der großen Stadt, in: Handbücher II S. 79 ff. — Raimo Sinkkone, Arbeitsgemeinschaft Europäischer Stadtmissionen, in: Diakonie 5, Mai 1981 S. 129 ff. — Reinhard Pioch, Diakonie in der Großstadt, in: Handbücher I S. 154 ff. — Gerhard Kiefel, Phantasie für die Stadt, daselbst S. 139 ff.

12 Otto Steiner, Modell Haselbergl-Kirche für die Stadt, in: Handbücher VI S. 524 ff. — Brigitte Schröder, Problemfeld Professionalität. Ehrenamtlichkeit in der Diakonie, daselbst S. 151 ff.

13 Lilje, Memorabilia S. 53, 59 (Verlorener Sieg in der Diakonie durch die theologische Erledigung des Pietismus) — Jb. D. 1973 S. 292 ff. (Enorme Ausweitung der Mitarbeiterschar bei gleichzeitiger Verkleinerung der bruderschaftlich und schwesternschaftlich organisierten Mitarbeitergruppe, deren Anteil bei 25 % aller Mitarbeiter lag, um dann allmählich stärker abzusinken. Vgl. Theodor Schober, Die Zukunft der Mutterhausdiakonie, in: Diakonie als handelnde Kirche S. 87 ff. — Übersicht über den Stand der Mutterhäuser und Schwesternschaften wie Brüderhäuser in K. Jb. 1952 S. 479 f.

14 Gründung eines Statistischen Ausschusses des Diakonischen Werkes, in Jb. D. 1978/79 S. 203 ff. — Sonderdruck „danken und dienen", 1978 S. 121 ff. (Zahlen aus der Arbeit der Diakonie).

15 Albrecht Müller-Schöll, Kriterien für Mitarbeiter der Diakonie, in: Handbücher II S. 317 ff. — Referate in: Diakonie ohne Illusionen, von Helga Mantels und Alex Funke S. 26 und S. 47 ff.

16 Zur Situation an den Sozialfachschulen Jb. D. 1977 S. 133 ff. — Jb. D. 1976 S. 142 ff. — Jb. D. 1980/81 S. 106 ff. (Zusammenarbeit auf der Ebene der Fachhochschulen?) — Jb. D. 1976 S. 142 (Qualitätsverlust in Jugend- und Lebenshilfe) — Jb. D. 1972 S. 114 (Keine überzeugende Entwicklung an den ev. Fachhochschulen) — Horst Seibert, Zur Beurteilung aktueller Menschenbilder im diakonischen Raum, in: Handbücher IV S. 62 ff. — Theodor Schober in: Diakonie ohne Illusionen S. 11 ff. — Alex Funke, Wie stellt sich die nachwachsende Generation dar, daselbst S. 28 ff. — daselbst S. 47 ff.

17 Reinhard Neubauer, Perspektiven der Zusammenarbeit von theologischen und nichttheologischen Fachleuten in der Diakonie, in Handbücher VI S. 161 ff. (S. 166: Die Faszination des allgemeinen Wachstums der Häuser, Plätze, Bettenzahl und des Mitarbeiterkreises).

18 Paul Philippi, Erfahrungen in zwei Jahrzehnten Diakoniewissenschaft, in: Handbücher VI S. 44 ff. — Zum Großbetrieb vgl. Reinhard Neubauers Warnungen in: Handbücher VI S. 166 ff. — Kurt Ströbel, Wirtschaftsunternehmen als Chance und Last, in: Handbücher V S. 235 ff.

19 Jb. D. 1964 S. 40—62 (Ev. Schulen und Internatsschulen) — Jb. D. 1970 S. 80 (Ev. Schulen im Umbruch) — F. Dietzfelbinger, Warum ev. Schulen? in Jb. D. 1964 S. 63 ff. — Zum Ersatzdienst Jb. D. 1965 S. 108 ff. (Fünf Jahre Ersatzdienst) — Jb. D. 1980/81 S. 116 (Statistik) — Seit 1968 hat sich die Zahl der Geburten halbiert.

20 Zur Sprachlosigkeit in Kirche und Theologie vgl. Theodor Schober, Diakonie ohne Illusionen S. 31 u. ö.

21 Jb. D. 1967 S. 14 f.

22 S. o. Anmerkung 20.

23 Paul Collmer, Zur Bestimmung der Sozialhilfe und Diakonie, in Festschrift für Bischof D. Hermann Kunst zum 70. Geburtstag, 1977 S. 183 ff. — derselbe, Die Problematik der sozialen Sicherung. Der Wohlfahrtsstaat als Umverteilungsstaat — derselbe, Versorgungsstaat. Forderung der Eigenverantwortung mit der Verpflichtung zum Gemeinschaftlichen, in Jb. D. 1958/59 S. 51 ff. — derselbe, Sozialhilfe, Diakonie, Sozialpolitik. Gesammelte Aufsätze, 1969 — D. Dr. Collmer zum 65. Geburtstag, 1972, wie zum Gedenken an Paul Collmer 1907—1979 (Freundesgaben, als Manuskript gedruckt) — Vgl. Anmerkung 21, Kapitel IX.

24 Zitiert nach Handbücher V S. 7 f.

25 Zur Kommentierung Helmut Seifert, Diakonie ohne Illusionen S. 85 ff. — Zu den angängigen Fragen bereits Jb. D. 1968 S. 103 — Jb. D. 1976 S. 336 u. ö.

26 Krimm III S. 239, 252, 322 — Jb. D. 1977 S. 135 (Gegen perfektionistische Tendenzen) — Fritz-Joachim Steinmeyer, Die Kirche und ihre Diakonie in der Gesellschaft-Perspektiven, in: Handbücher II S. 79 ff. — vgl. auch die Beiträge in Jb. D. 1974 „Diakonie im Sozialstaat“ wie in Handbücher IV „Das Recht im Dienst einer diakonischen Kirche“ und Handbücher V „Gesellschaft als Wirkungsfeld der Diakonie“, dort besonders Erwin Stauß, Öffentliche Mittel, Leistungsentgelte oder goldene Fesseln für die freie Wohlfahrtspflege? S. 229 ff.

27 Zitiert nach Theodor Schober in Diakonie 6, Nov./Dez. 1976 S. 330. — Richard J. Barner, Die mageren Jahre: Zukunft ohne Überfluß, 1982 — Thema Frontverkürzung, in: Diakonie ohne Illusionen S. 107.

28 Evangelische Ritterschaft in unserer Zeit. Der Johanniterorden und die Diakonie, in Jb. D. 1963 S. 91 ff.

29 Arnold Dannenmann, Pädagogik aus Glauben an Christus, in: Kirche im Spannungsfeld der Politik, 1977 S. 195 ff. — Lothar Späth, Arnold Dannenmann, in: Handbücher V S. 364 ff.

30 Jugendsozialarbeit auf neuen Wegen. Bericht über die Einrichtungen des Christlichen Jugenddorfwerks Deutschlands in Baden-Württemberg, in: Blätter der Wohlfahrtspflege Jg. 115, 1968, S. 117 ff. — Arnold Dannenmann, Das Christliche Wohlfahrtswerk „Das Jugenddorf", in: Caritas Jg. 54/1953 S. 138 ff. — Peter Meier-Bergfeld, Jugenddorf Versmold, Die Erziehung zielt auf den ganzen Menschen, in Rheinischer Merkur/Christ und Welt Nr. 20, 1982, S. 24. — Theodor Schober zu freien Liebeswerken aus säkular-humanistischen Wurzeln vgl. Jb. D. 1969 S. 17.

31 Helmut Claß, Ist Frömmigkeit wieder gefragt? Evangelische Kommunitäten, eine Anfrage an unsere Kirche — Theodor Schober, Parität und Spiritualität in der Dienstgemeinschaft — Werner Vogel, Wiederentdeckung der Spiritualität in der Diakonie — Alfred Peters, Die Evangelischen Räte, Lebensgestalt einer Diakonissenschaft, sämtlich in Handbüchern VI, S. 225—294.

32 Hatto Hack, Suchtgefährdete in der Gemeinde, Erfahrungen mit Alkoholkranken, in: Studienbriefe D 7 (Zeitschrift Das missionarische Wort 4/1982) — vgl. zu den „quasi" bzw. „parastaatlichen" Institutionen, gesellschaftlichen Selbsthilfeorganisationen, die nicht immer Bestand hatten, die jedoch teils am Staat vorbei aktiv bzw. später aktiviert wurden — auch im Blick auf die dabei angestrebte gesellschaftliche Korrekturfunktion der Gegenöffentlichkeit: Thomas Daum, Die 2. Kultur-Alternativliteratur in der Bundesrepublik, 1982.

33 Jb. D. 1976 S. 125 — Degen S. 187.

34 Degen S. 163 spricht von gewissen Zweifeln an der Tiefenwirkung mancher Klubs.

35 Blaues Kreuz vgl. Evangelisches Gemeindelexikon, 1978 S. 84 f. — Weißes Kreuz, daselbst S. 526 f. — Zum Selbsthilfegedanken: Theodor Schober in Diakonie 6, Nov./Dez. 1976 S. 331 — derselbe in: Diakonie ohne Illusionen S. 13, 15 u. ö. — Degen S. 187.

36 Abschluß der ökumenischen Hilfe für Deutschland. Eine Gesamtübersicht über die Auslandsspenden seit dem Kriegsende in Jb. D. 1959/60 S. 108 — K. Jb. 1957 S. 239.

37 Hans-Otto Hahn, Brot für die Welt, in: Handbücher I S. 303 ff.

38 Albrecht Müller-Schöll, Soziales Management und Personalführung, in: Handbücher V S. 289.

39 Vgl. Handbücher I S. 6.

40 Christian Berg, „Brot für die Welt" und staatliche Entwicklungshilfe, in: Brot für die Welt, Dokumente, Berichte, Rufe, 1962, S. 179.

41 Martin Lehmann-Habeck, Verantwortung für die Erde-Gedanken zur Änderung unseres Lebensstils, in: Handbücher I S. 277 ff. — Hermann Kunst, Die Herausforderung der Weltsituation, ebendort S. 252 ff.

42 Ludwig Geißel, Katastrophenhilfe, in: Handbücher I S. 292 ff. — Ernst Gläser, Katastrophenhilfe in gemeinsamer Verantwortung, in: Handbücher V S. 105 ff.

43 Diakonie ohne Illusionen S. 77 f.

44 S. o. S. 76 f.

45 S. o. S. 82 — Ernst Eberhard, Zwanzig Jahre Erfahrungen mit dem lutherischen Weltdienst, in: Handbücher V S. 151 ff. — daselbst Eugene Ries, Haushalterschaft in Weltmaßstab S. 74 ff. — Eugene Ries, Ökumenische Flüchtlingsprogramme, in: Handbücher I S. 294 ff.

46 Rudolf Weeber, Kirchlicher Entwicklungsdienst, in: Handbücher I S. 312 ff. — Hans-Otto Hahn, Partnerschaft im kirchlichen Entwicklungsdienst, in: Handbücher II S. 356 ff. — Diakonie ohne Illusionen S. 82 ff.

47 Korrekturen vgl. Diakonie 6, Nov./Dez. 1976 S. 333 ff. — Hermann Kunst, Die Herausforderungen der Weltsituation, in: Handbücher I S. 331 ff. „Wider

die Schwärmerei". — Pentti Hissa, Probleme und Spannungsfelder der ökumenischen Diakonie, ebenda S. 331 ff.

48 Helmut Hertel, „Dienste in Übersee" als persönliche Entwicklungshilfe, in: Handbücher I S. 323 f.

49 Theodor Schober, Diakonisches Lernen in der Kirche, in: Handbücher IV, S. 227 („Fach Ökumene").

50 Vgl. Diakonie 5, Mai 1981: Tagung des Internationalen Verbandes für Innere Mission und Diakonie in Warschau vom 23. bis 27. September 1980; Teil I Grundsatzbeiträge; Teil II Berichte — Diakonische Arbeit der Kirchen; Teil III Berichte — Arbeit der Fachverbände — Diakonie in Europa — Diakonie, Beiheft August/September 1977: Berichte aus europäischen Ländern.

51 Zum Ausblick über die Situation des Diakonischen Werkes der EKiD: Diakonie 6, Nov./Dez. 1976: Theodor Schober, Versuch einer Teilinventur der diakonischen Arbeit im Rückblick auf das letzte Jahrzehnt S. 326 ff. mit Überblick über alle Bereiche der Arbeitsfelder und der Erfahrungen und Entwicklungen auf dem Gebiet der ökumenischen Diakonie, und ebendort S. 349: Die nächsten Schritte einer gewagten Diakonie — S. 353: Satzung des Diakonischen Werkes der EKD. — Ergänzend dazu: Diakonie ohne Illusionen; Theodor Schober, Diakonie der achtziger Jahre ohne Illusionen S. 10 ff.

PERSONENREGISTER

SACHREGISTER

DRUCKFEHLERBERICHTIGUNG

S. 23 Anmerkung [34+] Zeile 23 von oben einfügen
S. 27 *Martin* Butzer Zeile 5 von unten
S. 28 Anmerkung [48+] Zeile 24 von oben einfügen
S. 32 Anmerkung [4+] entfällt
S. 55 durch drei *Generationen* Zeile 7 von unten
S. 87 Anmerkung [51+] Zeile 5 von unten einfügen
S. 105 Anmerkung [27+] Zeile 16 von oben einfügen
S. 131 *Achenbach* Zeile 12 von oben
S. 147 Zeile 5 von oben muß ergänzt werden: Eine von ihnen legte er 1891 in der Senne zwischen Bielefeld und Paderborn an, nachdem er bereits 1882 die erste in Wilhelmsdorf gegründet hatte.
Hoff*nungs*tal Zeile 13 von oben
S. 151 Anmerkung [46+] Zeile 9 von oben einfügen
Anmerkung [46++] Zeile 18 von oben einfügen
S. 154 Anmerkung [52+] Zeile 23 von oben einfügen
S. 163 Zeile 20 von oben muß es heißen: Die christlich-soziale *Arbeiterpartei* wandelte sich in eine bürgerliche um.
S. 167 Ludwig *Weber* Zeile 18 von unten
S. 170 Anmerkung [72+] Zeile 7 von oben einfügen
S. 174 Anmerkung [77+] Zeile 22 von oben einfügen
S. 176 Statt Anmerkung [80] Anmerkung [79+] Zeile 13 von oben einfügen
Anmerkung [80] Zeile 5 von unten einfügen
S. 177 Anmerkung [80+] Zeile 5 von unten einfügen
S. 187 Anmerkung [89] letzte Zeile einfügen
S. 191 Anmerkung [4+] Zeile 11 von unten einfügen
S. 192 Anmerkung [5+] Zeile 11 von oben einfügen
S. 194 Anmerkung [7+] Zeile 16 von oben einfügen
S. 196 Anmerkung [8+] Zeile 8 von oben einfügen